· 国家社会科学基金重大项目资助

2023中国进口发展报告

2023 CHINA'S IMPORT DEVELOPMENT REPORT

中国进口贸易的新进展与政策选择

魏　浩◎等著

中国经济出版社
CHINA ECONOMIC PUBLISHING HOUSE
北 京

图书在版编目（CIP）数据

中国进口贸易的新进展与政策选择：2023 中国进口发展报告 / 魏浩等著. –北京 ：中国经济出版社，2024.5

ISBN 978-7-5136-7668-7

Ⅰ.①中… Ⅱ.①魏… Ⅲ.①进口贸易-贸易发展-研究报告-中国-2023 Ⅳ.①F752.61

中国国家版本馆 CIP 数据核字（2024）第 047381 号

责任编辑　耿　园
责任印制　马小宾
封面设计　华子设计

出版发行　中国经济出版社
印 刷 者　北京富泰印刷有限责任公司
经 销 者　各地新华书店
开　　本　787mm×1092mm　1/16
印　　张　27
字　　数　526 千字
版　　次　2024 年 5 月第 1 版
印　　次　2024 年 5 月第 1 次
定　　价　88.00 元
广告经营许可证　京西工商广字第 8179 号

中国经济出版社 **网址** http：//epc.sinopec.com **社址** 北京市东城区安定门外大街 58 号 **邮编** 100011

本版图书如存在印装质量问题，请与本社销售中心联系调换（联系电话：010-57512564）

前　言

积极扩大进口是以习近平同志为核心的党中央把握时代大势，顺应历史潮流，统筹中华民族伟大复兴战略全局和世界百年未有之大变局，作出的重大战略部署。自2012年以来，中国政府高度重视进口，围绕积极主动扩大进口出台了一系列的政策文件和指导意见。习近平总书记关于积极扩大进口的一系列重要论述，内涵丰富、思想深刻，是习近平经济思想的重要组成部分，为加快建设贸易强国、推进高水平对外开放提供了科学指引。

党的二十大报告提出："依托我国超大规模市场优势，以国内大循环吸引全球资源要素，增强国内国际两个市场两种资源联动效应，提升贸易投资合作质量和水平。"进口是连接国内循环和国际循环的关键纽带，是增强国内国际两个市场两种资源联动效应的重要手段，是国内大循环吸引全球资源要素的实现路径。与此同时，积极扩大进口也是坚定奉行互利共赢开放战略、不断以中国新发展为世界提供新机遇、推动建设开放型世界经济的具体实践。中国主动扩大进口，不是权宜之计，而是面向世界、面向未来、促进共同发展的长远考量。总的来看，积极扩大进口是国家重大战略，如何做好进口工作成为国家政府长期面对的重要任务。

当前，世界之变、时代之变、历史之变正以前所未有的方式展开。面对各种变化，中国将坚持对外开放的基本国策，推动各国各方共享中国大市场机遇，加快建设强大国内市场，推动货物贸易优化升级，创新服务贸易发展机制，稳步扩大规则、规制、管理、标准等制度型开放。中国将推动降低进口关税和制度性成本，扩大优质消费品、先进技术、重要设备、能源资源等进口。中国将增设进口贸易促进创新示范区，优化跨境电商零售进口商品清单，推进边民互市贸易进口商品落地加工，增加自周边国家进口。中国将推进内外贸一体化，加快建设国际消费中心城市，发展"丝路电商"，构建现代物流体系，提升跨境物流能力。

我们编写的《中国进口发展报告》是全国在进口贸易方面的首部综合性报告，是服务积极扩大进口这一国家重大战略的，是服务中国国际进口博览会这一重大活动的，是服务讲好中国故事这一重大战略任务的。2018 年以来，我们连续多年撰写并发布

《中国进口发展报告》，旨在让世界各国、国内各级政府和企业更好地了解中国进口的基本情况，以便世界各国积极参与中国进口、国内各级政府和企业主动扩大进口，使世界各国通过参与中国进口更好地分享中国经济发展的成果、国内各级政府和企业通过主动扩大进口更好地服务当地经济发展，进而加快构建开放型世界经济，推进建设人类命运共同体。这个过程就是经济高质量发展取得新突破、建设更高水平开放型经济新体制迈上新台阶的过程，也是全力推动构建新发展格局、全面建设社会主义现代化国家的过程。

《2023中国进口发展报告》的最终成果体现为《中国进口贸易的新进展与政策选择》一书。本专著主要对中国进口重要问题、代表性进口产品、重点进口来源国家或地区、国内重点进口城市等方面进行了深入研究。具体来看，主要包括：①对进口关税、服务贸易进口、跨境电商进口、消费品进口等重要问题进行了分析；②对高技术产品、科技生活产品、品质生活产品、汽车产品等代表性产品的进口情况进行了分析；③针对从美国、欧盟、“一带一路”沿线国家等重点国家或地区的进口情况进行了分析；④针对深圳市、苏州市、成都市等进口表现十分突出的城市进行了分析。另外，本书还研发了世界进口发展指数、中国进口发展指数。

总的来看，我们编写《中国进口发展报告》的初衷就是弄清中国进口现实、总结中国进口经验、讲好中国进口故事、纠正中国进口认知、发挥中国进口作用，从而服务中国消费者、服务中国企业、服务中国、服务世界。

目　录

内容提要

本书在查找、整理大量原始资料和数据的基础上，首先，对中国①货物贸易进口的发展情况进行了分析；其次，对进口关税、服务贸易进口、跨境电商进口、消费品进口等重要问题进行了分析；再次，对高技术产品、科技生活产品、品质生活消费品、汽车产品等代表性产品的进口进行了分析；从次，针对从美国、欧盟、"一带一路"沿线国家等重点国家和地区的进口进行了分析；最后，针对深圳市、苏州市、成都市等进口表现十分突出的城市进行了分析。

一、中国进口贸易的发展情况

自2001年中国加入世界贸易组织（WTO）以来，中国货物进口规模整体呈现出指数级增长的发展态势。2001—2022年，中国进口规模从2435.53亿美元跃升至27159.99亿美元，2022年中国进口规模大约是2001年的11倍，年均增长率达12.17%，高于同期全球货物进口6.83%的年均增速。2021年，中国进口规模大幅增长至26871.43亿美元，比2020年增长了30.07%；2022年，中国进口规模延续增长态势，达到历史最高值，比2021年增长了1.07%。

中国进口占世界进口贸易的比重总体呈现出持续上升的态势。2001年，中国进口占世界进口贸易的比重仅为3.8%，此后在波动中逐步上升，于2021年上升至11.89%的最高值，2022年中国进口占世界进口贸易的比重为10.58%。与此同时，中国在世界进口贸易中的地位稳步上升，自2009年以来，中国已经连续14年成为世界第二大进口国。

民营企业进口比重稳步提升，连续2年成为中国第一大进口主体。2001年，民营企业进口额占中国进口总额的比重仅为5.84%；2013年，民营企业超过国有企业，成

① 贸易统计数据为关境数据，我国现行关境是指适用《中华人民共和国海关法》的中华人民共和国行政管辖区域，包括领水、领陆、领空，不包括香港、澳门和台湾金马等单独关境地区。因此，本书提及的中国数据，除特殊说明外，均不含港澳台地区数据；数据中提及的中国，除特殊说明外，均指中国大陆（或内地）。特此说明。

为中国第二大进口主体，占中国进口总额的比重增加至 29.55%；2021 年，民营企业再次超过外商投资企业，成为中国第一大进口主体，占中国进口总额的比重高达 37.91%；2022 年，民营企业进口额占中国进口总额的比重增加至 37.97%，连续 2 年成为中国第一大进口主体。

中国进口来源地的数量有所增加。根据联合国贸易商品统计（UN Comtrade）数据库的数据，2001 年，中国同 184 个国家（或地区）开展进口贸易，2022 年，中国进口来源地数量增加至 219 个。2022 年，中国大陆的前十大进口来源地分别是中国台湾、韩国、日本、美国、澳大利亚、俄罗斯、德国、马来西亚、巴西、越南。2022 年，中国从前十大进口来源地的合计进口金额占中国总进口的比重为 54.35%。

中国逐渐在世界各国（或地区）出口中占据重要位置，日益成为世界各国（或地区）主要的出口市场。2001—2021 年，中国是其第一大出口市场的国家（或地区）数量从 3 个增加到 44 个，中国是其前五大出口市场的国家（或地区）数量从 36 个增加到 104 个，将 20%以上的产品出口至中国的国家（或地区）数量从 4 个增加至 42 个。

中国从俄罗斯的进口。2021 年，中国从俄罗斯的进口总额同比增长了 38.11%；2022 年，中国从俄罗斯的进口总额同比增长率高达 44.55%。2022 年，俄罗斯上升为中国的第六大进口来源地，矿物燃料及润滑油成为中国从俄罗斯进口的第一大产品，进口额为 853.78 亿美元，占中国从俄罗斯总进口的比重高达 74.8%。

中国从东盟的进口。2021 年，中国从东盟的进口规模增速较快，同比增长了 31.34%；2022 年，中国从东盟的进口规模同比增长了 3.26%。2022 年，中国从东盟的进口占中国总进口的比重为 15.02%、占东盟总出口的比重为 14.6%，马来西亚和越南是中国在东盟的前两大进口来源地，中国从马来西亚、越南的进口占中国从东盟进口总额的比重分别为 26.93%、21.56%。

中国从《区域全面经济伙伴关系协定》（RCEP）成员国的进口。2022 年，中国从 RCEP 成员国的进口占中国总进口的比重为 34.99%、占 RCEP 其他成员国总出口的比重为 18.65%。韩国、日本、澳大利亚、马来西亚和越南是中国从 RCEP 成员国进口的前五大进口来源地，中国从这五个国家的进口总额占中国从 RCEP 成员国总进口的比重高达 76.2%，占中国总进口的比重为 26.66%。机械运输设备是中国从 RCEP 成员国进口的第一大产品，中国从 RCEP 成员国进口的机械运输设备总额占中国从 RCEP 成员国总进口的比重为 39.48%。

二、中国进口关税的变化及国际比较

从中国进口关税水平看，2001—2023 年，中国进口关税水平呈现大幅度下降的态势，进口关税总水平由 15.3%下降至 7.4%。其中，2001—2005 年、2019 年为进口关税水平的主要调整期，这两个时期的进口关税降幅最为明显。从中国进口关税的不同税率区间来看，2001 年，中国进口关税水平处于 10%~25%区间的产品种类数最多，占全部产品总数的 51.20%，2023 年，中国进口关税水平处于 5%~10%区间的产品种类数最多，占全部产品总数的 59.60%。

从中国进口关税变化情况看，2002—2023 年，在进口关税调整的所有产品中，99.5%以上的产品均下调了进口关税，大部分产品进口关税水平下调了 5%及以下，仅有少部分产品上调了进口关税。2001—2023 年，仅有 645 种产品的进口关税税率没有发生变化，3556 种产品的进口关税税率调整次数在 1~5 次，381 种产品的进口关税税率调整次数在 6~9 次，仅有 24 种产品的进口关税税率调整次数超过 9 次。

从进口关税的国际比较看，发达经济体的进口关税水平大多比较低，发展中经济体的进口关税水平则相对较高。与发达经济体相比，中国进口关税水平偏高，与发展中经济体相比，中国进口关税水平偏低。在对比的世界主要经济体中，2023 年，简单平均进口关税水平最高的是印度，为 17.67%，最低的是加拿大，为 2.11%，中国的进口关税处于中等水平。从整体变动趋势来看，中国是持续降低进口关税的少数几个经济体之一。2001—2023 年，仅有中国、加拿大等少数几个经济体持续降低进口关税，大部分经济体的进口关税表现出不同程度的波动，即下调关税后又进行上调（如韩国、印度等），甚至有一些经济体在不断上调进口关税（如南非）。

三、中国服务贸易进口发展情况

中国服务贸易进口规模从 1982 年的 20 亿美元增加到 2022 年的 4651 亿美元，2022 年大约是 1982 年的 232 倍。自 2013 年以来，中国服务贸易进口规模连续 10 年稳居全球第二，世界第二大服务贸易进口国的地位日益稳固。中国服务贸易进口占世界服务贸易进口额的比重从 2011 年的 5.9%增加至 2016 年的 9.45%，其后逐渐下降到 2022 年的 7.26%。2022 年，中国服务贸易进口规模排名前五的行业分别是运输服务（占比 36%）、旅行服务（占比 25%）、其他商业服务（占比 11%）、知识产权使用费（占比 10%）、电信与计算机和信息服务（占比 8%）。

目前，服务贸易进口增速放缓、部分行业服务贸易进口壁垒较高、服务贸易进口区域发展不协调、服务贸易整体实力有待提升、国际发展环境不确定性提升、部分服务贸易进口面临潜在冲击、欧美等国家或地区对华实行技术出口管制等是影响我国服务贸易进口的主要原因。疫情平稳后，服务贸易进口增长、数字转型赋能服务贸易进口发展、进口促进平台促进服务贸易进口、中国扩大服务贸易制度型开放等是我国服务贸易进口面临的新机遇。因此，为了做好服务贸易进口工作，我国应该降低服务贸易领域进口壁垒，有序开放数字服务进口市场；充分发挥各地区的比较优势，推进区域服务贸易协调发展；积极完善数字贸易领域法律法规，引领全球数字服务贸易规则制定；重视技术资源等服务进口，加快实现高水平科技自立自强；提高国内对服务贸易进口的需求，充分发挥贸易促进平台的作用；推进服务贸易制度创新，优化服务贸易进口发展环境。

四、中国跨境电商进口发展情况

中国跨境电商进口发展经历了缓慢增长、迅速增长、稳定发展三个阶段。2022 年，跨境电商进口交易额上升为 3.4 万亿元，占中国总进口的比重为 18.83%。当前，中国跨境电商进口发展的主要特征是：中国跨境电商进口交易规模日益扩大；跨境电商零售模式发生改变，B2C 模式地位不断提升；跨境电商进口的市场份额由少数几家跨境进口电商平台主导，寡头效应比较明显；日本、美国、澳大利亚等发达国家是跨境电商进口的主要来源地；跨境网购群体数量不断增加，以年轻消费者为主，大多来自北京、上海、广东、浙江、江苏等东部沿海地区。

但是，信息通信技术发展滞后、平台运营风险逐渐增加、物流成本居高不下、贸易碎片化加大监管难度、线上渠道模式不足凸显、虚假贸易开始盛行、客户服务缺乏专业性、跨境电子商务人才严重缺乏等因素严重制约着中国跨境电商进口的发展。因此，为了进一步做好跨境电商进口工作，中国政府要重点加强信息通信基础设施建设、缩小城乡之间的“数字鸿沟”，努力加快物流基础设施建设、节省物流成本，积极探索跨境电商零售进口报税模式、降低跨境进口电商“碎片化”的监管难度，全面开启“线上线下”全渠道模式、提升消费者对产品的认知度，充分发挥行业协会的严格监督作用、出台行业规范限制不符合规范的行为，大力支持相关教育机构增设跨境电商专业、培养高质量跨境商务人才，从而促进跨境电商进口发展，进而稳住中国的外贸发展，也更好地满足国内消费需求。

五、中国消费品进口发展情况

消费品进口是满足国内消费升级需求、提升国内消费者福利的重要途径。1995—2022 年，我国消费品进口规模整体表现出日益增加的态势。1995 年消费品进口规模约为 64.46 亿美元，2002 年突破 100 亿美元，2015 年突破 1000 亿美元，2022 年达到

1923.67亿美元。从进口增长率的角度看，自21世纪以来，我国消费品进口在大多数年份呈现正增长，仅在2009年、2017年和2022年等少数年份出现了负增长。在非负增长的年份中，中国消费品进口保持了较高的增长速度，大多数保持了10%以上的增长率。1995—2022年，中国消费品进口占比经历了“U”形发展趋势。具体来看，中国消费品进口占比由1995年的4.88%下降至2004年3.22%的历史最低值，其后，消费品进口占比整体呈现波动上升的态势，2020年消费品进口占比创历史新高，达到8.29%，之后，于2021年下降至7.48%，并进一步于2022年下降至7.08%。2022年，我国人均消费品进口额为1367元，仅占人均消费的5.57%。

从国际比较来看，与不同时期具有相似经济发展水平的国家相比，中国目前的消费品进口占比处于较低水平。如与1998年的主要发达国家相比，中国目前的消费品进口占比相对较低。与同时期相似经济发展程度的国家相比，中国消费品进口占比依然处于相对较低水平。如与其他金砖国家相比，中国消费品进口占比偏低；与发达国家相比，目前中国的消费品进口占比也存在较大差距。另外，通过1998—2022年中国与各国的比较可以发现，中国消费品进口占比历年始终处于较低水平。

部分消费品的进口关税税率较高、最终消费支出占国内生产总值比重偏低、消费品境外消费数额庞大、进口消费品的流通成本和销售渠道问题是中国消费品进口占比偏低的主要原因。因此，为了进一步提高消费品进口占比、扩大消费品进口，中国应当进一步降低部分消费品的进口关税水平，加快建设国际消费中心城市，大力发展跨境电商，降低进口消费品的国内流通成本，加快进口贸易促进创新示范区建设，提高最终消费支出占国内生产总值的比重，从而降低进口成本、扩大进口规模，并释放国内消费者对进口消费品的需求。

六、中国高技术产品进口发展情况

自2001年以来，中国高技术产品进口呈现快速增长的发展态势，中国高技术产品整体进口规模从736亿美元增长到2022年的8329亿美元，大约增长了10.32倍，年均增长率为12.25%。2001—2022年，中国高技术产品进口占中国总进口的份额基本维持在28.20%~38.57%，中国高技术产品进口占世界高技术产品进口总额的份额从2001年的5%提高到2021年的17.91%。中国在世界高技术产品进口中的地位有所提升，从2001年的第四大高技术产品进口国上升到2021年的第三大进口国，与此同时，已经成为美国、日本和韩国等国家的高技术产品第一大进口来源地。中国高技术产品进口以中间品和资本品进口为主，消费品进口较少，电子通信和集成电路是进口规模较大的产品。

目前，发达国家对华进行高技术产品出口管制，限制了中国从这些国家的进口；中国高技术产品进口关税处于高位，降低了企业扩大进口的积极性；高端设备与关键零部件严重依赖进口，“卡脖子”问题日益凸显；过度依赖高技术产品进口，可能加剧陷入“低端锁定”的风险；产学研协同创新体系不健全，对高技术进口产品的消化吸收能力薄弱。因此，为了进一步扩大高技术产品进口，中国政府要主动加快与重要进口来源国进行磋商与合作，积极应对对华高技术产品出口管制；对高技术产品进口关税进行结构性调整，战略性地降低部分高技术产品的进口关税；加强基础研究和人才队伍建设，全力攻克“卡脖子”技术问题；营造良好的创新生态环境，防范中国高技术产业被“低端锁定”的风险；促进产学研协同创新，提升中国高技术企业对进口技术的消化吸收能力。

七、中国科技生活产品进口发展情况

科技生活产品，既包括高档家用电器和特色消费电子产品，又包含产业上游的各种核心零部件。扩大科技生活产品进口，可以满足国内企业对关键零部件、国内消费者对中高端产品的需求。中国科技生活产品进口总额总体表现为上升的发展态势，从2001 年的 41. 57 亿美元增长至 2021 年的 325. 70 亿美元，增长了 6. 83 倍，年均增长率达到 10. 84%。中国科技生活产品进口占世界同类产品进口总额的比例由 2001 年的2. 40%提高至 2021 年的 7. 80%，但是，中国科技生活产品进口占中国进口总额的比例在 2001—2021 年始终处于 2. 0%左右。

目前，经济下行压力加大导致进口需求下降、大量境外消费导致进口动力不足、“断供”事件导致进口零部件供给体系脆弱、电子类“洋垃圾”走私冲击进口市场秩序、终端设备的数据收集存储功能引发信息跨境传输安全问题、售后服务外包策略难以保障进口产品售后服务质量等，是制约我国进一步扩大科技生活产品进口的主要因素。今后，我国政府应进一步挖掘国内对进口科技生活产品的新需求，缩小国内外价差引导境外消费回流，加大创新投入防范关键零部件进口风险，强化非法入境管控维持进口市场秩序，完善数据跨境传输法律体系防范信息安全风险，探索多种售后服务方式保障消费者售后权益。

八、中国品质生活消费品进口发展情况

中国品质生活消费品的进口规模总体表现出稳步上升的发展态势，进口总额由

2001年的26.50亿美元增长至2021年的519.48亿美元，年均增长率约为16%。2001—2021年，中国品质生活消费品进口占中国进口总额的比例始终低于3%，中国品质生活消费品进口占世界品质生活消费品进口总额的比例始终低于4%。2021年，中国进口占世界进口总额的比例高达12%左右。可见，与中国进口的国际占比相比，中国品质生活消费品进口的国际占比较低，进口规模相对较小。

目前，中国品质生活消费品进口发展存在一些问题，主要是品质生活消费品进口集中度较高、进口便利化水平有待提高、进口品质生活消费品国内售价较高、境外消费挤占消费品进口需求、进口消费品质量与安全问题突出、进口消费品线下分销渠道较为单一、跨境电商进口面临新问题、售后服务体系不完善等，严重制约了中国品质生活消费品进口贸易的发展。为了进一步做好品质生活消费品进口工作，下一步，我国政府应该推动进口多元化发展，充分释放国内消费潜力；升级进口便利化政策，降低进口成本、提高进口效率；缩小国内外价格差距，多措并举吸引境外消费回流；积极对接国际检验标准，推进进口监管制度改革；完善跨境电商监管体系，加强对重点进口产品的监管；健全进口售后服务体系，维护消费者合法权益。

九、中国汽车产品进口发展情况

2001—2021年，中国汽车产品进口额整体表现为快速增长的发展态势，由42.06亿美元增长至751.13亿美元，2021年大约是2001年的17.86倍，年均增长率达到15.50%，占中国进口总额的比例基本维持在2.07%~5.68%。2021年，中国汽车产品进口额占世界汽车产品进口总额的比例为5.39%。七国集团（G7）是中国汽车产品进口的主要来源地，德国、日本和美国是中国汽车产品进口的主要来源国。中国自G7的进口份额由2001年的70.08%提高至2021年的81.60%，提高了超10%。目前，我国汽车产业政策频繁调整加剧了汽车进口市场波动性，进口市场垄断导致汽车产品定价过高，汽车平行进口的空间不断被压缩，汽车核心零部件进口供给体系脆弱，进口汽车售后服务体系不健全损害消费者利益，这些问题直接影响汽车产品的进口规模和国内汽车产业的发展。

为了更好地促进中国汽车产品进口市场的健康发展，应重视以下问题：①大力发展电商直播等“云买车”业务，加快进口汽车的宣传和销售，增加进口汽车产品种类、加快报废汽车回收等，进一步释放国内对进口汽车的消费潜力。②尽早出台汽车业反垄断指南，加强《中华人民共和国反垄断法》的执行力度，加快破除进口汽车制造商、经销商的垄断。③简化并规范平行进口汽车的认证方式，推动认证结果与主要贸易投资合作国家（或地区）的双向互认，进一步降低汽车平行进口的制度性成本，与此同时，建立专门的监管部门，实施全过程监督管理。④推动中资企业与外资企业开展全方位合作，加快国内汽车零部件生产企业兼并重组进程，增加研发投入推动国内汽车零部件生产企业转型升级，从而提高汽车零部件的国内自给能力，防范汽车零部件进口中断风险。⑤完善售后服务流程，建立数字化的售后服务模式，形成优质化、人性化、标准化的服务理念，从而建立健全进口汽车售后服务体系。

十、中国从美国进口的发展情况

中美经贸合作始终是中美两国关系的“压舱石”，但是，2017 年特朗普政府挑起的中美经贸摩擦严重阻碍了中美双边经贸往来。具体来看：①美国在中国总进口中的地位有所降低。2017—2022 年，虽然美国始终是中国的第四大进口来源地，但是，中国进口对美国的依赖度显著降低，2017—2019 年，中国从美国的进口占中国总进口的比重逐年下降，分别为 8.38%、7.31%、5.95%。受中美第一阶段贸易协议的影响，2020 年和 2021 年，中国从美国的进口规模占中国总进口的比重有所上升，分别为 6.62%和 6.74%，但是仍然低于 2018 年的水平。2022 年，中国从美国的进口规模占中国总进口的比重又降至 6.59%。②中国进口对美国总出口的贡献也整体下降。2017—2022 年，中国一直是美国的第三大出口市场，仅次于加拿大和墨西哥，与此同时，中国从美国的进口占美国总出口的比重整体呈现下降态势，从 8.4%减少至 7.46%。

目前，中国从美国进口面临中美双方互相加征关税、美国对中国实施高技术产品出口管制、美国对中国的投资有所下降、美国不断渲染“中国威胁论”等挑战。为了进一步扩大从美国的进口规模，中国应多方位加强与美国的沟通，积极缓解中美经贸摩擦；积极借助多方力量，督促美国放松对华高技术产品出口管制；优化外资营商环境，加快中美双边投资协定谈判进程；推进中美人文交流合作，夯实中美经贸合作的民意基础。

十一、中国从欧盟进口的发展情况

欧盟是中国的第二大贸易伙伴，积极扩大从欧盟进口对于加强中欧经贸合作意义重大。2001—2022 年，中国从欧盟的进口占中国总进口的比例整体上在 12%上下波动，具体来看，从 14.66%下降至 10.51%，2022 年是自 2001 年以来的历史最低值。2022 年，德国、法国、意大利、爱尔兰和荷兰是中国从欧盟进口的前五大来源地。

目前，中国经济高质量发展的需求、欧盟经济复苏的需求、中欧双方已经建立多种合作对话机制、《中欧地理标志协定》成功签署、中国拥有超大规模市场优势、中国实施高水平对外开放、中欧班列高质量发展等一系列因素为中国积极扩大从欧盟进口提供了新机遇。但是，欧盟对中国实施高技术产品出口管制、欧盟内部存在对中国的错误认知、美国干扰中欧经贸合作、中东欧国家基础设施落后且政治风险较高、中欧班列回程率较低等因素制约了中国从欧盟的进口。因此，中国政府应加快与欧盟的磋商，推动欧盟放松对华高技术产品出口管制；加强战略沟通和人文交流，促使欧盟形成客观的对华认知；加强对话，敦促欧盟坚持独立自主的对华政策；助力中东欧国家基础设施建设，优化从欧盟进口的地区结构；积极组织回程货源，多措并举加大中欧班列回程进口。

十二、中国从“一带一路”沿线国家进口的发展情况

积极扩大从“一带一路”沿线国家的进口，是推动“一带一路”高质量发展的有效手段。积极扩大进口是“一带一路”沿线国家共享中国市场的重要渠道，是“一带一路”沿线国家推进“五通”的重要枢纽，是“一带一路”沿线国家发展经济的重大机遇，积极扩大进口对疫情期间“一带一路”沿线国家经济稳定发展的支撑作用明显。从“一带一路”沿线国家进口占中国进口总额的比重来看，2013—2017 年，该比重在 23%～25%变化，2018—2022 年该比重上升，稳定在 26%～33%，总体表现出稳定增长的态势。中国从沿线国家的进口高度集中在十大进口来源地，分别是俄罗斯、马来西亚、越南、沙特阿拉伯、印度尼西亚、泰国、阿拉伯联合酋长国、伊拉克、阿曼和新加坡。2022 年，中国从这 10 个国家的进口额之和占中国从沿线国家进口总额的比例高达 76.23%。

目前，沿线国家的基础设施建设资金不足、政治风险和金融风险较高、中国从事“一带一路”业务的国际商务人才缺乏、不良国际舆论冲击中国从“一带一路”沿线国家的进口贸易等因素严重制约着中国从沿线国家扩大进口。因此，为了进一步扩大从“一带一路”沿线国家的进口，中国政府应构建多层次的融资体系，支持沿线国家的基础设施建设；提升风险识别和评估能力，形成有效的风险防范机制；加强“一带一路”国际商务人才的培养，吸引沿线国家的优秀人才来华留学；积极应对国际上的不良舆论，维护国家的形象和声誉；动态调整从沿线国家的进口关税，挖掘中国企业进口贸易的新增长点。

十三、深圳市进口贸易发展情况

深圳市连续多年位居全国第一大进口城市。2001—2021 年，深圳进口总额由

311.31亿美元增长至2503.65亿美元，占广东省进口总额的比重由38.40%提升至50.30%。但是，深圳市占中国总进口的比重从2001年的12.78%下降到2021年的9.34%，深圳市进口贸易依存度从2006年136.38%的历史高点，下降到2021年的52.67%。国家政策支持是深圳市进口发展的持续动力；经济特区是深圳市进口发展的特殊优势；地理位置是深圳市进口发展的区位优势；进口便利化是深圳进口发展的加速器；产业转型升级是深圳市进口高质量发展的重要推动力；跨境电商是深圳市进口发展的新生力量；民营企业是深圳市进口发展的主力军。为了加快发展进口贸易，下一步，深圳市应扩大先进技术设备和大宗能源商品进口，积极扩大优质消费品进口，加强对民营进口企业的金融支持，不断提高进口贸易便利化水平，支持进口企业开拓更多进口市场，充分发挥RCEP和地缘优势对进口贸易的拉动作用。

十四、苏州市进口贸易发展情况

2001—2022年，苏州市进口贸易规模大幅增长，进口规模从113.5亿美元增长到1541.8亿美元，增长了12.6倍，年平均增长率约为13.2%。2022年，苏州市进口贸易额占江苏省和全国进口贸易总额的比重分别为54.7%和5.9%，是江苏省第一大进口城市和中国第三大进口城市。苏州市进口贸易快速发展的原因是，抓住了国内外形势变化带来的历史机遇，确立了以外资企业和加工贸易为主的外向型经济模式，建立了引领全市进口贸易发展的工业园区，打造了具有竞争力的营商环境，发挥了以苏州自贸片区为引领的制度创新，抓住了产业升级和消费升级带来的进口需求。为了加快进口贸易的发展，苏州市政府应继续加强与上海的交通、政策和产业协同，扩大进口贸易的发展空间；进一步提高利用外资的质量和水平，推动苏州进口贸易的稳定发展；继续发挥苏州工业园区的引领作用，推动进口贸易高质量发展；继续做强做优苏州自贸片区，打造进口贸易发展的新增长点；加强进口贸易促进和服务体系建设，保障进口发展和进口安全。

十五、成都市进口贸易发展情况

成都市作为一个典型的内陆城市，却在进口贸易方面表现突出，多年位居全国前十大进口城市。2022年，成都市在全国城市进口排行中居全国第8位。2001—2022年，成都市的进口额整体呈现上升的趋势。2001年成都市进口额首次突破10亿美元，达到10.02亿美元。2010年进口额首次突破100亿美元。2021年进口额突破500亿美元，达到524.65亿美元。成都市在四川省进口贸易中的地位大幅上升。成都市进口在四川省进口中的份额从2001年的66%上升至2022年的86%，2010—2022年，该份额均超过80%，其中，最高在2017年达到91%。成都市进口在全国进口贸易中的比重也整体上升，从2001年的0.41%上升至2022年的1.83%。2001—2017年，成都市进口在中国总进口中的份额在0.27%~1.5%，2018—2022年，成都市进口在中国总进口中的份额均超过1.5%，2020年达到历史最高值2.15%，2022年是1.83%。

成都市进口贸易的发展能取得如此亮眼的成绩，主要得益于国家政策红利持续为成都市进口贸易带来生机。成都市作为四川省政府所在地，具有天然的进口优势，运输条件的持续改善、进口展会的成功举办、高新技术产业开发区的建设均有力带动了成都市进口贸易的发展，庞大的消费市场和大量的外资企业也为成都市进口贸易发展增添了强大动力。为了进一步扩大进口贸易规模，推动进口贸易高质量发展，下一步，成都市应积极做强进口促进平台和进口消费场景，奠定进口高质量发展的基础；实施进口市场多元化战略，防范进口中断风险；聚焦扩大部分重点产品的进口，加快构建现代化产业体系；加快构建高效的国际物流通道，提升对外互联互通水平；稳定外资企业，壮大民营企业，积极引进和培育进口市场主体。

十六、2022世界进口发展指数

基于进口规模、进口质量、进口贡献、进口稳定、进口增长和进口自由化等6个维度，本书构建了世界进口发展指数。统计结果发现，2022年，在世界进口规模前50大国家（或地区）中，世界进口发展指数居前10位的国家分别为新加坡、荷兰、德国、瑞士、比利时、美国、斯洛伐克、斯洛文尼亚、捷克和匈牙利；世界进口发展指数居后10位的国家分别为印度尼西亚、墨西哥、秘鲁、哥伦比亚、巴西、俄罗斯、智利、印度、阿根廷和巴基斯坦；中国进口发展指数排第23位，比2021年下降12位；瑞士、英国和加拿大的进口发展指数排名大幅上升，南非和俄罗斯的进口发展指数排名大幅下降。

从世界进口规模前50大国家（或地区）的洲际分布来看，欧洲包含荷兰、德国等23个国家，亚洲包含新加坡、中国、日本等15个国家或地区，北美洲包含美国、加拿大等3个国家，南美洲包含秘鲁、哥伦比亚等5个国家，非洲包含摩洛哥、埃及等3个国家，大洋洲包括澳大利亚1个国家。

十七、2022中国进口发展指数

从中国省份进口发展指数来看，2022年，排名前五的省份依次为北京市、上海市、广东省、浙江省、天津市。不同省份进口发展指数差异较大，东部省份进口发展表现整体优于西部及中部省份，排名较为靠前，表现出较大的进口发展潜力。16个省份的进口发展指数排名相较2021年有所下降，10个省份的进口发展指数排名相较2021年有所上升。

从中国城市进口发展指数来看，2022年，排名前十的城市依次为舟山市、深圳市、苏州市、厦门市、东营市、景德镇市、防城港市、吐鲁番市、东莞市、宁波市。不同城市进口发展情况差异较大，进口发展指数也存在较为明显的断层现象。

进一步分析2022年城市进口发展指数前50强城市的省际分布发现，全国城市进口发展指数前50强城市的省际分布极不均衡，其中，山东省7个城市入围全国城市进口发展指数前50强，是入围城市最多的省份。广东、浙江、江苏各有5个城市入围，广西有4个城市入围。

第一章　中国货物贸易进口发展的情况

自加入世界贸易组织以来，中国货物进口规模整体呈现出快速增长的发展态势，在全球进口贸易中的地位显著提升，已经连续 14 年成为世界第二大进口国。本章首先详细分析了 2001—2022 年中国进口贸易的发展情况，其次分析了中国进口来源地结构的发展情况，最后重点分析了中国从俄罗斯、东盟和 RCEP 成员国的进口情况，以期对中国进口贸易的整体发展历程有一个全面清晰的认识。

第一节　中国进口发展的总体情况

一、中国进口规模

（一）中国在世界进口贸易中的地位

自 2001 年中国加入 WTO 以来，中国货物进口规模整体呈现出指数级增长的发展态势。如图 1－1 所示，2001—2022 年，中国进口规模从 2435. 53 亿美元跃升至 27159. 99 亿美元，2022 年大约是 2001 年的 11 倍，年均增长率达 12. 17%，高于同期全球货物进口 6. 83%的年均增速。中国进口规模的发展大致经历了三个阶段：

（1）高速增长阶段。2001—2008 年，中国进口规模从 2435. 53 亿美元逐年攀升至 11325. 62 亿美元，年均增长率高达 24. 55%。

（2）缓慢增长阶段。由于全球金融危机爆发，2009 年中国进口规模有所下降，但是，2010—2014 年，中国进口规模恢复增长趋势，从 13962. 47 亿美元逐年增加至 19592. 35 亿美元，年均增长 8. 84%。

（3）波动上升阶段。2015—2022 年，中国进口规模从 16795. 64 亿美元增加至 27159. 99 亿美元，年均增长 7. 11%，其中，2021 年，中国进口规模大幅增长至 26871. 43 亿美元，同比增长了 30. 07%，2022 年，中国进口规模延续增长态势，达到历史最高值，同比增长了1.07%。

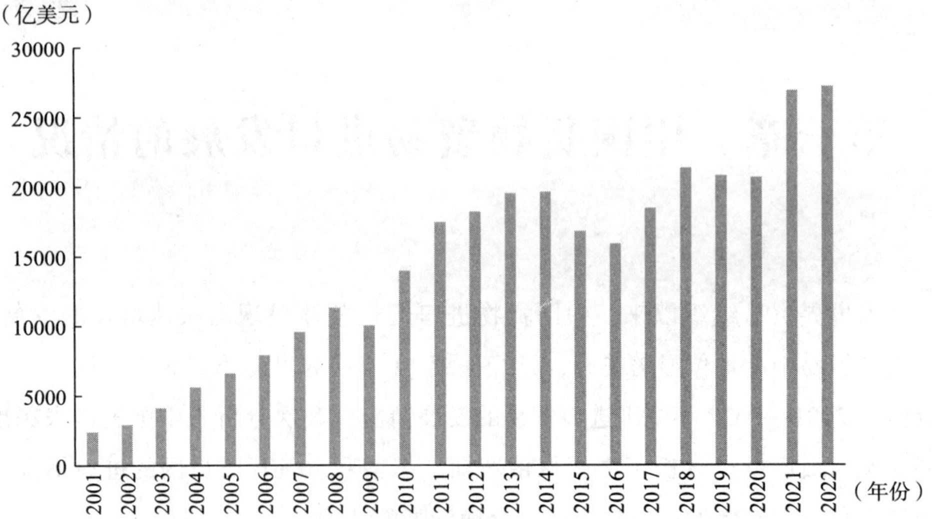

图1-1　2001—2022年中国进口总额

数据来源：国家统计局。

（二）中国在世界进口贸易中的地位

中国进口占世界进口贸易的比重总体呈现出持续上升的态势。如表1-1所示，2001年，中国进口占世界进口贸易的比重仅为3.8%，此后在波动中逐步上升，于2021年上升至11.89%的最高值，2022年，中国进口占世界进口贸易的比重为10.58%。

与世界主要国家（或地区）相比，中国进口占世界进口贸易的比重增加最多。具体来看，如表1-1和表1-2所示，与2001年相比，2022年中国占世界进口总额的比重增加了6.78%，韩国增加了0.65%，美国（-5.25%）、欧盟（-4.30%）、英国（-2.11%）、日本（-1.95%）、法国（-1.94%）、德国（-1.47%）和意大利（-1.00%）等国家和地区都是下降的。可见，中国凭借自身超大规模市场，成为全球经贸的"稳定器"。

中国占世界进口总额的比重与欧盟、美国所占比重之间的差距大幅缩小。如表1-1和表1-2所示，2001年，欧盟占世界进口总额的比重为33.40%，中国占世界进口总额的比重比欧盟低29.60%，2022年，欧盟占世界进口总额的比重降至29.10%，中国占世界进口总额的比重与欧盟所占比重的差额缩减至18.52%，比2001年减少11.08%。与此同时，2001年，美国占世界进口总额的比重为18.40%，中国占世界进口总额的比重比美国低14.60%，2022年，美国占世界进口总额的比重降至13.15%，中国占世界进口总额的比重与美国所占比重的差额缩减至2.57%，比2001年大幅减少12.03%。

中国在世界进口贸易中的排名稳步上升，自2009年以来，中国已经连续14年成为世界第二大进口国。具体来看，如表 1-1 所示，2001 年，中国进口居世界进口贸易第 6 位；2003 年，中国超越日本和法国，成为世界第四大进口国；2004 年，中国再次超越英国，成为世界第三大进口国；2009 年，中国再次超越德国，成为世界第二大进口国，仅次于美国；截至 2022 年，中国已经连续 14 年稳居世界第二大进口国的地位。

从世界前十大进口国（或地区）的排名来看，中国的排名变化是较大的，上升了 4 位。如表 1-3 所示，2001 年，世界前十大进口国（或地区）依次为美国、德国、日本、英国、法国、中国、意大利、加拿大、荷兰和中国香港，2022 年，世界前十大进口国（或地区）依次为美国、中国、德国、荷兰、日本、英国、法国、韩国、印度和意大利。

表 1-1　2001—2022 年中国进口占世界进口贸易的比重及排名

年份	中国进口占世界进口贸易的比重/%	中国进口的世界排名
2001	3. 80	6
2002	4. 43	6
2003	5. 31	4
2004	5. 92	3
2005	6. 12	3
2006	6. 40	3
2007	6. 70	3
2008	6. 86	3
2009	7. 91	2
2010	9. 04	2
2011	9. 45	2
2012	9. 74	2
2013	10. 28	2
2014	10. 27	2
2015	10. 04	2
2016	9. 80	2
2017	10. 26	2
2018	10. 78	2
2019	10. 75	2
2020	11. 56	2
2021	11. 89	2

续表

年份	中国进口占世界进口贸易的比重/%	中国进口的世界排名
2022	10.58	2

数据来源：WTO 数据库。

表 1-2　2001 年和 2022 年世界主要国家（或地区）占世界进口贸易的比重　（%）

国家（或地区）	2001 年	2022 年
加拿大	3.55	2.27
欧盟	33.40	29.10
美国	18.40	13.15
英国	5.32	3.21
德国	7.59	6.12
意大利	3.69	2.69
日本	5.45	3.50
韩国	2.20	2.85
法国	5.13	3.19

数据来源：WTO 数据库。

表 1-3　2001 年和 2022 年世界前十大进口国（或地区）

排名	2001年	2022年
1	美国	美国
2	德国	中国
3	日本	德国
4	英国	荷兰
5	法国	日本
6	中国	英国
7	意大利	法国
8	加拿大	韩国
9	荷兰	印度
10	中国香港	意大利

数据来源：WTO 数据库。

二、中国进口贸易主体

民营企业进口比重稳步提升，连续 2 年成为中国第一大进口主体。如表 1-4 和图 1-2 所示，2001 年，民营企业进口额为 142. 21 亿美元，占中国进口总额的比重仅为 5. 84%，此后不断上升；2013 年，民营企业超过国有企业，成为中国第二大进口主体，进口额为 5761. 83 亿美元，占中国进口总额的比重增加至 29. 55%；2021 年，民营企业再次超过外商投资企业，成为中国第一大进口主体，进口额为 10188. 28 亿美元，占中国进口总额的比重高达 37. 91%；2022 年，民营企业进口额继续增长至 10312. 41 亿美元，占中国进口总额的比重增加至 37. 97%，连续 2 年成为中国第一大进口主体。总的来看，2001—2022 年，不仅民营企业进口额的增长幅度高于国有企业和外商投资企业，民营企业占比的增加幅度也高于国有企业和外商投资企业。具体来看，2001—2022 年，民营企业进口额大约增长了 72 倍，远高于国有企业和外商投资企业进口额的增长倍数（均低于 10），民营企业进口占中国进口总额的比重提升了 32. 13%，同期国有企业和外商投资企业进口占中国进口总额的比重均有所下降，分别下降了 15. 56%和 16. 57%。

随着民营企业的崛起，中国进口贸易主体分布从集中走向平衡。2001 年，中国进口贸易主体分布十分不平衡，外商投资企业和国有企业几乎垄断了中国进口贸易，占中国进口总额的比重分别高达 51. 66%和 42. 51%，民营企业进口占比不足 6%。2022 年，中国进口贸易主体分布发生了根本性改变，民营企业成为中国第一大进口贸易主体，占中国进口总额的比重为 37. 97%，外商投资企业是中国第二大进口贸易主体，占中国进口总额的比重为 35. 09%，国有企业是中国第三大进口贸易主体，占中国进口总额的比重为 26. 94%，三类企业占中国进口总额的比重均在 25%～40%，表明中国进口贸易主体分布更加平衡。

表 1-4　2001—2022 年中国各类企业的进口总额　（单位：亿美元）

年份	国有企业	外商投资企业	民营企业
2001	1035. 49	1258. 43	142. 21
2002	1144. 88	1602. 54	204. 61
2003	1424. 79	2318. 64	384. 93
2004	1764. 53	3243. 36	606. 33
2005	1972. 03	3874. 56	754. 59
2006	2252. 17	4724. 90	937. 54
2007	2702. 56	5600. 85	1256. 10

续表

年份	国有企业	外商投资企业	民营企业
2008	3537. 71	6194. 28	1593. 67
2009	2885. 55	5454. 05	1719. 67
2010	3875. 53	7380. 00	2706. 94
2011	4934. 03	8648. 26	3852. 55
2012	4954. 23	8712. 49	4517. 33
2013	4989. 86	8748. 20	5761. 83
2014	4910. 54	9093. 11	5588. 7
2015	4078. 35	8298. 87	4420. 38
2016	3608. 20	7704. 65	4561. 34
2017	4374. 36	8615. 76	5419. 70
2018	5473. 50	9320. 55	6562. 32
2019	5368. 57	8578. 48	6823. 92
2020	4582. 36	8653. 16	7320. 59
2021	6500. 27	10186. 74	10188. 28
2022	7317. 21	9530. 38	10312. 41

数据来源：中国海关总署。

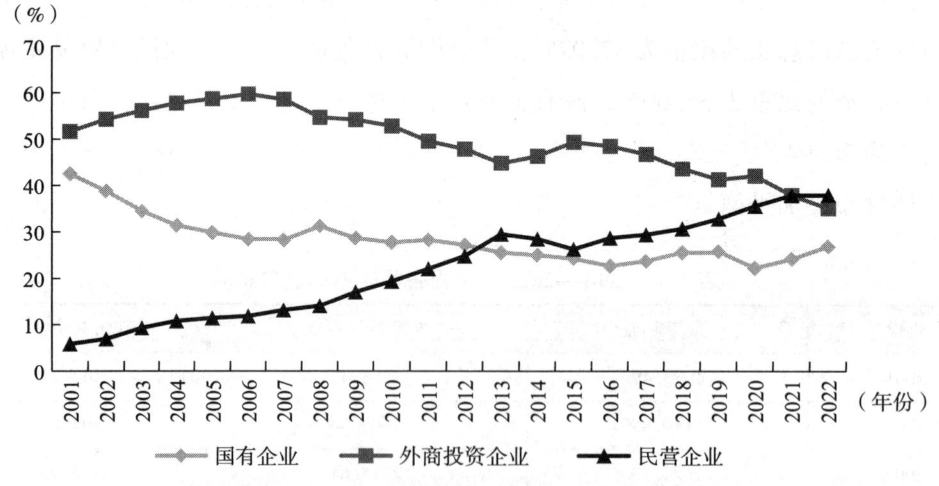

图 1-2　2001—2022 年中国各类企业的进口比重

数据来源：中国海关总署。

三、中国进口贸易方式

一般贸易进口的主导地位更加凸显。如表 1-5 和图 1-3 所示，一般贸易进口占比提升。2001—2022 年，一般贸易一直是中国第一大进口贸易方式，一般贸易进口规模从 1134.7 亿美元增加至 17359.62 亿美元，占中国进口总额的比重从 46.58%增加至 63.92%，大约上升了 17%。其中，2001—2007 年，一般贸易进口占比大体不变，保持在 45%左右；2008—2020 年，一般贸易进口占比始终高于 50%，总体呈上升态势。

表 1-5　2001—2022 年中国不同贸易方式的进口总额　（单位：亿美元）

年份	一般贸易	加工贸易	其他贸易
2001	1134.70	939.83	361.60
2002	1291.22	1222.16	438.65
2003	1877.00	1629.35	622.01
2004	2482.27	2217.41	914.55
2005	2797.19	2740.26	1063.74
2006	3331.81	3214.97	1367.83
2007	4286.48	3683.93	1589.08
2008	5720.93	3783.88	1820.86
2009	5344.73	3222.91	1491.59
2010	7679.78	4174.29	2108.40
2011	10074.64	4697.96	2662.24
2012	10218.19	4811.69	3154.17
2013	11097.18	4969.90	3432.81
2014	11095.13	5243.81	3253.40
2015	9231.88	4470.03	3093.73
2016	8990.13	3966.93	2917.14
2017	10827.59	4312.20	3270.03
2018	12739.25	4703.83	3913.29
2019	12567.37	4173.01	4030.60
2020	12422.97	4033.86	4099.29
2021	16769.73	4892.86	5212.71

续表

年份	一般贸易	加工贸易	其他贸易
2022	17359.62	4589.6	5210.77

数据来源：中国海关总署。

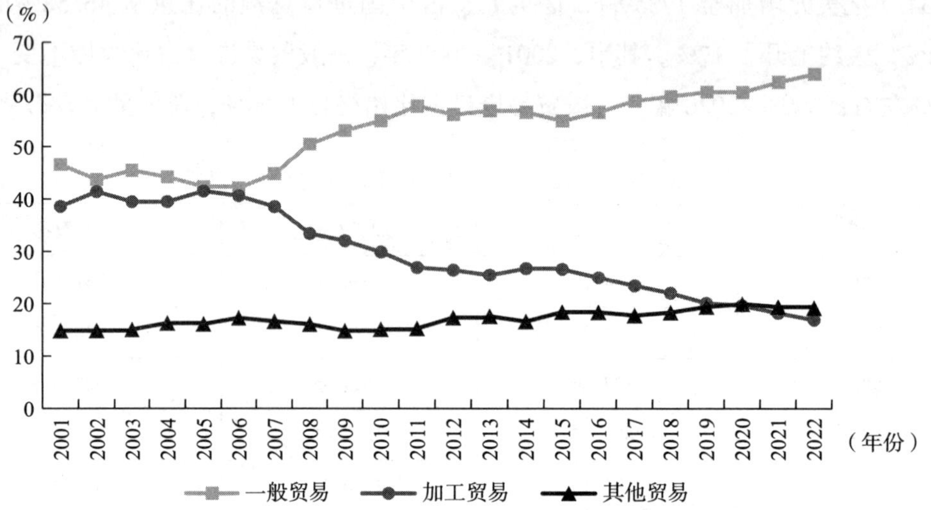

图 1-3　2001—2022 年中国不同贸易方式进口占比

数据来源：中国海关总署。

四、中国进口产品结构

机械运输设备一直是中国第一大进口产品。如表 1-6 所示，2001 年，中国进口的机械运输设备占中国总进口的比重最大，为 43.94%，2022 年，中国进口的机械运输设备占中国总进口的比重依然最大，为 33.22%，比 2001 年下降了 10.72%。与此同时，矿物燃料及润滑油占中国总进口的比重增加最多，从 2001 年的 7.17%增加至 2022 年的 19.71%，增加了 12.54%。

中国进口的各类产品金额都有所增加。2001—2022 年，机械运输设备进口金额增加最多，从 1070.15 亿美元增加至 9023.06 亿美元，2022 年大约是 2001 年的 8.43 倍；其他未分类商品进口金额增长幅度最大，从 16.76 亿美元增加至 844.34 亿美元，2022 年大约是 2001 年的 50.38 倍。

表 1-6 2001 年和 2022 年中国进口产品结构情况

产品类型	2001 年		2022 年	
	进口额/亿美元	占中国总进口的比重/%	进口额/亿美元	占中国总进口的比重/%
食物及活动物	49.76	2.04	1311.14	4.83
饮料及烟类	4.12	0.17	70.69	0.26
非食用原料	221.27	9.09	4032.81	14.85
矿物燃料及润滑油	174.66	7.17	5352.91	19.71
动植物油脂及蜡	7.63	0.31	129.20	0.48
化学品及有关产品	321.04	13.18	2664.22	9.81
按原料分类的制成品	419.38	17.22	1985.76	7.31
机械运输设备	1070.15	43.94	9023.06	33.22
杂项制品	150.76	6.19	1745.82	6.43
其他未分类商品	16.76	0.69	844.34	3.11

数据来源：UN Comtrade 数据库。

五、中国进口来源地结构

(一) 中国从不同进口来源地的进口规模情况

中国进口来源地的数量有所增加。根据 UN Comtrade 数据库的数据，2001 年，中国同 184 个国家（或地区）开展进口贸易，2022 年，中国进口来源地数量增加至 219 个。

2022 年，中国大陆的前十大进口来源地分别是中国台湾、韩国、日本、美国、澳大利亚、俄罗斯、德国、马来西亚、巴西、越南。其中，中国台湾、韩国、日本、美国、澳大利亚、俄罗斯、德国、马来西亚等 8 个地区也在 2001 年中国前十大进口来源地之列。如表 1-7 所示，在中国的前十大进口来源地中，与 2001 年相比，2022 年，中国从巴西的进口占中国总进口的比重上升最多，提升了 3.07%，中国从澳大利亚的进口占比提升了 3%，中国从越南、马来西亚、俄罗斯的进口占比分别提升了 2.82%、1.50%、0.93%；与此同时，中国从日本进口占比下降最多，下降了 10.78%。

中国进口市场多元化趋势更加明显。如表 1-7 所示，中国从前十大进口来源地的合计进口金额占中国总进口的比重有所下降。2001 年，中国从前十大进口来源地的合计进口金额为 1676.32 亿美元，占中国总进口的比重为 68.83%；2022 年，中国从前十大进口来源地的合计进口金额为 14762.13 亿美元，占中国总进口的比重为 54.35%，比 2001 年下降了 14.48%。

表 1-7　2001 年和 2022 年中国前十大进口来源地情况

排名	2001 年			2022 年		
	国家（或地区）	进口额/亿美元	在中国总进口中占比/%	国家（或地区）	进口额/亿美元	在中国总进口中占比/%
1	日本	427.87	17.57	中国台湾★	2380.92	8.77
2	中国台湾	273.39	11.22	韩国★	1996.67	7.35
3	美国	262.17	10.76	日本★	1844.97	6.79
4	韩国	233.77	9.60	美国★	1789.57	6.59
5	德国	137.72	5.65	澳大利亚★	1420.91	5.23
6	中国香港	94.22	3.87	俄罗斯★	1141.49	4.20
7	俄罗斯	79.59	3.27	德国★	1113.98	4.10
8	马来西亚	62.04	2.55	马来西亚★	1098.79	4.05
9	澳大利亚	54.26	2.23	巴西	1095.22	4.03
10	新加坡	51.28	2.11	越南	879.61	3.24
合计		1676.32	68.83	合计	14762.13	54.35

数据来源：UN Comtrade 数据库。
注：★所注国家（或地区）在 2001 年和 2022 年均为中国的前十大进口来源地。

发展中国家（或地区）逐渐成为中国重要的进口来源地。在中国前十大进口来源地中，发展中国家（或地区）数量有所增多，2001 年，中国台湾、中国香港、俄罗斯和马来西亚等 4 个发展中国家（或地区）在中国的前十大进口来源地之列；2022 年，中国台湾、俄罗斯、马来西亚、巴西和越南等 5 个发展中国家（或地区）在中国的前十大进口来源地之列。与此同时，在中国前十大进口来源地中，发展中国家（或地区）合计进口金额占中国总进口的比重有所增加，从 2001 年的 20.91%增加至 2022 年的 24.29%，增加了 3.38%。

总的来看，中国一直以来积极倡导的进口市场多元化战略取得了显著的成效，中国逐渐增加了从俄罗斯、马来西亚、巴西和越南等发展中国家的进口。

（二）中国在进口来源地出口中的地位

自 2001 年以来，中国逐渐在世界各国（或地区）出口中占据重要位置，日益成为世界各国（或地区）的主要出口市场。具体来看：

第一，将中国作为第一大出口市场的国家（或地区）数量大幅增加。目前，中国是 44 个国家（或地区）的第一大出口市场。如表 1-8 所示，根据 CEPII 数据库的数据，2001 年，在可获得的 239 个国家（或地区）向中国出口的数据中，中国是 36 个国家（或地区）的前五大出口市场，其中，中国是 3 个国家（或地区）的第一大出口市场、9 个国家（或地区）的第二大出口市场、6 个国家（或地区）的第三大出口市场、9 个国家（或地区）的第四大出口市场、9 个国家（或地区）的第五大出口市场。如表 1-9 所示，2021 年，在可获得的 226 个国家（或地区）向中国出口的数据中，中国是 104 个国家（或地区）的前五大出口市场，其中，中国是 44 个国家（或地区）的第一大出口市场、25 个国家（或地区）的第二大出口市场、14 个国家（或地区）的第三大出口市场、7 个国家（或地区）的第四大出口市场、14 个国家（或地区）的第五大出口市场。总的来看，2001—2021 年，将中国作为第一大出口市场的国家（或地区）数量从 3 个提升到 44 个，将中国作为前五大出口市场的世界国家（或地区）数量从 36 个提升到 104 个。

表 1-8 2001 年中国是前五大出口市场的出口国家（或地区）分布情况

中国在各国（或地区）出口市场中的排名	出口国家（或地区）数量	出口国家（或地区）名称
1	3	蒙古、中国香港、苏丹
2	9	也门、越南、中国澳门、中国台湾、安哥拉、朝鲜、日本、赤道几内亚、韩国
3	6	巴基斯坦、未指定的其他南美洲地区、阿曼、秘鲁、刚果（布）、加蓬
4	9	阿根廷、乌拉圭、俄罗斯、哈萨克斯坦、中美洲和加勒比海地区、加拿大、智利、缅甸、伊朗
5	9	印度尼西亚、马来西亚、卡塔尔、所罗门群岛、泰国、澳大利亚、津巴布韦、古巴、新西兰

数据来源：CEPII 数据库。

表 1-9 2021 年中国是前五大出口市场的出口国家（或地区）分布情况

中国在各国（或地区）出口市场中的排名	出口国家（或地区）数量	出口国家（或地区）名称
1	44	缅甸、所罗门群岛、东帝汶、格鲁吉亚、塞拉利昂、中国香港、南苏丹、刚果（金）、智利、哈萨克斯坦、伊朗、巴西、澳大利亚、土库曼斯坦、古巴、南非、巴拿马、中国台湾、委内瑞拉、印度尼西亚、阿曼、朝鲜、沙特阿拉伯、毛里塔尼亚、秘鲁、刚果（布）、加蓬、菲律宾、新喀里多尼亚、科威特、赤道几内亚、日本、乌拉圭、新西兰、乌克兰、俄罗斯、卡塔尔、喀麦隆、厄立特里亚、蒙古、冈比亚、马来西亚、安哥拉、韩国

续表

中国在各国（或地区）出口市场中的排名	出口国家（或地区）数量	出口国家（或地区）名称
2	25	乌兹别克斯坦、加拿大、巴布亚新几内亚、厄瓜多尔、伊拉克、阿根廷、赞比亚、中国澳门、巴基斯坦、莫桑比克、格陵兰、苏丹、老挝、吉布提、亚美尼亚、泰国、以色列、阿拉伯联合酋长国、中非共和国、哥伦比亚、纳米比亚、新加坡、越南、也门、密克罗尼西亚联邦
3	14	文莱、塔吉克斯坦、马达加斯加、德国、几内亚、多哥、墨西哥、特立尼达和多巴哥、美属维尔京群岛、列支敦士登、津巴布韦、柬埔寨、斐济、印度
4	7	丹麦、爱尔兰、多米尼加、马里、阿拉伯利比亚民众国、贝宁、塞内加尔
5	14	库克群岛、斯瓦尔巴群岛、尼日利亚、尼泊尔、阿富汗、乍得、芬兰、加纳、阿尔巴尼亚、约旦、马耳他、白俄罗斯、瓦努阿图、布基纳法索

数据来源：CEPII 数据库。

第二，将20%以上的产品出口至中国的国家（或地区）数量显著增加。目前，中国占42个国家（或地区）出口总额的比重超过20%。如表1-10所示，2001年，在可获得数据的239个国家（或地区）中，中国在154个国家（或地区）出口总额中的比重不足5%，在29个国家（或地区）出口总额中的比重高于5%，在4个国家（或地区）出口总额中的比重高于20%，分别是苏丹、蒙古、赤道几内亚、中国香港。2021年，在可获得数据的226个国家（或地区）中，中国在96个国家（或地区）出口总额中的比重高于5%，其中，在27个国家（或地区）出口中的比重处于5%~10%，在27个国家（或地区）出口中的比重处于10%~20%，在18个国家（或地区）出口中的比重处于20%~30%，在24个国家（或地区）出口中的比重高于30%。其中，中国占蒙古、刚果（金）、土库曼斯坦、所罗门群岛、安哥拉、厄立特里亚、新喀里多尼亚、南苏丹出口的比重均高于50%，分别为73.13%、68.00%、66.94%、59.03%、58.81%、57.08%、55.21%和53.16%。总的来看，2001—2021年，将20%以上的产品出口至中国的国家（或地区）数量显著增加，从4个增加至42个。

表1-10　2001年和2021年中国占各国（或地区）出口比重的区间分布情况

中国占各国（或地区）出口比重的区间分布	2001年出口国家（或地区）数量	2021年出口国家（或地区）数量
0	56	20
(0，5%]	154	110

续表

中国占各国（或地区）出口比重的区间分布	2001 年出口国家（或地区）数量	2021 年出口国家（或地区）数量
(5%，10%]	17	27
(10%，20%]	8	27
(20%，30%]	2	18
30%以上	2	24
总计	239	226

数据来源：CEPII 数据库。

第三，中国占世界大多数国家（或地区）出口总额的比重显著增加。2001—2021年，中国占 191 个国家（或地区）出口的比重都有所增加，其中，占 6 个国家（或地区）出口比重的增加幅度超过 50%，分别是刚果（金）、土库曼斯坦、厄立特里亚、新喀里多尼亚、南苏丹、所罗门群岛。2022 年，在中国的前十大进口来源地中，中国占澳大利亚、巴西、韩国、中国台湾出口的比重均高于 20%，分别为 24.95%、26.82%、22.79%、25.25%，占日本出口的比重为 19.36%，占马来西亚出口的比重为 13.57%，占美国出口的比重为 7.46%，占德国出口的比重为 6.81%，整体来看，中国占前十大进口来源地出口的比重比 2001 年均有所增加。与此同时，中国是澳大利亚、巴西、日本、韩国、中国台湾的第一大出口市场，是马来西亚的第二大出口市场，是美国的第三大出口市场，是德国的第四大出口市场。

第二节　中国从俄罗斯进口的情况

中俄互为最大邻国，同为主要新兴市场国家，中俄两国之间一直保持着友好的贸易往来。随着全球经济格局的不断变化，中俄贸易关系日益紧密，中国从俄罗斯的进口贸易迅速增长，中国已经连续 13 年稳居俄罗斯第一大贸易伙伴国。2020 年以来，中国加大从俄罗斯的粮食、石油和天然气进口，中国从俄罗斯的进口贸易实现跨越式发展。目前，俄罗斯已经超过沙特阿拉伯，成为中国最大的石油供应国。

一、中国从俄罗斯的进口规模情况

中国从俄罗斯的进口规模总体上表现为上升的趋势。如表 1-11 所示，2001—2022年，中国从俄罗斯的进口总额从 79.59 亿美元增长至 1141.49 亿美元，2022 年大约是

2001 年的 14.34 倍，年均增长率为 13.52%。其中，2001—2012 年，中国从俄罗斯的进口总额呈现出缓慢增长态势，年均增长率为 16.85%，2013—2016 年，整体呈现出下降趋势，2017—2022 年，恢复高速增长趋势，年均增长率为 22.49%。值得注意的是，2021 年，中国从俄罗斯的进口总额比 2020 年增长了 38.11%，2022 年，中国从俄罗斯的进口总额同比增长率高达 44.55%。

表 1-11　2001—2022 年中国从俄罗斯的进口规模情况

年份	进口额/亿美元	同比增长/%	占中国总进口的比重/%	在中国进口来源地中的排名
2001	79.59	—	3.27	7
2002	84.07	5.63	2.85	8
2003	97.28	15.72	2.36	9
2004	121.27	24.66	2.16	8
2005	158.90	31.03	2.41	9
2006	175.54	10.47	2.22	11
2007	196.89	12.16	2.06	10
2008	238.33	21.05	2.10	11
2009	212.83	-10.70	2.12	11
2010	259.14	21.76	1.86	11
2011	403.63	55.76	2.32	10
2012	441.38	9.35	2.43	11
2013	396.68	-10.13	2.03	12
2014	415.94	4.85	2.12	11
2015	332.59	-20.04	1.98	11
2016	322.60	-3.00	2.03	13
2017	413.90	28.30	2.24	11
2018	588.87	42.27	2.76	10
2019	602.57	2.33	2.91	11
2020	571.81	-5.11	2.78	11
2021	789.71	38.11	2.94	10
2022	1141.49	44.55	4.20	6

数据来源：UN Comtrade 数据库。

中国从俄罗斯进口占中国总进口的比重总体上呈现出先下降、后上升的发展趋势。2001 年，中国从俄罗斯进口占中国总进口的比重为 3.27%，此后不断下降，于 2010 年降至最低点 1.86%。整体来看，2011—2022 年，中国从俄罗斯进口占中国总进口的比重呈现波动上升趋势，2022 年上升至 4.2%，比 2011 年提升了 2.34%。

2022 年，俄罗斯上升为中国的第六大进口来源地。2001 年，俄罗斯为中国的第七大进口来源地，此后，俄罗斯在中国进口来源地中的排名有所下降，2021 年，俄罗斯为中国的第十大进口来源地，2022 年，随着中国从俄罗斯进口规模的大幅增加，俄罗斯上升为中国的第六大进口来源地。

中国进口对俄罗斯出口作出了重要的贡献。一方面，中国成为俄罗斯的第一大出口市场。2001 年，中国是俄罗斯的第三大出口市场，仅次于德国和意大利。2021 年，中国上升为俄罗斯的第一大出口市场。另一方面，中国占俄罗斯出口的比重稳步提升。如图 1-4 所示，2001 年，中国占俄罗斯出口的比重为 5.6%，低于德国（9.21%）3.61%，低于意大利（7.41%）1.81%，2021 年，中国占俄罗斯出口的比重提升至 13.95%，比 2001 年提升了 8.35%，比俄罗斯的第二大出口市场荷兰的占比高 5.39%。

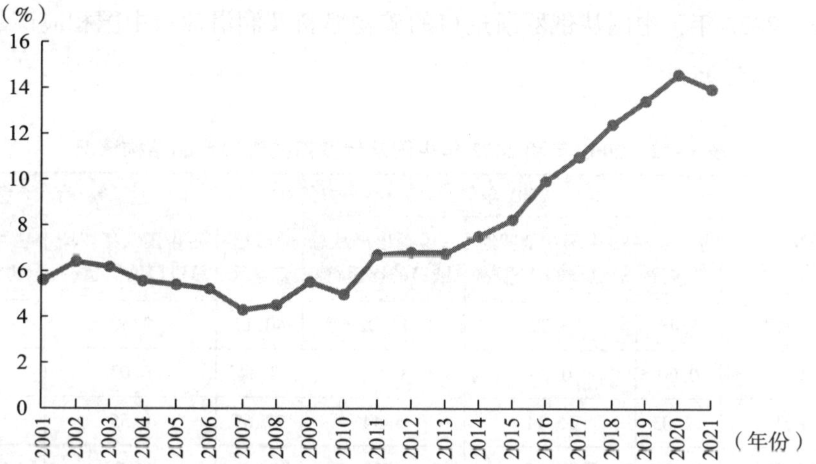

图 1-4 2001—2021 年中国占俄罗斯出口的比重

数据来源：UN Comtrade 数据库。

注：截至本书成稿之日，UN Comtrade 数据库尚未公布 2022 年俄罗斯的出口数据。

二、中国从俄罗斯的进口产品结构情况

表 1-12 是 2001 年和 2022 年中国从俄罗斯的进口产品结构情况，可以看出，中国从俄罗斯的进口产品结构发生了变化。具体如下：

第一，中国从俄罗斯进口的第一大产品从机械运输设备转变为矿物燃料及润滑油。如表 1-12 所示，2001 年，机械运输设备是中国从俄罗斯进口的第一大产品，进口额为 22.56 亿美元，占中国从俄罗斯总进口的比重为 28.35%。2022 年，机械运输设备进口

额为 4.86 亿美元，所占比重下降最多，从 2001 年的 28.35%降至 0.43%，下降了 27.92%。2001 年，矿物燃料及润滑油是中国从俄罗斯进口的第五大产品，占中国从俄罗斯总进口的比重高达 10.15%。2022 年，矿物燃料及润滑油上升为中国从俄罗斯进口的第一大产品，进口额为 853.78 亿美元，占中国从俄罗斯总进口的比重高达 74.8%。也就是说，矿物燃料及润滑油占中国从俄罗斯总进口的比重显著增加，2001—2022 年上升了 64.65%。

第二，中国从俄罗斯进口的机械运输设备、杂项制品金额均有所下降。中国从俄罗斯进口的机械运输设备从 2001 年的 22.56 亿美元减少至 2022 年的 4.86 亿美元，中国从俄罗斯进口的杂项制品从 2001 年的 1.7 亿美元减少至 2022 年的 1.46 亿美元。中国从俄罗斯进口的其他产品金额均有所增加。

第三，中国对俄罗斯进口依赖度最高的产品从食物及活动物转变为矿物燃料及润滑油。2001 年，中国从俄罗斯进口的食物及活动物占中国相应产品总进口的比重最大，为 11.02%；2022 年，中国从俄罗斯进口的矿物燃料及润滑油占中国相应产品总进口的比重最大，为 15.95%。

表 1-12　2001 年和 2022 年中国从俄罗斯的进口产品结构情况

产品类型	2001 年			2022 年		
	进口额/亿美元	占中国从俄罗斯总进口的比重/%	占中国该产品总进口的比重/%	进口额/亿美元	占中国从俄罗斯总进口的比重/%	占中国该产品总进口的比重/%
食物及活动物	5.48	6.89	11.02	40.17	3.52	3.06
饮料及烟类	0.00	0.00	0.03	0.34	0.03	0.47
非食用原料	12.03	15.11	5.44	97.65	8.55	2.42
矿物燃料及润滑油	8.08	10.15	4.63	853.78	74.80	15.95
动植物油脂及蜡	0.00	0.00	0.02	12.93	1.13	10.01
化学品及有关产品	12.30	15.45	3.83	26.71	2.34	1.00
按原料分类的制成品	16.64	20.90	3.97	99.70	8.73	5.02
机械运输设备	22.56	28.35	2.11	4.86	0.43	0.05
杂项制品	1.70	2.13	1.13	1.46	0.13	0.08
其他未分类商品	0.80	1.01	4.79	3.89	0.34	0.46

数据来源：UN Comtrade 数据库。

第三节 中国从东盟进口的情况

2022年是中国东盟全面战略伙伴关系开局之年，双方经贸往来更加密切，随着RCEP红利释放，中国—东盟自贸区建设深入推进，中国和东盟互为最大贸易伙伴的地位得到进一步巩固，中国与东盟连续3年互为最大贸易伙伴。东盟已成为拉动我国进口贸易增长的重要力量，2022年，中国从东盟进口贸易增长强劲，同比增长了3.26%。

一、中国从东盟的进口规模情况

中国从东盟的进口规模整体上呈现出稳步上升趋势。如表1-13所示，2001—2022年，中国从东盟的进口规模从232.15亿美元增加到4080.54亿美元，年均增长率为14.63%，2022年大约是2001年的17.58倍。其中，2001—2014年，中国从东盟的进口规模大体呈现增长趋势，年均增长率高达18.38%；2015年，中国从东盟的进口规模出现一定程度的下降；2016—2022年，中国从东盟的进口规模恢复增长态势，年均增长率为12.97%。值得注意的是，2021年，中国从东盟的进口规模增速较快，同比增长了31.34%，2022年，中国从东盟的进口规模同比增长了3.26%。

东盟在中国进口来源地中的地位整体上升。2001—2022年，中国从东盟的进口占中国总进口的比重整体呈现上升趋势，从9.53%增长到15.02%，增加了5.49%。其中，2001—2015年，中国从东盟的进口占中国总进口的比重基本保持不变；2016—2022年，中国从东盟的进口占中国总进口的比重稳步提升，并于2022年达到历史最高值15.02%。此外，到2020年，东盟首次成为中国的第一大贸易伙伴，到2022年，东盟已经连续3年是中国第一大贸易伙伴。

中国进口对东盟总出口的贡献显著提升。2001—2022年，中国从东盟的进口占东盟总出口的比重大体呈现直线式上升的态势，2001年，中国从东盟的进口占东盟总出口的比重为4.33%，2021年增加至16.45%的最高值。2022年，中国从东盟的进口占东盟总出口的比重为14.6%，比2021年下降了1.85%。

表1-13 2001—2022年中国从东盟的进口规模情况

年份	进口额/亿美元	同比增长/%	占中国总进口的比重/%	占东盟总出口的比重/%
2001	232.15	—	9.53	4.33
2002	311.97	34.38	10.57	5.40

续表

年份	进口额/亿美元	同比增长/%	占中国总进口的比重/%	占东盟总出口的比重/%
2003	473.28	51.71	11.47	6.67
2004	629.67	33.05	11.22	7.29
2005	749.94	19.10	11.36	8.10
2006	895.27	19.38	11.31	8.68
2007	1085.09	21.20	11.35	9.18
2008	1170.03	7.83	10.33	9.00
2009	1067.14	-8.79	10.61	10.15
2010	1546.78	44.95	11.08	10.74
2011	1930.21	24.79	11.07	11.43
2012	1958.68	1.48	10.77	11.33
2013	1995.59	1.88	10.23	12.02
2014	2082.40	4.35	10.63	11.86
2015	1944.75	-6.61	11.58	12.39
2016	1963.07	0.94	12.36	12.48
2017	2359.51	20.19	12.80	14.21
2018	2690.90	14.05	12.60	13.87
2019	2816.73	4.68	13.61	14.28
2020	3008.72	6.82	14.64	15.73
2021	3951.54	31.34	14.72	16.45
2022	4080.54	3.26	15.02	14.60

数据来源：UN Comtrade 数据库。

2022 年，马来西亚和越南是中国从东盟进口的前两大进口来源地。如表 1-14 所示，2022 年，中国从马来西亚、越南的进口规模分别为 1098.79 亿美元、879.61 亿美元，占中国从东盟进口总额的比重分别为 26.93%、21.56%。中国从马来西亚和越南的合计进口金额占中国从东盟进口总额的比重高达 48.48%，占中国从世界进口总额的比重为 7.28%。2022 年，马来西亚是中国的第八大进口来源地，越南是中国的第十大进口来源地。

表 1-14 2022 年中国从东盟各国的进口规模情况

排名	国家	进口额/亿美元	占中国从东盟进口的比重/%	占中国从世界进口的比重/%	在中国进口来源地中的排名
1	马来西亚	1098.79	26.93	4.05	8
2	越南	879.61	21.56	3.24	10
3	印度尼西亚	777.70	19.06	2.86	12
4	泰国	565.18	13.85	2.08	13
5	新加坡	339.58	8.32	1.25	21
6	菲律宾	230.46	5.65	0.85	27
7	缅甸	114.94	2.82	0.42	37
8	老挝	33.42	0.82	0.12	66
9	文莱	22.48	0.55	0.08	72
10	柬埔寨	18.39	0.45	0.07	75

数据来源：UN Comtrade 数据库。

二、中国从东盟的进口产品结构情况

表 1-15 是 2001 年和 2022 年中国从东盟的进口产品结构情况，从中可以看出，中国从东盟的进口产品结构相对稳定。具体如下：

第一，中国从东盟进口的各类产品金额都有所增加。2001—2022 年，中国从东盟进口的机械运输设备金额增加最多，从 104.15 亿美元增加至 1476.4 亿美元，2022 年大约是 2001 年的 14.18 倍。中国从东盟进口的其他未分类商品金额增长幅度最大，从 2001 年的 0.58 亿美元增加至 2022 年的 57.15 亿美元，2022 年大约是 2001 年的 98.53 倍。

第二，机械运输设备一直是中国从东盟进口的第一大产品。2001 年，中国从东盟进口的机械运输设备占中国从东盟总进口的比重为 44.86%，2022 年，中国从东盟进口的机械运输设备占中国从东盟总进口的比重为 36.18%，比 2001 年下降了 8.68%。与此同时，杂项制品占中国从东盟总进口的比重增加最多，从 2001 年的 2.22%增加至 2022 年的 10.02%，增长了 7.8%。

第三，动植物油脂及蜡一直是中国对东盟进口依赖度最高的产品。2001 年，中国从东盟进口的动植物油脂及蜡占中国该产品总进口的比重最大，高达 75.37%，2022 年，这一比重依然最大，为 61.81%。

表 1-15 2001 年和 2022 年中国从东盟的进口产品结构情况

产品类型	2001 年			2022 年		
	进口额/亿美元	占中国从东盟总进口的比重/%	占中国该产品总进口的比重/%	进口额/亿美元	占中国从东盟总进口的比重/%	占中国该产品总进口的比重/%
食物及活动物	8.20	3.53	16.48	244.62	5.99	18.66
饮料及烟类	0.07	0.03	1.68	3.21	0.08	4.54
非食用原料	22.77	9.81	10.29	394.01	9.66	9.77
矿物燃料及润滑油	31.50	13.57	18.03	675.41	16.55	12.62
动植物油脂及蜡	5.75	2.48	75.37	79.86	1.96	61.81
化学品及有关产品	31.99	13.78	9.96	335.06	8.21	12.58
按原料分类的制成品	21.99	9.47	5.24	405.79	9.94	20.44
机械运输设备	104.15	44.86	9.73	1476.40	36.18	16.36
杂项制品	5.15	2.22	3.42	409.04	10.02	23.43
其他未分类商品	0.58	0.25	3.46	57.15	1.40	6.77

数据来源：UN Comtrade 数据库。

第四节 中国从 RCEP 成员国进口的情况

2022 年 1 月 1 日，RCEP 正式生效，2023 年 6 月 2 日，RCEP 对菲律宾正式生效，至此，RCEP 协定对 15 个签署国全面生效。RCEP 区域总人口、GDP 总值、货物贸易金额占全球的比重均约为 30%，RCEP 全面生效标志着全球人口最多、经贸规模最大、最具发展潜力的自由贸易区进入全面实施的新阶段，为我国扩大从 RCEP 成员国进口提供强劲助力。

一、中国从 RCEP 成员国的进口规模情况

中国从 RCEP 成员国的进口规模整体增加。如表 1-16 所示，2012—2022 年，中国从 RCEP 成员国的进口规模从 6328.08 亿美元增加到 9502.86 亿美元，年均增长率为 4.15%。其中，2012—2013 年，中国从 RCEP 成员国的进口规模保持增长趋势；2014—2016 年，中国从 RCEP 成员国的进口规模呈现下降态势；2017—2021 年，中国从 RCEP 成员国的进口规模恢复增长态势（2019 年除外）；2022 年，中国从 RCEP 成员国的进口规模同比下降 4.4%。

RCEP 成员国在中国进口来源地中的地位相对稳定。2012—2022 年，中国从 RCEP 成员国的进口占中国总进口的比重稳定在 35%左右，2012 年，中国从 RCEP 成员国的进口占中国总进口的比重为 34. 8%，2022 年，中国从 RCEP 成员国的进口占中国总进口的比重为 34. 99%。

中国进口对 RCEP 成员国出口的贡献略有提升。2012 年，中国从 RCEP 其他成员国的进口占 RCEP 其他成员国总出口的比重为 17. 33%，2020 年增加到 21. 39%的最高值，2022 年，中国从 RCEP 其他成员国的进口占 RCEP 其他成员国总出口的比重为 18. 65%，比 2012 年提升了 1. 32%。

表 1-16　2012—2022 年中国从 RCEP 成员国的进口规模情况

年份	进口额/亿美元	同比/%	占中国总进口的比重/%	占 RCEP 成员国总出口的比重/%
2012	6328. 08	—	34. 80	17. 33
2013	6520. 85	3. 05	33. 44	18. 43
2014	6684. 06	2. 50	34. 12	18. 13
2015	5919. 77	-11. 43	35. 25	18. 01
2016	5789. 88	-2. 19	36. 46	17. 84
2017	6836. 98	18. 09	37. 08	19. 15
2018	7702. 22	12. 66	36. 08	19. 61
2019	7588. 49	-1. 48	36. 68	19. 78
2020	7753. 96	2. 18	37. 72	21. 39
2021	9940. 07	28. 19	37. 03	21. 12
2022	9502. 86	-4. 40	34. 99	18. 65

数据来源：UN Comtrade 数据库。

2022 年，韩国、日本、澳大利亚、马来西亚和越南是中国从 RCEP 成员国进口的前五大进口来源地。如表 1-17 所示，2022 年，中国从韩国、日本、澳大利亚、马来西亚、越南的进口额分别为 1996. 67 亿美元、1844. 97 亿美元、1420. 91 亿美元、1098. 79 亿美元、879. 61 亿美元，中国从上述五国的进口占中国从 RCEP 成员国总进口的比重高达 76. 19%，占中国从世界进口的比重为 26. 66%。其中，中国从韩国的进口占中国从 RCEP 成员国总进口的比重高于 20%，为 21. 01%。此外，韩国、日本、澳大利亚、马来西亚和越南都位居中国的前十大进口来源地之列。

表 1-17　2022 年中国从 RCEP 成员国的进口规模及占比情况

排名	国家	进口额/亿美元	占中国从 RCEP 成员国总进口的比重/%	占中国从世界进口的比重/%	在中国进口来源地中的排名
1	韩国	1996. 67	21. 01	7. 35	2
2	日本	1844. 97	19. 41	6. 79	3
3	澳大利亚	1420. 91	14. 95	5. 23	5
4	马来西亚	1098. 79	11. 56	4. 05	8
5	越南	879. 61	9. 26	3. 24	10
6	印度尼西亚	777. 70	8. 18	2. 86	12
7	泰国	565. 18	5. 95	2. 08	13
8	新加坡	339. 58	3. 57	1. 25	21
9	菲律宾	230. 46	2. 43	0. 85	27
10	新西兰	159. 76	1. 68	0. 59	34
11	缅甸	114. 94	1. 21	0. 42	37
12	老挝	33. 42	0. 35	0. 12	66
13	文莱	22. 48	0. 24	0. 08	72
14	柬埔寨	18. 39	0. 19	0. 07	75

数据来源：UN Comtrade 数据库。

二、中国从 RCEP 成员国的进口产品结构情况

表 1-18 是 2001 年和 2022 年中国从 RCEP 成员国的进口产品结构情况。可以看出，中国从 RCEP 成员国的进口产品结构相对稳定。

第一，中国从 RCEP 成员国进口的各类产品金额都有所增加。2001—2022 年，中国从 RCEP 成员国进口的机械运输设备金额增加最多，从 424. 49 亿美元增加至 3752. 01 亿美元，2022 年大约是 2001 年的 8. 84 倍。中国从 RCEP 成员国进口的饮料及烟类的金额增长幅度最大，从 2001 年的 0. 17 亿美元增加至 2022 年的 9. 56 亿美元，2022 年大约是 2001 年的 56. 24 倍。

第二，机械运输设备一直是中国从 RCEP 成员国进口的第一大产品。2001 年，中国从 RCEP 成员国进口的机械运输设备总额占中国从 RCEP 成员国总进口的比重为 44. 43%，2022 年，这一比重为 39. 48%，比 2001 年下降了 4. 95%。与此同时，非食用原料进口占中国从 RCEP 成员国总进口的比重增加最多，从 2001 年的 7. 53%增加至 2022 年的 15. 8%，增加了 8. 27%。

第三，动植物油脂及蜡一直是中国对 RCEP 成员国进口依赖度最高的产品。2001 年，中国从 RCEP 成员国进口的动植物油脂及蜡占中国该产品总进口的比重最大，高达 86.04%，2022 年，这一比重依然最大，为 63.76%。

表 1-18 2001 年和 2022 年中国从 RCEP 成员国的进口产品结构情况

产品类型	2001 年			2022 年		
	进口额/亿美元	占中国从 RCEP 成员国总进口的比重/%	占中国该产品总进口的比重/%	进口额/亿美元	占中国从 RCEP 成员国总进口的比重/%	占中国该产品总进口的比重/%
食物及活动物	16.89	1.77	33.94	464.15	4.88	35.40
饮料及烟类	0.17	0.02	4.14	9.56	0.10	13.53
非食用原料	71.94	7.53	32.51	1501.73	15.80	37.24
矿物燃料及润滑油	56.61	5.93	32.41	927.79	9.76	17.33
动植物油脂及蜡	6.56	0.69	86.04	82.38	0.87	63.76
化学品及有关产品	137.17	14.36	42.72	1036.64	10.91	38.91
按原料分类的制成品	182.79	19.13	43.59	808.08	8.50	40.69
机械运输设备	424.49	44.43	39.67	3752.01	39.48	41.58
杂项制品	51.46	5.39	34.14	753.22	7.93	43.14
其他未分类商品	7.33	0.77	43.73	167.30	1.76	19.81

数据来源：UN Comtrade 数据库。

第五节 基本结论

一、中国进口发展的整体情况

自 2001 年中国加入 WTO 以来，中国货物进口规模整体呈现出指数级增长的发展态势。2001—2022 年，中国进口规模从 2435.53 亿美元跃升至 27159.99 亿美元，2022 年中国进口规模大约是 2001 年的 11 倍，年均增长率达 12.17%，高于同期全球货物进口 6.83%的年均增速。2021 年，中国进口规模大幅增长至 26871.43 亿美元，同比增长了 30.07%，2022 年，中国进口规模延续增长态势，达到历史最高值，同比增长了 1.07%。

中国进口占世界进口贸易的比重总体呈现出持续上升的态势。2001 年，中国进口占世界进口贸易的比重仅为 3.8%，此后在波动中逐步上升，于 2021 年上升至 11.89% 的最高值，2022 年，中国进口占世界进口贸易的比重为 10.58%。

中国在世界进口贸易中的排名稳步上升，自 2009 年以来，中国已经连续 14 年成为世界第二大进口国。2001 年，中国进口居世界进口贸易第 6 位；2003 年，中国超越日本和法国，成为世界第四大进口国；2004 年，中国再次超越英国，成为世界第三大进口国；2009 年，中国再次超越德国，成为世界第二大进口国，仅次于美国。截至 2022 年，中国已经连续 14 年稳居世界第二大进口国的地位。

民营企业进口比重稳步提升，连续 2 年成为中国第一大进口主体。2001 年，民营企业进口额占中国进口总额的比重仅为 5.84%，此后不断上升；2013 年，民营企业超过国有企业，成为中国第二大进口主体，占中国进口总额的比重增加至 29.55%；2021 年，民营企业再次超过外商投资企业，成为中国第一大进口主体，占中国进口总额的比重高达 37.91%；2022 年，民营企业进口额占中国进口总额的比重增加至 37.97%，连续 2 年成为中国第一大进口主体。

中国进口来源地的数量有所增加。根据 UN Comtrade 数据库的数据，2001 年，中国同 184 个国家（或地区）开展进口贸易，2022 年，中国进口来源地数量增加至 219 个。2022 年，中国大陆的前十大进口来源地分别是中国台湾、韩国、日本、美国、澳大利亚、俄罗斯、德国、马来西亚、巴西、越南，中国从前十大进口来源地的合计进口金额占中国总进口的比重为 54.35%。

中国逐渐在世界各国（地区）出口中占据重要位置，日益成为世界各国（地区）主要的出口市场。2001—2021 年，将中国作为第一大出口市场的世界国家（或地区）数量从 3 个提升到 44 个，将中国作为前五大出口市场的世界国家（或地区）数量从 36 个提升到 104 个。2001—2021 年，将 20%以上的产品出口至中国的国家（或地区）数量显著增加，从 4 个增加至 42 个。

二、中国从俄罗斯的进口情况

中国从俄罗斯的进口规模总体上表现为上升的趋势。2001—2022 年，中国从俄罗斯的进口总额从 79.59 亿美元增长至 1141.49 亿美元，2022 年大约是 2001 年的 14.34 倍，年均增长率为 13.52%。2021 年，中国从俄罗斯的进口总额同比增长了 38.11%，2022 年同比增长率高达 44.55%。

2022 年，俄罗斯上升为中国第六大进口来源地，矿物燃料及润滑油上升为中国从俄罗斯进口的第一大产品，进口额为 853.78 亿美元，占中国从俄罗斯总进口的比重高达 74.8%。与此同时，中国占俄罗斯出口的比重提升至 13.95%，比 2001 年提升了 8.35%，比俄罗斯第二大出口市场荷兰的占比高 5.39%。

三、中国从东盟的进口情况

中国从东盟的进口规模整体上呈现出稳步上升趋势。2001—2022 年，中国从东盟的进口规模从 232.15 亿美元增加至 4080.54 亿美元，年均增长率为 14.63%，2022 年大约是 2001 年的 17.58 倍。2021 年，中国从东盟的进口规模增速较快，同比增长了 31.34%，2022 年同比增长了 3.26%。

东盟在中国进口来源地中的地位整体上升。2001—2022 年，中国从东盟的进口规模占中国总进口规模的比重整体呈现上升趋势，从 9.53%增加至 15.02%；中国从东盟的进口占东盟总出口的比重大体呈直线上升的态势，2001 年，中国从东盟的进口占东盟总出口的比重为 4.33%，2021 年增加至 16.45%的最高值。2022 年，中国从东盟的进口占东盟总出口的比重为 14.6%。

2022 年，马来西亚和越南是中国从东盟进口的前两大进口来源地。2022 年，中国从马来西亚、越南的进口规模分别为 1098.79 亿美元、879.61 亿美元，占中国从东盟进口总额的比重分别为 26.93%、21.56%。中国从马来西亚和越南的合计进口金额占中国从东盟进口总额的比重高达 48.49%，占中国从世界进口总额的比重为 7.29%。2022 年，马来西亚是中国的第八大进口来源地，越南是中国的第十大进口来源地。

四、中国从 RCEP 成员国的进口情况

中国从 RCEP 成员国的进口规模整体增加。2012—2022 年，中国从 RCEP 成员国的进口规模从 6328.08 亿美元增加到 9502.86 亿美元，年均增长率为 4.15%。但是，RCEP 成员国在中国进口来源地中的地位相对稳定。2012—2022 年，中国从 RCEP 成员国的进口占中国总进口的比重稳定在 35%左右，2012 年这一比重为 34.8%，2022 年这一比重为 34.99%。

中国进口对 RCEP 成员国出口的贡献不断提升。2012 年，中国从 RCEP 其他成员国的进口占 RCEP 其他成员国总出口的比重为 17.33%，2020 年增加至 21.39%的最高值，2022 年的比重为 18.65%。2022 年，韩国、日本、澳大利亚、马来西亚和越南是中国从 RCEP 成员国进口的前五大进口来源地。中国从这五个国家的进口占中国从 RCEP

成员国总进口的比重高达76.19%，占中国从世界总进口的比重为26.66%。

机械运输设备一直是中国从 RCEP 成员国进口的第一大产品。2001 年，中国从 RCEP 成员国进口的机械运输设备占中国从 RCEP 成员国总进口的比重为 44.43%，2022 年这一比重为 39.48%。

第二章　中国进口关税的变化及国际比较

近年来，中国出台了一系列自主降低进口关税的新措施，为推动中国进口贸易高质量发展提供了重要动力，也让中国发展更好地惠及世界，促进世界各国共享中国大市场机遇。本章旨在分析中国进口关税水平、进口关税变化情况以及国际比较情况，以全面了解中国进口关税现状及特征。2001—2023 年，中国进口关税水平降幅巨大，从 15.3%降至 7.4%。经过多次主动降低关税，中国总体进口关税在世界主要经济体中处于中等水平，在世界主要发展中经济体中处于偏低水平。中国也是少数不断降低关税的国家。

第一节　中国进口关税变化分析

一、与关税相关的重要概念

本章参照世界银行 World Integrated Trade Solution（WITS）数据库的官方界定①，明确关税相关的重要概念，包括最惠国税率（most-favoured-nation tariff）、有效实施关税（effectively applied tariff）、简单平均适用税率（simple average applied tariff）、加权平均适用税率（weighted average applied tariff）、约束关税（bound tariff）和优惠关税（preferential tariff）。具体概念界定如下：

最惠国税率是对签署最惠国待遇条款的贸易协定国家实行的关税税率，也是 WTO 成员相互征收的最高税率。有效实施关税是指各国在边境对进出口货物实际征收的关税税率。一般来说，最惠国税率高于有效实施关税，一方面是因为一国对签署了关税联盟或自由贸易协定的国家实施优惠关税，另一方面是因为一国对部分产品如高科技产品实施了暂定税率，而这些优惠税率或暂定税率均低于最惠国税率。

---

① https：//wits. worldbank. org/wits/wits/witshelp/content/data_ retrieval/p/intro/c2. types_ of_ tariffs. htm.

最惠国税率和有效实施关税又可进一步分为简单平均适用税率和加权平均适用税率。其中，简单平均适用税率是把所有税目中所有商品的关税税率相加，然后除以税目总数所得的平均值，不考虑不同税目商品的进口价值；而加权平均适用税率是以每个税目产品在相应伙伴国家的进口额中所占比例为权重对税率进行加权计算得出的平均值。

约束关税是指当一个经济体申请加入 WTO，或成员方就关税水平进行谈判时，各成员方承诺的最高关税税率。约束关税并不一定是一个成员方对其他成员方产品适用的实际关税，成员方可以灵活地提高或降低关税水平，只要不超过约束关税水平。

优惠关税是指签署优惠贸易协定的经济体，按照协定给予成员方低于最惠国税率的税率。

二、数据说明

出于对数据可获取性的考虑，本章使用的进口关税与进口额相关数据主要来源于两个数据库。其中，2001—2023 年中国进口关税数据主要来源于 WTO Tariff Download Facility（TDF）数据库，2001—2022 年进口额数据来源于 UN Comtrade 数据库。此外，本章主要关注简单平均的最惠国税率，因此，如果没有特别说明，本章所指的进口关税均为最惠国税率中的简单平均适用税率。

三、中国进口关税调整及其变化情况

（一）中国进口关税总体水平

自 2001 年加入 WTO 以来，中国严格履行入世承诺和义务，逐年降低进口关税税率，关税水平显著下降。如表 2-1 所示，中国进口关税平均水平由 2001 年的 15.3%下降至 2023 年的 7.4%。具体来看，加入 WTO 以来，中国进口关税调整主要可以分为三个阶段：

第一个阶段是 2001—2010 年。2001—2005 年，按照《中华人民共和国加入议定书》中的要求，中国简单平均的最惠国税率在 2005 年末需要降低至 10%，因此，中国在这一时期的关税降幅最为明显，进口关税平均水平从 15.3%降至 9.9%；到 2010 年，进口关税平均水平已经降至 9.8%。

第二阶段是 2011—2017 年。这一时期中国的关税政策更加注重调整国内经济运行、推动对外贸易发展等目标，因此，中国进口关税平均水平在这一阶段维持在 9.8%。

第三阶段是2018年至今。根据国务院关税税则委员会公告，自2018年11月1日起，降低部分商品的最惠国税率，涉及1585个税目，平均税率由10.5%降至7.8%，涉及纺织品、机电设备及零部件等。其后，中国多次自主降低关税。因此，自2018年以来，中国进口关税平均水平一直不高于7.5%。

表2-1 2001—2023年中国平均进口关税水平 （%）

年份	2001	2002	2003	2004	2005	2006	2007	2008	2009	2010	2011	2012
关税平均水平	15.3	12.0	11.3	10.4	9.9	9.9	9.8	9.8	9.8	9.8	9.8	9.8
年份	2013	2014	2015	2016	2017	2018	2019	2020	2021	2022	2023	
关税平均水平	9.8	9.8	9.8	9.8	9.8	7.5	7.5	7.5	7.4	7.4	7.4	

数据来源：依据WTO Tariff Download Facility数据库整理得到。

从进口产品种类占比情况看，如表2-2所示，平均而言，2001—2023年，进口关税税率处于5%~10%的产品种类数最多，平均有40.86%的进口产品的关税税率处于5%~10%区间；其次为10%~25%的关税税率区间，平均有38.69%的进口产品的关税税率处于10%~25%区间；再次为0~5%的关税税率区间平均有10.37%的进口产品关税税率处于0~5%区间。具体来看，2001年进口产品关税税率处于10%~25%区间的产品种类数占比最大，为51.2%，即一半以上的产品进口关税税率处丁10%~25%，而2023年进口关税税率在10%~25%区间的产品种类数占比下降至18.76%，处于5%~10%区间的产品种类数占比最大，为59.60%，而2001年该比重仅为24.70%。

从产品进口额占比情况看，如表2-3所示，平均而言，2001—2022年，进口关税税率为0的产品进口额占比最高，为36.22%；其次为5%~10%的进口关税产品，进口额占比为25.06%；再次为0~5%的进口关税产品，进口额占比为18.17%。其中，2001年实施0关税的产品进口额占比仅为4.42%，2022年该比重提升至56.16%。2001年，进口关税税率为10%~25%的产品进口额占比最大，为48.21%，而2022年，这一比重下降至7.44%。

表2-2 2001—2023年不同进口税率区间的进口产品种类数占比情况 （%）

年份	关税税率≥50%	25%≤关税税率<50%	10%≤关税税率<25%	5%≤关税税率<10%	0<关税税率<5%	关税=0
2001	1.49	15.44	51.20	24.70	5.03	2.14
2002	0.77	5.44	47.88	32.59	10.11	3.21
2003	0.46	4.36	45.79	34.83	10.11	4.44

续表

年份	关税税率≥50%	25%≤关税税率<50%	10%≤关税税率<25%	5%≤关税税率<10%	0<关税税率<5%	关税=0
2004	0. 46	3. 88	44. 92	34. 67	11. 24	4. 82
2005	0. 46	3. 71	43. 84	35. 86	10. 01	6. 11
2006	0. 44	3. 73	43. 51	36. 17	10. 03	6. 11
2007	0. 46	3. 56	42. 99	37. 05	10. 25	5. 70
2008	0. 46	3. 56	42. 99	37. 05	10. 25	5. 70
2009	0. 46	3. 56	43. 01	37. 09	10. 19	5. 70
2010	0. 46	3. 56	43. 01	37. 01	10. 27	5. 70
2011	0. 46	3. 28	42. 08	36. 57	11. 21	6. 40
2012	0. 52	3. 45	43. 68	36. 51	10. 04	5. 80
2013	0. 52	3. 43	43. 69	36. 50	10. 06	5. 80
2014	0. 52	3. 43	43. 69	36. 50	10. 06	5. 80
2015	0. 52	3. 43	43. 70	36. 49	10. 06	5. 80
2016	0. 52	3. 52	43. 80	36. 37	10. 01	5. 78
2017	0. 5	3. 33	42. 65	37. 03	10. 46	6. 01
2018	0. 5	3. 33	42. 77	36. 79	10. 59	6. 01
2019	0. 48	1. 42	19. 20	60. 42	12. 23	6. 26
2020	0. 48	1. 41	19. 14	60. 16	11. 62	7. 19
2021	0. 48	1. 41	18. 95	60. 05	11. 91	7. 19
2022	0. 48	1. 41	18. 73	59. 66	11. 35	8. 36
2023	0. 48	1. 41	18. 76	59. 60	11. 38	8. 36
平均	0. 54	3. 70	38. 69	40. 86	10. 37	5. 84

数据来源：WTO Tariff Download Facility 数据库。

表 2-3　2001—2022 年不同进口税率区间的进口产品进口额占比情况　（%）

年份	关税税率≥50%	25%≤关税税率<50%	10%≤关税税率<25%	5%≤关税税率<10%	0<关税税率<5%	关税=0
2001	2. 6	5. 22	48. 21	30. 42	5. 93	4. 42
2002	1. 17	2. 15	24. 45	27. 55	16. 15	23. 93
2003	0. 31	2. 77	18. 58	28. 42	13. 3	30. 68
2004	0. 57	2. 37	15. 36	29. 79	12. 24	32. 87
2005	0. 37	1. 77	11. 6	30. 44	10. 68	37. 07

续表

年份	关税税率≥50%	25%≤关税税率<50%	10%≤关税税率<25%	5%≤关税税率<10%	0<关税税率<5%	关税=0
2006	0. 24	2. 02	9. 91	30. 25	10. 15	38. 88
2007	0. 12	1. 82	8. 76	29. 28	13. 31	38. 06
2008	0. 1	1. 94	8. 37	28. 64	13. 37	40. 03
2009	0. 15	1. 98	8. 5	28. 96	15. 02	36. 61
2010	0. 18	2. 85	8. 26	27. 73	14. 62	38. 12
2011	0. 24	3. 33	7. 32	22. 98	13. 74	44. 91
2012	0. 41	3. 64	8. 11	25. 09	14. 82	39. 5
2013	0. 37	3. 4	8. 06	23. 53	15. 43	40. 46
2014	0. 28	3. 86	8. 33	24. 54	15. 54	40. 3
2015	0. 37	3. 24	8. 73	22. 76	15. 42	40. 92
2016	0. 31	3. 35	9. 57	22. 75	15. 13	40. 78
2017	0. 28	3. 23	9. 23	21. 01	29. 83	29. 19
2018	0. 24	2. 94	8. 72	20. 35	30. 03	31. 88
2019	0. 26	0. 44	7. 66	21. 07	38. 84	39. 37
2020	0. 45	0. 35	7. 81	20. 52	38. 66	37. 63
2021	0. 58	0. 28	6. 31	17. 42	29. 94	35. 15
2022	0. 58	0. 52	7. 44	17. 8	17. 5	56. 16
平均	0. 46	2. 43	11. 79	25. 06	18. 17	36. 22

数据来源：UN Comtrade 数据库。

注：由于进口额数据最新年份为 2022 年（截至 2023 年 10 月），因此本表进口额占比情况基于 2001—2022 年的数据统计。

（二）中国进口关税调整情况

2001—2023 年，国务院及相关政府部门陆续发布了一系列关税调整文件，根据《中华人民共和国进出口关税条例》及相关规定，对部分产品、特定产品出台相关关税调整方案。2001—2023 年，关税调整方案的部分文件汇总如表 2-4 和表 2-5 所示。

表 2-4　2001—2023 年中国年度关税调整方案文件汇总

序号	公告时间	文件标题
1	2022 年 12 月 28 日	《国务院关税税则委员会关于 2023 年关税调整方案的公告》（税委会〔2022〕11 号）

续表

序号	公告时间	文件标题
2	2021年12月13日	《国务院关税税则委员会关于2022年关税调整方案的通知》（税委会〔2021〕18号）
3	2020年12月21日	《国务院关税税则委员会关于2021年关税调整方案的通知》（税委会〔2020〕33号）
4	2019年12月18日	《国务院关税税则委员会关于2020年进口暂定税率等调整方案的通知》（税委会〔2019〕50号）
5	2018年12月22日	《国务院关税税则委员会关于2019年进出口暂定税率等调整方案的通知》（税委会〔2018〕65号）
6	2018年9月30日	《国务院关税税则委员会关于降低部分商品进口关税的公告》（税委会〔2018〕9号）
7	2017年12月12日	《国务院关税税则委员会关于2018年关税调整方案的通知》（税委会〔2017〕27号）
8	2016年12月19日	《国务院关税税则委员会关于2017年关税调整方案的通知》（税委会〔2016〕31号）
9	2015年12月4日	《国务院关税税则委员会关于2016年关税调整方案的通知》（税委会〔2015〕23号）
10	2014年12月18日	《国务院关税税则委员会关于2015年关税实施方案的通知》（税委会〔2014〕32号）
11	2013年12月11日	《国务院关税税则委员会关于2014年关税实施方案的通知》（税委会〔2013〕36号）
12	2012年12月10日	《国务院关税税则委员会关于2013年关税实施方案的通知》（税委会〔2012〕22号）
13	2011年12月9日	《国务院关税税则委员会关于2012年关税调整方案的通知》（税委会〔2011〕27号）
14	2010年12月2日	《国务院关税税则委员会关于2011年关税调整方案的通知》（税委会〔2010〕26号）
15	2009年12月8日	《国务院关税税则委员会关于2010年关税调整方案的通知》（税委会〔2009〕28号）
16	2008年12月25日	《国务院关税税则委员会关于2009年关税实施方案的通知》（税委会〔2008〕40号）
17	2007年12月14日	《国务院关税税则委员会关于2008年关税实施方案的通知》（税委会〔2007〕25号）
18	2006年12月19日	《国务院关税税则委员会关于2007年关税实施方案的通知》（税委会〔2006〕33号）
19	2004年12月22日	《国务院关税税则委员会关于2005年关税实施方案的通知》（税委会〔2004〕22号）

续表

序号	公告时间	文件标题
20	2003 年 12 月 23 日	《国务院关税税则委员会关于 2004 年关税实施方案的通知》（税委会〔2003〕28 号）
21	2002 年 12 月 5 日	《国务院关税税则委员会关于 2003 年关税调整方案的通知》（税委会〔2002〕12 号）
22	2001 年 12 月 21 日	《国务院关税税则委员会关于 2002 年关税实施方案的通知》（税委会〔2001〕14 号）

资料来源：中华人民共和国财政部官网。

表 2-5　2001—2023 年中国部分产品调整进口关税方案汇总

序号	公告时间	文件标题
1	2022 年 4 月 26 日	《国务院关税税则委员会关于调整煤炭进口关税的公告》（税委会公告〔2022〕6 号）
2	2021 年 4 月 27 日	《国务院关税税则委员会关于调整部分钢铁产品关税的公告》（税委会公告〔2021〕4 号）
3	2021 年 4 月 21 日	《关于“十四五”期间种子种源进口税收政策的通知》（财关税〔2021〕29 号）
4	2018 年 6 月 23 日	《国务院关税税则委员会关于调整大米税目税率的通知》（税委会〔2018〕33 号）
5	2018 年 5 月 31 日	《国务院关税税则委员会关于降低日用消费品进口关税的公告》（税委会〔2018〕4 号）
6	2018 年 5 月 22 日	《国务院关税税则委员会关于降低汽车整车及零部件进口关税的公告》（税委会〔2018〕3 号）
7	2018 年 4 月 23 日	《国务院关税税则委员会关于降低药品进口关税的公告》（税委会〔2018〕2 号）
8	2016 年 12 月 29 日	《关于“十三五”期间在我国海洋开采石油（天然气）进口物资免征进口税收的通知》（财关税〔2016〕69 号）
9	2016 年 11 月 30 日	《关于调整小汽车进口环节消费税的通知》（财关税〔2016〕63 号）
10	2016 年 9 月 30 日	《关于调整化妆品进口环节消费税的通知》（财关税〔2016〕48 号）
11	2016 年 3 月 16 日	《关于调整进境物品进口税有关问题的通知》（税委会〔2016〕2 号）
12	2015 年 5 月 25 日	《国务院关税税则委员会关于调整部分日用消费品进口关税的通知》（税委会〔2015〕6 号）
13	2015 年 1 月 29 日	《关于对电池涂料征收进口环节消费税的通知》（财关税〔2015〕4 号）
14	2014 年 10 月 8 日	《国务院关税税则委员会关于调整煤炭进口关税的通知》（税委会〔2014〕27 号）
15	2014 年 4 月 25 日	《国务院关税税则委员会关于调整自动柜员机用出钞器产品税目及进口暂定税率的通知》（税委会〔2014〕9 号）
16	2013 年 8 月 26 日	《国务院关税税则委员会关于调整褐煤等商品进口关税税率的通知》（税委会〔2013〕31 号）

续表

序号	公告时间	文件标题
17	2011年8月8日	《关于"十二五"期间在我国海洋开采石油（天然气）进口物资免征进口税收的通知》（财关税〔2011〕32号）
18	2011年8月8日	《关于"十二五"期间煤层气勘探开发项目进口物资免征进口税收的通知》（财关税〔2011〕30号）
19	2011年6月24日	《国务院关税税则委员会关于调整部分商品进口关税的通知》（税委会〔2011〕12号）
20	2011年1月24日	《关于调整进境物品税税目税率的通知》（税委会〔2011〕3号）
21	2010年11月18日	《关于调整部分进口燃料油消费税政策的通知》（财关税〔2010〕56号）
22	2008年12月26日	《关于调整成品油进口环节消费税的通知》（财关税〔2008〕103号）
23	2008年8月11日	《财政部 国家税务总局关于调整部分乘用车进口环节消费税的通知》（财关税〔2008〕73号）

资料来源：中华人民共和国财政部官网。

2001—2023年基于商品名称及编码协调制度（the harmonized commodity description and coding system，HS）96版六位码产品统计的我国持续进口产品共有4606种。2001—2023年进口产品关税税率总调整次数分布如图2-1所示。由图2-1可知，2001—2023年，仅有645种产品的进口关税税率没有发生变化，3556种产品的进口关税税率调整次数在1~5次，381种产品的进口关税税率调整次数在6~9次，仅有24种产品的进口关税税率调整次数超过9次。

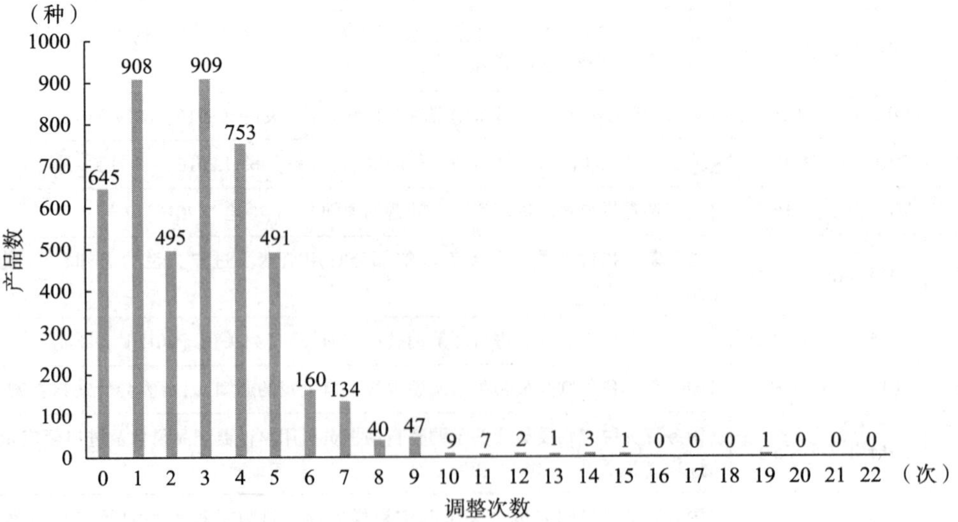

图2-1　2001—2023年产品进口关税税率总调整次数分布

数据来源：WTO Tariff Download Facility数据库，经计算所得。

表 2-6 详细列出了调整次数较高的代表性产品的 HS 编码、名称和调整次数。由表 2-6 可知，税率调整次数最多的产品为无线电传输和接收设备的零件[①]（852990），2001—2023 年共调整了 19 次；其次为摄像机与数码相机（852540），2001—2023 年共调整了 15 次；再次为气体过滤净化装置（842139）、电力变压器（850440）等，2001—2023 年共调整了 14 次。总的来看，中国针对部分机械设备类产品（HS 编码第 84 章和第 85 章）的进口关税税率调整较为频繁。

表 2-6 2001—2023 年 18 种关税税率调整次数最多的产品及其税率调整次数情况

HS 编码	名称	调整次数/次
852990	雷达及无线电导航设备零件	19
852540	静像视频摄像机及其他视频摄录一体机	15
842139	气体过滤净化装置	14
850440	电力变压器、静态转换器和电感器	14
852290	转盘或唱机用零件、附件	14
702000	玻璃制品等	13
847989	机械及机械器具等	12
382490	化学产品及化学或相关工业的制剂	12
853180	其他电气音响或视觉信号装置	11
870899	车辆用零件和附件	11
390720	初级形式的聚醚	11
390760	初级形式的聚对苯二甲酸乙烯酯	11
370790	其他摄影用化学制剂	11
852390	其他视频信号录制或重放设备的零件	11
844390	印刷机械零件及印刷辅助用机械零件	11
330499	美容或化妆制剂及皮肤护理制剂	10
330510	洗发剂	10
852910	雷达及无线电导航设备天线及零件	10

数据来源：WTO Tariff Download Facility 数据库，经计算所得。

四、中国细分类别产品的进口关税情况

本章按照按经济大类（broad economic catalogue，BEC）分类标准、国际贸易标准

① 为表述方便，对原有产品名称做了一定简化，下文同。

分类（standard international trade classification，SITC）、HS 编码分类以及技术含量分类四个标准，进一步考察了各细分类别产品的进口关税情况。具体分析如下：

（一）基于 BEC 分类的产品进口关税

根据联合国制定的 BEC 分类标准，可以将产品分成国民核算体系（the system of national accounts，SNA）中的三种基本货物类别：中间品、资本品和消费品。具体对应关系和代表性产品举例说明如表 2-7 所示。

表 2-7　BEC 编码与 HS 六位码对应关系和举例说明

产品类别	对应的 BEC 名称及编码	包括的 HS 六位码产品数量	部分 HS 六位码产品及编码
中间品	主要用于工业的初级食品和饮料（111）	87	柑橘属水果或甜瓜的果皮（081400）、稻谷（100610）
	主要用于工业的加工食品和饮料（121）	87	冻猪肉（020321）、小麦细粉（110100）
	未列名的初级工业供应品（21）	323	兽毛（050290）、种用马铃薯（070110）
	未列名的加工工业供应品（22）	2401	小麦淀粉（110811），牛、羊油脂（150210）
	初级燃料和润滑油（31）	10	无烟煤（270111）、烟煤（270112）
	汽油（321）	3	轻油制品（271012）、重油制品（271019）
	加工燃料和润滑油（汽油除外）（322）	16	煤制成的固体燃料（270120）、液化天然气（271111）
	资本货品零配件（运输设备除外）（42）	274	纺织材料制的水龙软管（590900）、带锯片（820220）
	运输设备零配件（53）	104	新充气橡胶轮胎（401110）、火花塞（851110）
资本品	资本货品（运输设备除外）（41）	634	改良种用马（010121）、固定的手动扳手及扳钳（820411）
	工业运输设备（521）	49	直流电机铁道电力机车（860110）、公路牵引车（870120）
消费品	主要用于家庭消费的初级食品和饮料（112）	277	鳗鱼（鳗鲡属）(030192)，鲜、冷鳟鱼（030211）
	主要用于家庭消费的加工食品和饮料（122）	404	鲜、冷带骨牛肉（020120），整只冻鸡（020712）
	非工业运输设备（522）	13	船用舷外点燃往复或旋转式活塞内燃发动机（840721）
	未列名的耐用消费品（61）	20	毛制结织栽绒地毯（570110）、银制首饰（711311）

续表

产品类别	对应的 BEC 名称及编码	包括的 HS 六位码产品数量	部分 HS 六位码产品及编码
消费品	未列名的半耐用消费品（62）	165	鞍具及挽具（420100）、以皮革作面的容器（420291）
	未列名的非耐用消费品（63）	390	淡水观赏鱼（030111）、狗食或猫食饲料（230910）

注：在实际匹配时，首先利用联合国公布的 HS 编码与 BEC 的对应表，将 HS 六位码匹配至 BEC 编码，参见 https：//unstats. un. org/unsd/classifications/econ/，再利用 BEC 编码与 SNA 的对应关系，将所有产品划分为中间品、资本品和消费品三个类别。

依据 BEC 分类产品的中国进口，关税水平如表 2-8 所示。2001—2023 年，中国对消费品征收的进口关税税率最高，远高于资本品和中间品的关税水平，同时也高于中国进口总体关税水平。从消费品与另外两种产品关税水平的差距看，2018 年及之前，消费品进口关税水平与资本品、中间品两者进口关税水平的差距约为 7%，而在 2018 年国务院出台降低部分商品的最惠国税率政策后，消费品进口关税水平得到大幅降低，与资本品和中间品关税水平的差距降至约 2%。资本品与中间品两者关税水平差异较小，但是资本品关税下降幅度更大，2001—2016 年，资本品进口关税总体水平高于中间品，自 2017 年之后，资本品进口关税开始低于中间品，且两者差距呈现扩大趋势。具体而言，资本品的进口关税水平由 2001 年的 14. 49%下降至 2023 年的 6. 31%，降低了 8. 18%；中间品的进口关税水平由 2001 年的 13. 24%下降至 2023 年的 7. 17%，降低了 6. 07%；消费品的进口关税水平由 2001 年的 23. 16%下降至 2023 年的 9%，降低了 14. 16%。

表 2-8　2001—2023 年按 BEC 分类产品的中国进口关税水平　（%）

年份	资本品	中间品	消费品
2001	14. 49	13. 24	23. 16
2002	10. 11	10. 11	19. 27
2003	9. 11	9. 31	17. 48
2004	8. 60	8. 64	15. 84
2005	8. 46	8. 30	15. 10
2006	8. 46	8. 25	15. 08
2007	8. 32	8. 24	15. 14
2008	8. 32	8. 23	15. 13
2009	8. 32	8. 23	15. 13

续表

年份	资本品	中间品	消费品
2010	8.32	8.22	15.13
2011	8.18	7.94	14.82
2012	8.31	8.23	15.15
2013	8.27	8.23	15.15
2014	8.27	8.23	15.15
2015	8.27	8.23	15.15
2016	8.25	8.16	15.18
2017	8.05	8.18	15.17
2018	8.01	8.18	15.15
2019	6.71	7.23	8.97
2020	6.46	7.20	8.95
2021	6.38	7.18	8.95
2022	6.32	7.17	8.99
2023	6.31	7.17	9.00

数据来源：WTO Tariff Download Facility 数据库。

（二）基于 SITC 分类的产品进口关税

根据联合国制定的 SITC 标准①，按照 SITC 一位码可以将全部贸易商品划分为 10 大类：食品及活动物、饮料及烟类、非食用原料、矿物燃料与润滑油及有关原料、动植物油脂及蜡、化学成品及有关产品、按原料分类的制成品、机械及运输设备、杂项制品、未分类的其他产品②，具体对应关系和举例说明如表 2-9 所示。

① 国际贸易标准分类（SITC）按照原料、半制品、制成品分类并反映商品的产业部门来源和加工程度。SITC 分类标准目录最多由 5 位数字表示，第 1 位数字表示大类，前 2 位数字表示章，前 3 位数字表示组，前 4 位数字表示分组。在最新版的 SITC（第四版）中，总共有 10 大类 67 章 262 组 1023 分组以及 2970 个基本组。利用联合国公布的 HS 编码与 SITC 的对应表，可以将 HS 六位码匹配至 SITC 五位码，参见 https：//unstats. un. org/unsd/classifications/econ/。

② 为分析方便，剔除第 10 大类（未分类的其他产品）。

表 2-9 SITC 编码与 HS 六位码对应关系和举例说明

SITC 一位码	SITC 一位码产品的名称	包括的 SITC 四位码或五位码产品数量	SITC 一位码产品包括的 HS 六位码产品数量	部分 HS 六位码产品及编码
0	食品及活动物	335	850	改良种用家牛（010221）；其他家牛，改良种用除外（010229）
1	饮料及烟类	21	31	矿泉水及汽水（220110）、去梗的烟草（240120）
2	非食用原料	239	391	绵羊生皮（410210）、葵花籽（120600）、棕榈果（120710）
3	矿物燃料与润滑油及有关原料	32	41	制成型的褐煤（270220）、泥煤（270300）、甑炭（270400）
4	动植物油脂及蜡	41	47	羊毛脂制得的脂肪物质（150500）、葵花油及其分离品（151219）
5	化学成品及有关产品	467	1014	仅含磺基的衍生物及其盐和乙酯（290410）、甲醇（290511）
6	按原料分类的制成品	767	1499	镀金属皮革（411420）、鞍具及挽具（420100）
7	机械及运输设备	642	1252	汽轮机零件（840690）、航空器用点燃活塞内燃机（840710）
8	杂项制品	420	870	灯具及照明装置（940550）、手提式电灯的零件（851390）
9	未分类的其他产品	6	8	非法定货币的硬币（711810）、金粉（710811）

注：在实际匹配时，首先利用联合国公布的 HS 编码与 SITC 的对应表，将 HS 六位码匹配至 SITC 编码，参见 https：//unstats. un. org/unsd/classifications/econ/，再将各 SITC 编码根据其第一位数字分成十个大类，即 SITC 一位码产品。

依据 SITC 分类产品的中国进口关税水平如表 2-10 所示。总体而言，饮料及烟类、食品及活动物、动植物油脂及蜡三大类产品的关税税率较高，2001—2023 年平均分别为 26.21%、15.68%、14.27%，均远高于中国总体进口关税水平。矿物燃料与润滑油及有关原料、非食用原料、化学成品及有关产品三大类产品的关税税率则较低，2001—2023 年平均分别为 5.16%、6.48%、6.96%，均低于中国总体进口关税水平。

另外，从表 2-10 可以看出，各类产品的关税水平在 2001—2023 年都存在不同程度的降低。其中，进口关税降低幅度最大的是饮料及烟类产品，从 53.02%降低至 21.48%，降低了 31.54%。其次是动植物油脂及蜡类产品，从 37.35%降低至 12.60%，降低了24.75%。再次是杂项制品产品，从19.25%降低至6.86%，降低了12.39%。此外，降低幅度最小的产品为矿物燃料与润滑油及有关原料类产品，由5.89%降至5.02%，仅降低了0.87%。

表2-10 2001—2023年基于SITC分类产品的中国进口关税水平 (%)

年份	食品及活动物	饮料及烟类	非食用原料	矿物燃料与润滑油及有关原料	动植物油脂及蜡	化学成品及有关产品	按原料分类的制成品	机械及运输设备	杂项制品
2001	23.95	53.02	9.40	5.89	37.35	10.22	15.18	15.47	19.25
2002	19.00	39.71	6.96	5.40	19.71	7.76	12.11	11.06	16.45
2003	17.36	33.50	6.66	5.40	17.52	7.42	10.81	10.04	15.15
2004	15.87	27.11	6.42	5.25	15.38	7.15	9.68	9.44	14.01
2005	15.67	24.66	6.40	5.25	14.02	7.00	9.03	9.21	13.31
2006	15.66	24.58	6.40	5.25	12.61	6.96	9.02	9.14	13.30
2007	15.69	24.49	6.33	5.20	12.45	6.89	8.98	8.90	13.55
2008	15.69	24.41	6.33	5.20	12.45	6.84	8.98	8.90	13.55
2009	15.69	24.33	6.34	5.20	12.44	6.84	8.98	8.91	13.55
2010	15.68	24.25	6.33	5.20	12.45	6.84	8.98	8.90	13.55
2011	15.61	24.25	5.94	4.01	12.18	6.51	8.73	8.54	13.31
2012	15.70	24.25	6.34	5.20	12.45	6.85	8.97	8.91	13.51
2013	15.71	24.25	6.34	5.20	12.45	6.85	8.97	8.89	13.50
2014	15.71	24.25	6.34	5.20	12.45	6.85	8.97	8.88	13.50
2015	15.71	24.25	6.34	5.20	12.45	6.85	8.97	8.88	13.50
2016	15.70	24.25	6.31	5.20	12.44	6.53	8.91	8.88	13.66
2017	15.80	24.25	6.36	5.20	12.45	6.84	8.95	8.72	13.36
2018	15.80	24.25	6.36	5.20	12.45	6.85	8.95	8.71	13.32
2019	12.93	21.93	6.20	5.02	12.44	6.40	6.95	6.95	7.10
2020	12.93	21.93	6.20	5.02	12.44	6.40	6.95	6.78	6.94
2021	12.93	21.93	6.20	5.02	12.44	6.39	6.94	6.70	6.92
2022	12.94	21.48	6.22	5.02	12.60	6.38	6.93	6.68	6.88
2023	12.95	21.48	6.22	5.02	12.60	6.38	6.93	6.67	6.86

数据来源：WTO Tariff Download Facility 数据库。

（三）基于 HS 编码分类的产品进口关税

根据 HS 分类标准，可以将产品划分为 21 个大类①。按 HS 编码分类产品的中国进口关税水平如表 2-11 所示。具体来看，在这 21 类产品中，第 2~4 类产品的进口关税水平较高，2023 年这三类产品的关税水平分别为 14.60%、12.67%、11.81%，均远高于中国总体进口关税水平。第 21 类、第 9 类、第 5 类产品的关税水平较低，2023 年这三类产品的关税水平分别为 2.18%、3.00%、3.50%，均远低于中国总体进口关税水平。从下降幅度看，第 3 类产品的关税降低幅度最大，从 2001 年的 39.22%降低至 2023 年的 12.67%，降低了 26.55%；其次为第 4 类产品，由 2001 年 28.69%降低至 2023 年的 11.81%，降低了 16.88%；第 11 类和第 12 类产品的关税水平降低幅度也较大，分别由 2001 年的 21.26%、23.09%下降至 2023 年的 7.21%、8.18%，均降低了 14%以上。

表 2-11　按 HS 编码分类产品的中国进口关税水平　（%）

类别	HS 编码产品	2001 年	2005 年	2010 年	2015 年	2020 年	2023 年	2023 年与 2001 年之差
1	活动物；动物产品	20.59	12.96	12.80	12.23	9.84	9.88	-10.71
2	植物产品	22.75	15.12	15.17	14.88	14.60	14.60	-8.15
3	动、植物油、脂及其分解产品	39.22	14.69	12.65	12.44	12.43	12.67	-26.55
4	食品、饮料、烟草等	28.69	18.05	18.14	17.61	11.58	11.81	-16.88
5	矿产品	3.73	3.60	3.60	3.61	3.49	3.50	-0.23
6	化学工业及其相关的产品	9.63	6.77	6.68	6.68	6.11	6.08	-3.55
7	塑料、橡胶及其制品	16.49	10.20	9.76	9.76	9.11	9.04	-7.45
8	皮革、鞍具、动物肠线（蚕胶丝除外）制品等	16.41	13.18	13.03	13.03	10.44	10.44	-5.97
9	木、木炭、稻草、篮筐及其制品等	9.30	4.78	4.60	4.55	2.94	3.00	-6.30
10	木浆、纸板及其制品等	13.28	5.27	5.14	5.09	4.14	4.14	-9.14
11	纺织原料及纺织制品	21.26	11.62	11.51	11.50	7.22	7.21	-14.05
12	鞋、帽、羽毛制品、人造花等	23.09	18.42	18.23	18.42	8.18	8.18	-14.91
13	石料、云母、陶瓷、玻璃及其制品等	17.85	13.49	13.35	13.42	10.39	10.43	-7.42

① 根据 HS 编码，可以把全部国际贸易商品分为 22 类 98 章，本章的分析不包括第 22 类（第 98 章，特殊交易品及未分类）。

续表

类别	HS 编码产品	2001 年	2005 年	2010 年	2015 年	2020 年	2023 年	2023 年与 2001 年之差
14	珍珠、宝石、贵金属、硬币及其制品等	12.43	9.87	9.92	9.91	4.86	4.75	-7.68
15	贱金属及其制品	9.65	7.57	7.51	7.46	5.91	5.90	-3.75
16	机器、电气设备、录音机及其零件附件等	14.74	8.73	8.47	8.43	6.31	6.13	-8.61
17	车辆、航空器、船舶及有关运输设备	20.56	11.80	11.21	11.07	9.26	8.90	-11.66
18	光学、照相、医疗仪器及设备等	14.61	10.38	10.36	10.25	6.44	6.05	-8.56
19	武器、弹药及其零件、附件	13.00	13.00	13.00	13.00	13.00	13.00	0
20	杂项制品	19.19	12.26	13.27	13.19	5.80	5.80	-13.39
21	艺术品、收藏品及古物	8.93	8.86	8.86	8.81	2.48	2.18	-6.75

数据来源：WTO Tariff Download Facility 数据库。

（四）基于技术含量分类的产品进口关税

根据 SITC，按照产品技术含量，国际贸易商品可以分为初级产品和工业制成品两类，其中，0~4 类为初级产品，5~9 类为工业制成品。借鉴魏浩等（2016）[①] 构建的国际贸易产品结构分类标准，在初级产品和工业制成品的基础上，按照产品的技术含量，进一步将进口产品分为 6 类：非农业型初级产品、农业型初级产品、资源类制成品、低技术产品、中等技术产品和高技术产品[②]。具体基于技术含量分类的产品类别名称及代表性产品如表 2-12 所示。

表 2-12　基于技术含量分类的产品类别名称及代表性产品

产品分类	类别名称	代表性产品
初级产品	非农业型初级产品	铁矿石、铜矿石、矿物油、天然气、柴油、沥青、煤
	农业型初级产品	粮食、蔬果、活家禽、木头、冷冻和鲜动物肉、烟草

① 魏浩，赵春明，李晓庆. 中国进口商品结构变化的估算：2000—2014 年［J］. 世界经济，2016，39（4）：70-94.

② 本章将金属类制成品、农业资源型制成品、其他资源类制成品合为资源类制成品；将低技术产品、中低技术产品合为低技术产品；中等技术产品、中高技术产品合为中等技术产品；高技术产品和特高技术产品合为高技术产品。

续表

产品分类	类别名称	代表性产品
工业制成品	资源类制成品	铁、锌、不锈钢、橡胶制品、乙烯、石灰、瓷砖、胶黏剂、瓶塞等
	低技术产品	纺织纱线、化肥、玩具、厨具、打字机、聚酯纤维、遮阳材料等
	中等技术产品	办公用品、半导体、化妆品、发动机、家电、汽车配件、变阻器等
	高技术产品	高分子聚合物、航天器、核反应堆、坦克、数控车床、激光器等

初级产品和工业制成品的中国进口关税水平如图 2-2 所示。2001—2023 年，初级产品的进口关税水平均高于工业制成品，两者关税水平保持约 4%的差距。并且，初级产品和工业制成品的进口关税变动趋势呈现出较强的一致性，2001—2023 年均有较大幅度的降低，其中，初级产品由 19.45%降低至 10.57%，降低了 8.88%，工业制成品由 14.99%降低至 6.73%，降低了 8.26%。

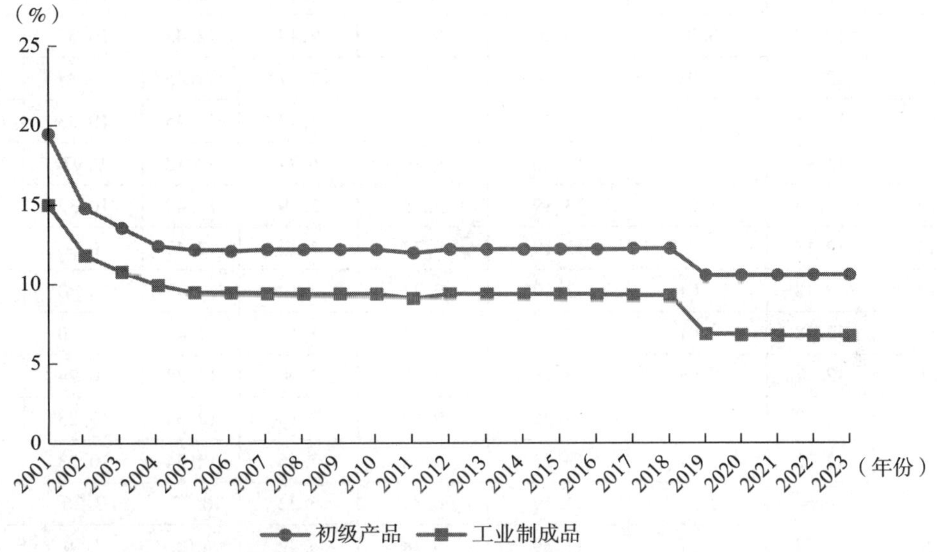

图 2-2　2001—2023 年基于技术含量分类产品的中国进口关税水平

数据来源：WTO Tariff Download Facility 数据库。

基于技术含量分类产品的中国进口关税水平如表 2-13 所示。2001—2023 年农业型初级产品的进口平均关税水平最高，平均为 13.34%；其次为低技术产品，2001—2023 年的进口关税水平平均为 11.83%；再次为中等技术产品，2001—2023 年的进口关税水平平均为 11.83%。非农业型初级产品的进口关税水平最低，2001—2023 年的进口关税水平平均仅为 3%。从进口关税水平的变化情况看，低技术产品的下降幅度最大，进口关税水平由 2001 年的 20.06%降低至 2023 年的 6.78%，下降了 13.28%；其次为农业型初级产品，进口关税水平由 2001 年的 21.14%降低至 2023 年的 11.42%，下降了

9.72%；再次为中等技术产品，进口关税水平由 2001 年的 16.71%降低至 2023 年的 7.12%，下降了 9.59%。

表 2-13　2001—2023 年基于技术含量分类产品的中国进口关税水平　（%）

年份	初级产品			工业制成品				
	全部初级产品	非农业型级初级产品	农业型初级产品	全部工业制成品	资源类制成品	低技术产品	中等技术产品	高技术产品
2001	19.45	3.60	21.14	14.99	10.32	20.06	16.71	13.23
2002	14.78	3.15	16.06	11.80	7.98	16.78	13.17	9.64
2003	13.53	3.12	14.68	10.77	7.60	14.90	11.99	8.87
2004	12.39	3.03	13.42	9.94	7.32	13.26	11.01	8.36
2005	12.15	3.03	13.15	9.48	7.23	12.28	10.46	8.09
2006	12.07	3.03	13.07	9.46	7.23	12.28	10.41	8.04
2007	12.18	3.02	13.20	9.40	7.17	12.46	10.34	8.04
2008	12.17	3.02	13.19	9.39	7.17	12.45	10.33	8.02
2009	12.17	3.03	13.19	9.39	7.17	12.45	10.34	8.02
2010	12.16	3.02	13.18	9.38	7.17	12.45	10.33	8.02
2011	11.95	2.27	13.03	9.10	6.94	12.12	9.97	7.81
2012	12.17	3.01	13.19	9.38	7.19	12.43	10.32	8.00
2013	12.18	3.01	13.19	9.37	7.19	12.43	10.30	7.99
2014	12.18	3.01	13.19	9.37	7.19	12.43	10.30	7.98
2015	12.18	3.01	13.19	9.37	7.19	12.43	10.30	7.99
2016	12.17	2.98	13.18	9.33	7.00	12.38	10.24	8.13
2017	12.22	3.01	13.25	9.29	7.16	12.38	10.23	7.82
2018	12.22	3.01	13.25	9.28	7.16	12.34	10.23	7.81
2019	10.54	2.91	11.39	6.85	6.32	6.83	7.26	6.88
2020	10.54	2.91	11.39	6.78	6.32	6.76	7.19	6.74
2021	10.54	2.91	11.39	6.75	6.32	6.74	7.16	6.68
2022	10.56	2.91	11.41	6.74	6.31	6.78	7.13	6.62
2023	10.57	2.91	11.42	6.73	6.31	6.78	7.12	6.60
2023 年与 2001 年之差	-8.88	-0.69	-9.72	-8.26	-4.01	-13.28	-9.59	-6.63

数据来源：WTO Tariff Download Facility 数据库。

五、中国代表性进口产品的进口关税情况

（一）进口规模前十大产品的进口关税情况

依据HS六位码产品分类，本章分别考察了2001年与2022年中国进口规模前十大产品的关税水平。由表2-14可知，无论是2001年，还是2022年，电子集成电路和石油相关产品均是中国进口规模较大的产品。从关税水平看，2001年，中国进口规模前十大产品均实施了不同程度的进口关税税率，数字电子集成电路（854230）、自动数据处理机的零件及附件（847330）、单片数字集成电路（854219）是中国进口规模前三大产品，进口关税税率分别为6%、9%、6%。从2001年进口规模前十大产品看，黄豆（120100）的关税水平最高，为114%①；飞机和其他动力飞机（880240）的关税水平最低，为4%。

2022年，中国较多产品实施0关税，在2022年中国进口规模前十大产品中，除了大豆（不包括播种用种子）（120190）、汽车和其他机动车辆（870323）两种产品外，其他产品均实施0关税。其中，大豆（不包括播种用种子）（120190）的进口关税税率为3.2%；汽车和其他机动车辆（870323）的进口关税税率为15%。值得注意的是，2022年中国部分产品进口集中度有所提升，2001年进口规模前三大产品占进口总额的比重为7.94%，而2022年进口规模前三大产品占进口总额的比重为26.30%。

表2-14 2001年与2022年中国进口规模前十大产品的关税水平 （%）

序号	2001年				2022年			
	HS编码	产品	关税	进口额占比	HS编码	产品	关税	进口额占比
1	854230	数字电子集成电路	6	3.25	270900	石油原油	0	13.81
2	847330	自动数据处理机的零件及附件	9	2.91	854231	作为处理器和控制器的电子集成电路	0	7.75
3	854219	单片数字集成电路	6	1.78	260111	铁矿石和精矿	0	4.74
4	271000	石油（不包括原油）	8.8	1.64	854232	作为存储器的电子集成电路	0	3.83
5	852990	发射和接收设备的部件	13.55	1.49	854239	电子集成电路（不包括处理器、控制器等）	0	3.55
6	847989	机器和机械设备	15	1.34	710812	非货币用途的未锻造金	0	2.86

① 2001年加入WTO前，我国对大豆实行配额制，配额外，大豆产品的关税为114%。

续表

序号	2001 年				2022 年			
	HS 编码	产品	关税	进口额占比	HS 编码	产品	关税	进口额占比
7	851750	载波电流线路系统或数字线路系统设备	14.73	1.24	120190	大豆（不包括播种用种子）	3.2	2.31
8	120100	黄豆	114	1.23	260300	铜矿砂及其精矿	0	2.13
9	854240	混合集成电路	6	1.13	271111	液化天然气	0	1.97
10	880240	飞机和其他动力飞机	4	1.03	870323	汽车和其他机动车辆	15	1.42

数据来源：UN Comtrade 数据库和 WTO Tariff Download Facility 数据库。

（二）进口关税上涨幅度最大的 10 种产品

2001—2023 年，中国对不同类型产品的关税水平进行了多次调整，降低了大部分产品的进口关税，也提高了少部分产品的进口关税，表 2-15 具体分析了中国进口关税税率上涨幅度最大的 10 种产品的 HS 编码、产品名称、关税调整幅度等。

由表 2-15 可知，总的来看，与 2001 年相比，2023 年中国主要提升了部分植物类产品、化学类产品的关税水平。其中，提升幅度最大的为尿素（310210）、含化学物质的矿物或肥料产品（310520）、磷酸氢二铵“磷酸二铵”（310530），这三类产品的进口关税水平均由 5%提升至 50%，提升了 45%。其次是谷物面粉（110290），进口关税水平由 6.6%提升至 28.3%，提升了 21.7%。再次是加工的谷类（110429），进口关税水平由 28%提升至 42.5%，提升了 14.5%。此外，甜菜（121291）、甘蔗（121292）、油籽及含油水果（120799）、带壳坚果（120210）等产品的进口关税水平上涨幅度也较大，均上涨 7%以上。

表 2-15　与 2001 相比，2023 年进口关税上涨幅度最大的 10 种产品　（%）

序号	HS 编码	产品名称	2001 年进口关税税率	2023 年进口关税税率	2023 年与 2001 年之差
1	310210	尿素	5	50	45
2	310520	含化学物质的矿物或化学肥料	5	50	45
3	310530	磷酸氢二铵“磷酸二铵”	5	50	45
4	110290	谷物面粉	6.6	28.3	21.7
5	110429	加工的谷类	28	42.5	14.5
6	121291	甜菜	10	20	10
7	121292	甘蔗	10	20	10

续表

序号	HS 编码	产品名称	2001 年进口关税税率	2023 年进口关税税率	2023 年与 2001 年之差
8	120799	油籽及含油水果	5	13.75	8.75
9	120210	带壳坚果	7.5	15	7.5
10	130214	除虫菊和含有鱼藤酮的根的提取物	3	9.5	6.5

数据来源：WTO Tariff Download Facility 数据库。

（三）进口关税下降幅度最大的 10 种产品

中国进口关税税率下降幅度最大的 10 种产品的 HS 编码、产品名称、关税调整幅度等信息如表 2-16 所示。总的来看，与 2001 年相比，2023 年进口关税下降幅度最大的产品主要是粮食、植物油类产品。具体来看，大豆油及其馏分（150790）、粗豆油（150710）进口关税水平的下降幅度最大，均由 121.6%下降至 9%，下降幅度均为 112.6%；其次为黄豆（120100），进口关税水平由 114%下降至 1.5%，下降幅度为 112.5%；再次为菜籽油或芥菜油及其馏分（151490）、粗菜籽油（151410），进口关税水平均由 100%下降至 9%，下降幅度为 91%。另外，大麦（100300）、玉米油及其馏分（151529）等进口关税水平均呈现较大幅度的降低，降低幅度均大于 80%。

表 2-16　与 2001 相比，2023 年进口关税下降幅度最大的前十大产品　（%）

序号	HS 编码	产品名称	2001 年进口关税税率	2023 年进口关税税率	2023 年与 2001 年之差
1	150790	大豆油及其馏分	121.6	9	-112.6
2	150710	粗豆油	121.6	9	-112.6
3	120100	黄豆	114	1.5	-112.5
4	151490	菜籽油或芥菜油及其馏分	100	9	-91
5	151410	粗菜籽油	100	9	-91
6	100300	大麦	91.2	1.5	-89.7
7	151219	葵花籽油或红花油及其馏分	91.2	9	-82.2
8	151211	粗葵花籽油或红花油	91.2	9	-82.2
9	151529	玉米油及其馏分	91.2	10	-81.2
10	151521	玉米原油	91.2	10	-81.2

数据来源：WTO Tariff Download Facility 数据库。

第二节　中国进口产品关税调整分析

一、中国进口产品关税调整的整体情况

近年来，中国多次对不同产品的进口关税水平进行调整，本节详细统计了中国进口关税调整的产品种类数量、不同关税调整幅度的产品种类数情况以及相应产品出口额的占比情况。具体分析如下：

（一）进口关税税率发生调整的产品数量

由表2-17可知，2002年、2019年、2003年是较多产品进口关税税率发生调整的年份。具体来看：①2002年调整的产品最多，有3523种。其中，进口关税税率上升的产品仅有16种，进口关税税率下降的产品有3507种，99%以上的被调整产品均降低了进口关税税率。②2019年进口关税税率发生变化的产品有1963个。其中，进口关税税率上升的产品有0个，进口关税税率下降的产品有1963个，所有产品均降低了进口关税税率。③2003年进口关税税率发生变化的产品有1945个。其中，进口关税税率上升的产品仅有4个，进口关税税率下降的产品有1941个，99.79%的被调整产品均降低了进口关税税率。

整体来看，在每年调整的产品中，仅有2009年、2012年、2013年、2014年和2017年进口关税税率上升的产品个数大于或等于进口关税税率下降的产品个数，其余年份进口关税税率下降的产品个数均大于进口关税税率上升的产品个数。

表2-17　2002—2023年进口关税税率发生调整的产品数量

年份	进口关税税率发生变化的产品数/个	进口关税税率上升的产品数/个	进口关税税率下降的产品数/个	进口关税税率上升产品数占当年调整产品总数的比例/%	进口关税税率下降产品数占当年调整产品总数的比例/%
2002	3523	16	3507	0.45	99.55
2003	1945	4	1941	0.21	99.79
2004	1558	3	1555	0.19	99.81
2005	638	9	629	1.41	98.59
2006	94	4	90	4.26	95.74
2007	140	46	94	32.86	67.14

续表

年份	进口关税税率发生变化的产品数/个	进口关税税率上升的产品数/个	进口关税税率下降的产品数/个	进口关税税率上升产品数占当年调整产品总数的比例/%	进口关税税率下降产品数占当年调整产品总数的比例/%
2008	54	6	48	11.11	88.89
2009	60	35	25	58.33	41.67
2010	67	22	45	32.84	67.16
2011	307	11	296	3.58	96.42
2012	342	317	25	92.69	7.31
2013	13	8	5	61.54	38.46
2014	8	4	4	50	50
2015	1	0	1	0	100
2016	851	2	849	0.24	99.76
2017	1006	857	149	85.19	14.81
2018	137	38	99	27.74	72.26
2019	1963	0	1963	0	100
2020	109	0	109	0	100
2021	41	2	39	4.88	95.12
2022	131	29	102	22.14	77.86
2023	25	2	23	8	92

数据来源：WTO Tariff Download Facility 数据库。

（二）进口关税税率变化幅度

如表 2-18 所示，一方面，从进口关税税率上涨的产品看，与 2001 年相比，2022 年仅有 26 个产品进口关税税率上升，其中，16 个产品关税税率上升幅度处于 0~5%，5 个产品关税税率上升幅度处于 5%~10%，1 个产品关税税率上升幅度处于 10%~15%，4 个产品关税税率上升幅度大于 15%。这 26 个产品进口额仅占 2022 年进口总额的 0.4%。另一方面，从进口关税税率下降的产品看，与 2001 年相比，2022 年共有 3894 个产品关税税率下降，这 3894 个产品的进口额占 2022 年进口总额的 44.96%。其中，关税税率下降幅度处于 0~5%的产品种类数最多，为 1517 个，占关税税率下降产品总数的 38.96%，进口额占 2022 年进口总额的 11.67%；其次为关税税率下降幅度处于 5%~10%的产品，有 884 个，占关税税率下降产品总数的 22.70%，进口额占 2022 年进口总额的 17.07%；再次为关税税率下降幅度处于 10%~15%的产品，有 635 个，占关税税率下降产品总数的16.31%，进口额占2022年进口总额的6.28%。此外，进口关税税率下降幅度为15%~20%、20%~25%的产品分别有536个、170个，分别占2022年进口总额的2.28%、0.79%；进口关税税率下降幅度超过25%的产品有152个，占2022年进口总额的6.87%。

表2-18 与2001年相比，2022年进口产品的关税税率变动情况

进口关税税率上涨的产品			进口关税税率下降的产品		
2022年与2001年之差（ΔT）/%	产品数/个	占2022年进口总额比例/%	2022年与2001年之差（ΔT）/%	产品数/个	占2022年进口总额比例/%
$0<\Delta T\leq 5$	16	0.38	$-5\leq\Delta T<0$	1517	11.67
$5<\Delta T\leq 10$	5	0.00	$-10\leq\Delta T<-5$	884	17.07
$10<\Delta T\leq 15$	1	0.00	$-15\leq\Delta T<-10$	635	6.28
$\Delta T>15$	4	0.02	$-20\leq\Delta T<-15$	536	2.28
			$-25\leq\Delta T<-20$	170	0.79
			$\Delta T<-25$	152	6.87
合计	26	0.40	合计	3894	44.96

数据来源：WTO Tariff Download Facility数据库。

二、细分类别产品的进口关税调整情况

本节进一步依据BEC分类、SITC分类、HS编码分类和技术含量分类四个方面，考察了不同类型产品的进口关税变化情况。具体分析如下：

（一）按BEC分类的产品进口关税调整情况

依据BEC产品分类，从进口关税税率变化的产品种类数看，由表2-19可知，与2001年相比，2023年，资本品、中间品和消费品中均有较多产品的进口关税税率发生了变化。具体来看，资本品进口关税税率发生变化的产品个数为579个，均降低了进口关税税率。中间品进口关税税率发生变化的产品个数最多，为2313个，其中，进口关税税率上升的产品有23个，进口关税税率下降的产品有2290个，进口关税税率下降的产品占关税税率发生变化产品总数的99.01%。消费品进口关税税率发生变化的产品个数为1015个，其中，进口关税税率上升的产品仅3个，进口关税税率下降的产品有1012个，进口关税税率下降的产品占关税税率发生变化产品总数的99.70%。

表 2-19　与 2001 年相比，2023 年进口关税税率变化的产品种类数（依据 BEC 分类）

产品类别	进口关税税率发生变化的产品数/个	进口关税税率上升的产品数/个	进口关税税率下降的产品数/个	进口关税税率上升产品数占调整产品总数的比例/%	进口关税税率下降产品数占调整产品总数的比例/%
资本品	579	0	579	0	100
中间品	2313	23	2290	0.99	99.01
消费品	1015	3	1012	0.30	99.70

数据来源：WTO Tariff Download Facility 数据库。

从进口关税税率下降的幅度看，由表 2-20 可知，具体而言，首先，在资本品进口关税税率下降的 579 个产品中，下降幅度处于 0~5%的产品数为 191 个，下降幅度处于 5%~10%的产品最多，为 228 个，下降幅度处于 10%~15%的产品数为 108 个，下降幅度处于 15%~20%的产品数为 26 个，下降幅度处于 20%~25%的产品数为 11 个，下降幅度超过 25%的产品数为 15 个。其次，在中间品进口关税税率下降的 2290 个产品中，下降幅度处于 0~5%的产品数最多，为 1218 个，下降幅度处于 5%~10%的产品数次之，为 511 个，下降幅度处于 10%~15%的产品数为 277 个，下降幅度处于 15%~20%的产品数为 155 个，下降幅度处于 20%~25%的产品数为 84 个，下降幅度超过 25%的产品数为 45 个。最后，在消费品进口关税税率下降的 1012 个产品中，下降幅度处于 0~5%的产品数为 102 个，下降幅度处于 5%~10%的产品数为 142 个，下降幅度处于 10%~15%的产品数为 253 个，下降幅度处于 15%~20%的产品数最多，为 356 个，下降幅度处于 20%~25%的产品数为 75 个，下降幅度超过 25%的产品数为 84 个。

表 2-20　与 2001 年相比，2023 年进口关税税率下降的产品种类数（依据 BEC 分类）

（单位：个）

产品类别	$-5\% \leq \Delta T < 0$ 产品数	$-10\% \leq \Delta T < -5\%$ 产品数	$-15\% \leq \Delta T < -10\%$ 产品数	$-20\% \leq \Delta T < -15\%$ 产品数	$-25\% \leq \Delta T < -20\%$ 产品数	$\Delta T < -25\%$ 产品数
资本品	191	228	108	26	11	15
中间品	1218	511	277	155	84	45
消费品	102	142	253	356	75	84

数据来源：WTO Tariff Download Facility 数据库。

注：ΔT 表示 2023 年关税税率与 2001 年关税税率之差。

（二）按 SITC 分类产品进口关税调整情况

依据 SITC 产品分类，从进口关税税率变化的产品数看，由表 2-21 可知，与 2001

年相比，2023 年各类产品均有较多产品的进口关税税率发生变化。具体来看，按原料分类的制成品进口关税税率发生变化的产品个数最多，为 1153 个；其次为机械及运输设备，为 791 个；再次为化学成品及有关产品，为 738 个。总的来看，各类产品进口关税税率下降的产品个数占调整产品总数的比重均超过 90%，在每个产品类别中，仅有少数产品的进口关税税率上涨。

表 2-21　与 2001 年相比，2023 年进口关税税率变化的产品种类数（依据 SITC 分类）

序号	产品类别	进口关税税率发生变化的产品数/个	进口关税税率上升的产品数/个	进口关税税率下降的产品数/个	进口关税税率上升产品数占调整产品总数的比例/%	进口关税税率下降产品数占调整产品总数的比例/%
1	食品及活动物	389	10	379	2.57	97.43
2	饮料及烟类	23	0	23	0	100
3	非食用原料	118	11	107	9.32	90.68
4	矿物燃料与润滑油及有关原料	8	0	8	0	100
5	动植物油脂及蜡	38	0	38	0	100
6	化学成品及有关产品	738	4	734	0.54	99.46
7	按原料分类的制成品	1153	1	1152	0.09	99.91
8	机械及运输设备	791	0	791	0	100
9	杂项制品	660	0	660	0	100

数据来源：WTO Tariff Download Facility 数据库。

从进口关税税率下降的幅度看，由表 2-22 可知，食品及活动物产品进口关税税率下降幅度处于 0~5%的产品最多，为 85 个，占进口关税税率下降产品总数的 22.43%；饮料及烟类产品进口关税税率下降幅度高于 25%的产品最多，为 16 个，占进口关税税率下降产品总数的 69.57%；非食用原料产品进口关税税率下降幅度处于 0~5%的产品最多，为 63 个，占进口关税税率下降产品总数的 58.88%；矿物燃料与润滑油及有关原料产品进口关税税率下降幅度处于 0~5%的产品最多，为 6 个，占进口关税税率下降产品总数的 75%；动植物油脂及蜡产品进口关税税率下降幅度高于 25%的产品最多，为 11 个，占进口关税税率下降产品总数的 28.95%；化学成品及有关产品进口关税税率下降幅度处于 0~5%的产品最多，为 568 个，占进口关税税率下降产品总数的 77.38%；按原料分类的制成品产品进口关税税率下降幅度处于 0~5%的产品最多，为 418 个，占进口关税税率下降产品总数的 36.28%；机械及运输设备产品进口关税税率下降幅度处于 5%～10%的产品最多，为 286 个，占进口关税税率下降产品总数的 36.16%；杂项制品产品进口关税税率下降幅度处于 15%～20%的产品最多，为 213 个，占进口关税税率下降产品总数的 32.27%。

表 2-22　与 2001 年相比，2023 年进口关税税率下降的产品种类数（依据 SITC 分类）

（单位：个）

序号	产品类别	$-5\% \le \Delta T <$ 0 产品数	$-10\% \le \Delta T <$ -5%产品数	$-15\% \le \Delta T <$ -10%产品数	$-20\% \le \Delta T <$ -15%产品数	$-25\% \le \Delta T <$ -20%产品数	$\Delta T < -25\%$ 产品数
1	食品及活动物	85	65	63	83	28	55
2	饮料及烟类	1	0	1	0	5	16
3	非食用原料	63	16	17	2	0	9
4	矿物燃料与润滑油及有关原料	6	2	0	0	0	0
5	动植物油脂及蜡	8	6	7	3	3	11
6	化学成品及有关产品	568	120	22	14	8	2
7	按原料分类的制成品	418	264	202	187	78	3
8	机械及运输设备	282	286	117	35	29	42
9	杂项制品	84	121	209	213	19	14

数据来源：WTO Tariff Download Facility 数据库。

注：ΔT 表示 2023 年关税税率与 2001 年关税税率之差。

（三）按 HS 编码分类的产品进口关税变化情况

依据 HS 编码分类，从进口关税税率变化的产品种类数看，由表 2-23 可知，与 2001 年相比，2023 年除第 19 类武器、弹药及其零件、附件产品外，其余类别均有较多产品的进口关税税率发生变化。具体来看，进口关税税率发生变化最多的一类产品为纺织原料及纺织制品（第 11 类），为 733 个，均降低了进口关税税率。进口关税税率发生变化的产品个数位居第二的是机器、电气设备、录音机及其零件、附件等（第 16 类），为 682 个，均降低了进口关税税率。进口关税税率发生变化的产品个数位居第三的是化学工业及其相关的产品（第 6 类），为 653 个，其中，关税税率上调的产品有 4 个，关税税率下调的产品有 649 个。

表 2-23　与 2001 年相比，2023 年进口关税税率变化的产品种类数（依据 HS 编码分类）

类别	HS 编码产品	进口关税税率发生变化的产品数/个	进口关税税率上升的产品数/个	进口关税税率下降的产品数/个	进口关税税率上升产品数占调整产品总数的比例/%	进口关税税率下降产品数占调整产品总数的比例/%
1	活动物、动物产品	152	3	149	1.97	98.03
2	植物产品	145	13	132	8.97	91.03
3	动、植物油、脂及其分解产品	39	0	39	0	100
4	食品、饮料、烟草等	151	0	151	0	100
5	矿产品	18	1	17	5.56	94.44
6	化学工业及其相关的产品	653	4	649	0.61	99.39
7	塑料、橡胶及其制品	181	0	181	0	100
8	皮革、鞍具、动物肠线（蚕胶丝除外）制品等	38	4	34	10.53	89.47
9	木、木炭、稻草、篮筐及其制品等	47	0	47	0	100
10	木浆、纸板及其制品等	96	0	96	0	100
11	纺织原料及纺织制品	733	0	733	0	100
12	鞋、帽、羽毛制品、人造花等	47	0	47	0	100
13	石料、云母、陶瓷、玻璃及其制品等	115	0	115	0	100
14	珍珠、宝石、贵金属、硬币及其制品等	30	0	30	0	100
15	贱金属及其制品	381	1	380	0.26	99.74
16	机器、电气设备、录音机及其零件、附件等	682	0	682	0	100
17	车辆、航空器、船舶及有关运输设备	99	0	99	0	100
18	光学、照相、医疗仪器及设备等	195	0	195	0	100
19	武器、弹药及其零件、附件	0	0	0	—	—
20	杂项制品	113	0	113	0	100
21	艺术品、收藏品及古物	5	0	5	0	100

数据来源：WTO Tariff Download Facility 数据库。

从进口关税税率下降的幅度看，由表 2-24 可知，与 2001 年相比，2023 年较多产品的进口关税税率下调幅度集中于 0~5%，如矿产品（第 5 类）、化学工业及其相关的产品（第 6 类）等，在这两类进口关税税率下降的产品中，分别有 88.24%、83.82% 的产品关税水平下调了 0~5%。

表 2-24　与 2001 年相比，2023 年进口关税税率下降幅度的产品种类数（HS 编码）

（单位：个）

序号	HS 编码产品	$-5\% \leq \Delta T < 0$ 产品数	$-10\% \leq \Delta T < -5\%$ 产品数	$-15\% \leq \Delta T < -10\%$ 产品数	$-20\% \leq \Delta T < -15\%$ 产品数	$-25\% \leq \Delta T < -20\%$ 产品数	$\Delta T < -25\%$ 产品数
1	活动物、动物产品	25	47	32	19	10	16
2	植物产品	49	28	14	17	6	18
3	动、植物油、脂及其分解产品	7	7	8	3	3	11
4	食品、饮料、烟草等	23	2	21	48	17	40
5	矿产品	15	2	0	0	0	0
6	化学工业及其相关的产品	544	51	23	18	10	3
7	塑料、橡胶及其制品	73	86	16	2	0	4
8	皮革、鞍具、动物肠线（蚕胶丝除外）制品等	8	5	15	6	0	0
9	木、木炭、稻草、篮筐及其制品等	20	10	15	2	0	0
10	木浆、纸板及其制品等	11	40	15	26	1	3
11	纺织原料及纺织制品	91	95	191	290	64	2
12	鞋、帽、羽毛制品、人造花等	0	9	15	22	1	0
13	石料、云母、陶瓷、玻璃及其制品等	58	31	9	5	10	2
14	珍珠、宝石、贵金属、硬币及其制品等	12	3	4	1	0	10
15	贱金属及其制品	234	92	47	4	3	0
16	机器、电气设备、录音机及其零件、附件等	237	268	98	26	28	25

续表

序号	HS 编码产品	$-5\%\leq\Delta T<0$ 产品数	$-10\%\leq\Delta T<-5\%$ 产品数	$-15\%\leq\Delta T<-10\%$ 产品数	$-20\%\leq\Delta T<-15\%$ 产品数	$-25\%\leq\Delta T<-20\%$ 产品数	$\Delta T<-25\%$ 产品数
17	车辆、航空器、船舶及有关运输设备	41	13	15	9	4	17
18	光学、照相、医疗仪器及设备等	65	55	60	15	0	0
19	武器、弹药及其零件、附件	0	0	0	0	0	0
20	杂项制品	3	34	38	24	13	1
21	艺术品、收藏品及古物	0	3	2	0	0	0

数据来源：WTO Tariff Download Facility 数据库。

注：ΔT 表示 2023 年关税税率与 2001 年关税税率之差。

（四）按技术含量分类的产品进口关税调整情况

依据技术含量对产品进行分类，由表 2-25 可知，从初级产品和工业制成品整体来看，与 2001 年相比，2023 年初级产品进口关税税率变化的产品有 576 个，其中，进口关税税率上升的 21 个，占关税调整产品总数的 3.65%，进口关税税率下降的 555 个，占关税调整产品总数的 96.35%；工业制成品进口关税税率变化的产品有 3344 个，其中，进口关税税率上升的 5 个，占关税调整产品总数的 0.15%，进口关税税率下降的 3339 个，占关税调整产品总数的 99.85%。

进一步，从细分产品类别来看，非农业型初级产品进口关税税率发生变化的产品数为 20 个，均下调进口关税税率；农业型初级产品的进口关税税率发生变化的产品数为 556 个，其中，进口关税税率上升的 21 个，占关税调整产品总数的 3.78%，进口关税税率下降的 535 个，占关税调整产品总数的 96.22%；资源类制成品的进口关税税率发生变化的产品数为 756 个，其中，进口关税税率上升的 2 个，占关税调整产品总数的 0.26%，进口关税税率下降的 754 个，占关税调整产品总数的 99.74%；低技术产品的进口关税税率发生变化的产品数为 691 个，其中，进口关税税率上升的 2 个，占关税调整产品总数的 0.29%，进口关税税率下降的 689 个，占关税调整产品总数的 99.71%；中等技术产品的进口关税税率发生变化的产品数为 1120 个，其中，进口关税税率上升的 1 个，占关税调整产品总数的 0.09%，进口关税税率下降的 1119 个，占关税调整产品总数的 99.91%；高技术产品的进口关税税率发生变化的产品数为 777 个，均为进口关税税率下调的产品。

表 2-25 与 2001 年相比，2023 年进口关税税率变化的产品种类数（按照技术含量分类）

产品分类	类别名称	进口关税税率发生变化的产品数/个	进口关税税率上升的产品数/个	进口关税税率下降的产品数/个	进口关税税率上升产品数占调整产品总数的比例/%	进口关税税率下降产品数占调整产品总数的比例/%
初级产品	合计	576	21	555	3.65	96.35
	非农业型初级产品	20	0	20	0	100
	农业型初级产品	556	21	535	3.78	96.22
工业制成品	合计	3344	5	3339	0.15	99.85
	资源类制成品	756	2	754	0.26	99.74
	低技术产品	691	2	689	0.29	99.71
	中等技术产品	1120	1	1119	0.09	99.91
	高技术产品	777	0	777	0	100

数据来源：WTO Tariff Download Facility 数据库。

从进口关税税率下降的幅度看，由表 2-26 可知，与 2001 年相比，2023 年较多产品的进口关税税率下调幅度集中于 0～5%，其中，初级产品 163 个，工业制成品 1353 个。初级产品进口关税税率下调幅度在 20%～25%的产品最少，为 36 个，工业制成品进口关税税率下调幅度大于 25%的产品最少，为 61 个。其中，非农业型初级产品、农业型初级产品关税税率下调幅度在 0～5%的产品最多，分别为 17 个、146 个；资源类制成品关税税率下调幅度在 0～5%的产品最多，为 535 个；低技术产品关税税率下调幅度在 15%～20%的产品最多，为 251 个；中等技术产品、高技术产品关税税率下调幅度在 0～5%的产品最多，分别为 336 个、370 个。

表 2-26 与 2001 年相比，2023 年进口关税税率下降的产品种类数（按照技术含量分类）

（单位：个）

产品分类	类别名称	$-5\%\leq\Delta T<0$ 产品数	$-10\%\leq\Delta T<-5\%$ 产品数	$-15\%\leq\Delta T<-10\%$ 产品数	$-20\%\leq\Delta T<-15\%$ 产品数	$-25\%\leq\Delta T<-20\%$ 产品数	$\Delta T<-25\%$ 产品数
初级产品	合计	163	89	88	88	36	91
	非农业型初级产品	17	2	1	0	0	0
	农业型初级产品	146	87	87	88	36	91
工业制成品	合计	1353	792	550	449	134	61
	资源类制成品	535	139	58	9	1	12
	低技术产品	112	99	161	251	52	14
	中等技术产品	336	309	231	154	68	21
	高技术产品	370	245	100	35	13	14

数据来源：WTO Tariff Download Facility 数据库。

注：ΔT 表示 2023 年关税税率与 2001 年关税税率之差。

第三节 中国与世界主要国家进口关税的比较

本节进一步比较了中国与世界主要经济体的进口关税情况，分总体进口关税水平的国际比较、细分类别产品进口关税水平的国际比较、世界主要经济体进口关税变化情况的比较三个方面来探讨。选取对比的国家来自世界主要发达经济体（欧盟、美国、日本、韩国、加拿大、澳大利亚）、其他金砖国家（印度、俄罗斯、巴西、南非）、其他发展中经济体（墨西哥、越南、印度尼西亚、马来西亚、菲律宾、泰国）。具体分析如下：

一、总体进口关税水平的国际比较

（一）中国与世界主要发达经济体的比较

由表 2-27 可知，发达经济体进口关税水平总体较低，大多数发达经济体的进口关税低于中国。在发达经济体中，韩国的关税水平最高，2023 年为 12.28%，加拿大的关税水平最低，2023 年为 2.11%。从变化趋势来看，2001—2023 年，除韩国外的其他发达经济体的进口关税长期处于较低水平，其中，美国、欧盟和日本三大经济体的进口关税处于 2.9%~4.5%，且整体变动幅度较小，与 2001 年相比，2022 年美国和欧盟关税水平分别下降了 0.56%、0.09%，2023 年日本关税水平下降了 0.28%。相对而言，加拿大和澳大利亚两国的进口关税下降幅度较大，2001—2023 年，两国进口关税分别下降了 2.04%、1.69%。此外，韩国的进口关税总体呈现先下降、后上升的变化趋势，中国的进口关税自 2003 年起便低于韩国。

表 2-27 2001—2023 年中国与世界主要发达经济体的进口关税水平 （%）

年份	中国	欧盟	美国	日本	韩国	加拿大	澳大利亚
2001	15.88	4.42	3.98	3.24	12.42	4.15	4.09
2002	12.37	4.36	3.89	3.21	11.92	4.03	4.15
2003	11.30	4.27	3.75	3.13	11.64	3.92	4.15
2004	10.41	4.18	3.68	3.06	11.23	3.86	4.15
2005	9.99	4.18	3.57	3.08	11.23	3.66	3.44
2006	9.95	4.23	3.58	3.03	11.23	3.66	3.44

续表

年份	中国	欧盟	美国	日本	韩国	加拿大	澳大利亚
2007	9.86	4.26	3.61	3.02	11.27	3.62	3.44
2008	9.86	4.26	3.61	3.02	11.26	3.62	3.44
2009	9.86	4.26	3.61	3.01	11.24	3.50	3.44
2010	9.85	4.21	3.61	3.01	11.23	2.67	2.75
2011	9.59	4.20	3.61	2.99	11.22	2.57	2.75
2012	9.90	4.41	3.55	3.08	12.24	2.49	2.67
2013	9.89	4.40	3.55	3.08	12.24	2.38	2.67
2014	9.89	4.39	3.55	3.08	12.22	2.35	2.67
2015	9.89	4.39	3.55	3.08	12.82	2.30	2.48
2016	9.85	4.39	3.53	3.08	12.81	2.30	2.48
2017	9.75	4.38	3.48	3.07	12.65	2.17	2.44
2018	9.74	4.37	3.49	3.04	12.60	2.17	2.44
2019	7.56	4.36	3.47	3.04	12.55	2.16	2.40
2020	7.51	4.34	3.46	3.04	12.54	2.16	2.40
2021	7.49	4.35	3.46	3.03	12.53	2.16	2.40
2022	7.44	4.33	3.42	2.96	—	—	2.40
2023	7.43	—	—	2.96	12.28	2.11	2.40

数据来源：WTO Tariff Download Facility 数据库。

（二）中国与其他金砖国家的比较

由表2-28可知，在金砖国家中，印度和巴西的进口关税相对较高，2022年印度的关税水平为17.67%，2023年巴西的关税水平为11.18%，而俄罗斯和南非的进口关税水平较低，2021年两国的进口关税水平分别为6.13%、7.48%，中国的进口关税在金砖国家中处于中等水平。从变化趋势来看，2001—2023年，中国、印度和俄罗斯的进口关税整体呈下降趋势，其中，印度的下降幅度最大，由31.86%下降至2022年的17.67%，降低了14.19%。然而，印度的关税削减时期主要是在2001—2010年，2010年后印度上调了进口关税，2010年印度关税水平为12.05%，到2023年已经上升至17.67%。值得注意的是，南非的进口关税整体呈现上升趋势，从2001年的5.77%上升至2021年的7.48%。

表 2-28 2001—2023 年中国与世界主要发展中经济体的进口关税水平 (%)

年份	金砖国家					其他发展中经济体					
	中国	印度	俄罗斯	巴西	南非	墨西哥	越南	印度尼西亚	马来西亚	菲律宾	泰国
2001	15.88	31.86	9.94	14.63	5.77	17.91	—	6.89	7.33	7.36	13.43
2002	12.37	29.00	—	13.76	5.82	18.04	16.05	6.90	7.50	5.77	12.93
2003	11.30	26.47	—	13.35	5.58	18.04	16.81	6.89	7.49	4.75	10.62
2004	10.41	22.77	—	12.42	7.72	17.19	16.81	6.95	7.37	6.28	10.36
2005	9.99	18.49	—	12.38	7.72	14.38	16.81	7.01	7.25	6.27	9.64
2006	9.95	15.05	—	12.33	7.69	12.52	16.81	7.03	7.21	6.26	9.06
2007	9.86	12.88	—	12.24	7.52	12.51	16.81	6.91	7.21	6.27	9.66
2008	9.86	12.13	—	13.59	7.50	12.45	10.80	6.90	6.88	6.28	9.66
2009	9.86	14.03	—	13.58	7.42	11.31	10.39	6.81	6.95	6.28	9.65
2010	9.85	12.05	8.08	13.68	7.38	8.83	9.76	6.79	5.38	6.28	9.64
2011	9.59	12.93	8.05	13.68	7.38	8.10	—	6.65	5.38	6.20	9.67
2012	9.90	13.31	8.08	13.52	7.32	7.69	9.48	6.66	5.36	6.20	10.84
2013	9.89	13.30	8.14	13.54	7.34	7.71	9.46	6.55	5.01	6.32	10.84
2014	9.89	13.31	7.57	13.53	7.34	7.39	9.54	6.55	5.12	6.31	10.84
2015	9.89	13.21	6.97	13.53	7.37	7.05	9.52	8.04	5.12	6.31	10.19
2016	9.85	13.27	6.53	13.53	7.42	6.95	9.58	7.88	5.00	6.30	9.53
2017	9.75	13.53	—	13.41	7.39	6.85	9.58	8.05	4.92	6.19	8.65
2018	9.74	17.14	—	13.38	7.44	6.85	9.51	8.05	4.93	6.16	8.40
2019	7.56	17.35	6.17	13.38	7.44	6.96	—	8.03	4.91	6.14	9.31
2020	7.51	17.71	6.13	13.30	7.45	6.97	9.52	8.03	4.89	6.13	9.27
2021	7.49	17.71	6.13	13.29	7.48	6.99	9.51	—	4.88	6.12	9.27
2022	7.44	17.67	—	11.14	—	6.99	—	7.97	—	6.11	9.46
2023	7.43	—	—	11.18	—	6.70	—	—	—	6.03	—

数据来源：WTO Tariff Download Facility 数据库。

（三）中国与其他发展中经济体的比较

由表 2-28 可知，越南、泰国的进口关税较高，2021 年越南和 2022 年泰国的关税水平均超过了 9%；马来西亚的进口关税水平较低，2021 年仅为 4.88%。从变化趋势来看，中国和其他发展中经济体进口关税变化程度都比较大，但各自又呈现不同的态势。例如，越南、墨西哥、中国和马来西亚的进口关税基本呈不断下降趋势，泰国的进口关税整体下降但存在较大的波动。此外，印度尼西亚的进口关税在 2001—2014 年基本保持不变，在 2014 年之后则开始上升，而菲律宾的进口关税则在 2001—2003 年出现短暂下降，随后长期维持在 6. 03%~6. 32%。

总体而言，发达经济体的进口关税水平总体较低，而发展中经济体的进口关税水平则相对较高。与发达国家相比，中国的进口关税水平偏高，与发展中国家相比，中国的进口关税水平略低，与世界主要经济体相比，中国的进口关税处于中等水平。在本节考察的世界主要经济体中，2023 年进口关税水平最高的是印度，为 17. 67%，最低的是加拿大，为 2. 11%（如图 2-3 所示）。从整体变动趋势来看，2001—2023 年，仅有少数几个经济体持续降低进口关税，中国是其中之一，大部分经济体的进口关税水平表现出不同程度的波动，即下调关税后又进行上调，甚至有一些经济体在不断上调进口关税。

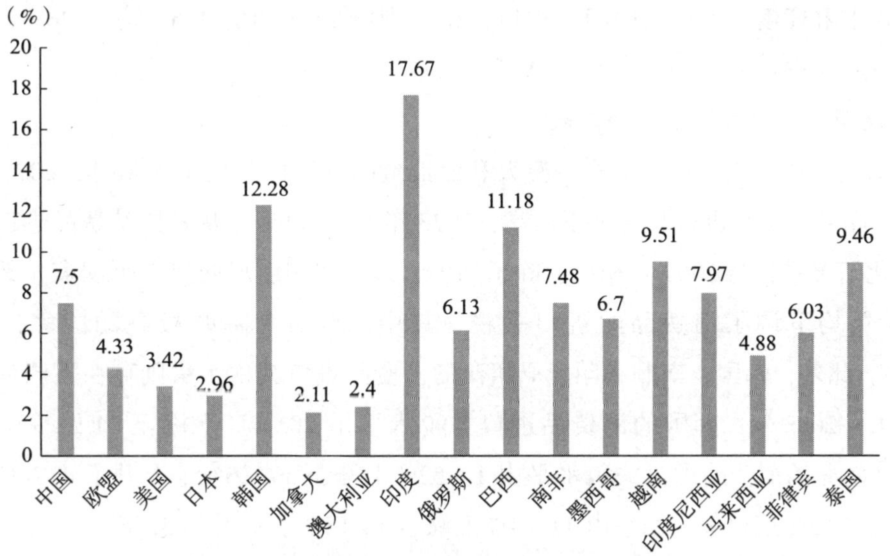

图 2-3　2023 年世界主要经济体平均进口关税比较

数据来源：WTO Tariff Download Facility 数据库。

注：由于缺失值问题，欧盟、美国、印度、印度尼西亚和泰国实际使用 2022 年数据，俄罗斯、南非、越南和马来西亚实际使用 2021 年数据。

二、细分类别产品进口关税水平的国际比较

（一）按 BEC 分类产品进口关税水平的国际比较

1. 资本品进口关税水平的国际比较

从资本品进口关税水平来看，日本资本品进口关税水平最低，2023 年仅为 0. 06%，巴西资本品进口关税水平最高，2023 年为 10. 99%。从各国资本品进口关税水平的变化情况看，与 2001 年相比，除了日本和印度尼西亚外，2023 年其余主要经济体资本品的

进口关税水平均有所下降。其中，印度、墨西哥和中国的资本品进口关税水平下降的幅度较大，分别下降了 16.3%、9.11%和 8.18%。此外，与 2001 年相比，2023 年日本资本品进口关税水平保持不变；印度尼西亚为唯一上涨资本品进口关税水平的经济体，由 3.87%上升至 5.92%，上涨了 2.05%。

2. 中间品进口关税水平的国际比较

从中间品进口关税水平来看，加拿大中间品进口关税水平最低，2023 年仅为 0.69%，印度中间品进口关税水平最高，2023 年为 14.92%。从各国中间品进口关税水平的变化情况看，与 2001 年相比，除了南非和印度尼西亚两个国家，其他国家在 2023 年均下调了中间品的进口关税水平。其中，印度为降幅最高的国家，降低了 16.34%。此外，南非和印度尼西亚的中间品进口关税分别由 2001 年的 4.56%、5.76%，上调至 2023 年的 5.48%、6.22%，分别上涨了 0.92%、0.46%。

3. 消费品进口关税水平的比较

从消费品进口关税水平来看，澳大利亚消费品的进口关税水平最低，2023 年仅为 2.71%，印度消费品进口关税水平最高，2023 年为 27.80%。从各国消费品进口关税水平的变化情况看，与 2001 年相比，除了韩国、南非和印度尼西亚三个国家，其他国家在 2023 年均下调了消费品的进口关税。其中，越南为降幅最高的国家，降低了 15.97%。此外，韩国、南非和印度尼西亚的消费品进口关税水平则存在不同程度的上升，2001—2023 年，韩国的消费品进口关税水平由 20.10%上涨至 21.11%，上升了 1.01%；南非的消费品进口关税水平由 12.52%上涨至 17.26%，上升了 4.74%；印度尼西亚的消费品进口关税水平由 11.21%上涨至 14.57%，上升了 3.36%。

总的来看，发达经济体各类产品的进口关税水平整体低于发展中经济体。在这三类产品中，发达经济体与发展中经济体消费品的进口关税水平差异较大，中间品和资本品的进口关税水平差异较小。发达经济体对中间品、消费品征收的进口关税较高，而对资本品征收的进口关税较低。在发展中经济体中，印度和巴西这三类产品的进口关税均处于较高水平，而墨西哥和越南对中间品、资本品征收的进口关税较低，对消费品征收的进口关税较高。针对中国来看，中国消费品的进口关税高于除韩国外的其他发达经济体，但与其他金砖国家、其他发展中经济体相比处于偏低水平，仅高于俄罗斯和马来西亚；与此同时，中国的中间品、资本品进口关税水平与其他金砖国家、其他发展中经济体之间的差异较小，处于中间水平。具体如表 2-29 及图 2-4 至图 2-6 所示。

表 2-29　世界主要经济体按 BEC 分类的产品进口关税　（%）

国家（或地区）		资本品			中间品			消费品		
		2001 年	2010 年	2023 年	2001 年	2010 年	2023 年	2001 年	2010 年	2023 年
发达经济体	欧盟	1.97	2.15	1.81	3.75	3.39	3.35	7.69	7.53	7.53
	美国	1.70	1.63	1.47	3.65	3.28	3.19	6.32	6.05	6.09
	日本	0.06	0.06	0.06	2.55	2.25	2.19	6.79	6.46	6.48
	韩国	6.33	6.09	5.16	10.80	9.48	9.86	20.10	19.50	21.11
	加拿大	2.33	1.39	1.20	3.12	1.21	0.69	7.83	7.35	6.94
	澳大利亚	2.66	2.71	2.55	3.40	2.48	2.45	6.67	3.56	2.71
金砖国家	中国	14.49	8.31	6.31	13.24	8.22	7.17	23.16	15.13	9.00
	印度	25.42	7.42	9.12	31.26	9.62	14.92	36.87	20.93	27.80
	俄罗斯	9.92	4.92	3.59	9.24	7.98	6.03	12.82	10.99	8.67
	巴西	14.50	13.37	10.99	13.14	11.58	9.61	18.41	19.69	17.55
	南非	1.78	1.75	1.75	4.56	5.05	5.48	12.52	16.90	17.26
其他发展中经济体	墨西哥	13.69	4.70	4.58	14.78	5.47	4.06	28.37	20.23	14.04
	越南	6.35	4.68	4.52	10.80	6.45	6.39	35.70	20.86	19.73
	印度尼西亚	3.87	3.88	5.92	5.76	5.68	6.22	11.21	11.31	14.57
	马来西亚	3.69	3.28	3.02	6.97	6.09	5.69	9.76	4.52	4.42
	菲律宾	3.88	2.83	1.97	5.61	4.87	4.64	13.61	11.51	11.45
	泰国	9.21	5.39	4.24	10.12	5.43	5.59	25.75	23.14	22.48

数据来源：WTO Tariff Download Facility 数据库。

注：由于缺失值问题，欧盟、美国、印度、印度尼西亚和泰国 2023 年关税数据实际使用 2022 年数据，俄罗斯、南非、越南和马来西亚 2023 年关税数据实际使用 2021 年数据，越南 2001 年关税数据实际使用 2002 年数据。

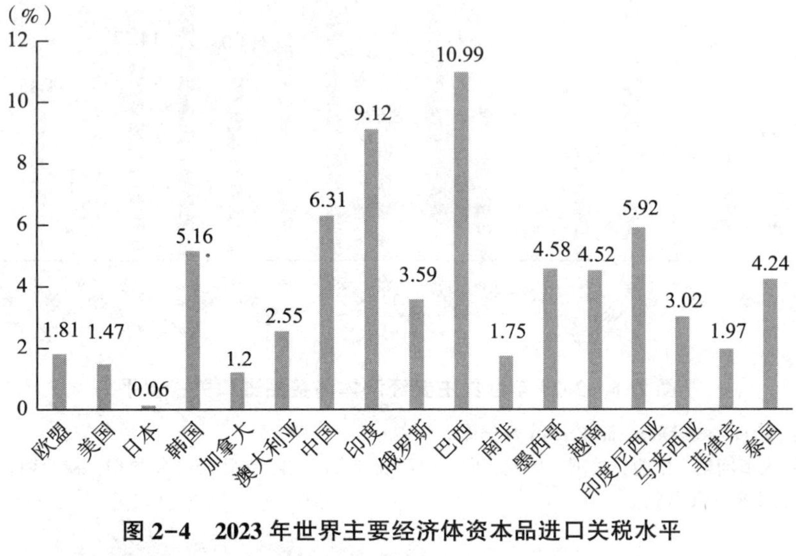

图 2-4　2023 年世界主要经济体资本品进口关税水平

数据来源：WTO Tariff Download Facility 数据库。

注：由于缺失值问题，欧盟、美国、印度、印度尼西亚和泰国实际使用 2022 年数据，俄罗斯、南非、越南和马来西亚实际使用 2021 年数据。

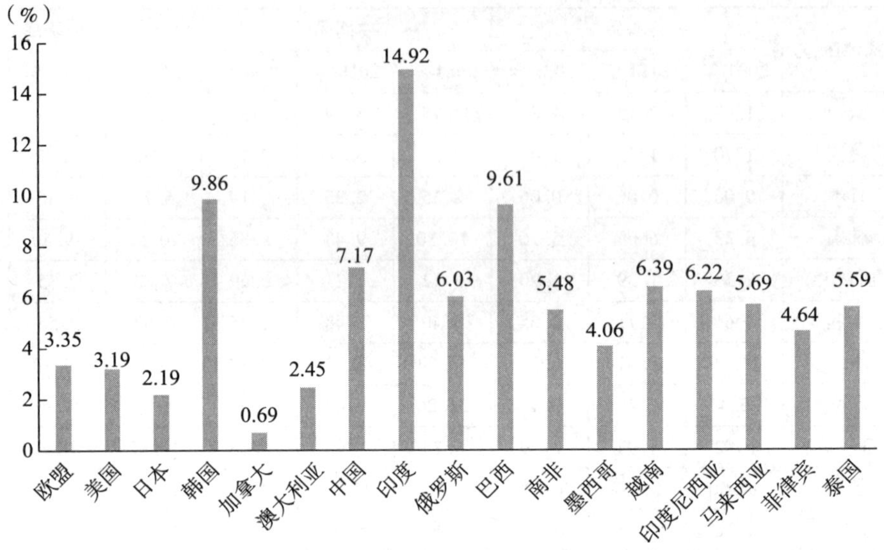

图 2-5　2023 年世界主要经济体中间品进口关税水平

数据来源：WTO Tariff Download Facility 数据库。

注：由于缺失值问题，欧盟、美国、印度、印度尼西亚和泰国实际使用 2022 年数据，俄罗斯、南非、越南和马来西亚实际使用 2021 年数据。

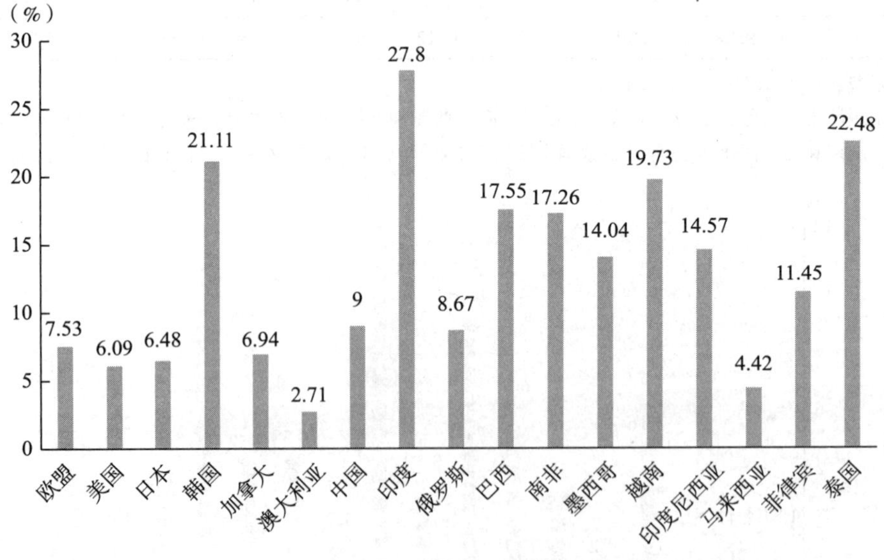

图 2-6　2023 年世界主要经济体消费品进口关税水平

数据来源：WTO Tariff Download Facility 数据库。

注：由于缺失值问题，欧盟、美国、印度、印度尼西亚和泰国实际使用 2022 年数据，俄罗斯、南非、越南和马来西亚实际使用 2021 年数据。

（二）按 SITC 分类产品进口关税水平的国际比较

1. 中国与世界主要发达经济体的比较

表 2-30 统计的是世界主要发达经济体按 SITC 分类的产品进口关税。从整体上看，各国食品及活动物、饮料及烟类两类产品的关税水平差异较大，其中，食品及活动物关税水平最高的国家是韩国，2023 年为 51.02%，关税水平最低的国家是澳大利亚，2023 年仅为 1.00%；饮料及烟类进口关税水平最高的国家是美国，2023 年为 67.10%，关税水平最低的国家是澳大利亚，2023 年为 2.80%。除此之外，世界主要发达经济体其他类别产品的关税差异相对较小，均保持在 10%以下。

从各类产品关税水平的变化趋势看，欧盟、日本、韩国各类产品的关税水平较为稳定，2001—2023 年，进口关税水平仅在 1%上下小幅度波动；美国除饮料及烟类产品的关税水平大幅下调外，其余产品的关税水平也均较为稳定，其中，饮料及烟类产品关税由 2001 年的 88.48%下降至 2023 年的 67.10%，下降了 21.38%；加拿大各类产品的进口关税水平均有小幅度下调，下降幅度处于 0.23%~3.70%；澳大利亚除杂项制品产品外，其余产品关税水平较为稳定，其中杂项制品产品关税由 2001 年的 8.18%下降至 2023 年的 2.88%，下降了 5.30%。

从中国与主要发达经济体关税水平的比较来看，中国各类产品的进口关税水平相对较高，调整幅度也较大，如饮料及烟类、动植物油脂及蜡、杂项制品三类产品，与 2001 年相比，2023 年进口关税水平的调整幅度分别为 31.54%、24.75%、12.39%，高于世界主要发达经济体。并且，中国与加拿大是下调各类产品关税的仅有两个国家，其余主要发达经济体均存在上调产品关税、下调产品关税并存的情况。

表 2-30　世界主要发达经济体按 SITC 分类的产品进口关税　（%）

国家（或地区）	年份	食品及活动物	饮料及烟类	非食用原料	矿物燃料与润滑油及有关原料	动植物油脂及蜡	化学成品及有关产品	按原料分类的制成品	机械及运输设备	杂项制品
欧盟	2001	8.43	16.32	0.71	0.62	4.84	4.82	4.54	2.26	5.90
	2010	8.32	15.22	0.71	0.46	5.17	4.46	3.83	2.46	5.86
	2023	8.27	14.76	0.72	0.62	5.23	4.49	3.83	2.23	5.61
美国	2001	4.17	88.48	1.45	0.17	2.85	3.30	4.69	1.66	5.88
	2010	4.25	77.94	1.62	0.18	3.11	2.73	4.13	1.61	5.52
	2023	4.29	67.10	1.62	0.18	3.12	2.72	4.13	1.52	5.39
日本	2001	8.83	6.15	0.68	0.86	2.35	2.56	3.53	0.05	4.73
	2010	8.77	4.52	0.77	0.80	2.51	2.47	2.88	0.05	4.34
	2023	8.95	4.89	0.67	0.81	2.47	2.33	2.85	0.03	4.23

续表

国家（或地区）	年份	食品及活动物	饮料及烟类	非食用原料	矿物燃料与润滑油及有关原料	动植物油脂及蜡	化学成品及有关产品	按原料分类的制成品	机械及运输设备	杂项制品
韩国	2001	48.42	22.23	7.05	4.40	8.77	11.04	7.81	6.21	8.65
	2010	44.66	22.13	6.99	3.94	7.79	9.65	6.44	6.08	8.38
	2023	51.02	21.80	6.78	3.93	6.38	9.62	6.39	5.50	7.79
加拿大	2001	3.01	6.42	0.41	1.74	4.70	2.72	5.25	2.08	8.43
	2010	3.25	3.97	0.19	0.72	4.38	0.76	2.36	1.31	7.87
	2023	2.78	3.72	0.17	0.73	2.75	0.53	1.55	1.16	7.41
澳大利亚	2001	0.95	2.77	0.59	0.41	1.82	1.56	6.04	3.22	8.18
	2010	0.99	2.76	0.64	0.35	1.94	1.56	3.95	2.85	4.15
	2023	1.00	2.80	0.66	0.35	1.90	1.56	3.90	2.69	2.88

数据来源：WTO Tariff Download Facility 数据库。

注：由于缺失值问题，欧盟和美国 2023 年关税数据实际使用 2022 年数据。

2. 中国与其他金砖国家、其他发展中经济体的比较

表 2-31 统计的是世界主要发展中经济体按 SITC 分类的产品进口关税。从整体看，各国各类产品的关税水平差异较大。如食品及活动物，2023 年印度该类产品的进口关税水平高达 35.66%，而马来西亚仅为 2.75%；再如饮料及烟类，2023 年印度该类产品的进口关税水平高达 93.57%，而菲律宾仅为 8.81%；又如动植物油脂及蜡，2023 年印度、泰国该类产品的进口关税水平分别为 68.15%、56.03%，而马来西亚、印度尼西亚该类产品的进口关税分别为 2.59%、4.44%。并且，与主要发展中经济体相比，中国各类产品的进口关税基本处于中等水平。

从各类产品关税水平的变化趋势看，俄罗斯、巴西、马来西亚和菲律宾各类产品的关税水平较为稳定，各类产品的关税调整幅度均在 7%以内，其余国家部分产品的进口关税水平调整幅度较大。具体来看，中国关税水平变动幅度最大的产品是饮料及烟类，由 2001 年的 53.02%下降至 2023 年的 21.48%，下降了 31.54%；印度关税水平变动幅度最大的产品是化学成品及有关产品，由 2001 年的 33.99%下降至 2023 年的 11.22%，下降了 22.77%；南非关税水平变动幅度最大的产品是杂项制品，由 2001 年的 8.11%上涨至 2023 年的 17.53%，上涨了 9.42%；墨西哥关税水平变动幅度最大的产品是动植物油脂及蜡，由 2001 年的 28.62%下降至 2023 年的 6.49%，下降了 22.13%；越南、印度尼西亚和泰国关税水平变动幅度最大的产品均是饮料及烟类，越南和印度尼西亚分别由 2001 年的 83.33%、88.13%下降至 2023 年的 50.98%、70.36%，分别下降了 32.35%、17.77%，泰国则由 2001 年 0.00 的进口关税水平上涨

至2023年的57.4%，上涨了57.4%。

表2-31 世界主要发展中经济体按SITC分类的产品进口关税

（%）

类型	国家	年份	食品及活动物	饮料及烟类	非食用原料	矿物燃料与润滑油及有关原料	动植物油脂及蜡	化学成品及有关产品	按原料分类的制成品	机械及运输设备	杂项制品
金砖国家	中国	2001	23.95	53.02	9.4	5.89	37.35	10.22	15.18	15.47	19.25
		2010	15.68	24.25	6.33	5.20	12.45	6.84	8.98	8.90	13.55
		2023	12.95	21.48	6.22	5.02	12.60	6.38	6.93	6.67	6.86
	印度	2001	37.32	97.32	23.05	21.32	65.63	33.99	32.21	27.12	30.97
		2010	31.99	93.57	10.58	8.31	16.58	8.41	8.58	8.29	9.18
		2023	35.66	93.57	16.38	9.86	68.15	11.22	15.07	11.43	15.65
	俄罗斯	2001	9.52	15.38	7.73	5.00	10.58	6.57	11.26	10.20	13.38
		2010	9.05	14.36	6.22	4.59	10.10	6.20	10.52	5.04	9.93
		2023	7.57	10.10	4.81	4.28	8.24	4.66	7.75	3.88	7.94
	巴西	2001	13.25	21.38	7.56	0.65	11.52	10.96	16.47	15.00	19.41
		2010	10.89	18.88	5.31	0.38	9.06	8.22	16.45	13.70	21.67
		2023	8.92	15.52	3.96	0.31	7.56	5.41	14.83	11.43	19.55
	南非	2001	10.73	23.85	1.80	2.91	7.19	2.65	8.14	3.14	8.11
		2010	6.92	23.60	1.71	2.69	7.04	1.96	9.64	2.79	17.29
		2023	7.45	24.07	1.65	2.69	7.04	2.01	10.51	2.79	17.53
其他发展中经济体	墨西哥	2001	27.08	36.88	11.21	11.36	28.62	12.40	17.85	14.14	24.42
		2010	24.08	29.75	2.56	0.00	23.49	2.49	8.40	4.10	14.38
		2023	12.88	29.19	2.34	0.06	6.49	2.28	6.85	3.91	11.07
	越南	2001	27.48	83.33	3.95	3.16	14.93	3.86	19.25	9.04	28.93
		2010	18.51	54.92	3.30	2.33	9.79	3.13	9.82	6.86	15.76
		2023	18.14	50.98	3.09	2.13	10.19	2.89	9.76	6.47	14.96
	印度尼西亚	2001	4.88	88.13	3.79	4.25	4.32	5.08	7.76	4.64	9.98
		2010	5.24	78.53	3.72	4.20	4.06	4.93	7.77	4.37	10.18
		2023	6.54	70.36	3.77	4.13	4.44	5.26	9.06	6.39	13.47
	马来西亚	2001	2.57	15.63	1.43	0.21	2.45	3.06	12.65	6.27	9.69
		2010	2.65	15.63	1.22	0.21	2.61	2.63	10.70	4.60	3.32
		2023	2.75	15.63	1.29	0.50	2.59	2.57	9.86	4.32	3.25
	菲律宾	2001	13.49	9.65	3.34	3.59	5.82	3.97	8.04	4.54	10.83
		2010	11.68	8.77	2.75	2.94	5.34	3.39	7.07	3.59	8.90
		2023	11.59	8.81	2.69	1.51	5.25	3.29	6.87	2.80	8.72

续表

类型	国家	年份	食品及活动物	饮料及烟类	非食用原料	矿物燃料与润滑油及有关原料	动植物油脂及蜡	化学成品及有关产品	按原料分类的制成品	机械及运输设备	杂项制品
其他发展中经济体	泰国	2001	23.75	0.00	9.77	1.88	15.80	3.79	14.71	12.23	21.07
		2010	22.27	53.96	4.89	1.16	12.83	2.94	7.98	7.12	17.23
		2023	24.68	57.40	3.55	0.58	56.03	2.97	6.94	6.26	15.49

数据来源：WTO Tariff Download Facility 数据库。

注：由于缺失值问题，印度、印度尼西亚和泰国 2023 年关税数据实际使用 2022 年数据，俄罗斯、南非、越南和马来西亚 2023 年关税数据实际使用 2021 年数据，越南 2001 年关税数据实际使用 2002 年数据。

（三）按 HS 编码分类产品进口关税水平的国际比较

1. 与世界主要发达经济体的比较

如表 2-32 所示，发达经济体之间个别产品的关税水平差异较大。对于活动物、动物产品（产品类别 1）而言，2023 年，澳大利亚该类产品的关税水平仅为 0.03%，而韩国该类产品的关税水平高至 20.53%；对于植物产品（产品类别 2）而言，2023 年，澳大利亚该类产品的关税水平仅为 0.69%，而韩国该类产品的关税高达 91.40%；对于食品、饮料、烟草等（产品类别 4）而言，2023 年，澳大利亚该类产品的关税水平仅为 2.30%，而韩国该类产品的关税高达 22.88%。相对而言，各国其余产品的进口关税差异较小，例如，矿产品（产品类别 5）、木浆纤维产品（产品类别 10）、珍珠及贵金属产品（产品类别 14）、贱金属及其制品（产品类别 15）、光学零件产品（产品类别 18）、艺术品及收藏品（产品类别 21）等产品的进口关税税率均保持在 5%以下的。

与世界主要发达经济体相比，中国多个类别产品的进口关税较高。如动植物油产品（产品类别 3）、塑料及其制品（产品类别 7）、皮革及毛皮产品（产品类别 8）、石料及石膏等产品（产品类别 13）、珍珠及贵金属产品（产品类别 14）、贱金属及其制品（产品类别 15）、机器产品（产品类别 16）、车辆及航空器产品（产品类别 17）、光学零件产品（产品类别 18）等，中国进口关税均高于世界主要发达经济体。

表 2-32　2023 年世界主要发达经济体按 HS 编码分类的产品进口关税　（%）

产品类别	HS 编码产品	欧盟	美国	日本	韩国	加拿大	澳大利亚
1	活动物、动物产品	8.16	1.77	6.97	20.53	1.35	0.03
2	植物产品	4.95	5.15	5.09	91.40	1.82	0.69
3	动、植物油、脂及其分解产品	5.31	3.67	3.22	6.28	2.55	1.58
4	食品、饮料、烟草等	12.89	12.84	10.73	22.88	4.75	2.30
5	矿产品	0.29	0.25	0.30	2.74	0.21	0.47

续表

产品类别	HS 编码产品	欧盟	美国	日本	韩国	加拿大	澳大利亚
6	化学工业及其相关的产品	4.33	2.40	1.94	6.27	0.80	1.26
7	塑料、橡胶及其制品	4.61	3.22	2.16	6.63	1.22	4.47
8	皮革、鞍具、动物肠线（蚕胶丝除外）制品等	2.55	3.62	10.03	5.74	2.87	3.43
9	木、木炭、稻草、篮筐及其制品等	2.01	1.59	2.39	5.99	1.52	2.98
10	木浆、纸板及其制品等	0.00	0.00	0.00	0.00	0.00	3.02
11	纺织原料及纺织制品	7.52	8.39	6.19	9.57	5.80	4.02
12	鞋、帽、羽毛制品、人造花等	6.67	6.71	8.87	10.26	8.60	2.21
13	石料、云母、陶瓷、玻璃及其制品等	3.58	3.48	1.03	7.86	1.98	3.53
14	珍珠、宝石、贵金属、硬币及其制品等	0.58	2.33	0.97	4.56	1.41	1.03
15	贱金属及其制品	2.11	1.63	1.10	4.32	1.01	3.36
16	机器、电气设备、录音机及其零件附件等	1.86	1.29	0.03	5.40	0.43	2.48
17	车辆、航空器、船舶及有关运输设备	4.80	3.11	0.08	5.37	5.47	3.21
18	光学、照相、医疗仪器及设备等	1.91	1.63	0.17	4.67	1.43	0.69
19	武器、弹药及其零件、附件	2.18	1.24	6.95	3.24	4.09	1.38
20	杂项制品	2.70	2.69	1.49	6.37	4.36	3.63
21	艺术品、收藏品及古物	0.00	0.00	0.00	0.00	0.91	0.00

数据来源：WTO Tariff Download Facility 数据库。
注：由于缺失值问题，欧盟和美国实际使用 2022 年数据。

2. 与金砖国家、主要发展中经济体的比较

如表 2–33 和表 2–34 所示，从整体上看，中国各类产品的进口关税在发展中经济体中处于中等水平。具体而言，与世界主要发展中经济体相比，2023 年中国进口关税水平偏高的产品有化学工业及其相关产品（产品类别 6）、皮革及毛皮产品（产品类别 8），其中，中国化学工业及其相关产品（产品类别 6）的关税水平仅低于印度，皮革及毛皮产品（产品类别 8）的关税水平仅略微低于南非。

2023 年中国进口关税水平偏低的产品有木及木制品等产品（产品类别 9）、纺织制品（产品类别 11），其中，中国木及木制品等产品（产品类别 9）的关税水平仅高于泰国和印度尼西亚，纺织制品（产品类别 11）的关税水平仅高于马来西亚。

此外，对于部分产品而言，各国进口关税水平的差异也较大，如植物产品（产品类别 2）、动植物油产品（产品类别 3）等，2023 年印度以上两类产品的进口关税水平分别高达 37.38%、66.77%，而马来西亚这两类产品的进口关税水平则分别低至 1.67%、2.90%。

表 2-33　2023 年金砖国家按 HS 编码分类的产品进口关税　（%）

序号	HS 编码产品	中国	印度	俄罗斯	巴西	南非
1	活动物、动物产品	9.88	30.87	7.31	7.52	4.82
2	植物产品	14.60	37.38	6.50	6.67	6.31
3	动、植物油、脂及其分解产品	12.67	66.77	8.90	7.65	6.88
4	食品、饮料、烟草等	11.81	44.20	7.48	12.08	13.16
5	矿产品	3.50	9.54	4.09	1.80	0.83
6	化学工业及其相关的产品	6.08	10.87	4.51	4.93	1.58
7	塑料、橡胶及其制品	9.04	11.10	5.64	10.05	7.66
8	皮革、鞍具、动物肠线（蚕胶丝除外）制品等	10.44	9.55	5.53	10.29	11.49
9	木、木炭、稻草、篮筐及其制品等	3.00	9.03	8.38	6.13	7.18
10	木浆、纸板及其制品等	4.14	8.90	6.80	8.63	3.76
11	纺织原料及纺织制品	7.21	23.80	7.71	25.28	22.10
12	鞋、帽、羽毛制品、人造花等	8.18	21.01	10.51	22.00	20.64
13	石料、云母、陶瓷、玻璃及其制品等	10.43	12.54	11.20	8.99	6.79
14	珍珠、宝石、贵金属、硬币及其制品等	4.75	12.82	11.20	7.82	4.00
15	贱金属及其制品	5.90	11.91	7.14	9.42	6.17
16	机器、电气设备、录音机及其零件附件等	6.13	8.90	3.14	10.71	2.19
17	车辆、航空器、船舶及有关运输设备	8.90	25.98	8.20	15.61	5.88
18	光学、照相、医疗仪器及设备等	6.05	10.01	5.25	11.52	0.18
19	武器、弹药及其零件、附件	13.00	10.00	14.70	16.00	12.20
20	杂项制品	5.80	19.17	9.61	13.67	9.40
21	艺术品、收藏品及古物	2.18	9.21	0.00	3.20	0.00

数据来源：WTO Tariff Download Facility 数据库。

注：由于缺失值问题，印度实际使用 2022 年数据，俄罗斯和南非实际使用 2021 年数据。

表 2-34　2023 年其他主要发展中国家按 HS 编码分类的产品进口关税　（%）

序号	HS 编码产品	墨西哥	越南	印度尼西亚	马来西亚	菲律宾	泰国
1	活动物、动物产品	12.16	12.43	5.49	1.94	10.24	13.55
2	植物产品	10.95	15.15	5.33	1.67	8.81	27.76
3	动、植物油、脂及其分解产品	7.70	10.62	4.47	2.90	5.59	57.02
4	食品、饮料、烟草等	17.91	27.38	17.86	3.42	11.03	28.60
5	矿产品	0.12	3.73	3.79	1.41	2.10	0.95

续表

序号	HS编码产品	墨西哥	越南	印度尼西亚	马来西亚	菲律宾	泰国
6	化学工业及其相关的产品	2.05	2.62	4.79	1.65	2.93	2.69
7	塑料、橡胶及其制品	4.18	7.98	8.42	13.56	7.00	7.35
8	皮革、鞍具、动物肠线（蚕胶丝除外）制品等	5.77	9.79	6.64	0.39	6.24	8.43
9	木、木炭、稻草、篮筐及其制品等	6.66	7.47	5.96	12.13	6.77	6.19
10	木浆、纸板及其制品等	2.53	10.86	3.84	9.71	4.92	4.06
11	纺织原料及纺织制品	12.30	11.90	14.30	5.93	10.18	16.08
12	鞋、帽、羽毛制品、人造花等	11.75	24.45	16.68	4.52	10.84	20.87
13	石料、云母、陶瓷、玻璃及其制品等	7.12	18.68	8.64	16.62	6.91	8.77
14	珍珠、宝石、贵金属、硬币及其制品等	3.44	9.07	6.14	0.49	4.91	0.16
15	贱金属及其制品	4.65	7.33	7.67	7.18	4.75	5.28
16	机器、电气设备、录音机及其零件附件等	3.17	4.61	5.56	3.03	1.84	3.97
17	车辆、航空器、船舶及有关运输设备	9.75	16.61	11.07	10.56	8.14	18.69
18	光学、照相、医疗仪器及设备等	2.11	6.11	5.91	0.49	2.20	3.78
19	武器、弹药及其零件、附件	11.30	3.84	6.58	14.85	13.45	25.19
20	杂项制品	9.85	18.19	11.28	8.95	7.49	12.95
21	艺术品、收藏品及古物	0.00	4.23	5.07	0.59	8.20	8.81

数据来源：WTO Tariff Download Facility 数据库。

注：由于缺失值问题，印度尼西亚和泰国实际使用2022年数据，越南和马来西亚实际使用2021年数据。

（四）按技术含量分类产品进口关税水平的国际比较

1. 与世界主要发达经济体的比较

表2-35统计了主要发达经济体按技术含量分类的产品进口关税。从初级产品看，除韩国外，其他主要发达经济体初级产品的进口关税均保持较低水平，均低于5.5%，而韩国初级产品的进口关税水平较高，2023年为30.92%，也远高于中国10.57%的关税水平。其中，世界主要发达经济体的非农业型初级产品进口关税均保持较低的水平，均低于3%，农业型初级产品的进口关税水平相对较高，但除韩国外，其他发达经济体的关税水平也仍保持在6%以内。

与世界主要发达经济体相比，中国初级产品关税水平低于韩国、高于其他发达经济体，非农业型初级产品关税水平高于世界主要发达经济体，农业型初级产品关税水平低于韩国、高于其他发达经济体。

与2001年相比，2023年，世界主要发达经济体，如欧盟、美国、日本等仅小幅度调整各类产品的进口关税，关税调整幅度在1%以内。中国各类产品的关税水平调整幅度较大，如低技术产品、农业型初级产品、中等技术产品的关税水平分别下调了13.28%、9.68%、9.59%。

2. 与金砖国家、主要发展中经济体的比较

表2-36统计了主要发展中经济体按技术含量分类的产品进口关税。平均而言，中国各类产品的进口关税水平在主要发展中经济体之间处于中等水平，个别产品类别处于偏低水平，如低技术产品、中等技术产品，2023年中国进口这两类产品的关税水平分别为6.78%、7.12%，其中，低技术产品仅略高于马来西亚6.27%的关税水平，低于其他主要发展中经济体，中等技术产品关税水平仅略高于俄罗斯、墨西哥、马来西亚和菲律宾，低于其他主要发展中经济体。

从各类产品关税水平的差异看，部分产品类别不同国家的关税水平差异较大。如初级产品，2023年印度该类产品的进口关税水平高达31.34%，而马来西亚初级产品的关税水平则低至2.19%；如低技术产品，巴西低技术产品的关税水平高达23.41%，而马来西亚低技术产品的关税水平则低至6.27%。

从各类产品关税水平的变化情况看，在世界主要发展中经济体中，中国属于关税水平下调幅度较大的国家之一。总的来看，下调关税幅度较大的国家有印度、墨西哥和中国，与2001年相比，2023年印度初级产品关税下调了3.23%，工业制成品下调了17.74%；墨西哥初级产品关税下调了12.15%，工业制成品下调了11.15%；中国初级产品关税下调了8.88%，工业制成品下调了8.26%。

表2-35　主要发达经济体按技术含量分类的产品进口关税　（%）

国家（或地区）	年份	初级产品			工业制成品				
		全部初级产品	非农业型初级产品	农业型初级产品	全部工业制成品	资源类制成品	低技术产品	中等技术产品	高技术产品
欧盟	2001	4.82	0.31	5.40	4.33	3.40	7.12	4.22	2.97
	2010	4.92	0.26	5.54	4.02	2.75	7.11	4.02	2.92
	2023	4.91	0.35	5.51	3.92	2.76	6.98	3.93	2.71
美国	2001	4.25	0.07	4.79	3.93	2.48	7.60	3.97	2.17
	2010	4.53	0.08	5.12	3.49	1.83	7.55	3.62	1.95
	2023	4.31	0.08	4.88	3.44	1.82	7.54	3.55	1.84
日本	2001	5.22	0.40	5.75	2.77	2.27	5.89	2.41	0.97
	2010	5.32	0.39	5.88	2.42	1.84	5.53	2.19	0.90
	2023	5.37	0.39	5.94	2.34	1.75	5.34	2.14	0.90

续表

国家（或地区）	年份	初级产品			工业制成品				
		全部初级产品	非农业型初级产品	农业型初级产品	全部工业制成品	资源类制成品	低技术产品	中等技术产品	高技术产品
韩国	2001	29.27	2.69	32.16	8.27	9.71	9.29	7.65	6.60
	2010	27.73	2.10	30.61	7.39	7.70	9.42	7.04	5.94
	2023	30.92	2.10	34.18	7.12	7.70	9.19	6.80	5.32
加拿大	2001	2.14	0.75	2.30	4.63	2.04	10.19	4.74	2.35
	2010	2.12	0.29	2.34	2.87	0.65	8.15	2.83	1.09
	2023	1.78	0.30	1.96	2.38	0.52	7.00	2.25	0.89
澳大利亚	2001	0.89	0.20	0.97	4.88	2.48	10.05	5.01	2.72
	2010	0.94	0.19	1.03	3.23	2.39	4.99	3.40	2.52
	2023	0.95	0.19	1.04	2.93	2.40	3.74	3.21	2.47

数据来源：WTO Tariff Download Facility 数据库。

注：由于缺失值问题，欧盟、美国 2023 年关税数据实际使用 2022 年数据。

表 2-36 主要发展中经济体按技术含量分类的产品进口关税 （%）

类型	国家	年份	初级产品			工业制成品				
			全部初级产品	非农业型初级产品	农业型初级产品	全部工业制成品	资源类制成品	低技术产品	中等技术产品	高技术产品
金砖国家	中国	2001	19.45	3.6	21.14	14.99	10.32	20.06	16.71	13.23
		2010	12.16	3.02	13.18	9.38	7.17	12.45	10.33	8.02
		2023	10.57	2.91	11.42	6.73	6.31	6.78	7.12	6.6
	印度	2001	34.57	19.20	36.22	31.14	33.18	31.12	31.25	28.79
		2010	24.81	5.15	26.99	8.58	7.73	9.39	8.97	8.49
		2023	31.34	8.40	33.88	13.40	11.62	19.61	13.74	11.12
金砖国家	俄罗斯	2001	8.73	5.45	9.14	10.23	8.56	12.58	11.54	8.99
		2010	7.84	4.22	8.32	8.09	8.29	10.39	8.88	5.72
		2023	6.42	3.28	6.83	6.13	6.17	8.35	6.64	4.23
	巴西	2001	10.88	3.39	11.68	15.57	11.85	19.78	17.15	13.77
		2010	8.72	1.72	9.49	15.12	9.17	24.59	16.38	12.26
		2023	7.01	0.94	7.69	12.96	6.72	23.41	14.09	9.84
	南非	2001	6.75	1.38	7.42	5.52	3.61	11.20	7.02	2.99
		2010	5.11	1.07	5.60	7.95	2.43	21.50	8.30	2.67
		2023	5.35	1.07	5.87	8.29	3.39	21.55	8.49	2.76

续表

类型	国家	年份	初级产品			工业制成品				
			全部初级产品	非农业型初级产品	农业型初级产品	全部工业制成品	资源类制成品	低技术产品	中等技术产品	高技术产品
其他发展中经济体	墨西哥	2001	20.96	10.68	22.09	17.17	13.38	24.44	17.84	13.90
		2010	15.68	0.00	17.47	7.36	2.88	17.42	7.73	3.66
		2023	8.81	0.02	9.82	6.02	3.09	12.78	6.38	3.34
	越南	2001	17.87	1.80	19.59	15.62	6.63	33.18	18.27	6.19
		2010	13.33	2.04	14.58	8.92	5.43	15.39	11.04	4.70
		2023	12.93	1.99	14.15	8.58	5.44	14.84	10.50	4.38
	印度尼西亚	2001	6.73	3.64	7.07	6.93	5.59	10.03	7.73	4.57
		2010	6.79	3.59	7.15	6.87	5.45	10.60	7.68	4.35
		2023	7.22	3.58	7.63	8.48	6.17	14.61	8.80	5.71
其他发展中经济体	马来西亚	2001	2.10	0.08	2.33	8.59	7.07	13.24	9.57	4.81
		2010	2.10	0.13	2.33	6.15	7.17	6.64	7.00	3.60
		2023	2.19	0.20	2.41	5.75	6.23	6.27	6.80	3.48
	菲律宾	2001	9.01	3.16	9.63	6.95	4.73	11.91	7.41	4.34
		2010	7.90	2.65	8.48	5.86	3.81	10.58	6.44	3.53
		2023	7.75	1.97	8.39	5.53	3.53	10.40	6.10	3.08
	泰国	2001	15.42	2.19	17.34	13.04	7.66	22.00	15.10	9.39
		2010	15.04	0.83	16.88	8.61	3.53	18.98	10.02	5.44
		2023	17.59	0.36	19.66	7.63	2.96	17.73	8.82	4.63

数据来源：WTO Tariff Download Facility 数据库。

注：由于缺失值问题，印度、印度尼西亚和泰国 2023 年关税数据实际使用 2022 年数据，俄罗斯、南非、越南和马来西亚 2023 年关税数据实际使用 2021 年数据，越南 2001 年关税数据实际使用 2002 年数据。

三、世界主要经济体进口关税变化情况的比较

与 2001 年相比，2023 年世界主要经济体关税变化情况的比较如表 2-37 所示。具体如下：

从世界主要发达经济体看，各国进口关税税率发生变化的产品数相对较少，除加拿大为 2289 个产品外，其他国家进口关税税率发生变化的产品均在 2000 个以内，均远低于中国的 3920 个。美国、欧盟和日本存在较多进口关税税率上涨的产品，这三个国家（或地区）进口关税税率上涨的产品数分别占产品调整总数的 29.10%、26.57%、14.02%；韩国、加拿大、澳大利亚进口关税税率上涨的产品数占产品调整总数的比重相对较低，均处于 10%以内。总的来看，各国进口关税税率上升的产品数、进口关税税率上涨的产品数占产品调整总数的比重均远高于中国，与 2001 年相比，2023 年中国仅有

26个产品上调进口关税，进口关税税率上涨的产品数占产品调整总数的比重也仅为0.66%。

从世界主要发展中经济体看，墨西哥、巴西和印度三个国家进口关税税率发生变化的产品较多，分别为4558个、4544个和4281个，均高于中国的3920个；马来西亚、南非进口关税税率发生变化的产品较少，分别为1361个、1365个。从产品关税调整的方向看，印度尼西亚和南非两个国家进口关税上调的产品数大于进口关税下调的产品数，进口关税税率上升的产品数分别为1463个、898个，进口关税税率上升的产品数占产品调整总数的比重分别为71.79%、65.79%。除印度尼西亚和南非两个国家外，其他国家进口关税下调的产品数均大于进口关税上调的产品数。在世界主要发展中经济体中，中国进口关税税率下调的产品数占产品调整总数的比重最高，为99.34%。进口关税税率下调的产品数占产品调整总数比重较高的其他国家还有墨西哥、印度，分别为97.15%、90.52%。

表2-37 与2001年相比，2023年世界主要经济体关税变化情况的比较

类型	国家（或地区）	进口关税税率发生变化的产品数/个	进口关税税率上升的产品数/个	进口关税税率下降的产品数/个	进口关税税率上升产品数占当年调整产品总数的比例/%	进口关税税率下降产品数占当年调整产品总数的比例/%
发达经济体	欧盟	1756	511	1245	29.10	70.90
	美国	1938	515	1423	26.57	73.43
	日本	1355	190	1165	14.02	85.98
发达经济体	韩国	1836	88	1748	4.79	95.21
	加拿大	2289	190	2099	8.30	91.70
	澳大利亚	850	77	773	9.06	90.94
发展中经济体	中国	3920	26	3894	0.66	99.34
	印度	4281	406	3875	9.48	90.52
	俄罗斯	3268	551	2717	16.86	83.14
	巴西	4544	674	3870	14.83	85.17
	南非	1365	898	467	65.79	34.21
	墨西哥	4558	130	4428	2.85	97.15
	越南	2438	487	1951	19.98	80.02
	印度尼西亚	2038	1463	575	71.79	28.21
	马来西亚	1361	210	1151	15.43	84.57
	菲律宾	2552	349	2202	13.68	86.29
	泰国	3879	1099	2780	28.33	71.67

数据来源：WTO Tariff Download Facility数据库。

注：由于缺失值问题，欧盟、美国、印度、印度尼西亚和泰国2023年关税数据实际使用2022年数据，俄罗斯、南非、越南和马来西亚2023年关税数据实际使用2021年数据，越南2001年关税数据实际使用2002年数据。

第四节　基本结论

基于中国进口关税水平、进口关税变化情况和国际比较三个方面，本章分析了2001—2023年中国进口关税变化的总体情况。总的来看，本章的主要结论如下：

一、中国进口关税总体水平大幅下降

2001—2023年，中国进口关税总体水平呈现大幅度下降趋势，由15.3%下降至7.4%。具体而言，2001—2005年、2019年为中国进口关税的主要调整期，这两个时期的进口关税降幅最为明显。其中，2001—2005年，中国进口关税总体水平从15.3%持续降低至9.9%；2018年，中国进口关税总体水平由2017年的9.8%降低至7.5%；2018年至今，中国进口关税总体水平维持在低于7.5%的水平，2023年中国进口关税总体水平是7.4%。从中国进口关税的不同税率区间来看，2001年，中国进口关税水平处于10%~25%的产品种类数最多，占全部产品总数的51.20%，2023年，中国关税水平处于5%~10%的产品种类数最多，占全部产品总数的59.60%。

二、不同类别产品的进口关税水平变化存在差异性

按照BEC产品分类标准，与资本品和中间品相比，消费品进口关税水平最高，但降幅也最大，已接近资本品和中间品的关税水平，2023年，中国资本品、中间品和消费品进口关税税率分别为6.31%、7.17%和9%。按照SITC产品分类标准，饮料及烟类、食品及活动物、动植物油脂及蜡三大类产品的关税税率较高，矿物燃料与润滑油及有关原料、非食用原料和化学成品及有关产品三大类产品的关税税率则较低。按照HS编码分类标准，在21类产品中，第2~4类产品的进口关税水平较高，第21、第9、第5类产品的关税水平较低。按照技术含量产品分类标准，初级产品的进口关税水平均高于工业制成品，其中，农业型初级产品的进口平均关税水平最高，其次为低技术产品、中等技术产品，并且，低技术产品的进口关税下降幅度最大。从代表性产品看，2023年，在中国进口规模前十大产品中，除了大豆产品、汽车产品两者外，其他产品均实施0关税；与2001年相比，2023年中国主要提升了部分植物类产品、化学类产品的关税水平，主要下调了部分粮食、植物油类产品的关税水平。

三、进口关税发生变化的产品种类数较多

2002—2023 年，2002 年、2003 年、2019 年进口关税调整的产品种类数较多，均有超过 1900 个产品调整了进口关税。在进口关税调整的产品中，绝大多数产品下调了进口关税税率。从进口关税下降幅度看，与 2001 年相比，2022 年共有 3894 个产品关税税率下降，其中，关税税率下降幅度处于 0~5%的产品最多，为 1517 个。从细分类别产品看，依据 BEC 产品分类标准，中间品进口关税税率发生变化的产品最多，其次为消费品、资本品，中间品、消费品和资本品关税下降幅度分别处于 0~5%、15%~20%和 5%~10%的产品最多。依据 SITC 分类标准，按原料分类的制成品、机械及运输设备、化学成品及有关产品三类产品中进口关税税率发生变化的产品较多，且大多类别中产品关税降幅处于 0~5%的产品最多。依据 HS 编码分类标准，进口关税税率发生变化的产品最多的是纺织原料及纺织制品（第 11 类），且较多产品进口关税税率的下调幅度集中于0~5%，如矿产品（第 5 类）、化学工业及其相关的产品（第 6 类）等。依据技术含量分类标准，工业制成品进口关税发生变化的产品较多，其中，中等技术产品进口关税发生变化的产品较多，且大多产品进口关税税率下调幅度集中于0~5%。

四、与世界主要经济体相比，中国进口关税处于中等水平

与发达经济体相比，中国进口关税总体处于较高水平，但与发展中经济体相比，中国进口关税总体处于偏低水平。在对比的世界主要经济体中，2023 年，进口关税水平最高的是印度，为 17.67%，最低的是加拿大，为 2.11%。从整体变动趋势看，2001—2023 年仅有中国、加拿大等少数几个经济体持续降低进口关税，大部分经济体的进口关税表现出不同程度的波动，即下调关税后又进行上调（如韩国、印度等），甚至有一些经济体在不断上调进口关税（如南非）。从世界主要经济体的进口关税调整情况看，发达经济体进口关税税率发生变化的产品相对较少，均低于中国调整进口关税的产品种类数；从世界主要发展中经济体的进口关税调整情况看，墨西哥、巴西和印度三个国家进口关税税率发生变化的产品较多，均高于中国调整的产品种类数。

第三章　中国服务贸易进口发展的事实、问题与对策

服务贸易是对外贸易的重要组成部分和对外经贸合作的重要领域，在构建新发展格局中具有重要作用。《“十四五”服务贸易发展规划》指出：“扩大优质服务进口。”“服务产业转型升级需要，扩大研发设计、工业设计、咨询、专业服务等生产性服务进口，促进制造业高质量发展。聚焦居民消费升级需求，积极推动医疗等优质生活性服务进口，丰富市场供给，推动生活性服务业品质化发展。”因此，本章系统分析了中国服务贸易进口问题。

第一节　中国发展服务贸易的相关政策和实践

改革开放以来，中国服务贸易开启了新的历史篇章，国家相关部门与时俱进，不断出台服务贸易新政，涵盖政策与实践两个层面，助力我国服务贸易全面深化发展。其中，服务贸易政策层面主要包括发展规划纲要和服务贸易工作意见，服务贸易实践层面则体现在服务贸易中介、贸易试点以及相关负面清单等方面。

一、中国服务贸易的相关政策

就政策层面而言，国家对服务贸易的重视程度显著提升，服务贸易被列入国家的五年规划并辅以指导意见和政策支持，发展目标由量的扩大转向质的提升。

一方面，服务贸易开始被列入国家五年发展规划纲要。2007 年 11 月，商务部印发《服务贸易发展“十一五”规划纲要》，这是我国服务贸易领域的第一个发展规划。在此之后，2011 年《服务贸易发展“十二五”规划纲要》、2017 年《服务贸易发展“十三五”规划》、2021 年《“十四五”服务贸易发展规划》一一出台，服务贸易的发展目标由扩大规模、优化结构转向提升质量、增加效益，由建设服务贸易大国转向建设服

务贸易强国，并逐步提出促进服务贸易领域自主创新、加大知识密集型服务占比等任务。

另一方面，国家对服务贸易工作尤其是某些重点领域提出多项指导意见和支持举措。例如，商务部在2008年3月提出推进重点行业出口、实施品牌战略的要求，国务院在2015年8月提出扩大规模、优化结构、建设服务贸易功能区、创新发展模式等主要任务，并在2019年11月提出贸易结构更加优化、贸易效益显著提升、实现贸易高质量发展等主线任务。在重点领域上，国务院于2014年提出在文化领域打造核心文化产品、培育核心文化品牌以支持文化领域服务贸易发展，并于2023年提出多项举措促进服务贸易数字化，促进数字领域与服务贸易融合、共同发展。此外，为提升服务贸易融资便利，国家推出多项举措。例如，2012年，商务部和中国进出口银行表明将利用金融手段支持重点领域服务贸易的发展；2018年，财政部、商务部和招商局集团共同发起设立服务贸易创新发展引导基金，积极探索贸易领域融资创新，为中小企业纾困解难。

相关政策的具体情况如表3-1所示：

表3-1　服务贸易的相关政策

	时间	部门	政策	核心（主要）内容
规划纲要	2007.11	商务部	《服务贸易发展“十一五”规划纲要》	一是服务贸易规模显著扩大。二是服务贸易结构不断优化。三是服务贸易领域更加开放格局基本形成。四是国际服务贸易市场开拓能力大幅提升
	2011.9	商务部等	《服务贸易发展“十二五”规划纲要》	一是继续推动重点行业服务出口。二是继续扩大服务领域对外开放。三是加快服务贸易企业“走出去”步伐。四是培育具有较强国际竞争力的服务贸易企业。五是推进服务贸易领域自主创新
	2017.3	商务部等	《服务贸易发展“十三五”规划》	服务贸易大国地位进一步巩固，服务贸易强国建设加快；“十三五”期间力争服务贸易年均增速高于全球服务贸易平均增速。技术、知识密集型和高附加值服务出口占比持续提升，人力资源密集型和中国特色服务出口优势进一步巩固，服务贸易在开放型经济发展中的战略地位显著提升
	2021.10	商务部等	《“十四五”服务贸易发展规划》	从规模、结构、竞争实力、制度环境等四个方面设置6项预期性目标，采取定性表述与定量表述相结合的方式，以定性表述为主，未设定明确的服务贸易发展总量目标和年均增长目标，主要考虑是服务贸易发展面临的外部不确定性明显增加，需要为应对不确定性预留空间，这样有利于引导各方面把工作重点放在提高服务贸易发展质量和效益上来

续表

	时间	部门	政策	核心（主要）内容
指导意见	2008.03	商务部	《商务部关于2008年服务贸易工作的意见》	深入开展调查研究，不断创新工作方法，积极推进统计分析工作，加快建设促进体系，大力促进重点行业出口，实施品牌战略，推动服务贸易更好更快的发展，努力实现2008年全国服务贸易总额增长20%的目标
	2012.3	商务部等	《商务部、中国进出口银行关于"十二五"期间金融支持服务贸易发展的意见》	"十二五"期间，商务部和进出口银行将利用金融手段，着力支持《服务贸易发展"十二五"规划纲要》明确提出的30个重点发展的服务贸易领域，巩固我国具有比较优势的传统领域，培育符合国际服务贸易发展趋势的新兴领域，支持引领服务贸易发展的高技术含量、高附加值、创新性强、辐射带动作用较大的重点领域
	2014.3	国务院	《关于加快发展对外文化贸易的意见》	形成一批具有核心竞争力的文化产品，打造一批具有国际影响力的文化品牌，搭建若干具有较强辐射力的国际文化交易平台的目标；使我国核心文化产品和服务贸易逆差状况得以扭转，文化产品和服务在国际市场的份额进一步扩大，文化整体实力和竞争力显著提升
	2015.8	国务院	《国务院关于加快发展服务贸易的若干意见》	提出扩大服务贸易规模、优化服务贸易结构、规划建设服务贸易功能区、创新服务贸易发展模式、培育服务贸易市场主体等主要任务
	2018.1	财政部等	《服务贸易创新发展引导基金设立工作方案》	发挥独特作用和专业优势，增添服贸融资市场新活力，推动服贸出口并向高质量发展转变；为服贸基金运营营造良好的政策环境，支持服贸基金做好项目库建设，推动政策性目标实现
	2019.11	国务院	《关于推进贸易高质量发展的指导意见》	到2022年，贸易结构更加优化，贸易效益显著提升，贸易实力进一步增强，建立贸易高质量发展的指标、政策、统计、绩效评价体系
	2023.8	商务部	《商务部四大举措促进服务贸易数字化》	一是强化顶层设计推动出台关于数字贸易改革创新发展的政策性文件。二是积极推进服务外包数字化高端化，积极发展研发、设计、检测、维修、租赁等生产性服务外包，大力扶持众包众创、云外包、平台分包等服务外包新模式加快发展。三是高标准建设国家数字服务出口基地，进一步推动扩大可数字化的服务出口。四是加快服务贸易数字化进程，支持旅游、运输、建筑等传统服务贸易数字化改造，同时大力推动智慧物流、远程医疗、线上办展等新兴领域的发展，不断提高服务的可贸易性

资料来源：根据中国政府网国务院政策文件库、中国商务部官网资料整理而成。

二、中国服务贸易的相关实践

从实践层面而言，中国在不断探索和完善中，逐步形成了以服务贸易中介和平台为桥梁、以服务贸易试点为主线、以负面清单为准绳的服务贸易实践体系。具体来看：

服务贸易中介和平台的建立为服务业扩大对外开放提供了新的机遇。如表3-2所示，截至2023年，中国共举办了中国服务贸易大会、中国（北京）国际服务贸易交易会（简称“服贸会”）、国际农业服务贸易大会等多个大型服务业展会，为中国服务贸易开拓了更为广阔的国际合作空间。与此同时，为了更好地搭建服务业服务贸易中介和平台，中国相继成立了中国服务贸易协会、中国国际服务贸易交易会组织委员会和执行委员会等协会组织，主要负责研究协调服务业贸易展会的筹办工作，推动服务贸易有序发展。

表 3-2 部分服务贸易中介和平台

时间	部门	政策	核心（主要）内容
2007. 11	商务部	首届中国服务贸易大会暨中国服务贸易协会成立大会	通过服务业的对外开放，抓住国际服务业转移机遇，引进国外的资金、先进技术和管理经验；有序引入竞争机制，提升服务业的创新能力和对外竞争能力，最终实现中国服务业的全面、协调发展
2012. 5	商务部	《商务部办公厅关于举办第一届中国（北京）国际服务贸易交易会的通知》	积极探索促进我国服务业和服务贸易发展的新途径，充分发挥服务业和服务贸易在加快转变经济发展方式中的作用，开拓更加广阔的国际合作空间
2022. 9	农业农村部	首届国际农业服务贸易大会	大力发展农业服务贸易，畅通国内外农业服务市场，提升农业“走出去”的综合水平。同时，把国外优质农业技术和服务“引进来”，提高中国农业科技和服务水平，助力构建充满活力、竞争力强的现代农业产业技术体系
2021. 6	国务院	《国务院办公厅关于成立中国国际服务贸易交易会组织委员会和执行委员会的通知》	成立中国国际服务贸易交易会组织委员会和执行委员会，主要负责研究协调服贸会筹办工作中的重大事项，协调推动各部门、各地方的筹办及参展参会事务，推动落实以我国政府名义邀请有关国家、国际和地区组织参展参会

资料来源：根据中国政府网国务院政策文件库、中国商务部官网整理。

贸易试点的设立和运行开启了中国服务贸易由点到面、由表及里的创新实践。如表 3-3 所示，2013 年 9 月，中国在上海设立了首个自由贸易试验区，构建相对独立的服务贸易开放领域，到 2020 年，自贸试验区已扩容至 21 个，累计向全国复制推广 260 项制度创新成果。2015 年，北京市开始实施服务业扩大开放综合试点工作，对标国际先进贸易投资规则，扩大服务业对外开放，到 2019 年 4 月，北京市全面推进服务业扩大开放综合试点工作。2016 年 2 月，国务院批复同意在上海、海南等 15 个地区启动服务贸易创新发展试点，到 2020 年 8 月，北京、天津等 28 个地区开始推进全面深化服务贸易创新发展试点工作。为推广成功经验，2021 年 5 月，国务院印发了第一批 16 个最佳实践案例，供各地在推动服务贸易创新发展工作中借鉴。此外，贸易试点工作仍在进行全新探索，2020 年 6 月，中国推动海南自由贸易港先行探索，对接国际高标准经贸规则，培育具有海南特色的合作竞争新优势；2022 年 1 月，国家外汇管理局开展跨境贸易投资高水平开放试点，支持中小微高新技术企业一定额度内自主借用外债、支持银行优化新型国际贸易结算等。

表 3–3 服务贸易相关试点情况

时间	部门	政策	核心（主要）内容
2013. 9	商务部、国务院	《国务院关于印发中国（上海）自由贸易试验区总体方案的通知》	在上海设立首个自由贸易试验区，探索构建相对独立的以扩大服务领域开放为主的服务贸易区域
2015. 6	国务院	《国务院关于北京市服务业扩大开放综合试点总体方案的批复》	着力推动北京市服务业现代化和提升服务贸易发展水平，建立健全具有中国特色、首都特点、时代特征的体制机制，构建与国际规则相衔接的服务业扩大开放基本框架，使北京市服务业扩大开放综合试点成为国家全方位主动开放的重要实践，为探索开放型经济新体制作出贡献
2016. 2	国务院	开展服务贸易创新发展试点	用两年时间，在天津、上海、海南、深圳、杭州、武汉、广州、成都、苏州、威海 10 个城市和哈尔滨、江北、两江、贵安、西咸 5 个国家级新区开展服务贸易创新发展试点，重点对服务贸易管理体制、发展模式、便利化等 8 个方面的制度建设进行探索，有序扩大服务业开放准入
2018. 6	商务部、国务院	《国务院关于同意深化服务贸易创新发展试点的批复》	同意在北京、天津、上海、海南、深圳、哈尔滨、南京、杭州、武汉、广州、成都、苏州、威海和河北雄安新区、重庆两江新区、贵州贵安新区、陕西西咸新区等城市（区域）深化服务贸易创新发展试点
2019. 4	国务院	《全面推进北京市服务业扩大开放综合试点工作方案》	立足首都城市战略定位，对标国际先进规则，以负面清单制度为引领，统筹对内对外开放，着力打造全面开放型现代服务业发展先行区。不断完善服务业发展体制机制，持续增强服务业发展动能和国际竞争力，逐步构建与国际通行规则相衔接的服务业开放体系
2020. 6	国务院	《海南自由贸易港建设总体方案》	对标国际高水平经贸规则，解放思想、大胆创新，聚焦贸易投资自由化便利化，建立与高水平自由贸易港相适应的政策制度体系，建设具有国际竞争力和影响力的海关监管特殊区域，将海南自由贸易港打造成为引领我国新时代对外开放的鲜明旗帜和重要开放门户
2020. 8	商务部	《商务部关于印发全面深化服务贸易创新发展试点总体方案的通知》	在北京、天津等 28 个地区全面深化服务贸易创新发展试点，重点围绕推动服务贸易改革、开放和创新，提出 3 个方面 8 项试点任务、122 项具体举措，进一步激发市场活力，打造服务贸易发展高地，提升“中国服务”在全球价值链中的地位
2021. 5	国务院	《全面深化服务贸易创新发展试点总体方案》	进一步发挥试点先行先试的示范引领作用，持续释放试点制度红利；编撰形成全面深化试点第一批最佳实践案例，供各地在推动服务贸易创新发展工作中借鉴

续表

时间	部门	政策	核心（主要）内容
2022.1	国家外汇管理局	开展跨境贸易投资高水平开放试点	拓宽企业跨境投融资渠道，支持中小微高新技术企业一定额度内自主借用外债，开展合格境外有限合伙人（QFLP）和合格境内有限合伙人（QDLP）试点。经常项目便利化方面，支持银行优化新型国际贸易结算，有序扩大贸易收支轧差净额结算企业范围，货物贸易特殊退汇免于登记

资料来源：根据中国政府网国务院政策文件库、中国商务部官网整理。

服务贸易相关目录及负面清单逐步扩大服务贸易进口范围，提升了我国服务贸易对外开放水平。如表3-4所示，2016年9月，中国发布首个《鼓励进口服务目录》，将研发设计、节能环保、环境服务等纳入，并于2019年4月修订后新增咨询服务。2020年，中国将《外商投资准入特别管理措施（负面清单）》缩减至33条，并取消了文化娱乐、金融、人力、电信等多个领域关于中方与外商出资比例的强制性规定。2021年7月，中国发布跨境服务贸易领域首张负面清单《海南自由贸易港跨境服务贸易特别管理措施（负面清单）（2021年版）》，突破了原有服务贸易管理模式，为中国更高水平开放探索新路径。2021年11月，商务部在2002年、2007年、2020年等调整发布的《中国禁止出口限制出口技术目录》基础上，大幅压缩《中国禁止进口限制进口技术目录》，为技术要素跨境自由流动创造良好环境。

表3-4 服务贸易相关目录及负面清单情况

时间	部门	政策	核心（主要）内容
2016.9	商务部、国家发展改革委、财政部	《鼓励进口服务目录》	将研发设计、节能环保、环境服务纳入目录，为服务贸易创新发展试点地区进口国内急需的研发设计、节能环保、环境服务等发挥积极作用
2019.4	商务部、国家发展改革委等	修订《鼓励进口服务目录》	在原目录的基础上，增设咨询服务，对试点地区进口国内急需的研发设计、节能环保、环境服务和咨询等服务进口给予贴息支持
2020.6	国家发展改革委、商务部	《外商投资准入特别管理措施（负面清单）（2020年版）》	外商投资准入负面清单从2017年的63条减至33条。金融领域，提前取消所有外商投资股比限制，放开外资保险经纪公司经营范围，不再对合资证券公司业务范围单独设限，大幅度扩大外资银行业务范围，沪深港通每日额度进一步扩大。电信领域，取消国内多方、存储转发、呼叫中心等增值电信服务外资股比限制，将上海自贸试验区电信领域开放政策复制推广至其他自贸试验区。文化娱乐领域，取消电影院建设经营、演出经纪机构须由中方控股的规定，在自贸试验区将设立文艺表演团体由禁止投资改为中方控股，把允许外国投资者在自贸

续表

时间	部门	政策	核心（主要）内容
2020.6	国家发展改革委、商务部	《外商投资准入特别管理措施（负面清单）（2020年版）》	试验区内设立互联网上网服务场所的开放举措推广至全国。人力资源领域，取消了外方投资者出资比例不得低于25%、中方合资者出资比例不得低于51%的规定，取消不得设立外商独资的人力资源服务机构的规定
2021.7	商务部	《海南自由贸易港跨境服务贸易特别管理措施（负面清单）（2021年版）》	统一列出国民待遇、市场准入、当地存在、金融服务跨境贸易等方面对于境外服务提供者以跨境方式提供服务（通过跨境交付、境外消费、自然人移动模式）的特别管理措施，适用于海南自由贸易港，地域范围为海南岛全岛。突破原有服务贸易管理模式，提升防范和化解风险的能力，为中国更高水平开放探索新路径
2021.11	商务部	《中国禁止出口限制出口技术目录》	大幅压缩《中国禁止进口限制进口技术目录》，为技术要素跨境自由流动创造良好环境

资料来源：根据中国政府网国务院政策文件库、中国商务部官网整理。

第二节　中国服务贸易进口的总体情况

一、中国服务贸易进口规模及国际比较

（一）中国服务贸易进口规模

从总体看，中国服务贸易进口规模稳中有升。中国坚持高水平对外开放，积极推动各国各方共享中国大市场机遇，增强国内国际两个市场两种资源联动效应，不断扩大优质服务进口。如表3-5所示，中国的服务贸易进口规模从1982年的20亿美元，增长至2022年的4651亿美元，2022年大约是1982年的232倍。其中，2022年中国服务贸易进口规模同比增长1.15%。

从阶段看，中国服务贸易进口可以分为三个阶段：第一，快速起步阶段（1982—2000年）。改革开放初期，中国服务业发展水平相对较低，服务进口需求较低、规模较小。在此阶段，中国服务贸易进口规模从20亿美元增长至360亿美元，2000年是1982年的18倍。第二，高速增长阶段（2001—2018年）。自加入世界贸易组织，中国服务贸易进口规模迅速扩大，结构逐步优化，世界第二大服务进口国地位不断巩固。在此阶段，中国服务贸易的进口规模也从393亿美元增长至5243亿美元，2018年大约是2001年的13倍。第三，波动发展阶段（2019年至今）。受中美经贸摩擦、新冠疫情等

因素影响，2019 年、2020 年中国服务贸易进口规模连续两年下滑，但在 2021 年强势回弹，并于 2022 年达到 4651 亿美元。

表 3-5　1982—2022 年中国服务贸易进口规模　（单位：亿美元）

年份	1982	1984	1986	1988	1990	1992	1994	1996	1998	2000	2002
服务贸易进口额	20	29	23	36	44	94	163	226	267	360	465
年份	2004	2006	2008	2010	2012	2014	2016	2018	2020	2021	2022
服务贸易进口额	727	1008	1589	1933	2812	3829	4537	5243	4199	4598	4651

数据来源：根据中国国家外汇管理局数据计算与整理。

（二）中国服务贸易进口规模的国际比较

第一，中国主动顺应时代潮流，对内深化改革，对外扩大开放，在改革与开放的互动中实现服务贸易进口从小到大的转变。2022 年，全球服务贸易进口前五大国依次是美国（6967 亿美元）、中国（4650 亿美元）、德国（4592 亿美元）、爱尔兰（3728 亿美元）、英国（3170 亿美元）。自 2013 年以来，中国服务贸易进口规模连续 10 年稳居全球第二，世界第二大服务贸易进口国的地位日益稳固。

第二，中国服务贸易进口占世界服务贸易进口额的比重呈现先上升、后下降的趋势。由表 3-6 可知，该比重从 2011 年的 5.93%，增加至 2016 年的 9.45%，其后，受中美经贸摩擦、新冠疫情等的冲击，从 2017 年开始呈现出下滑态势，逐渐下降到 2022 年的 7.26%。

表 3-6　2011—2022 年美国、德国和中国的服务贸易进口规模情况

年份	2011	2012	2013	2014	2015	2016	2017	2018	2019	2020	2021	2022
美国/百亿美元	46	47	47	49	50	51	56	57	59	47	56	70
中国/百亿美元	25	28	33	43	44	45	47	53	50	38	44	47
德国/百亿美元	29	29	32	33	30	31	35	38	38	31	39	46
美国占世界服务贸易进口比重/%	10.96	10.88	10.21	9.86	10.50	10.73	10.70	10.00	10.13	9.65	10.00	10.88
中国占世界服务贸易进口比重/%	5.93	6.52	7.25	8.69	9.17	9.45	9.01	9.29	8.55	7.88	7.89	7.26

数据来源：根据 WTO Trade Map 数据库整理计算。

二、中国服务贸易进口的贸易差额情况

近年来，中国服务贸易逆差呈现先上升、后下降的趋势。2003—2018 年，服务贸易逆差基本呈上升趋势；2019—2022 年，服务贸易逆差呈下降趋势。从出口来看，2003—2022 年，服务贸易出口规模从 468 亿美元增长至 3663 亿美元，2022 年是 2003 年的 7.8 倍。从进口来看，2003—2018 年，服务贸易进口规模从 553 亿美元增长至 5243 亿美元，2018 年大约是 2003 年的 9.5 倍；2019—2022 年，服务贸易进口规模从 5013 亿美元下降至 4651 亿美元，2022 年仅是 2019 年的 92.78%（见表 3-7）。

表 3-7　2003—2022 年中国服务贸易进出口基本情况　（单位：亿美元）

年份	出口额	进口额	贸易差额
2003	468	553	85
2004	649	727	78
2005	744	840	96
2006	920	1008	88
2007	1222	1301	79
2008	1471	1589	118
2009	1295	1589	294
2010	1622	1933	311
2011	1860	2477	617
2012	1914	2812	898
2013	2060	3305	1245
2014	1909	3829	1920
2015	2300	4364	2064
2016	2079	4537	2458
2017	2123	4677	2554
2018	2327	5243	2916
2019	2419	5013	2594
2020	2540	4199	1659
2021	3626	4598	972
2022	3663	4651	988

数据来源：根据中国国家外汇管理局数据计算与整理。

三、中国服务贸易进口比重及国际比较

（一）中国服务贸易进口占中国服务贸易进出口总额的比重

第一，中国服务贸易额占对外贸易总额的比重上升，服务贸易在贸易中的作用越发明显。表3-8显示，中国服务贸易额占贸易额的比重从1982年的10.8%，波动增长至2022年的12.0%，最高值大约为16%，说明中国服务贸易的发展潜力巨大。

第二，中国服务贸易进口额占服务贸易总额的比重稳步上升，服务贸易进口成为服务贸易高质量发展的有力抓手。表3-8显示，服务贸易进口额占服务贸易额的比重从1982年的43.4%，稳步增长至2022年的55.9%。1995年以后，服务贸易进口额占服务贸易总额的比重长期超过50%，2018年更是达到峰值69.2%。可见，服务贸易进口在服务贸易中具有举足轻重的作用。

表3-8 1982—2022年中国服务贸易进口额、服务贸易额与对外贸易总额

年份	服务贸易进口额/亿美元	服务贸易总额/亿美元	对外贸易总额/亿美元	服务贸易额占对外贸易总额的比重/%	服务贸易进口额占服务贸易总额的比重/%
1982	20	46	426	10.8	43.4
1983	20	46	440	10.4	43.4
1984	29	58	536	10.8	50.0
1985	25	56	689	8.1	44.6
1986	23	63	670	9.4	36.5
1987	25	69	780	8.8	36.2
1988	36	85	960	8.8	42.3
1989	39	85	1005	8.4	45.8
1990	44	103	1042	9.8	42.7
1991	41	111	1202	9.2	36.9
1992	94	186	1526	12.1	50.5
1993	120	229	1849	12.3	52.4
1994	163	327	2306	14.1	49.8
1995	252	443	2825	15.6	56.8
1996	226	432	3258	13.2	52.3
1997	280	526	3717	14.1	53.2
1998	267	506	3710	13.6	52.7

续表

年份	服务贸易进口额/亿美元	服务贸易总额/亿美元	对外贸易总额/亿美元	服务贸易额占对外贸易总额的比重/%	服务贸易进口额占服务贸易总额的比重/%
1999	316	578	4112	14.0	54.6
2000	360	664	5302	12.5	54.2
2001	393	726	5708	12.7	54.1
2002	465	862	6934	12.4	53.9
2003	553	1021	9343	10.9	54.1
2004	727	1376	12654	10.8	52.8
2005	840	1584	15492	10.2	53.0
2006	1008	1928	19144	10.0	52.2
2007	1301	2523	23765	10.6	51.5
2008	1589	3060	28148	10.8	51.9
2009	1589	2884	24465	11.7	55.1
2010	1933	3555	32641	10.8	54.3
2011	2477	4337	39978	10.8	57.1
2012	2812	4726	42648	11.0	59.5
2013	3305	5365	46146	11.6	61.6
2014	3829	5738	48061	11.9	66.7
2015	4364	6664	43792	15.2	65.4
2016	4537	6616	41474	15.9	68.5
2017	4677	6800	46386	14.6	68.7
2018	5243	7570	51899	14.5	69.2
2019	5013	7432	51490	14.4	67.4
2020	4199	6739	51512	13.0	62.3
2021	4598	8224	67152	12.2	55.9
2022	4651	8314	68814	12.0	55.9

数据来源：根据中国国家外汇管理局数据计算与整理。

（二）服务贸易进口额占服务贸易进出口总额比重的国际比较

从数值来看，中国服务贸易进口额占本国服务贸易进出口总额的比重处于较高水平。近 8 年来，中国的这一比重在世界 GDP 排名前五的国家中一直居第一位。

从变化趋势来看，中国与其他四个国家有所不同。如表 3-9 所示，2019—2022 年，中国服务贸易进口占比从67.45%降低至55.94%；美国、德国、日本服务贸易进口占比分别从39.97%、51.38%、51.16%提高至42.87%、52.73%、55.70%。

表3-9 2015—2022年服务贸易进口占本国服务贸易总额比重的国际比较 (%)

年份	2015	2016	2017	2018	2019	2020	2021	2022
美国	39.31	39.57	39.86	39.51	39.97	39.10	41.11	42.87
中国	65.49	68.58	68.78	69.26	67.45	62.31	55.91	55.94
德国	51.83	51.90	52.03	51.27	51.38	49.75	49.98	52.73
印度	44.16	45.21	45.48	46.21	45.52	43.08	44.90	44.65
日本	52.34	51.43	50.81	51.16	51.16	54.73	55.09	55.70

数据来源：根据中国国家外汇管理局和WTO数据库中的统计数据整理与计算。

四、中国服务贸易的进口结构

(一) 基于国际货币基金组织分类标准①的服务贸易进口结构分析

如表3-10所示，2022年，中国服务贸易进口规模排名前五的类别分别是运输服务(36%)，旅行服务（25%)，其他商业服务（11%)，知识产权使用费（10%)，电信、计算机和信息服务（8%)。

从动态的视角看，表3-10表明，自2015年以来，运输服务、旅行服务和其他商业服务在中国服务贸易进口中一直处于前三位。其中，其他商业服务稳定保持在第三位，旅行服务一度稳居第一位，但受2020年新冠疫情的冲击跌落至第二位。

总体来看，中国服务贸易进口类别分布不均衡。例如，中国服务贸易进口规模排名前三的类别的进口额占中国服务贸易进口额的七成以上；排名前五的类别的进口额则占中国服务贸易进口额的九成以上。

表3-10 2015—2022年中国服务贸易类别进口额 (单位：亿美元)

类别	2015年	2016年	2017年	2018年	2019年	2020年	2021年	2022年
运输服务	853	805	929	1083	1047	946	1478	1688
旅行服务	2498	2611	2547	2769	2507	1312	1110	1176

① 根据国际货币基金组织的《国际收支手册（第5版）》(BPM5)，服务可分为11类，包括运输服务，旅行服务，其他商业服务，知识产权使用费，电信、计算机和信息服务，保险和养老金服务，建设服务，维护和维修服务，金融服务，别处未提及的政府服务，以及个人文化和娱乐服务。

续表

类别	2015 年	2016 年	2017 年	2018 年	2019 年	2020 年	2021 年	2022 年
其他商业服务	395	434	428	472	497	504	531	524
知识产权使用费	220	239	285	355	343	376	468	444
电信、计算机和信息服务	112	125	191	237	268	329	401	380
保险和养老金服务	87	129	104	118	107	123	160	208
建设服务	101	82	85	86	92	81	97	75
维护和维修服务	13	20	22	25	36	33	38	43
金融服务	26	20	16	21	24	31	53	37
别处未提及的政府服务	25	28	34	44	37	35	32	36
个人文化和娱乐服务	18	21	27	33	40	30	32	26

数据来源：根据 WTO 数据库中的统计数据整理与计算。

（二）基于服务行业特征分类的服务贸易进口结构分析

按照各类服务贸易所处行业特征，可将服务贸易划分为四大类①，分别为传统服务、信息化服务、金融保险服务和其他新兴服务。其中，传统服务包括加工服务、维护和维修服务、运输、旅游与建筑服务等行业；信息化服务包括电信服务和计算机与信息服务等行业；金融保险服务包括金融服务、保险和养老金服务等行业；其他新兴服务主要包括知识产权服务、个人服务、文化服务、商业服务、政府及其他服务等行业。

如表 3-11 所示，按照各类服务贸易所处行业特性分类，2022 年中国服务贸易进口份额由高到低分别为传统服务（52%）、其他新兴服务（30%）、信息化服务（11%）和金融保险服务（7%）。

首先，传统服务进口贸易发展势头良好。2015—2022 年，传统服务贸易的进口规模从 968 亿美元增长至 1807 亿美元，2022 年大约是 2015 年的 1.9 倍。其中，2022 年传统服务贸易的进口规模同比增长 11.96%。其次，其他新兴服务贸易的进口规模保持较快增长。2015—2022 年，其他新兴服务贸易的进口规模从 661 亿美元增长至 1025 亿美元，2022 年大约是 2015 年的 1.6 倍。最后，信息化服务和金融保险服务贸易的进口规模稳中有升。2015—2022 年，信息化服务贸易的进口规模从 112 亿美元增长至 380 亿美元，2022 年大约是 2015 年的 3.4 倍；金融保险服务贸易的进口规模从 114 亿美元增长至 246 亿美元，2022 年大约是 2015 年的 2.2 倍。

---

① 裴长洪．进口贸易结构与经济增长：规律与启示［J］．经济研究，2013，48（7）：4-19.

表 3-11　2015—2022 年按照服务所处行业分类的进口规模　（单位：亿美元）

分类	2015 年	2016 年	2017 年	2018 年	2019 年	2020 年	2021 年	2022 年
传统服务	968	908	1037	1194	1176	1061	1614	1807
信息化服务	112	125	191	237	268	329	401	380
金融保险服务	114	149	120	140	132	155	213	246
其他新兴服务	661	722	769	893	898	936	1053	1025

数据来源：根据 WTO 数据库中的统计数据整理与计算。

（三）基于服务功能分类的服务贸易进口结构分析

按服务功能进行分类，服务贸易可以划分为生产性服务贸易和生活性服务贸易两大类。生产性服务贸易是指为生产者直接或间接提供的服务贸易，包括电信计算机和信息服务、金融服务、保险服务、其他商业服务、知识产权使用费、运输服务、加工服务、维护和维修服务进口等。生活性服务贸易是指为消费者提供的服务贸易，包括旅游服务、文化和娱乐服务等。如表 3-12 所示，按照服务功能分类，2022 年，中国服务贸易进口以生产性服务贸易为主，在服务贸易进口中约占 74.1%，远高于生活性服务进口占比（25.9%）。

中国生产性服务贸易和生活性服务贸易之间进口分布不均衡的态势逐渐增大。如表3-12 所示，2020—2022 年，生产性服务贸易进口规模与生活性服务贸易进口规模的差额从 1121 亿美元增长至 2236 亿美元，2022 年大约是 2020 年的 2 倍。生产性服务贸易进口规模的增长和生活性服务贸易进口规模的下降共同导致了这一现象：2015—2022 年，生产性服务进口额从 1836 亿美元增长至 3439 亿美元，2022 年约是 2015 年的 1.87 倍；生活性服务进口额则从 2517 亿美元下降至 1202 亿美元，2022 年仅为 2015 年的 47.76%。

表 3-12　2015—2022 年按照服务功能分类的进口规模　（单位：亿美元）

分类	2015 年	2016 年	2017 年	2018 年	2019 年	2020 年	2021 年	2022 年
生产性服务贸易进口	1836	1886	2098	2445	2455	2463	3262	3439
生活性服务贸易进口	2517	2632	2575	2802	2548	1342	1143	1202
两者差额	-680	-746	-476	-356	-92	1121	2119	2236

数据来源：根据 WTO 数据库中的统计数据整理与计算。

五、中国数字服务贸易的进口情况

(一) 中国数字交付服务贸易进口的基本情况

近年来，中国数字交付服务贸易的进口规模稳定上升，数字交付服务贸易顺差增加。具体来看：①中国数字交付服务贸易进口规模呈稳定上升的趋势。表 3-13 显示，2012—2022 年，中国数字交付服务贸易进口额从 851 亿美元稳定增长至 1589 亿美元，2022 年大约是 2012 年的 1.9 倍；同时，中国数字交付服务贸易出口额从 719 亿美元稳定增长至 2052 亿美元，2022 年是 2012 年的 2.85 倍。②数字交付服务贸易顺差呈上升态势。2018—2022 年，中国数字交付服务贸易顺差从 96 亿美元波动式上升至 463 亿美元。③数字交付服务贸易进口占服务贸易进口的比重呈现先下降、后上升的趋势。2012—2015 年，该比重从 30.28%下降至 19.02%；2016—2022 年，又从 20.73%上升至 34.17%。

表 3-13　2012—2022 年中国数字交付的服务贸易进出口基本情况

年份	2012	2013	2014	2015	2016	2017	2018	2019	2020	2021	2022
数字交付服务贸易进口/亿美元	851	982	987	829	940	1023	1206	1247	1365	1616	1589
数字交付服务贸易出口/亿美元	719	807	971	919	924	1011	1303	1415	1520	1914	2052
数字交付服务贸易差额/亿美元	-132	-174	-16	89	-15	-11	96	167	154	298	463
数字交付服务贸易进口增长率/%	-0.88	15.39	0.55	-16.00	13.32	8.81	17.94	3.41	9.41	18.41	-1.69
数字交付服务贸易进口占服务贸易进口比重/%	30.28	29.73	25.80	19.02	20.73	21.88	23.02	24.89	32.52	35.16	34.17

数据来源：根据 UNCTAD 的统计数据整理。

(二) 数字交付服务贸易进口占世界数字交付服务贸易进口比重的国际比较

如表 3-14 所示，中国数字交付服务贸易进口占世界数字交付服务贸易进口的比重较为稳定。2011—2022 年，该比重一直维持在 3.74%~4.94%。

从国际比较来看，相较于发达国家，中国数字交付的服务贸易的进口规模相对较小。美国的比重在 10.66%~12.37%，德国的比重在 6.25%~6.91%，中国的比重低于美国、德国，和日本接近，但高于印度。

表 3-14　2011—2022 主要经济体占世界数字交付服务贸易进口总额的比重　（%）

国家	2011 年	2012 年	2013 年	2014 年	2015 年	2016 年	2017 年	2018 年	2019 年	2020 年	2021 年	2022 年
美国	12.37	12.37	11.79	11.37	11.64	12.04	12.03	10.87	10.66	11.05	11.02	11.54
中国	4.58	4.43	4.81	4.38	3.74	4.10	4.12	4.48	4.27	4.63	4.94	4.72
德国	6.81	6.77	6.91	6.48	6.34	6.63	6.71	6.69	6.32	6.25	6.50	6.40
印度	2.27	2.35	2.12	1.87	1.95	2.15	2.26	2.23	2.32	2.46	2.54	2.86
日本	3.92	3.93	3.74	4.17	4.29	4.52	4.31	4.31	4.59	4.72	4.52	4.29

数据来源：根据 UNCTAD 的统计数据整理与计算。

第三节　中国服务贸易进口存在的问题

一、服务贸易进口增速放缓，部分行业服务贸易进口壁垒较高

近年来，中国服务贸易进口增速放缓。由表 3-15 可知，2004—2022 年，中国服务贸易进口增速从 31.46%下降至 1.15%。

表 3-15　2004—2022 年中国服务贸易进口增长率　（%）

年份	2004	2006	2008	2010	2012	2014	2016	2018	2020	2022
增长率	31.46	20.00	22.13	21.64	13.52	15.85	3.96	12.10	-16.23	1.15

数据来源：根据中国国家外汇管理局数据计算与整理。

中国服务贸易壁垒在不同行业领域之间存在较大差距，部分服务贸易壁垒偏高①。由表 3-16 可得，从整体上看，近年来我国会计、快递、广播、电信、法律、电影、录音等服务贸易领域的限制指数偏高（均高于 0.5），其中，会计（2022 年为 0.721）和快递（2022 年为 0.756）等行业的服务贸易限制最为严格；而在分销、公路货运、建筑设计、工程等领域则相对宽松（均在 0.2 左右）。

① 夏杰长．以服务业开放为主要抓手形成全面开放新格局［J］．财贸经济，2022，43（10）：5-9.

表 3-16 2015—2022 年中国服务贸易分行业限制指数

行业	2015 年	2016 年	2017 年	2018 年	2019 年	2020 年	2021 年	2022 年
物流货运	0.325	0.325	0.360	0.296	0.254	0.226	0.226	0.226
物流仓储	0.237	0.237	0.265	0.276	0.251	0.261	0.261	0.261
物流代理	0.210	0.210	0.239	0.252	0.224	0.252	0.252	0.252
物流报关	0.207	0.207	0.244	0.255	0.225	0.229	0.229	0.229
会计	0.661	0.661	0.682	0.692	0.682	0.721	0.721	0.721
建筑设计	0.187	0.158	0.177	0.199	0.184	0.228	0.228	0.228
工程	0.205	0.178	0.202	0.205	0.190	0.216	0.216	0.216
法律	0.501	0.501	0.528	0.534	0.528	0.495	0.495	0.495
电影	0.502	0.502	0.543	0.554	0.543	0.548	0.548	0.548
广播	0.612	0.612	0.650	0.660	0.650	0.674	0.674	0.674
录音	0.503	0.503	0.529	0.538	0.529	0.512	0.512	0.512
电信	0.633	0.633	0.652	0.659	0.652	0.636	0.636	0.636
航空运输	0.414	0.414	0.429	0.434	0.429	0.390	0.390	0.390
海上运输	0.332	0.332	0.363	0.290	0.256	0.226	0.226	0.226
公路货运	0.163	0.149	0.176	0.192	0.176	0.194	0.194	0.194
铁路货运	0.251	0.234	0.268	0.272	0.268	0.252	0.252	0.252
快递	0.738	0.738	0.764	0.768	0.764	0.756	0.756	0.756
分销	0.167	0.154	0.176	0.183	0.174	0.174	0.174	0.174
商业银行	0.376	0.376	0.391	0.381	0.376	0.338	0.338	0.338
保险	0.440	0.440	0.450	0.422	0.389	0.373	0.373	0.368
计算机	0.309	0.309	0.340	0.355	0.340	0.332	0.332	0.332
建造	0.237	0.237	0.249	0.266	0.249	0.258	0.258	0.258

数据来源：根据 OECD 数据计算与整理。

注：物流仓储表示物流仓储及仓库，物流代理表示物流货运代理，物流报关表示物流报关经纪。

从贸易开放的动态趋势看，大部分行业的服务贸易限制指数呈现稳定或波动上升态势，尤其是在会计、广播服务领域，贸易限制指数呈现持续上升的态势，贸易壁垒越发提高。会计行业的贸易限制指数从 2015 年的 0.661 增长至 2022 年的 0.721，广播服务领域的贸易限制指数从 2015 年的 0.612 增长至 2022 年的 0.674。而物流货运、海上运输、保险领域的限制指数则稳步降低，对外开放水平不断提升。

如表 3-17 所示，将中国与美国、日本各领域服务贸易限制指数进行对比，可以发现，2022年，我国大部分领域的贸易限制指数均高于美国和日本，尤其是在会计、快递、广播、电信、电影、录音等领域，是美国和日本的2~3倍。这说明相较于美国、日本等发达经济体，我国的服务贸易开放水平仍然存在较大的提升空间。

表3-17　2022年美中日分行业服务贸易限制指数

行业	美国	中国	日本
物流货运	0.199	0.225	0.110
物流仓储	0.197	0.260	0.125
物流代理	0.202	0.252	0.157
物流报关	0.189	0.228	0.109
会计	0.170	0.721	0.169
建筑设计	0.176	0.227	0.091
工程	0.187	0.215	0.069
法律	0.174	0.495	0.524
电影	0.124	0.547	0.082
广播	0.265	0.674	0.253
录音	0.155	0.511	0.070
电信	0.152	0.636	0.226
航空运输	0.521	0.389	0.369
海上运输	0.355	0.226	0.170
公路货运	0.208	0.193	0.101
铁路货运	0.143	0.251	0.171
快递	0.349	0.755	0.198
分销	0.132	0.174	0.101
商业银行	0.200	0.338	0.185
保险	0.275	0.367	0.122
计算机	0.136	0.331	0.113
建造	0.208	0.258	0.117

数据来源：根据OECD数据计算与整理。

注：物流仓储表示物流仓储及仓库，物流代理表示物流货运代理，物流报关表示物流报关经纪。

在数字服务贸易方面，由表3-18可知，中国的数字服务贸易限制指数远高于美国和日本，是美国和日本的3~6倍，且连续多年居高不下，这在一定程度上不利于我国扩大数字服务贸易进口①。

表 3-18　2014—2022 年各国数字服务贸易限制指数

国家	2014 年	2015 年	2016 年	2017 年	2018 年	2019 年	2020 年	2021 年	2022 年
美国	0.06	0.06	0.06	0.06	0.06	0.06	0.06	0.06	0.06
中国	0.18	0.18	0.22	0.29	0.31	0.31	0.31	0.31	0.31
日本	0.04	0.04	0.04	0.08	0.08	0.08	0.08	0.08	0.08
德国	0.12	0.12	0.12	0.12	0.14	0.14	0.14	0.12	0.12
印度	0.24	0.24	0.28	0.32	0.36	0.36	0.36	0.36	0.36

数据来源：根据 OECD 数据计算与整理。

二、服务贸易进口区域发展不协调，服务贸易整体实力有待提升

从中国各地区服务贸易进口占中国服务贸易进口总额的比重看，服务贸易进口的地区分布呈现不协调的特点②。如表 3-19 所示，各地区服务贸易进口的变化趋势并不一致，东部地区的变化趋势与中西部地区和东北地区相反：东部地区服务贸易进口占中国服务贸易进口的比重从 2016 年的 83.4%增长至 2022 年的 88.3%，而中西部地区、东北地区则分别从 2016 年的 12.4%、4.1%下降至 2022 年的 9.2%、2.5%。从地区进口集中度看，服务贸易进口地区分布不均衡的态势逐年加深。2016—2022 年，中国服务贸易进口的地区集中度从 0.126 逐年增长至 0.151，2022 年是 2016 年的 1.2 倍。

服务贸易的快速发展在促进东部地区对外贸易结构调整、服务业就业及营商环境提升方面都发挥了重要作用。东部地区尤其是技术较为先进的城市将会进一步促进服务贸易的发展，从而形成更加开放的环境与服务贸易快速发展的良性循环。中西部地区由于基础设施相对落后、开放水平不足等原因，服务贸易发展滞后，西部地区经济发展水平、劳动力和自然资源特点导致其不能沿用东部地区服务贸易发展模式，因此，在未来很长时期内，西部地区在服务业开放水平及服务贸易规模方面可能仍将与东部地区存在差距③。

① 王拓．数字服务贸易及相关政策比较研究［J］．国际贸易，2019（9）：80-89.
② 黄满盈，邓晓虹．中国双边服务贸易出口潜力及贸易壁垒研究［J］．南开经济研究，2022（2）：21-34，86.
③ 付鑫．中国服务贸易现状及促进高质量发展对策［J］．中国发展观察，2020（Z3）：81-84.

表 3-19　2016—2022 年中国各地区占中国服务贸易进口的比重　(%)

年份	2016	2017	2018	2019	2020	2021	2022
东部地区	83.4	83.2	84.6	84.7	85.9	88.2	88.3
中西部地区	12.4	12.9	11.9	11.9	11.3	9.3	9.2
东北地区	4.1	3.8	3.5	3.4	2.9	2.5	2.5
进口地区集中度	0.126	0.125	0.132	0.133	0.139	0.151	0.151

数据来源：根据中国国家外汇管理局数据计算与整理。

注：进口地区集中度是当年各地区占中国服务贸易进口比重的平方和。

三、国际发展环境不确定性提升，部分服务贸易进口面临潜在冲击

国际发展环境的不确定，既是国际贸易摩擦频繁、新冠疫情暴发等的延续和积累，也是数字安全威胁升级、地缘政治冲突的后果。如表 3-20 所示，2006—2022 年，世界经济政策不确定性指数从 62.68 波动增长至 278.69，2022 年是 2006 年的 4.4 倍。国际发展环境不确定性提升①，具体表现为：

第一，贸易摩擦不断、贸易保护主义抬头，中国面临的贸易不确定性提升。贸易摩擦和贸易保护主义政策的出现导致显性和隐性的服务贸易壁垒增加，进而扭曲市场规则，导致国际商品和服务要素跨国流动受阻，从而对中国服务贸易进口造成不利影响。

第二，地缘政治动荡，加剧全球经济风险。强权政治和新干涉主义有所上升，地缘政治局势紧张、恐怖主义抬头等因素可能导致资源供应中断，并对服务贸易的供给造成负面冲击。

第三，国际金融市场波动加剧，各国避险情绪高涨。汇率波动提升、利率变动频繁等可能挫伤消费者对于服务消费的积极性。

表 3-20　2006—2022 年世界经济政策不确定性指数和中国贸易不确定性指数

年份	2006	2008	2010	2012	2014	2016	2018	2020	2022
世界经济政策不确定性指数	62.68	121.32	124.09	153.71	105.95	176.51	189.61	318.40	278.69
中国贸易不确定性指数	31.36	79.72	103.71	104.49	48.68	95.03	512.83	472.23	255.10

数据来源：根据 Davis（2016）分享的数据整理与计算。

① 夏杰长．以服务业开放为主要抓手形成全面开放新格局［J］．财贸经济，2022，43（10）：5-9.

四、欧美等国对华实行技术出口管制，抑制中国服务贸易进口发展

以美国为例，自中美经贸摩擦以来，美国对华技术出口管制日益加剧，出口管制政策进行了一系列有针对性的更新。2018 年 8 月，美国国会颁布了《出口管制改革法》(ECRA)，正式提出了“新兴和基础技术”(EFT) 的概念。该法案第 1758 节规定，总统应与其他联邦机构负责人互相协调，建立一个定期召开的、持久的机构，以及时识别新兴和基础技术。2018 年 11 月，美国商务部工业与安全局 (BIS) 在该法案基础上又发布了一份《拟议修法规则制定预先通知》(ANPRM)，就识别“新兴技术”的规则征求社会意见[①]。BIS 希望确定各类新兴技术对国家安全的重要程度，从而采取有效的出口限制。2022 年 10 月，BIS 又宣布了两条限制中国获得先进计算芯片开发和维护超级计算机以及制造先进半导体技术的条例。总体来看，美国等西方发达国家对华采取的技术方面的制裁日益严苛，给中国技术服务进口、产业稳定发展带来了前所未有的挑战。

第四节　中国服务贸易进口面临的机遇

一、疫情平稳后服务贸易进口增长的机遇

疫情防控新政策出台，我国旅游服务进口将迎来恢复性增长。2023 年 1 月 8 日，国家卫健委宣布对新冠病毒感染的管控方式由“乙类甲管”调整为“乙类乙管”，包括不再实行隔离措施、不再判定密切接触者、不再划定高低风险区、检测策略调整为愿检尽检等；新冠病毒感染不再纳入《中华人民共和国国境卫生检疫法》规定的检疫传染病管理。2023 年 5 月 5 日，世界卫生组织宣布，新冠疫情不再构成国际关注的突发公共卫生事件。疫情平稳之后，世界各国逐步对外开放，吸引游客入境；国内和国际航班有序恢复，为居民出行提供便利，国际旅游服务迎来强劲复苏。如表 3-21 所示，中国旅游服务进口额在遭受新冠疫情冲击后企稳回升，增长率从 2020 年的 -39.53%回升到 2022 年的-3.92%，下跌的态势有所好转。

---

① 该通知包含 14 种技术大类，包括先进监控技术、机器人技术、生物技术、人工智能和机器学习、脑机接口技术、数据分析、先进计算、传感与量子信息技术、3D 打印、微处理技术、先进材料、超高音速空气动力技术、导航定位技术、物流技术。

表 3-21　2015—2022 年中国旅游服务进口额及增长率

年份	2015	2016	2017	2018	2019	2020	2021	2022
进口额/亿美元	2494	2620	2547	2770	2512	1519	1224	1176
增长率/%	—	5.05	-2.78	8.75	-9.31	-39.53	-19.42	-3.92

数据来源：根据中国国家外汇管理局数据计算与整理。

我国经济体量日益庞大并保持稳定增长，为服务贸易进口增长提供了更多空间①。从经济总量来看，如表 3-22 所示，2015—2022 年，中国 GDP 从 68.88 万亿元增长至 121.02 万亿元，2022 年是 2015 年的 1.8 倍，尽管 2020 年增长率有所回落，但 2022 年已恢复至正常增长率水平。从服务业来看，2015—2022 年，服务业增加值从 34.97 万亿元增长至 63.86 万亿元，2022 年是 2015 年的 1.8 倍，服务业发展势态良好。从最终消费的角度来看，如表 3-23 所示，近年来我国消费支出也平稳增加，2015—2022 年，中国消费支出从 37.19 万亿元增长至 64.16 万亿元，2022 年是 2015 年的 1.7 倍，其增长态势在 2020 年受到些许影响，但随后恢复正常增长。

表 3-22　2015—2022 年中国国内生产总值及第三产业增加值　（单位：万亿元）

年份	2015	2016	2017	2018	2019	2020	2021	2022
国内生产总值	68.88	74.63	83.20	91.92	98.65	101.35	114.92	121.02
第三产业增加值	34.97	39.08	43.83	48.97	53.53	55.19	61.44	63.86

数据来源：中国国家统计局。

表 3-23　2015—2022 年中国最终消费情况

年份	2015	2016	2017	2018	2019	2020	2021	2022
最终消费/万亿元	37.19	41.08	45.65	50.61	55.26	56.08	61.96	64.16
最终消费增长率/%	—	0.104	0.111	0.108	0.091	0.014	0.104	0.035

数据来源：中国国家统计局。

二、数字转型赋能服务贸易进口发展的机遇

近年来，中国数字经济繁荣发展，在满足产业升级需求的同时，也加快了服务贸

① 中国服务贸易发展报告（2022）［EB/OL］. 商务部，［2023-09-19］. http：//images.mofcom.gov.cn/fms/202309/20230919162325485.pdf.

易的数字化进程，增强了数字服务供给能力①。如表3-24所示，中国数字经济规模逐年攀升，2017—2022年，从27.2万亿元增长至50.2万亿元，2022年是2017年的1.8倍。其中，2022年中国数字经济规模同比增长10.3%。

与此同时，数字转型在经济增长中的作用日益凸显。中国数字经济占GDP的比重，从2017年的32.9%逐年增长至2022年的41.5%，2022年同比增长1.7%。数字转型创新不断推动服务贸易进口模式的变革，5G、人工智能、流媒体等新技术支持特定服务从物理交付转向数字交付，减少实体产品需求，推动国际服务的消费。电信、计算机和信息服务，数字贸易，版权交易，在线教育等知识密集型服务贸易进口逆势增长，成为服务贸易进口增长的新引擎。知识密集型服务贸易进口实现2020年、2021年、2022年“三连涨”。如表3-25所示，2015—2022年，电信、计算机和信息服务进口额从112亿美元增长至382亿美元，占服务贸易进口的比重也从2.57%增长至8.21%，成为拉动服务贸易进口增长的新动能。

表3-24　2017—2022年中国数字经济规模和数字经济占GDP的比重

年份	2017	2018	2019	2020	2021	2022
数字经济规模/万亿元	27.2	31.3	35.8	39.2	45.5	50.2
数字经济占GDP比重/%	32.9	34.8	36.2	38.6	39.8	41.5

数据来源：根据数字中国发展报告（2022年）整理。

表3-25　2015—2022年中国电信、计算机和信息服务进口额和占比情况

年份	2015	2016	2017	2018	2019	2020	2021	2022
进口额/亿美元	112	127	192	228	270	346	432	382
进口额占中国服务贸易进口的比重/%	2.57	2.80	4.11	4.35	5.39	8.24	9.40	8.21

数据来源：根据WTO数据库中的统计数据整理与计算。

三、进口促进平台促进服务贸易进口的机遇

首先，中国国际进口博览会（简称“进博会”）是全球首个以进口为主题的国家级博览会。截至2023年底，中国已经成功举办了六届进博会，而服务贸易展区是进博会中展示全球优质服务的合作平台。在第一届进博会中，服务贸易展区汇集了国际上的

① 史丹，聂新伟，齐飞．数字经济全球化：技术竞争、规则博弈与中国选择［J］．管理世界，2023，39(9)：1-15.

450多家服务贸易参展商，服务业务涵盖旅游服务、金融、咨询、文化教育、创意设计、物流等领域[①]，满足了中国日益扩大的服务进口需求。

其次，服贸会助力全球服务贸易发展。服贸会是全球首个服务贸易领域综合性展会。自举办以来，服贸会累计吸引了196个国家和地区、60余万展客商、600余家境外商协会和机构参展参会、洽商合作[②]。同时，服贸会也是服务贸易领域龙头展会、中国对外开放重大展会平台。中国政府高度重视服贸会，每届均有国家领导人出席开幕式。其中，国家主席习近平在2022年服贸会致贺信中指出，“服贸会是中国扩大开放、深化合作、引领创新的重要平台，为促进全球服务业和服务贸易发展作出了积极贡献”[③]。

最后，其他平台的支撑作用凸显。例如，2022年，全球优品分拨中心数字服务贸易平台（简称DSTP）模式在贵州、陕西、黄石得到拓展，链接了11家银行、8家类金融机构、128个品牌合作[④]，促进了数字服务贸易的发展。2022年12月，中国（上海）国际技术进出口交易会（简称“上交会”）在发布活动环节共发布了14个科创项目，包括来自挪威、德国和意大利等的9个境外项目[⑤]。中国国际数字和软件服务交易会（简称“数交会”）共举办各类会议论坛近600场，每年有500余家参展企业呈现3000余种创新产品及项目[⑥]。2023年3月，中国国际服务外包交易博览会在武汉举办，集中展示了数字服务及服务外包新技术、新产品、新业态、新模式、新需求以及产业升级发展的新成果，来自全国37个示范城市及各省区市的商务部门和160余家企业参加了该博览会[⑦]。中国国际文化产业博览交易会（简称“文博会”）是中国唯一的国家级、国际化、综合性的文化产业博览交易会，是获得全球展览业协会认证的综合性文化产业博览交易会。

四、中国扩大服务贸易制度型开放的机遇

从国内视角来看，服务贸易试点范围不断扩大，相关负面清单范围不断缩减[⑧]。具体来看，一方面，国内制度型开放广度不断拓展，服务贸易试点范围不断扩大。例如，2015年，北京市开始实施服务业扩大开放综合试点工作，对标国际先进贸易投资规则，

---

① 数据来源：中国国际进口博览会官网（https：//www. ciie. org/zbh/index. html）。
② 数据来源：中国国际服务贸易交易会官网（https：//www. ciftis. org/）。
③ 习近平向2022年中国国际服务贸易交易会致贺信［N］. 人民日报，2022-09-01（01）.
④ 数据来源：全球优品分拨中心数字服务贸易平台官网（https：//dstp. com/）。
⑤ 数据来源：中国（上海）国际技术进出口交易会官网（http：//www. shcntect. com/index. htm）。
⑥ 数据来源：中国国际数字和软件服务交易会官网（https：//www. cidsf. com. cn/zh）。
⑦ 数据来源：中国国际服务外包交易博览会官网（http：//fbh. chinasourcing. org. cn/index. html）。
⑧ 夏杰长. 以服务业开放为主要抓手形成全面开放新格局［J］. 财贸经济，2022，43（10）：5-9.

扩大服务业对外开放，到2019年4月，全面推进服务业扩大开放综合试点工作；2016年2月，国务院批复同意在上海、海南等15个地区启动服务贸易创新发展试点，到2020年8月，北京、天津等28个地区开始推进全面深化服务贸易创新发展试点工作。这些举措都将为我国全面扩大服务业对外开放提供有力支撑。另一方面，国内制度型开放深度提升，相关负面清单范围不断缩减。2020年，外商投资准入负面清单相较之前版本大幅压缩，取消了文化娱乐、金融、人力、电信等多个领域关于中方与外商出资比例的强制性规定等，为我国扩大服务业对外开放提供了极大便利。

从国际视角来看，中国参与多项区域贸易协定，并不断推进相关协定进程①。2022年1月，由东盟发起的RCEP正式生效，成员国之间开始实行关税减让、消除贸易壁垒等举措。从开放广度来看，RCEP的正式生效标志着世界上经济规模最大、涵盖人口最多、成员最为多元化的自由贸易区成立。截至2023年6月，RCEP已经对全部成员国即中国、日本、韩国、澳大利亚、新西兰和东盟十国共15个国家生效。从开放深度来看，12个成员国承诺将会开放超过100个贸易服务部门，8个成员国将会在协定生效后6年内完成从正面清单承诺到负面清单承诺的转换；RCEP开放承诺中涉及金融、电信、投资、知识产权、自然人临时移动、专业服务等专门规则内容，将进一步拓展我国与其他成员国服务贸易开放与合作空间，深化我国服务贸易开放领域。

2021年9月，中国正式提出申请加入《全面与进步跨太平洋伙伴关系协定》（CPTPP），维护国际贸易体制，为我国服务贸易开放营造良好环境；2021年11月，中国正式提出申请加入《数字经济伙伴关系协定》（DEPA），该协定在现有贸易和投资协定之外，单独提出关于数字经济的协定，包括数字产品及相关问题的处理、数据问题数字身份、新兴趋势和技术等16个模块，加入该协定有助于提升我国可数字化服务贸易开放水平，在数字经济领域扩展全新发展空间；另外，中国还与俄罗斯、葡萄牙、阿根廷等多个国家签署了《关于服务贸易合作的谅解备忘录》，与阿拉伯国家签订了《中阿全面合作规划纲要》，发表了《上海合作组织成员国服务贸易合作框架》等，与多个国家建立服务贸易合作关系，将我国服务贸易开放推向了更高水平。

---

① 中国服务贸易发展报告（2022）［EB/OL］. 商务部，［2023-09-19］. http：//images. mofcom. gov. cn/fms/202309/20230919162325485. pdf.

第五节　中国大力发展服务贸易进口的政策建议

一、降低服务贸易进口壁垒，有序开放数字服务进口市场

服务业因轻资产、软要素等特点，更加需要开放、透明、包容、非歧视的行业发展生态，需要各国努力减少制约要素流动的“边境上”和“边境后”壁垒，推动跨境互联互通①。中国政府应该重视以下问题：

第一，降低服务贸易进口壁垒，构建服务贸易进口信息服务平台。首先，在风险可控的前提下，有序降低会计、快递、广播、电信、电影、录音等服务领域的进口贸易壁垒。鼓励探索新兴进口市场，着力开拓新型服务种类进口。其次，积极提升服务贸易进口过程中金融服务的质量。鼓励金融机构和支付服务提供者开展数字身份跨境认证与电子识别，深化金融科技国际合作；有序推进数字人民币试点，探索数字人民币在服务贸易领域的应用场景。最后，推进建设集成各项服务贸易进口信息的服务平台，聚合境内外各类服务信息，为企业提供公开高效的服务贸易进口指南，牵头搭建线上服务贸易洽谈合作交易平台。

第二，有序开放数字服务进口市场。一方面，深化数字服务贸易试验平台建设。积极探索数字治理政策，完善已有数字服务贸易试验平台的基础设施；在已有跨境电子商务综合试验区和数字服务出口基地等平台上，分批次、分地区、分领域有序增设数字服务贸易开放试验区。另一方面，运用“监管沙盒”的方式进行开放与监管测试，在全国范围内逐步推广切实有效的管理办法和开放制度。由于国内管理体制尚未完全建立，法律措施有待完善，因此，我国不宜短期内进行大规模的开放，而应在风险可控的前提下，逐步推动数字服务市场开放。例如，选择产业业态相对成熟的跨境电子商务进行渐进式开放，对可能影响国家和公共安全的云计算服务领域暂缓开放。

第三，稳步落实国际服务贸易谈判成果在国内的生效实践工作。首先，严格落实中方在 RCEP 中关于服务贸易开放的承诺，推动管理咨询、空运等服务领域开放，提高金融、法律等部门开放水平。其次，选取有条件的城市建设 RCEP 先行试点区，逐步落实协定承诺。最后，加快推进《服务贸易国内规制参考文件》在国内的生效实施工作，认真落实世贸组织关于国内服务贸易的规则要求，尽快实现监管透明度的提高、

① 共同推动全球服务贸易发展繁荣［N］. 新华每日电讯，2020-09-05（001）.

审批许可手续的简化和跨境服务贸易成本的降低。

二、充分发挥各地区的比较优势，推进区域服务贸易协调发展

党的十九大报告明确指出，区域协调发展战略是推动我国区域发展更加协调、更有效率、更高质量的重要举措①。随着西部大开发、东北振兴、中部崛起、东部率先转型发展等区域战略内涵的不断丰富，区域协调发展被赋予更重的历史使命。其中，服务贸易协调发展是区域协调发展的重要内容。为推进区域服务贸易协调发展，政府应重视以下问题：

第一，充分发挥各地区比较优势，有针对性地制定促进各地区服务贸易发展的政策。一方面，扩大东部地区在服务贸易发展中的引领作用，率先推行旅游、文化、金融、医疗等新兴服务行业的开放政策，依据政策效果及中西部地区区位及资源优势，将试行政策在中西部地区有选择性地推广。另一方面，为中西部地区技术先进型服务企业提供研发投入支持或税收优惠，通过扩大进口加快推进相关服务企业培育特色品牌或产业，鼓励错位竞争、协同发展②。

第二，加快建设区域性服务贸易进口试点城市，推进区域服务贸易协调发展。首先，在国内已有多个服务贸易开放试点城市的基础上，增设更多服务贸易进口试点。例如，在试点密度较为稀疏的东北部和中西部地区，选择经济水平相对较高、人口规模较大的城市作为新试点城市。其次，从经济带视角建设服务贸易进口试点，如长三角经济带、珠三角经济带等。服务贸易试点由点成线、由线成面，经济带内多个试点城市合作共享，从而带动整个经济带服务贸易发展。最后，总结分享服务贸易试点成功经验，进行复制与推广。如开展服务贸易试点经验交流座谈会，通过网站或微信公众号推送优秀实践案例。

三、积极完善数字贸易领域法律法规，引领全球数字服务贸易规则制定

在信息技术高速进步的强力支撑以及创新和投资的持续推动下，世界经济在过去十余年经历了一个高速数字化的过程。一方面，各主要经济体的数字化程度不断提升；另一方面，各国之间的数字贸易高速增长。相应地，数字经济治理日益成为一个国际

---

① 习近平：决胜全面建成小康社会 夺取新时代中国特色社会主义伟大胜利——在中国共产党第十九次全国代表大会上的报告［EB/OL］. 中国政府网，［2017-10-27］. https：//www.gov.cn/zhuanti/2017-10/27/content_5234876.htm.

② 付鑫. 中国服务贸易现状及促进高质量发展对策［J］. 中国发展观察，2020（Z3）：81-84.

社会普遍关注的问题，而主要经济体也在积极推动数字治理体系的完善和数字贸易规则的制定[1]。数字服务贸易对中国外贸增长和经济发展具有重要意义，中国政府也在相关规则的制定上面临新的战略选择。

第一，制定数字服务贸易领域的“中国规则”，完善数字服务贸易领域法律法规。首先，明晰数字服务贸易的定义，界定数字服务贸易细分领域的边界。相关内容的界定应至少包括电子认证服务、电子签名服务、在线消费保护、信息保护服务、无纸化交易服务、网络安全服务等新兴概念，兼顾内容界定的深度和广度。其次，听取社会各界意见，制定和完善数字服务贸易领域法律法规。最后，加强数字服务贸易领域法律法规的普法宣传，促进数字服务贸易领域法律法规的有效实施。

第二，重视数据跨境流动，兼顾数据安全问题。跨境数据自由流动有利于数字贸易规模最大化，现有协定在数据跨境流动原则的表述上具有相似性，均保障基于商业目的的信息跨境传输[2]。因此，国家应逐步放开基于商业目的的数据跨境流动，同时还应注意跨境数据流动的安全问题。首先，应建立数据跨境流动监管机构，完善数据跨境流动立法。设立专门、独立的数据监管行政机关，负责推动数据规范的具体落实以及数据安全的风险评估活动。其次，积极对接高标准数字经贸规则，打破数据跨境流动的制度障碍。积极利用多边、区域和双边渠道，深度参与国际数据治理和国际规制构建。最后，在特定地区开展数据跨境流动监管试点，探索建立我国数据跨境流动特殊监管政策。开展数据跨境传输安全管理试点，探索形成既能便利数据流动又能保障安全的机制[3]。

第三，明确中国在数字服务贸易国际规则制定中的总体战略，积极引领全球数字服务贸易规则制定。一方面，扩大参与全球数字服务贸易规则制定的广度，在数字服务贸易规则的一致性方面进行多边层面的努力，主动推动区域性多边组织在数字服务贸易规则制定方面的突破性进展，助力数字贸易多边规则的形成。另一方面，提高参与全球数字服务贸易规则制定的深度，在数字服务贸易规则的协调性方面进行可行性研究，与相关伙伴经济体深化数字服务贸易协定，共同制定数字服务贸易合作的关键领域，明确各自数字服务贸易的优势细化领域，推动数字服务贸易互补发展。

---

① 王蕊，潘怡辰，袁波．从 CPTPP 与 RCEP 差异看我国应对数字贸易规则竞争的思路［J］．国际贸易，2022（3）：12-18.

② 梁国勇．全球数字贸易规则制定的新趋势与中国的战略选择［J］．国际经济评论，2023（4）：7，139-155.

③ 李俊，赵若锦，范羽晴．我国数据跨境流动治理成效、问题与完善建议［J］．国际商务研究，2023，44（6）：84-95.

四、高度重视技术资源等服务进口，加快实现高水平科技自立自强

在数字技术和数字经济时代，融入全球产业链、创新链需要更多利用国外技术人才和技术能力，在高起点上加快推动我国科技自立自强进程。先进技术特别是尖端技术市场往往属于垄断竞争甚至寡头垄断性质的技术市场，技术持有方具有很强的控制力和话语权。目前，我国在科技创新领域水平的持续提升，加之国际科技与经济合作环境的很大变化，加大了我们继续以引进方式获得大量的先进技术的难度，即通过引进较多技术来促进产业升级的局面已经发生了很大变化①。因此，今后我国要重视技术资源等服务进口，助力高水平科技自立自强。

第一，不断完善技术进口目录。首先，统筹制定各类技术进口目录。已有技术进口目录由不同主管部门、依照不同目标、根据不同表述方法制定，建议由统一部门按照统一标准制定并完善技术进口目录。其次，加快对技术进口目录的调整。建议每两年对各类技术进口目录进行一次修订，发挥技术进口目录的有效引导作用。最后，适当减少对技术的进口限制。我国限制类技术进口提出了对我国自主技术进行保护的原则，但在欧美等国对华实行技术出口管制的背景下，已不适应我国创新发展的要求。

第二，制定技术进口策略。一方面，加强对发达国家技术及其出口政策的研究，制定有利技术进口的策略。设立智囊团、专家组，支持相关研究课题，充分了解西方各国先进技术特征、技术分布、发展方向；利用国外不同技术转让方的竞争关系，争取进口更多技术更先进、外溢效应更大的技术成果。另一方面，加强同对华合作敏感度低且科技实力突出的国家在关键产业链上的合作，鼓励和支持民营企业通过参股股权、绿地投资、海外并购、研发合作等方式进行对外投资，提高产业链的韧性与稳定性，为技术进口奠定基础。

第三，提升对进口技术的吸收能力。一方面，政府在鼓励技术进口时，还要加强对企业消化吸收进口技术的政策支持②。在财政金融支持方面，按照技术进口的适当比例给予银行专项贷款；在技术条件方面，加大对基础研究、共性技术研究的投入，缩减本土企业技术水平与前沿进口技术水平的差距。另一方面，鼓励企业丰富自身知识资源池，依托存量知识激活进口技术所蕴含的知识。优化基础研究政策体系，提高基础研究人员集聚水平；建立健全国家实验室体系、外来技术研究中心，配备国家战略人才力量。

---

① 江小涓，孟丽君．服务贸易增速提质与加快构建新发展格局［J］．财贸经济，2022，43（11）：5-23.

② 陈晓东．做好技术引进需把握三个重要问题［N］．新华日报，2019-03-26（011）.

五、提高国内对服务贸易进口的需求，充分发挥贸易促进平台的作用

服务业在国民经济中的独特地位，决定了服务贸易对一国经济发展影响重大。一方面，服务贸易进口能够解决国内高端服务产品供给不足的问题，促进我国服务消费市场发展；另一方面，高端服务进口产生的外溢效应和示范效应，能够推动我国服务业创新发展和转型升级。因此，在后疫情时代，我国要把握服务贸易发展的新机遇，积极扩大服务贸易进口规模。

第一，提高企业对生产性服务进口的需求。鼓励企业加强数字化技术对各个环节的改造升级，推动技术、业务、人才等资源优化配置，引领组织流程、生产方式重组变革，增强对国外技术、人才等优质要素的吸引力。在此基础上，提高企业对生产性服务进口的需求，在金融领域，鼓励银行等金融机构实行差异化的风险容忍政策，提升对企业进口服务贸易的信贷支持力度；在财政领域，充分发挥财政资金的杠杆和引导作用，支持企业扩大进口；在投资领域，拓宽企业在海内外证券市场等的投资、融资渠道，推动企业做优做强，提高企业对生产性服务进口的需求以及进口的能力。

第二，提高居民对生活性服务进口的需求。一方面，提高居民对进口生活性服务的消费能力。改善居民收入状况，有序推进稳就业，持续优化初次分配格局，逐步健全再分配机制，重视发挥第三次分配作用。另一方面，提高居民对进口生活性服务的消费意愿。改善生活性服务消费环境，提高居民消费体验满意度；加强对消费者权益的保护，维护市场的公平竞争；加强消费者教育和培训，提高居民的消费意识，提升进口服务消费能力。

第三，充分发挥贸易促进平台的作用，提升服务贸易进口效益。首先，充分发挥进博会“构建新发展格局的窗口”“推动高水平开放的平台”“全球共享的国际公共产品”的定位[①]，实现进博会在服务贸易过程中国际采购、投资促进、人文交流、开放合作的平台功能。其次，更好发挥服贸会、中国国际高新技术成果交易会、中国国际投资贸易洽谈会等在各自服务贸易领域的展会平台作用。最后，支持各地培育双边、地区性服务贸易进口展会平台。围绕地区特色和消费需求，不断优化区域服务贸易进口结构；重视平台传播渠道管理，提高双边、地区性服务贸易进口平台影响力。

---

① 让开放为全球发展带来新的光明前程——写在第六届中国国际进口博览会开幕之际［EB/OL］. 中国政府网，［2023-11-04］. https：//www.gov.cn/yaowen/liebiao/202311/content_6913556.htm.

六、推进服务贸易制度创新，优化服务贸易进口环境

自改革开放以来，中国从被动改革到主动对标国际经贸规则，取得了巨大的进步。中国已经加入 RCEP 并生效实施，正在申请加入 CPTPP 和 DEPA，要以此为契机，推动国内贸易体制改革和高标准市场体系建设，加快服务贸易制度创新，优化服务贸易发展的营商环境。

第一，对标国际高标准经贸规则，加快国内服务业对外开放脚步。首先，聚焦重点领域，特别是在金融服务、电信服务和数字贸易三大领域深化开放水平。全面深度对接高标准经贸规则，同时聚焦数字赋能，从我国可数字化交付服务贸易增长迅速的实际情况出发，加快探索跨境电子支付等相关数字规则治理。其次，选取有条件的自贸试验区先行先试，赋予自贸试验区更大的改革自主权。支持自贸试验区率先对标 CPTPP、DEPA 等经贸协定，根据我国现行规则与其相关条款的主要差距，拟定谈判方案和国内改革对接措施。最后，根据自身发展目标和发展方式，选择性对标经贸规则。对于以经济利益为主、较少涉及地缘政治的经贸协定，采取包容借鉴的态度，积极对标；对于发达国家为遏制发展中国家而制定的过高标准，还需基于中国立场，提出中国诉求，积极磋商。

第二，重视数字服务贸易的监管制度创新，保障服务业开放进程中的安全和稳定。一方面，充分发挥数字平台在服务贸易开放中的治理作用。加强海关、税务、外汇等政府部门与大型数字平台的合作，如交易信息数据共享、执法结果互认等，联合建立贸易行为监测分析体系。另一方面，积极寻求服务贸易尤其是数字服务贸易的跨国合作监管。参与政府间国际规则谈判，借鉴非政府组织合作监管模式，听取他国意见，表达自身诉求，交流分享数字服务贸易的知识和经验。

第三，优化现有鼓励进口服务目录，探索更精简的负面清单管理模式。首先，提高鼓励进口服务目录修订频率。广泛征求社会各界意见，提高目录制定的科学性；扩大鼓励进口服务范围，根据当下社会、经济、文化等发展水平以及国家政策、战略方针，考虑将进口需求较为迫切的服务，如绿色服务、数字服务等纳入鼓励进口目录中。其次，RCEP 采取的是正面清单和负面清单相结合的谈判方式，并且我国承诺在 6 年内将正面清单转为负面清单，而 CPTPP 全部采用负面清单的谈判方式，可见，负面清单管理模式是未来的发展方向。因此，要积极探索构建服务贸易负面清单，除对涉及国家安全、公共秩序以及关键技术的领域实行负面清单管理，对其他领域服务贸易实施

全面开放。最后，借鉴国际上负面清单的编制方法，提高清单的透明度、灵活性。例如，编制负面清单时，避免一味追求清单简短而导致限制措施表述笼统、数量删减，需结合实际国情，细化清单中的部门分类及子部门分类，明确限制措施，提高限制措施表述的翔实程度。

第四章 中国跨境电商进口发展的事实、问题与对策

近年来，国家政府高度重视跨境电商问题。2020 年 4 月，国务院常务会议指出，近年来我国跨境电商进口规模持续迅速壮大，成为外贸发展新亮点，在已设立 59 个跨境电商综合试验区的基础上，再新设 46 个跨境电商综合试验区。2021 年 7 月，《国务院办公厅关于加快发展外贸新业态新模式的意见》指出，加快发展跨境电商等外贸新业态新模式，有利于推动贸易高质量发展，培育参与国际经济合作和竞争新优势。2022 年 5 月，《国务院办公厅关于推动外贸保稳提质的意见》指出，推动跨境电商加快发展提质增效。2022 年 11 月，《国务院关于同意在廊坊等 33 个城市和地区设立跨境电子商务综合试验区的批复》指出，发挥跨境电子商务助力传统产业转型升级、促进产业数字化发展的积极作用，推动外贸优化升级，加快建设贸易强国。基于此，本章聚焦跨境电商，在积极扩大进口的背景下，分析中国跨境电商进口发展的现状和存在的问题，进而提出扩大跨境电商进口的政策建议。

第一节 中国跨境电商进口发展的基本情况

一、交易规模日益提升

2000—2022 年，中国跨境电商进口交易额不断增加，这不仅得益于国内消费的升级，也是积极扩大进口政策推动的结果。从交易规模的变化来看，中国跨境电商进口发展经历了三个阶段：第一，缓慢增长阶段。2000—2011 年，跨境电商进口交易额从 2 亿元增加到 1500 亿元，占总进口的比重从 0.01%上升为 1.33%。第二，迅速增长阶段。2012—2017 年，跨境电商进口交易额从 2400 亿元增加到 17600 亿元，占总进口的比重从 2.09%上升为 14.10%。第三，稳定发展阶段。自 2018 年以来，跨境电商进口

一直保持稳定发展，2018 年，跨境电商进口的交易额上升为 1.9 万亿元，占总进口的比重高达 13.49%；2019 年，跨境电商进口交易额上升为 2.47 万亿元，占总进口的比重增长为 17.35%；2020 年，跨境电商进口交易额上升为 2.8 万亿元，占总进口的比重增长为 19.55%；2021 年，跨境电商进口交易额上升为 3.2 万亿元，占总进口的比重增长为 18.48%；2022 年，跨境电商进口交易额上升为 3.4 万亿元，占总进口的比重增长为 18.83%（见表 4-1）。

表 4-1　2000—2022 年中国跨境电商交易额及占贸易额的比重

年份	跨境电商交易额/亿元	跨境电商交易额占总贸易额的比重/%	跨境电商出口交易额/亿元	跨境电商出口占总出口额的比重/%	跨境电商进口交易额/亿元	跨境电商进口占总进口额的比重/%
2000	500	1.27	498	2.41	2	0.01
2001	1000	2.37	989	4.49	11	0.05
2002	1700	3.31	1666	6.18	34	0.14
2003	2500	3.55	2450	6.75	50	0.15
2004	3300	3.45	3230	6.58	70	0.15
2005	4300	3.68	4171	6.66	129	0.24
2006	5000	3.55	4825	6.22	175	0.28
2007	6200	3.71	5952	6.36	248	0.34
2008	7000	3.89	6650	6.62	350	0.44
2009	8500	5.64	7990	9.74	510	0.74
2010	11000	5.45	10100	9.44	900	0.95
2011	17000	7.19	15500	12.58	1500	1.33
2012	21000	8.60	18600	14.38	2400	2.09
2013	31500	12.20	27000	19.69	4500	3.72
2014	42000	15.89	35700	24.81	6300	5.23
2015	54000	22.00	45000	31.88	9000	8.63
2016	67000	27.53	55000	39.73	12000	11.43
2017	80600	28.98	63000	41.09	17600	14.10
2018	90000	29.50	71000	43.25	19000	13.49
2019	105000	33.29	80325	44.79	24675	17.35
2020	125000	38.86	97000	56.27	28000	19.55
2021	142000	36.65	110000	51.34	32000	18.48
2022	157000	37.56	123000	51.81	34000	18.83

数据来源：跨境电商数据来源于跨境电商数据库（http：//www.100ec.cn/Index/base_ kj.html），进出口贸易额数据来源于国家统计局（https：//data.stats.gov.cn/easyquery.htm？cn=C01）。

二、B2C 模式地位不断提升

跨境电商进口是从个人代购发展起来的，起初几乎所有跨境电商进口都是 C2C 模式。后来，随着相关政策的规范化，一些规模较大的 B2C 平台逐渐合并了一些 C2C 平台，B2C 模式开始出现。2013 年，跨境电商进口中 C2C 模式占比 97.9%，B2C 模式仅占比 2.1%；2014—2015 年，C2C 模式依然处于主导地位，但其在跨境电商进口中的占比不断下降；2016 年，B2C 模式占比开始超过 C2C 模式并不断增加；2017 年，B2C 模式所占比重为 64.4%，C2C 模式所占比重下降为 35.6%①。2018—2022 年，跨境电商零售模式发展迅猛，政策助力等带来了跨境电商零售模式在跨境电商模式中占比的增加，B2C 模式地位不断提高。2018 年，B2B 交易占比 83.2%，B2C 交易占比 16.8%；2019 年，B2B 交易占比 80.5%，B2C 交易占比 19.5%；2020 年，B2B 交易占比 77.3%，B2C 交易占比 22.7%；2021 年，B2B 交易占比 77%，B2C 交易占比 23%；2022 年，B2B 交易占比 75.6%，B2C 交易占比 24.4%。另外，跨境电商进口的市场份额由少数几家跨境进口电商平台主导，寡头效应比较明显，2016—2017 年，市场规模位列前五的跨境进口电商平台占所有跨境进口电商平台市场规模的 84%。

三、发达国家是跨境电商进口的主要来源地

2018 年，中国 39.9%的跨境电商用户会选择购买日本的产品，36.2%的用户会选择购买美国的产品，30.6%的用户会选择从韩国购买产品，28.9%的用户会选择从法国购买产品，25.9%的用户会选择购买澳大利亚的产品②。2020 年，中国跨境电商进口仍然呈现出“多市场多渠道布局”的鲜明特点，跨境网购群体偏好购买日本、韩国等国家的商品③。2021 年，中国 53.7%的跨境电商用户会选择购买日本和韩国的产品，45.6%的用户会选择购买欧洲的产品，42.6%的用户会选择购买美国的产品④。总的来看，发达国家是跨境电商进口的主要来源地。

---

① 电子商务研究中心．2016—2017 年度中国跨境进口电商发展报告［R/OL］．网经社，［2017-08-01］．http：//www.100ec.cn/zt/16kjbg/.

② 艾媒新零售产业研究中心．艾媒报告丨2019 全球跨境电商市场与发展趋势报告［R/OL］．艾媒网，［2019-04-04］．https：//www.iimedia.cn/c400/64031.html.

③ 网经社电子商务研究中心．2020 年度中国跨境电商市场数据报告［R/OL］．网经社，［2021-05-18］．http：//www.100ec.cn/zt/2020kjdsbg/.

④ 艾媒咨询．2020—2021 中国进口跨境电商行业研究报告［R/OL］．网经社，［2021-03-08］．http：//www.100ec.cn/detail--6586404.html.

四、跨境电商进口的用户数量不断增加

2014—2016 年，我国跨境电商进口的用户基数小，增长较快，增长率不断上升①；2016—2020 年，用户数量已增长到一定程度，虽然整体规模仍然不断壮大，但增长率开始下降。2019 年，中国跨境电商进口的用户数量为 1.25 亿人，比 2018 年的 8850 万人增长了 41.24%；2020 年为 1.4 亿人，同比增长了 11.99%；2021 年为 1.55 亿人，同比增长了 10.71%；2022 年为 1.68 亿人，同比增长了 8.39%②。在国内消费升级大背景下，跨境电商零售进口商品清单将进一步优化，海外商品可选择性增加，海淘用户规模也将保持低速增长。另外，从人群来看，我国跨境电商进口的用户以年轻消费者为主，是我国跨境网购的主流群体，这类消费者对多样化产品、高质量产品有更强的需求，是跨境电商进口的主力。从地区来看，由于我国东部地区消费者的收入较高，需求多样化程度较高，因此，跨境电商进口的用户大多来自北京、上海、广东、浙江、江苏等东部沿海地区，跨境进口电商平台恰好能够满足东部地区消费者多样化、高质量的需求。

第二节　中国跨境电商进口发展存在的问题

一、信息通信技术发展滞后

信息通信技术水平越高，越会促进跨境电商进口的发展；信息通信技术水平越低，越会阻碍跨境电商进口的发展③④。近年来，我国跨境购物用户不断增加且遍布东中西部地区，对跨境进口电商平台产生了强烈的需求，对跨境进口电商平台依赖的信息通信技术也提出了更高的要求。但是，我国信息通信基础设施供给和需求之间存在较大的差距，且这种差距在我国中西部地区更加明显，具体表现为两个方面：第一，目前

---

① 网经社电子商务研究中心. 2018 年度中国跨境电商市场数据监测报告［R/OL］. 网经社，［2019-06-05］. http://www.100ec.cn/zt/2018kjsj/.

② 网经社:《2022 年度中国跨境电商市场数据报告》发布［EB/OL］. 网经社，［2023-03-30］. http://www.ec100.cn/detail--6625826.html&wd=&eqid=f843ca37000005850000000664701f26.

③ 智艳. 弱势回稳的世界经济：新变量、新动力、新机遇——2020 年世界经济分析报告［J］. 世界经济研究，2020（1）：3-11，135.

④ 孟夏，孙禄，王浩. 数字服务贸易壁垒、监管政策异质性对数字交付服务贸易的影响［J］. 亚太经济，2020（6）：42-52，147.

我国的信息通信技术发展还未成熟，与发达国家的水平相差很多。在一些发达国家，自动仓储、自动化分拣系统、无人机送货、无人车送货等“黑科技”形式，已逐渐被应用于跨境电商的交易中，而我国的固定宽带接入网、移动宽带接入网普及率仍然不是很高。基于我国跨境电商进口用户激增的情形，如果中国不掌握先进的互联网技术和一些“黑科技”形式，就无法获得平台和物流方面的优势。第二，中西部地区的信息通信技术发展较为落后，与东部地区差距较大。中西部地区居民参与跨境网购最大的问题就是信息通信基础设施的投放力度严重不足，网络覆盖率不高，尤其是中西部的农村地区，大多数家庭还没有安装宽带，更不用说通过跨境电商平台购物了①。毋庸置疑的是，中西部地区城乡之间的“数字鸿沟”是我国跨境电商进口发展的一大障碍，一旦中西部地区的农村居民也成为跨境网购人群，我国的跨境电商进口就会呈现出新的发展趋势。总之，信息通信技术设施落后，信息通信技术水平地区差异较大，既阻碍了我国跨境电商进口相关平台的推广，也给那些想跨境购物的中西部地区居民带来了阻碍。

二、平台运营风险逐渐增加

跨境电商进口特有的物流模式和贸易模式极大地增加了跨境进口电商平台的运营风险。具体来看：第一，海外直邮和保税进口是当前中国跨境电商进口两种主要物流方式②，海外直邮的物流模式可能会让平台承担关税成本高、利润为负的风险，保税进口的物流模式可能会让平台承担商品滞销的风险。一方面，海外直邮模式下，跨境网购的商品通常会由国外的卖家直接通过国际快递和境内快递送达，配送前消费者已经支付完商品的价格和运费，一旦这种商品的关税上调，增加的成本只能由跨境电商平台来承担。另一方面，保税进口模式下，跨境进口电商平台会提前批量采购商品并将其从海外运往国内的仓库，一旦国内消费者的偏好发生改变，对这些商品的需求下降，跨境进口电商平台就会面临商品滞销的问题。第二，相对滞后的价格传导机制也会增加跨境进口电商平台的运营风险，要么承担提价造成的销量下降风险，要么承担高关税导致的利润为负风险。一般贸易条件下，贸易多方参与者可以分摊关税损失，并逐步向下游分销商转移，市场最终涨价需要一段时间，而跨境电商进口没有相对滞后的价格传导机制，商品在跨境电商平台上往往是零售，直接面对跨境网购群体，不马上

① 甘霖．关于完善国家质量基础设施 支撑引领高质量发展的建议［J］．中国发展，2021，21（2）：12-13.

② 李强．“互联网+”背景下跨境电商运作模式创新研究［J］．技术经济与管理研究，2019（3）：71-75.

提价就亏损[①]。因此，一旦突然征收高额关税，跨境进口电商平台没有中间环节可以缓冲，只能自己承担或者提价。总之，跨境电商自身的优势其实也是劣势，尤其是在中美经贸摩擦升级阶段，跨境电商进口的运营风险不断升高。

三、物流成本居高不下

跨境电商进口的最大压力已经演变为物流成本较高的问题。物流成本涵盖时间成本和运营成本等，中国跨境电商进口总成本中的30%~40%是物流成本，物流运输时间大多在一周左右，平均为5~10天[②]。具体来看：第一，由于每一种商品都要从国外运送到国内、直接送到消费者手中，海外直邮的物流模式所需的运输时间更长、成本更高。海外直邮的物流模式往往要通过境外快递、跨境快递和境内快递三种方式才能运送到消费者手中，每种商品都会不可避免地办理一次跨境清关手续，与一般的国内快递相比，海外直邮所需的物流时间更长，运输成本更高。第二，由于存储批量采购的商品也需要支付相应的费用，保税进口物流模式的成本较高，运输时间也不短。保税进口的物流模式往往会提前将商品批量采购、运到保税仓库，这样虽然降低了每一种商品的运输成本，但是保税仓库的建设费用和存储费用都是成本。与国内电商相比，保税进口物流模式的物流时间和成本仍然不占优势。第三，海外直邮和保税进口的物流模式都需通过国内快递进行运输，中国当前的跨境物流体系不是很完善，货物配送途中花费的时间较长，物件破损甚至丢失的可能性较大。有关数据表明，2023年，德国的物流绩效排名第4，日本的物流绩效排名第14，美国的物流绩效排名第18，中国的物流绩效排名第20，是跨境电商交易规模前十位国家中物流绩效最差的一个[③]，即如果跨境网购的商品从国内的保税仓库发出，其物流速度比其他发达国家慢得多。

四、贸易碎片化加大监管难度

跨境电商进口的“贸易碎片化”特征较为明显，大大增加了海关部门的监管难度[④]。具体来看：第一，跨境电商进口贸易额的碎片化对传统的集装箱和大宗商品监管方式提出了挑战，加大了监管的难度。跨境电商进口贸易涉及的商品较为小型化、多样化、个人化，例如，小商品进口、入境旅客自带货、邮递渠道的个人境外海淘、海

---

① 浅析：中美贸易战升级对中国跨境电商产生重大影响［EB/OL］. 网经社，［2019-05-21］. http://www.100ec.cn/detail--6509669.html.

② 李海波. 区块链视角下我国跨境电商问题解决对策［J］. 中国流通经济，2018，32（11）：41-48.

③ 数据来源：世界银行物流绩效指数数据库（Full LPI Dataset），https://lpi.worldbank.org/international。

④ 刘向丽，吴桐. 国际经贸规则重构中美国的政策两难与发展趋势探讨［J］. 国际贸易，2021（6）：38-46.

外代购邮包等。这种新型贸易业态的交易数量多、金额小，容易与海关传统的集装箱及大宗商品监管方式相冲突，可能会影响进境的贸易管制、进口环节税的征收等，从而加大监管难度。第二，碎片化的贸易额可能会使海关各部门的职责边界变得模糊，进而加大监管难度。跨境电商进口贸易不仅涉及通关、物流、支付等众多业务环节，还涉及众多管理部门。随着各管理部门业务混合在一起，一旦职责边界模糊，跨境电商进口业务的监管难度就会加大，容易出现纰漏。

五、线上渠道模式不足凸显

跨境电商进口的线上渠道模式直接忽视了用户体验的问题，不足凸显。不同于普通消费者，经常跨境网购的消费者不再重点关注价格，而会对商品的质量、安全性和流行趋势等特征进行综合考量。在线上渠道模式下，消费者不能真实看到、感受到商品，只能依靠以往消费者的评价进行判断，这样难免会使消费者担心非正规渠道、收货时间、商品真伪、售后服务等问题，网购人群对品牌的忠诚度也很难建立。因此，跨境电商进口最好同时通过线上和线下两种方式实现①，不能仅依靠线上渠道模式。自2013年开始设立自贸试验区，为了使消费者拥有更好的跨境购物体验，我国已经在上海、重庆、深圳等多地打造进口商品展示与交易中心，将跨境电商进口与保税区结合，但受位置偏远、知名度不够、价格优势不明显、商品更新速度慢等因素的影响，这种“线下的跨境电商进口”并没有取得较大的发展。

六、虚假贸易开始盛行

跨境进口电商平台出现后，虚假贸易、欺诈贸易现象严重，货物真伪问题、质量问题持续受到关注。主要表现如下：第一，跨境电商平台售卖的商品越来越同质化，假货在跨境电商平台开始泛滥②。跨境电商规模的不断壮大使得进口电商平台之间的竞争愈加激烈。各大平台商品雷同，产品质量参差不齐，容易出现售卖假货的电商，有损消费者的购物权益。第二，热门商品中出现假货的概率大。跨境网购群体购买的热门商品主要为母婴、美妆个护、保健品等，对这些热门商品有很强的品牌认知度，很看重正品保障方面的问题。许多售卖假货的电商就是利用消费者对这些热门商品的偏好，售卖仿品，试图获得较高的利润。第三，我国海关目前还没有对跨境零售进口采取与货物进口同样的监管方式。在这样的现实背景下，跨境电商进口商品的质量、安

① 王坤，相峰．“新零售”的理论架构与研究范式［J］．中国流通经济，2018，32（1）：3-11.

② 徐明，陈亮．中美经贸协议背景下电商知识产权保护优化路径研究［J］．国际贸易，2020（3）：37-43.

全以及消费者的维权问题等无法得到保障。总之，跨境电商进口终归只是一种渠道，未来随着竞争的加剧，比拼的关键还是产品质量。

七、客户服务缺乏专业性

客户服务缺乏专业性是跨境网购群体经常会遇到的困扰，客户服务问题主要包括客服态度、信息安全和售后服务三个方面。第一，客服的态度差、专业素养低是跨境电商平台十分常见的问题。相比国内的网上购物，跨境购物涉及的问题更为烦琐，消费者的疑问也较多，客服不正面解决问题、态度恶劣、没有责任心等现象在跨境网购过程中十分普遍。第二，个人隐私泄露是跨境网购群体面临的潜在威胁。由于支付和配送的需要，在跨境购物过程中，跨境网购人群往往会留下自己的姓名、手机号码以及家庭住址等信息，这样容易泄露个人的隐私，甚至会威胁到个人安全。第三，由于涉及跨境通关和物流，跨境电商进口的售后问题显得十分烦琐。主要表现为以下三点：①跨境进口贸易的任意一个环节（如商品质量、物流方式等因素）都会增加消费者退换货的可能性；②消费者的退货成本较高，退货成本甚至可能会超出货品的价值；③相比国内电商，跨境电商进口的商品质量不符合预期、配送物品丢失和电子产品技术售后等问题的解决都需要花费更多的时间和精力。因此，为了节约成本，部分跨境电商可能不提供或只提供短期的售后退货或者保修服务。

八、跨境电子商务人才严重缺乏

跨境电子商务人才供需不匹配问题已得到国家政府的关注[①]。“十四五”电子商务发展规划数据表明，2020 年，中国电子商务相关从业人员大约有 6015 万人，预计到 2025 年需要电子商务从业人员达 7000 万人，由此可以看出，要想实现“十四五”电子商务发展规划目标，中国电子商务人才缺口大约有 985 万人[②]。我国跨境电子商务人才出现缺口的主要原因如下：第一，跨境电子商务人才的培养速度较为缓慢。虽然我国跨境电商进口发展迅速，占总进口额的比重逐渐增大，但是我国跨境电子商务人才仍然严重缺乏。跨境电商进口行业的人才储备严重不足，从业人员大多是从传统外贸相关企业转型而来，专业知识存在严重缺失。第二，已有跨境电子商务人才并不符合行业和企业的标准。关于跨境电子商务人才的培养，我国高校仍处于初步探索阶段，缺

① 姜菁斐. 关于我国与“一带一路”国家发展跨境电商的思考［J］. 国际贸易，2018（6）：56-60.

② 商务部，中央网信办，发展改革委. “十四五”电子商务发展规划［EB/OL］.［2021-10］. http：//images. mofcom. gov. cn/dzsws/202110/20211026104704129. pdf.

乏丰富的实践经验，已有课程安排也存在许多问题，不利于培养出符合行业和企业标准的跨境电子商务人才。第三，专业教授跨境电商进口的高校教师严重缺乏。在设置跨境电商专业的院校中，专业的授课教师很少，大部分授课教师往往只掌握了丰富的理论知识，缺乏实践经验和实训操作。

第三节　中国大力发展跨境电商进口的政策建议

一、重点加强信息通信基础设施建设

我国应加强建设信息通信基础设施以更好地促进跨境电商进口的发展。第一，政府发挥引导作用。政府相关部门应该同时关注软件和硬件基础设施的建设，既要加大软件基础设施的投放力度，如固定宽带接入网、移动宽带接入网等，又要提供良好的硬件设施，尽力推进移动通信网、互联网、物联网三者的融合。第二，企业发挥国内创新主体作用。企业应积极关注国外先进技术并加以消化、吸收、利用，不断加大研发投入，努力突破国内关键技术，缩小我国与发达国家在信息通信技术方面的差距。第三，努力提升中西部地区的信息通信技术水平，缩小信息通信技术水平的地区差异。首先，省份之间应加强互联互通，信息通信设施较为落后的省份应组织专门的研发小组到信息通信设施较为完善的省份学习；其次，中西部地区要重点关注城乡信息通信水平的差异，提高农村地区的信息化水平，缩小城乡之间的“数字鸿沟”。第四，关注并加大新技术的应用。政府和企业应加大研发投入，开发能够提升信息通信技术水平的新技术，关注自动仓储等“黑科技”形式在跨境电商进口领域的应用，尽最大努力开发5G网络技术。

二、努力加快物流基础设施建设

跨境电商进口供应链有效运转的关键是加快建设我国物流的相关基础设施。物流的相关基础设施包括五个方面的内容，即物流仓储设施、物流线路设施、物流节点设施、物流园区设施和物流信息化基础设施。第一，加大物流仓储设施建设。对于保税进口的物流模式而言，跨境电商进口需要大量的保税仓库存储从国外批量采购的商品，但是这种保税仓库的建造成本高、建造时间长。因此，我国政府应采取措施，鼓励各大跨境进口电商平台共同建立保税进口仓库，这样能够平摊存储费用、降低运营风险。

第二，加快物流线路设施建设。保税进口和海外直邮的物流模式都需要加快国内的物流线路建设，政府应全面加快海陆空物流线路建设，使国内的物流呈现出多式联运的格局；同时，国内的各大快递公司也应该及时更新运输工具，节省物流成本。第三，增加物流节点设施建设。事实上，我国沿海地区港口较多，内陆港口较少，因此为了便利内陆地区的跨境贸易，应增加内陆地区的港口数量。第四，加快物流园区设施建设。跨境电商进口的商品都要在物流园区进行分拣，因此，为了缩短物流时间，十分有必要及时更新物流园区的设施，使用较为先进的分拣方法。第五，加快物流信息化基础设施建设。海外直邮的物流模式可基于区块链数据的可追溯性和时间戳技术，并结合物联网技术，建立跨境货物仓储和运输全程监控系统，从而实现对海外直邮商品的全程追踪，方便跨境电商平台掌握每一种商品的物流动态。

三、积极探索跨境电商零售进口报税模式

跨境进口电商的“碎片化”特征会加大监管难度，因此我国海关正在努力尝试“跨境电商零售进口报税模式”，具体如下：第一，对接数据。海关总署应采用大数据技术，实现与跨境电商平台的数据对接，有利于充分了解跨境电商平台的相关信息，作出合理的工作部署。第二，创新监管模式。海关部门应采用新技术对监管模式进行创新，让每个部门明确自身的职责边界，实行全程无纸化监管，有利于简化通关手续，为个人申报制度奠定较好的技术应用基础。第三，化整为零，统一报税。面对跨境电商进口新业态，海关部门应整合碎片化订单，拓宽获取订单渠道，调整税收政策，把碎片化的零售进口贸易集零为整，明确商品范围，归类同名商品，实行正面清单管理，征收跨境电商进口税。第四，推行个人信用管理系统。海关总署应采用个人信用管理手段，将那些没有按照步骤报税、私藏夹带的人记入个人信用管理黑名单，并作出相应的处罚。

四、全面开启“线上+线下”全渠道模式

为了使消费者亲自看到、感受到产品，大力发展数字展会、社交电商、产品众筹、大数据营销等，开启“线上+线下”全渠道模式显得十分必要。作为全渠道模式中最为成功的一种，“保税+实体新零售”保证了跨境电商能够从线上销售转为开设线下实体店，消费者能够从这些实体店直接购买国外的商品，在前台立即清关，现场提货。此外，全渠道模式能够结合线上产品信息与线下用户体验，提升消费者对产品的认知度。目前，最为成功的全渠道模式是深圳的天虹百货。2013 年下半年，天虹开始实施“线

上+线下”全渠道战略，天虹的线上渠道和其他跨境电商进口一样，线下渠道却有独到之处。它将传统的保税区从比较偏僻的地方转移到了较为繁华的地段，推行“百货+购物+便利店”的新业态，这样消费者就可以一边逛街，一边购买国外的商品，吸引了大批消费者。随后，网易考拉和天猫国际也逐渐开始成立线下实体店。

五、充分发挥行业协会的严格监督作用

在跨境电商进口行业中，电商应模仿其他行业的做法，创办自身所属的行业协会，通过出台行业规范来限制那些不符合规范的行为。第一，成立打假小组。跨境电商进口行业协会应成立打假小组，严厉打击虚假贸易等行为，明确对售卖假货电商的处罚规定。第二，采取监管措施。跨境电商进口行业协会应采取相应的监管措施，保障跨境进口商品的质量，及时解决消费者的维权问题。第三，明确责任划分。跨境电商平台自身也要强化平台责任，进一步明确消费者权益保护、售后保障方式等细节，安排专业人员及时处理消费者遇到的客服态度差、个人信息泄露及售后服务缺失等问题，以防责任划分不清晰、消费者维权通道不畅的问题出现。第四，审核资质。一旦发现个人或公司从事海外品牌代理销售，跨境进口电商平台必须认真审核其资质，将“真物流卖假货”的行为扼杀在摇篮里。

六、大力支持相关教育机构增设跨境电商专业

2019 年 7 月，李克强在国务院常务会议上提出，支持相关教育机构增设跨境电商专业，促进产教融合，为跨境电商发展强化人才支撑①。为了培养高质量的跨境电子商务人才，政府可以从以下几方面采取措施：第一，制定跨境电子商务人才的培养方案。政府相关部门应按照“理论与实践并行”的原则，合理设置跨境电商专业的课程，制定出跨境电子商务专业人士的培养方案，明确跨境电子商务人才的培养模式。第二，加强校企合作。政府应鼓励企业充分利用周边高校资源，主动与周边高校进行合作，完善产教融合机制，鼓励理论知识和实践知识都具备的企业家在高校开展讲座，增加大学生对跨境商务的了解。第三，建立跨境电商创业和孵化中心。政府还可以为高校学生建立“一站式”服务的跨境电商创业和孵化中心，通过政策上的支持，调动高校学生主动参加跨境电商相关实践活动的积极性，为大学生搭建起一个能将跨境电商理论知识用于实践的平台。

---

① 李克强主持召开国务院常务会议［N］. 人民日报，2021-09-02（002）.

第五章　中国消费品进口发展的国际比较、原因与对策

坚持以人民为中心，是习近平新时代中国特色社会主义思想的重要内容。习近平总书记强调：“人民对美好生活的向往，就是我们的奋斗目标。”① 党的十九大报告作出“我国社会主要矛盾已经转化为人民日益增长的美好生活需要和不平衡不充分的发展之间的矛盾”的重大判断，是关系全局的历史性变化，为落实以人民为中心的发展思想提出了新任务、新要求。党的二十大报告指出，要“不断厚植现代化的物质基础，不断夯实人民幸福生活的物质条件”。这说明，在新时期，提高人民的生活质量，满足人民日益增长的美好生活需要，已经成为我国经济发展的重要目标。

人民日益增长的美好生活需要无疑将对消费产品的多样性、高质量提出新的要求。作为国内产品的重要补充，进口消费品特别是进口高端消费品体现出人们对消费升级、高质量生活的追求。“十四五”规划指出，一方面，顺应居民消费升级趋势，把扩大消费同改善人民生活品质结合起来，促进消费向绿色、健康、安全发展，稳步提高居民消费水平；另一方面，降低进口关税和制度性成本，扩大优质消费品进口，促进进口来源多元化②。另外，为了积极扩大进口，国家政府颁布了一系列政策和指导意见，打造了各类展会平台，助力全球优质消费品精准有效地对接中国市场。因此，深入分析中国消费品进口问题具有重大的现实意义。

基于此，在积极扩大进口的背景下，本章通过数据描述与国际比较的方式，考察了中国消费品进口，特别是消费品进口占比问题。那么，目前，中国消费品进口占比到底在国际上处于什么水平？是否符合中国自身的经济发展阶段？如果中国消费品进口占比偏低，又是什么原因导致的呢？为了回答上述问题，首先，本章使用联合国贸易统计司公布的广泛经济分类标准（BEC）定义消费品，基于整体和产品分类视角描

---

① 习近平等十八届中共中央政治局常委同中外记者见面［EB/OL］．习近平系列重要讲话数据库，［2012-11-15］．http：//jhsjk. people. cn/article/19591246.

② 中华人民共和国国民经济和社会发展第十四个五年规划和 2035 年远景目标纲要［EB/OL］．中国政府网，［2021-03-13］．https：//www. gov. cn/xinwen/2021-03/13/content_ 5592681. htm？eqid=a14468700001730f000000026480655e.

述我国消费品进口现状，并通过国际比较的方式，从纵向对比、横向对比和历史发展三个维度，深入分析了当前中国消费品进口规模、占比和各类消费品进口占比的实际水平；其次，分析了当前阻碍中国消费品进口的因素；最后，提出了可行的政策建议，以期推动消费品进口发展、提高人民生活水平。

第一节　中国消费品进口的政策演变

新中国成立以来，中国关于消费品进口的政策经历了多次调整，整体上可以分为四个阶段，从“严格限制消费品进口”，到“合理调整进口商品结构”，到“适当增加国内紧缺重要消费品进口”，再到当前的“扩大消费品进口”。下面分别对各个阶段的政策背景和政策导向进行梳理。

一、严格限制消费品进口时期（1949—1991年）

新中国成立初期，为保护国内消费品工业，我国采取严格限制消费品进口的政策。1951年5月，我国颁布了新中国第一部关税法则《中华人民共和国海关进出口税则》。该税则将所有商品分为必需品、需用品、非必需品、奢侈品四大类，制定该税则依据的六项基本原则之一便是“对于一切奢侈品和非必需品，订征更高的税率”。根据该税则，必需品税率定在0~20%，需用品税率定在25%~40%，非必需品税率定在50%~100%，奢侈品税率定在120%~200%。改革开放初期，基于保护国内民族工业、外汇短缺等原因，我国外贸政策的基调是“奖出限进”，利用关税壁垒、进口许可证、外汇管制等多重措施严格限制进口，主要进口国内急需的、有利于发展国内工业的设备、技术、原料等商品，而消费品进口受到诸多限制。1986年，《关于第七个五年计划的报告》明确提出，“坚持把重点放在引进软件、先进技术和关键设备上，严格控制一般的加工设备和耐用消费品的进口”，“积极发展进口替代”。1988年，政府工作报告提出，“严格限制一些高档消费品的进口”。1990年，政府工作报告再次提出，“继续严格限制高档消费品和烟、酒等的进口”。1991年4月，《中华人民共和国国民经济和社会发展十年规划和第八个五年计划纲要》中指出，“要把有限的外汇集中用于引进先进技术和关键设备的进口，用于国家重点生产建设所需物资以及农用物资的进口”，“严格限制奢侈品、高档消费品和烟、酒、水果等商品的进口”。总体来说，在这一阶段，我国的外贸政策重出口、轻进口，重视生产资料的进口，严格限制消费品的进口。

二、合理调整进口商品结构时期（1992—2006 年）

1992 年，中共十四大正式提出建立社会主义市场经济体制的目标，我国改革开放进入新的发展阶段，消费品进口政策也有了新的调整。1995 年，政府工作报告提出，要“合理调整进口商品结构，对一般商品尤其是高档消费品，要运用符合国际惯例的方法加以调节”，表明国家对进口消费品的政策开始从“控制”“严格限制”转向“合理调整”“调节”。2001 年，我国正式加入 WTO，为适应 WTO 对加快我国市场开放的要求，履行加入 WTO 的各项承诺，我国进口关税税率大幅降低，进口手续逐渐简化，进口配额、进口许可证等非关税措施逐步取消。此外，我国不断深化涉外经济体制改革，2004 年，外贸经营权审批制改为备案登记制，全面放开了对外贸经营主体的管制，促进了我国消费品进口的增长。

三、适当增加国内紧缺重要消费品进口时期（2007—2010 年）

随着我国消费品工业发展提速、民族工业实力与信心增强，以及国民收入水平和购买力不断提高、国内消费结构升级、居民对进口消费品的需求扩大，我国消费品进口政策在这一阶段开始有了新的战略性调整。2007 年，政府工作报告提出要“积极增加进口”，体现了国家整体进口政策的变化。2008 年，政府工作报告再次提出要“积极扩大进口”，并强调，为防止物价水平过快上涨，增加有效供给，国家要“加快健全储备体系，改进和完善储备调节和进出口调节方式，适当增加国内紧缺重要消费品进口”。可见，消费品进口在这一阶段成为国家缓解物价上涨压力的临时措施。从 2008 年第三季度开始，受国际金融危机影响，外需严重萎缩，中国出口大幅下滑。在此背景下，国家更加重视消费对经济增长的拉动作用，2009 年，政府工作报告多次强调，要“积极扩大国内需求特别是消费需求”，并明确指出，要“扩大消费尤其是居民消费”。总体来说，在这一阶段，我国长期实行的“重出口、轻进口”外贸政策开始逐步转向促进进出口贸易平衡发展，进口的作用开始被重视。国家对消费品进口的政策由上一时期的“调节”转变为“适当增加”，尽管仍然限定在“国内紧缺重要消费品”，但说明国家面对民众的消费品进口需求，已经开始采取更加积极的态度。

四、扩大消费品进口时期（2011 年至今）

2011 年 3 月，《中华人民共和国国民经济和社会发展第十二个五年规划纲要》提出，要“优化进口结构”，“适度扩大消费品进口”，以“发挥进口对宏观经济平衡和结构调整的重要作用，优化贸易收支结构，发挥我国巨大市场规模的吸引力和影响力”。2014年5月，《国务院办公厅关于支持外贸稳定增长的若干意见》（国办发〔2014〕19号）提出，要“合理增加与群众生活密切相关、必要的一般消费品进口”。2014年11月，《国务院办公厅关于加强进口的若干意见》（国办发〔2014〕49号）再次明确提出，“实施积极的进口促进战略”，“合理增加一般消费品进口”。可见，国家开始更加积极地促进进口发展，重视优化进口结构，对进口消费品的范围也进一步扩大。

2016年3月，《中华人民共和国国民经济和社会发展第十三个五年规划纲要》提出，要“积极扩大进口，优化进口结构，更多进口先进技术装备和优质消费品”。2021年3月，《中华人民共和国国民经济和社会发展第十四个五年规划和2035年远景目标纲要》提出，要“降低进口关税和制度性成本，扩大优质消费品、先进技术、重要设备、能源资源等进口”。2021年11月，商务部发布的《“十四五”对外贸易高质量发展规划》提出，要“进一步扩大市场开放，鼓励优质消费品进口”。2021年和2022年的政府工作报告分别提出，要“优化调整进口税收政策，增加优质产品和服务进口”和“积极扩大优质产品和服务进口”。2022年5月，《国务院办公厅关于推进外贸保稳提质的意见》（国办发〔2022〕18号）中再次强调，要“扩大优质产品进口”。这一系列政策文件的颁布，表明国家从前一阶段单纯鼓励消费品进口规模的增长，进一步转变为强调消费品进口品质的提高。

与此同时，国家在这一阶段高度重视消费对经济增长的拉动作用，2011—2022年历年政府工作报告都多次强调要积极扩大内需，促进消费。2017年，政府工作报告开始强调消费品质的提高，首次指出要“增加高品质产品消费”“更好满足消费升级需求”。2017年10月，党的十九大报告提出，中国特色社会主义进入新时代，我国社会主要矛盾已经转化为人民日益增长的美好生活需要和不平衡不充分的发展之间的矛盾，要在中高端消费等领域培育新增长点、形成新动能，并“增强消费对经济发展的基础性作用”，为扩大优质消费品进口提供了有力支撑。

总体来说，在这一阶段，国家高度重视推动进出口平衡发展，积极扩大进口，推进更高水平的对外开放。同时，国家高度重视扩大消费对促进经济长期发展的基础性作用。此外，为减少中国有效消费力的“外溢”，引导境外消费回流，国家关于消费品进口的政策基调从“适度增加”“适度扩大”逐渐转变为“合理增加”，再到“积极扩大”；进口商品范围从上一阶段的“紧缺重要消费品”拓展到“一般消费品”，再到“优质消费品”。这一系列变化充分体现了国家消费品进口政策的不断完善和优化。

第二节 中国消费品进口发展的基本情况

一、中国消费品进口规模情况

1995①—2022年，我国消费品进口规模整体表现出日益增加的态势。1995年消费品进口规模约为64.46亿美元，2002年突破100亿美元，2010年达到500亿美元左右，2015年突破1000亿美元，2022年达到1923.67亿美元②。从进口规模看，2022年，我国消费品进口已经达到1995年的29.84倍。从历年比较看，2022年我国消费品进口额同比下降了4.21%，与2017—2021年消费品进口均值（1506.24亿美元）相比，增长了27.71%。

从进口增长率角度看，21世纪以来，我国消费品进口在大多数年份呈现正增长，仅在2009年、2017年和2022年等少数年份出现了负增长。从表5-1中可以看出，在非负增长的年份中，中国消费品进口保持了较高的增长速度，大多数时期保持了10%以上的年增长率。

表5-1 1995—2022年中国消费品进口总额情况 （单位：亿美元）

年份	进口额	年份	进口额	年份	进口额
1995	64.46	2006	261.18	2015	1031.25
1998	57.22	2007	336.55	2016	1059.14
1999	71.91	2008	388.47	2017	1052.81
2000	87.56	2009	382.11	2018	1261.77
2001	93.77	2010	498.37	2019	1504.75
2002	107.44	2011	671.21	2020	1703.61
2003	141.99	2012	790.92	2021	2008.27
2004	180.72	2013	900.90	2022	1923.67
2005	217.12	2014	983.54		

数据来源：根据UN Comtrade数据整理计算。

① 我国消费品进口从1995年开始才有统计数据。

② 由于统计口径存在差异，联合国统计部门给出的消费品进口额与国家统计部门的统计数据存在一定差别。

二、中国消费品进口占比情况

1995年，联合国贸易统计司UN Comtrade数据库开始明确统计世界各国消费品进口相关数据。统计数据显示，1995—2022年，中国消费品进口占比①经历了“U”形发展趋势。具体来看，中国消费品进口占比由1995年的4.88%下降至2004年3.22%的历史最小值；其后，消费品进口占比整体呈现波动上升的态势，2020年消费品进口占比创历史新高，达到8.29%；之后，于2021年下降至7.48%，并进一步于2022下降至7.08%。从消费品进口占比的变化来看，2022年比2021年下降了0.4%，比2017—2021年该比重的均值（6.92%）提高了0.16%。这表明，受外部环境的影响，我国消费品进口占比呈现波动变化态势，但消费品进口规模增长的趋势并未发生变化。

表5-2　1995—2021年中国消费品进口占比情况　（%）

年份	消费品进口占比	年份	消费品进口占比	年份	消费品进口占比
1995	4.88	2006	3.30	2015	6.14
1998	3.89	2007	3.52	2016	6.67
1999	3.85	2008	3.43	2017	5.71
2000	3.64	2009	3.80	2018	5.91
2001	3.44	2010	3.57	2019	7.27
2002	4.88	2011	3.85	2020	8.29
2003	4.08	2012	4.35	2021	7.48
2004	3.22	2013	4.62	2022	7.08
2005	3.29	2014	5.02		

数据来源：根据UN Comtrade数据整理计算。

从消费品进口的历史发展进程来看，消费品进口在中国加入WTO之后的相当一段时间内（2001—2010年）并没有展现出应有的活力。具体来看，2001—2010年，中国人均GDP增速达到了年均9%以上，但消费品进口占比并没有随着人民收入水平的增长而提高，在一定程度上表明国内消费品需求并没有被合理释放。但2011年之后，中国消费品进口占比上升趋势明显，这与国家颁布的一系列积极扩大进口的相关政策有关，也与国内消费结构升级、人民生活质量提高以及国内需求释放有关。由于2018年

① 由于篇幅限制，除非特殊说明，本章提及的“消费品进口占比”“消费品进口比重”均为“消费品进口规模占总进口规模比重”。

7 月国务院出台了大规模降低日用消费品最惠国进口关税的举措，消费品进口占比于 2019 年出现较大幅度的上升，与 2018 年相比，提高了 1.36%。受疫情引起的消费结构变化的影响，自 2021 年开始，消费品进口占比出现小幅下滑，从 2020 年的 8.29%下降至 7.48%，并进一步于 2022 年降至 7.08%（见表 5-2）。

三、中国消费品进口结构情况

依据联合国统计部门发布的 BEC 标准，可以将消费品划分为六类（见表 5-3），分别是 BEC 112（主要供家庭消费的初级食品饮料，如水果、干果、粮食等）、BEC 122（主要供家庭消费的加工食品饮料，如奶粉、冻肉、酒品等）、BEC 522（非工业用的运输设备，如无人机、摩托车、汽艇等）、BEC 61（耐用消费品，如医疗用品、家电、电子产品等）、BEC 62（半耐用消费品，如鞋靴、皮包、塑胶家具等）、BEC 63（非耐用消费品，如药品、美容化妆护肤品、服装等）①。

表 5-3　BEC 编码类别下消费品大类名称及主要商品种类

BEC 编码	消费品大类名称	主要商品种类
112	主要供家庭消费的初级食品饮料	水果、干果、粮食等
122	主要供家庭消费的加工食品饮料	奶粉、冻肉、酒品等
522	非工业用的运输设备	无人机、摩托车、汽艇等
61	耐用消费品	医疗用品、家电、电子产品等
62	半耐用消费品	鞋靴、皮包、塑胶家具等
63	非耐用消费品	药品、美容化妆护肤品、服装等

如表 5-4 所示，根据 UN Comtrade 统计数据，我国消费品进口占比发生了变化。2022 年，我国初级食品饮料（BEC 112）、加工食品饮料（BEC 122）、非工业用的运输设备（BEC 522）、耐用消费品（BEC 61）、半耐用消费品（BEC 62）以及非耐用消费品（BEC 63）的进口额依次为 241.03 亿美元、671.21 亿美元、15.52 亿美元、161.70 亿美元、295.73 亿美元以及 538.48 亿美元。这六类消费品进口占总进口额的比重分别是 0.89%、2.47%、0.06%、0.60%、1.09%以及 1.98%。与 2021 年相比，初级食品饮料（BEC 112）、加工食品饮料（BEC 122）、非工业用的运输设备（BEC 522）的进口

① 根据联合国统计部门的解释，第 61 项（耐用消费品）包括预期使用寿命超过一年且价值相对较高的商品，如电冰箱和洗衣机，以及其他使用寿命为三年或三年以上的商品；次级类别 62（半耐用消费品），包括预期寿命超过一年但少于三年且价值比较高的商品；子类别 63（非耐用消费品）包括预期使用寿命为一年或更短的商品。

占比略有上升，分别提高了 0.05%、0.07%以及 0.01%。而耐用消费品（BEC 61）、半耐用消费品（BEC 62）以及非耐用消费品（BEC 63）的进口占比有所下降，分别降低了 0.16%、0.15%以及 0.2%。

表 5-4　2021 年和 2022 年中国各类消费品进口占比（%）

BEC 编码	消费品种类名称	2021 年		2022 年	
		占总进口额比重	占消费品进口比重	占总进口额比重	占消费品进口比重
112	主要供家庭消费的初级食品饮料	0.84	11.28	0.89	12.53
122	主要供家庭消费的加工食品饮料	2.40	32.12	2.47	34.89
522	非工业用的运输设备	0.05	0.73	0.06	0.81
61	耐用消费品	0.76	10.22	0.60	8.41
62	半耐用消费品	1.24	16.54	1.09	15.37
63	非耐用消费品	2.18	29.11	1.98	27.99

数据来源：根据 UN Comtrade 数据整理计算。

与 2021 年相比，2022 年我国消费品进口结构略有变化。具体来看，初级食品饮料（BEC 112）、加工食品饮料（BEC 122）以及非工业用的运输设备（BEC 522）等三类消费品在总消费品进口中的比重呈现增长趋势，而其他三类消费品占比呈现出下降趋势。2022 年，初级食品饮料（BEC 112）、加工食品饮料（BEC 122）、非工业用的运输设备（BEC 522）、耐用消费品（BEC 61）、半耐用消费品（BEC 62）以及非耐用消费品（BEC 63）六类消费品进口在全部消费品进口中所占比例分别为 12.53%、34.89%、0.81%、8.41%、15.37%以及 27.99%。其中，与 2021 年相比，初级食品饮料（BEC 112）、加工食品饮料（BEC 122）以及非工业用的运输设备（BEC 522）的进口占比分别上升了 1.25%、2.77%以及 0.08%。耐用消费品（BEC 61）、半耐用消费品（BEC 62）以及非耐用消费品（BEC 63）的进口占比分别下降了 1.81%、1.17%以及 1.12%。

四、中国消费品进口占社会消费品零售总额的比重

一方面，2001—2022 年，中国消费品进口在中国总进口中的占比总体表现为上升趋势，从 2001 年的 3.44%上升到 2022 年的 7.08%。另一方面，2001—2022 年，中国消费品进口在社会消费品零售总额中的平均占比为 3.34%，从历年占比来看，整体表现为波动上升态势（见表 5-5）。

表 5-5　2001—2022 年中国进口消费品占社会消费品零售总额的比重　（%）

年份	占社会消费品零售总额比重	年份	占社会消费品零售总额比重
2001	2. 08	2012	3. 83
2002	2. 34	2013	3. 67
2003	3. 01	2014	3. 74
2004	3. 23	2015	3. 20
2005	3. 25	2016	3. 15
2006	3. 43	2017	3. 02
2007	3. 65	2018	3. 08
2008	3. 31	2019	3. 34
2009	2. 80	2020	3. 79
2010	3. 51	2021	3. 71
2011	3. 88	2022	4. 39

数据来源：根据国家统计局数据库整理所得。

五、中国人均消费品进口额情况

如表 5-6 所示，一方面，2001 年以来，我国人均可支配收入从 4070 元增加到 2022 年的 36883 元，增加了 8. 06 倍，人均消费也从 3139 元增长到 2022 年的 24538 元。另一方面，2001 年，我国人均消费品进口额仅有 69 元，仅占人均消费的 2. 20%；2022 年，我国人均消费品进口额为 1367 元，占人均消费的 5. 57%。

表 5-6　2001—2022 年中国消费情况

年份	人均消费品进口额占人均消费的比例/%	人均消费品进口额/元	人均消费/元	人均可支配收入/元
2001	2. 20	69	3139	4070
2002	2. 42	86	3548	4532
2003	3. 06	119	3889	5007
2004	3. 28	144	4395	5661
2005	3. 28	165	5035	6385
2006	3. 55	200	5634	7229
2007	3. 79	250	6592	8584
2008	3. 66	276	7548	9957

续表

年份	人均消费品进口额占人均消费的比例/%	人均消费品进口额/元	人均消费/元	人均可支配收入/元
2009	3.21	269	8377	10977
2010	4.24	398	9378	12520
2011	4.79	518	10820	14551
2012	4.80	579	12054	16510
2013	4.71	623	13220	18311
2014	4.87	706	14491	20167
2015	4.23	664	15712	21966
2016	4.18	715	17111	23821
2017	4.08	748	18322	25974
2018	4.17	828	19853	28228
2019	4.48	966	21559	30733
2020	4.96	1052	21210	32189
2021	4.81	1159	24100	35128
2022	5.57	1367	24538	36883

数据来源：根据联合国贸易数据库和国家统计局数据库整理所得。

注：人均消费品进口额为当年消费品进口总额与当年人口总量之比。

第三节　中国消费品进口占比的国际比较

本节将从纵向对比、横向对比以及历史发展三个视角，将中国与其他国家进行国际比较，探究中国消费品进口占比在国际上的实际水平。

一、纵向比较

1. 2022 年的中国与不同时期经济发展水平相似国家的比较

为了比较不同时期、相同发展阶段国家的消费品进口占比水平，需要考虑不同时期的货币购买力以及国家经济发展水平。本节采用世界银行世界发展指标（WDI）数据库提供的经济发展指标——按购买力平价（PPP）衡量的人均 GDP（2017 年不变价国际元)，作为衡量国家经济发展水平的指标①，以匹配不同时期的、与中国处于相似发展阶段的国家。

根据按 PPP 衡量的人均 GDP（2017 年不变价国际元），中国 2022 年人均 GDP 为 18188 国际元，与以下时期的 18 个国家较为接近②：2004 年的阿根廷（17950 国际元)、2011 年的白俄罗斯（18274 国际元)、2013 年的保加利亚（18161 国际元)、2005 年的智利（18416 国际元)、2000 年的克罗地亚（18331 国际元)、2000 年的爱沙尼亚（17765 国际元)、1999 年的匈牙利（18529 国际元)、2006 年的哈萨克斯坦（18113 国际元)、1998 年的韩国（19184 国际元)、2004 年的拉脱维亚（18166 国际元)、2003 年的立陶宛（17840 国际元)、2006 年的马来西亚（18535 国际元)、2006 年的巴拿马（18148 国际元)、2004 年的波兰（18198 国际元)、2006 年的罗马尼亚（18326 国际元)、2004 年的俄罗斯（18766 国际元)、2003 年的斯洛伐克（17886 国际元)、2005 年的土耳其（18034 国际元)。其中，克罗地亚的数据无法获取，因此本节最终采用除克罗地亚外的 17 个国家，作为 2022 年中国的国际比较对象。

本节根据 UN Comtrade 的数据，整理并计算了各国在相应时期的消费品进口占比情况，具体见表 5-7。由表 5-7 可以发现：

从全部消费品进口占比情况来看，在参与对比的全部 18 个国家（含中国）中，中国（7.08%）居第 16 位，仅高于韩国（4.97%）与马来西亚（6.48%）。

从细分的消费品进口占比情况来看，与其他 17 个国家相比，2022 年，中国初级食品饮料（BEC 112)、加工食品饮料（BEC 122）进口占比相对较高，而非工业用的运输设备（BEC 522)、耐用消费品（BEC 61)、半耐用消费品（BEC 62）以及非耐用消费品（BEC 63）进口占比相对较低。通过数据对比发现，中国初级食品饮料（BEC 112）进口占比居第 9 位；加工食品饮料（BEC 122）进口占比居第 11 位；非工业用的运输设备（BEC 522）进口占比仅高于 1998 年的韩国和 2011 年的白俄罗斯，居第 16 位；耐用消费品（BEC 61）进口占比仅高于 1998 年的韩国，居第 17 位；半耐用消费品（BEC 62）进口占比居第 18 位；非耐用消费品（BEC 63）进口占比仅高于 1998 年的韩国和 2006 年的马来西亚，居第 16 位。以上结果说明，与不同时期具有相似经济发展水平的国家相比，中国目前的消费品进口占比处于较低水平。

---

① 指标选取参考：中国社会科学院工业经济研究所课题组．“十四五”时期中国工业发展战略研究［J］．中国工业经济，2020（2）：5-24.

② 由于在各国际数据库中仅能够得到 1995 年及以后的消费品进口数据，因此，本研究仅匹配 1995 年及以后与当前中国具有相似经济发展程度的国家。为了方便比较，本节对人均 GDP 取整。

表 5-7　2022 年的中国与发展阶段相似国家的消费品进口占比　(%)

序号	年份	国家	消费品进口占比	BEC 112	BEC 122	BEC 522	BEC 61	BEC 62	BEC 63
1	2006	巴拿马	55. 73	0. 36	4. 54	0. 44	9. 93	25. 69	14. 77
2	2004	俄罗斯	25. 26	3. 35	8. 38	0. 17	3. 14	2. 92	7. 30
3	2004	拉脱维亚	23. 32	1. 89	6. 16	0. 19	3. 16	4. 13	7. 80
4	2006	哈萨克斯坦	19. 55	1. 16	8. 04	0. 06	1. 67	2. 31	6. 31
5	2000	爱沙尼亚	17. 77	1. 16	5. 07	0. 2	2. 41	4. 09	4. 84
6	2003	立陶宛	17. 42	1. 66	4. 31	0. 11	2. 61	2. 83	5. 91
7	2013	保加利亚	16. 83	0. 95	4. 66	0. 08	2. 44	2. 99	5. 70
8	2005	智利	16. 00	0. 37	3. 06	0. 23	2. 61	5. 71	4. 02
9	2006	罗马尼亚	15. 16	0. 66	2. 83	0. 07	2. 19	3. 68	5. 72
10	2004	波兰	14. 61	1. 22	2. 26	0. 12	2. 22	3. 36	5. 43
11	1999	匈牙利	14. 11	0. 35	1. 17	0. 07	2. 51	5. 3	4. 70
12	2003	斯洛伐克	13. 56	0. 72	2. 46	0. 08	1. 80	3. 76	4. 73
13	2004	阿根廷	11. 45	0. 46	1. 21	0. 22	2. 28	2. 81	4. 47
14	2011	白俄罗斯	8. 57	0. 98	2. 89	0. 03	0. 91	1. 25	2. 50
15	2005	土耳其	7. 68	0. 23	0. 55	0. 25	1. 57	2. 15	2. 92
16	2022	中国	7. 08	0. 89	2. 47	0. 06	0. 60	1. 09	1. 98
17	2006	马来西亚	6. 48	0. 78	1. 38	0. 08	1. 06	1. 52	1. 67
18	1998	韩国	4. 97	0. 41	1. 59	0. 02	0. 51	1. 51	0. 94

数据来源：根据 UN Comtrade 公布数据整理计算所得。

从消费品进口结构来看，表 5-8 是计算的各类消费品进口在总消费品进口中的占比，即消费品进口结构，以便比较中国及其他各国消费品进口结构差异。结果如表 5-8 所示，中国初级食品饮料（BEC 112，12. 57%）、加工食品饮料（BEC 122，34. 89%）进口在全部消费品进口中的比重明显高于其他大部分国家。耐用消费品（BEC 61，8. 47%）、半耐用消费品（BEC 62，15. 40%）以及非耐用消费品（BEC 63，27. 97%）进口占比则显著低于其他大部分国家。具体来看，中国初级食品饮料（BEC 112）进口在全部消费品进口中的比重位居第 2，仅低于 2004 年的俄罗斯；加工食品饮料（BEC 122）进口在全部消费品进口中的比重位居第 2，仅低于 2006 年的哈萨克斯坦；非工业用的运输设备（BEC 522）进口在全部消费品进口中的占比居第 6 位；耐用消费品（BEC 61）进口在全部消费品进口中的比重居第 18 位，即倒数第 1 位；半耐用消费品

（BEC 62）进口在全部消费品进口中的比重居第 15 位①；非耐用消费品（BEC 63）进口在全部消费品进口中的比重居第 13 位②。

表 5-8　2022 年的中国与发展阶段相似国家的消费品进口结构　（%）

序号	年份	国家	消费品合计	BEC 112	BEC 122	BEC 522	BEC 61	BEC 62	BEC 63
1	2006	巴拿马	100	0.65	8.15	0.79	17.82	46.10	26.50
2	2004	俄罗斯	100	13.26	33.17	0.67	12.43	11.56	28.90
3	2004	拉脱维亚	100	8.10	26.42	0.81	13.55	17.71	33.45
4	2006	哈萨克斯坦	100	5.93	41.13	0.31	8.54	11.82	32.28
5	2000	爱沙尼亚	100	6.53	28.53	1.13	13.56	23.02	27.24
6	2003	立陶宛	100	9.53	24.74	0.63	14.98	16.25	33.93
7	2013	保加利亚	100	5.64	27.69	0.48	14.50	17.77	33.87
8	2005	智利	100	2.31	19.13	1.44	16.31	35.69	25.13
9	2006	罗马尼亚	100	4.35	18.67	0.46	14.45	24.27	37.73
10	2004	波兰	100	8.35	15.47	0.82	15.20	23.00	37.17
11	1999	匈牙利	100	2.48	8.29	0.50	17.79	37.56	33.31
12	2003	斯洛伐克	100	5.31	18.14	0.59	13.27	27.73	34.88
13	2004	阿根廷	100	4.02	10.57	1.92	19.91	24.54	39.04
14	2011	白俄罗斯	100	11.44	33.72	0.35	10.62	14.59	29.17
15	2005	土耳其	100	2.99	7.16	3.26	20.44	27.99	38.02
16	2022	中国	100	12.57	34.89	0.85	8.47	15.40	27.97
17	2006	马来西亚	100	12.04	21.30	1.23	16.36	23.46	25.77
18	1998	韩国	100	8.26	31.94	0.33	10.22	30.29	18.96

数据来源：根据 UN Comtrade 数据整理计算。

2. 2022 年的中国与 1998 年主要发达国家的比较

本节将 1998 年③的美国、日本、英国等 10 个主要国家与 2022 年中国的消费品进口占比进行了比较。结果如表 5-9 所示。从消费品进口整体占比来看，1998 年，发达国家消费品进口占比均值达到了 19.58%。与 1998 年主要发达国家相比，2022 年的中国消费品进口占比仍处于较低水平。从占比的绝对值来看，仅高于 1998 年的韩国

① 仅高于 2006 年的哈萨克斯坦、2004 年的俄罗斯以及 2011 年的白俄罗斯。

② 仅高于 2000 年的爱沙尼亚、2006 年的马来西亚、2005 年的智利、2006 年的巴拿马以及 1998 年的韩国。

③ 选择 1998 年的原因是，新版 UN Comtrade 数据库提供的基于 BEC 分类的数据库，在 1998 年开始才有大规模的明确分类统计数据。

(4.97%)，远低于其他发达国家。这说明，与发达国家相比，中国消费品进口占比有较大的提升空间。

从各类消费品进口占比来看，2022年中国各类消费品进口占比低于1998年大部分主要发达国家水平。具体而言，包括2022年中国在内的全部11个国家中，中国初级食品饮料（BEC 112）进口占比居第9位，仅高于1998年的韩国和澳大利亚；加工食品饮料（BEC 122）进口占比居第9位，仅高于1998年的美国和韩国；非工业用的运输设备（BEC 522）进口占比居第10位，仅高于1998年的韩国；耐用消费品（BEC 61）进口占比居第10位，仅高于1998年的韩国；半耐用消费品（BEC 62）进口占比居第11位，即最后一位；非耐用消费品（BEC 63）进口占比居第10位，仅高于1998年的韩国。以上结果表明，与1998年的主要发达国家相比，2022年中国消费品进口占比和各类消费品进口占比均相对落后。

表5-9 2022年中国与1998年主要发达国家消费品进口占比 (%)

序号	国家	消费品进口占比	BEC 112	BEC 122	BEC 522	BEC 61	BEC 62	BEC 63
1	日本	26.37	3.57	7.06	0.20	2.97	8.97	3.60
2	法国	23.23	2.23	4.64	0.48	3.29	6.94	5.65
3	英国	23.15	2.00	5.24	0.33	3.66	7.40	4.52
4	美国	22.41	1.32	2.26	0.36	4.22	11.10	3.15
5	葡萄牙	21.29	3.22	4.47	0.40	2.97	5.21	5.02
6	澳大利亚	20.90	0.72	2.89	0.74	4.46	6.45	5.63
7	西班牙	19.58	2.95	4.27	0.51	2.79	4.75	4.30
8	意大利	18.27	2.13	4.24	0.47	2.04	5.23	4.15
9	加拿大	15.69	1.49	2.75	0.49	2.37	4.51	4.08
10	中国	7.08	0.89	2.47	0.06	0.60	1.09	1.98
11	韩国	4.97	0.41	1.59	0.02	0.51	1.51	0.94

数据来源：根据UN Comtrade公布数据整理计算所得。

二、横向比较

1.2022年的中国与同时期不同国家的比较

本节选取两类国家作为中国的比较对象，一类依据世界银行WDI数据库中按PPP衡量的人均GDP（2017年不变价国际元），选取与中国具有相似发展水平的10个国家；另一类选取新兴经济体——金砖五国，作为研究比较对象。在与第一类国家的比较中，中国消费品进口占比居第10位。与金砖五国的比较显示，中国消费品进口占比居第4位，仅高于印度。这说明，从横向视角出发进行国际比较，中国消费品进口占比依然偏低。

按PPP衡量的人均GDP（2017年不变价国际元），2022年中国人均GDP为18188国际元，同期与中国经济发展程度相近的国家有12个：亚美尼亚（16042国际元）、波斯尼亚和黑塞哥维那（16703国际元）、多米尼加（19338国际元）、格鲁吉亚（17034国际元）、墨西哥（19547国际元）、北马其顿（17128国际元）、塞尔维亚（20497国际元）、泰国（17507国际元）、哥伦比亚（15651国际元）、哥斯达黎加（21987国际元）、伊朗（15308国际元）、阿尔巴尼亚（15501国际元）。其中，多米尼加和伊朗的消费品进口数据缺失，因此，本节实际选取10个与中国具有相似发展水平的国家，整理并计算了这些国家消费品进口占比及各子类消费品进口占比数值，具体见表5-10。

表5-10　2022年中国与经济发展程度相近国家的消费品进口占比　（%）

序号	国家	消费品进口占比	BEC 112	BEC 122	BEC 522	BEC 61	BEC 62	BEC 63
1	格鲁吉亚	23.93	1.38	7.24	0.17	2.90	4.78	7.46
2	哥斯达黎加	23.34	0.94	6.16	0.54	2.26	4.77	8.67
3	波斯尼亚和黑塞哥维那	22.73	1.51	8.19	0.11	2.33	4.86	5.74
4	亚美尼亚	22.11	2.15	6.85	0.11	3.58	4.50	4.93
5	塞尔维亚	15.27	1.35	3.81	0.08	1.53	3.04	5.46
6	哥伦比亚	15.21	0.73	3.90	0.39	1.88	2.86	5.45
7	北马其顿	14.16	0.93	5.63	0.14	1.47	2.54	3.44
8	泰国	10.07	1.23	2.71	0.18	1.38	2.33	2.24
9	墨西哥	9.39	0.44	2.09	0.10	1.08	3.70	1.98
10	中国	7.08	0.89	2.47	0.06	0.60	1.09	1.98
11	阿尔巴尼亚	5.37	0.13	1.13	0.00	0.32	2.39	1.41

数据来源：根据UN Comtrade公布数据整理计算所得。

从消费品进口占比来看，与同期经济发展程度相似的国家相比，中国消费品进口占比位居倒数第2，高于倒数第1位的阿尔巴尼亚（5.37%）1.71%，分别低于倒数第3位的墨西哥（9.39%）和倒数第4位的泰国（15.27%）2.31%和2.99%。这说明，在与同时期经济发展程度相似的国家的比较中，中国消费品进口比重明显偏低，存在较大的上升空间。

从各类消费品进口占比来看，中国各类消费品进口都处于相对落后水平。其中，在全部 11 个国家中，中国的初级食品饮料（BEC 112）、加工食品饮料（BEC 122）、非工业用的运输设备（BEC 522）、耐用消费品（BEC 61）、半耐用消费品（BEC 62）以及非耐用消费品（BEC 63）进口占比分别居第 8 位、第 9 位、第 10 位、第 10 位、第 11 位和第 10 位。总的来看，无论是从消费品进口占比角度，还是从各类消费品进口占比角度，与同时期发展程度相似的国家相比，中国消费品进口占比都处于相对落后水平。

由于金砖国家是新兴经济体，人口和国土面积在全球占有重要份额，并且是世界经济增长的主要动力之一，因此，本节选取其他四个金砖国家作为中国的国际比较对象。根据世界银行 WDI 数据库中的数据，2022 年，金砖五国按 PPP 衡量的人均 GDP（2017 年不变价国际元）分别是，印度 7096 国际元、巴西 15093 国际元、俄罗斯 27584 国际元、南非 13470 国际元、中国 18188 国际元。

表 5-11 结果显示，在 5 个金砖国家中，中国消费品进口占比仅高于印度，居于第 4 位。再次说明了中国消费品进口占比偏低这一现象。

从各类消费品进口占比视角看，中国各类消费品进口占比在金砖国家中亦处于相对落后水平。在所列的 5 个金砖国家中，中国初级食品饮料（BEC 112）进口占比高于巴西和南非，居第 3 位；加工食品饮料（BEC 122）进口占比高于巴西和印度，居第 3 位；其他四类消费品的进口占比均只高于印度，居第 4 位。总而言之，与其他金砖国家相比，中国无论是总消费品进口占比还是各类消费品进口占比，都处于偏低状态。

表 5-11　2022 年中国与金砖国家消费品进口占比　（%）

序号	国家	消费品进口占比	BEC 112	BEC 122	BEC 522	BEC 61	BEC 62	BEC 63
1	俄罗斯	25. 32	3. 39	5. 40	0. 21	2. 77	5. 95	7. 61
2	南非	16. 77	0. 59	4. 11	0. 18	1. 44	5. 17	5. 28
3	巴西	9. 77	0. 73	1. 80	0. 12	0. 87	1. 82	4. 43
4	中国	7. 08	0. 89	2. 47	0. 06	0. 60	1. 09	1. 98
5	印度	3. 30	0. 99	0. 28	0. 02	0. 53	0. 74	0. 75

数据来源：根据 UN Comtrade 公布数据整理计算所得。

注：截至本书成搞之时，UN Comtrade 缺少俄罗斯和南非 2021 年、2022 年消费品进口数据，用两国 2020 年数据代替。

2. 2022 年的中国与同期发达国家的横向比较

本节选取美国、日本、法国、澳大利亚、韩国、意大利、西班牙、葡萄牙和英国等9个主要发达国家作为中国的国际比较对象，比较了2022年中国与同时期发达国家的消费品进口占比情况。通过表5-12的数据可以发现，2022年，中国消费品进口占比低于所有9个发达国家，与发达国家相比具有很大的差距，发达国家消费品进口占比均值为19.23%，约为中国（7.08%）的3倍。与中国较为接近的、排名倒数第2的韩国（10.04%），消费品进口占比也仍高出中国约3%。

从各类消费品进口占比看，中国除了初级食品饮料（BEC 112）进口占比高于韩国和澳大利亚、非耐用消费品（BEC 63）进口占比高于韩国，其他四类消费品进口占比均居10个国家中最后一位。可见，2022年，与发达国家相比，中国消费品进口占比还存在较大差距。

表5-12 2022年中国及主要发达国家消费品进口占比（%）

序号	国家	消费品进口占比	BEC 112	BEC 122	BEC 522	BEC 61	BEC 62	BEC 63
1	澳大利亚	22.01	0.46	4.18	0.83	4.39	6.42	5.72
2	法国	21.74	1.71	4.92	0.46	3.28	6.57	4.80
3	美国	21.45	1.34	3.68	0.46	3.89	7.05	5.05
4	英国	21.04	1.53	5.43	0.31	3.24	5.36	5.17
5	葡萄牙	20.74	2.43	5.84	0.32	2.07	5.11	4.97
6	西班牙	19.99	1.61	3.65	0.41	2.03	6.82	5.47
7	日本	19.40	0.92	4.72	0.26	2.91	5.79	4.77
8	意大利	16.69	1.20	3.37	0.33	1.89	5.18	4.73
9	韩国	10.04	0.53	2.76	0.13	1.25	3.59	1.76
10	中国	7.08	0.89	2.47	0.06	0.60	1.09	1.98

数据来源：根据UN Comtrade公布数据整理计算所得。
注：截至本书成稿之时，UN Comtrade暂未更新日本2022年消费品进口数据，用2021年数据代替。

从消费品进口结构视角来看，表5-13是计算的2022年中国及主要发达国家的各类消费品进口占总消费品进口的比重。通过比较可以发现，发达国家进口较多的消费品种类是半耐用消费品（BEC 62）和非耐用消费品（BEC 63），而中国主要进口的是加工食品饮料（BEC 122）和非耐用消费品（BEC 63），表明当前中国消费品进口结构与发达国家存在差异。即使是与消费品进口占比差距较小的韩国相比，中国加工食品饮料（BEC 122）进口占比较高、耐用消费品（BEC 61）和半耐用消费品（BEC 62）进口占比较低的现象也十分突出。因此，进一步完善消费品进口结构也是提高中国消费品进口占比的要务之一。

表 5-13 2022 年中国及主要发达国家各类消费品进口结构 (%)

序号	国家	消费品进口总计	BEC 112	BEC 122	BEC 522	BEC 61	BEC 62	BEC 63
1	澳大利亚	100	2.09	19.01	3.79	19.94	29.16	26.01
2	法国	100	7.85	22.62	2.12	15.10	30.23	22.08
3	美国	100	6.23	17.13	2.15	18.11	32.84	23.53
4	英国	100	7.27	25.81	1.47	15.39	25.49	24.57
5	葡萄牙	100	11.72	28.15	1.54	10.00	24.64	23.96
6	西班牙	100	8.07	18.26	2.05	10.14	34.11	27.38
7	日本	100	4.73	24.31	1.33	15.17	29.85	24.61
8	意大利	100	7.16	20.22	1.99	11.29	31.03	28.31
9	韩国	100	5.32	27.50	1.34	12.49	35.78	17.57
10	中国	100	12.57	34.89	0.85	8.47	15.40	27.97

数据来源：根据 UN Comtrade 公布数据整理计算所得。

三、中国与主要国家历年发展趋势的比较

表 5-14 列出了美国、日本、英国等 10 个主要发达国家及中国 1998—2022 年消费品进口占比数据。通过对比发现，大多数国家消费品进口占比呈现出震荡上升的趋势。在观测期内，受疫情影响，2020 年之后，各国消费品进口占比略有下降，到 2022 年，多数国家的消费品进口占比已跌至近 5 年的最低水平。1998—2022 年，10 个发达国家消费品进口占比平均下降了 0.4%，除澳大利亚、加拿大、西班牙和韩国外，其他发达国家消费品进口占比均有小幅下滑。中国消费品进口占比上升了 3%，呈现出“U”形发展趋势。通过观察发现，中国近十年对消费品进口的需求上升较为明显，中国消费品进口占比于 2011 年开始显著提升，2020 年消费品进口占比同比上升了 4.44%，而主要发达国家 2020 年消费品进口占比同比上升了 2.96%，说明目前中国消费品进口需求正以较快的速度逐步释放。

表 5-14 中国与部分发达国家历年消费品进口占比 (%)

年份	法国	澳大利亚	葡萄牙	英国	西班牙	意大利	美国	日本	韩国	中国	加拿大
1998	23.23	20.90	21.29	23.15	19.58	18.27	22.41	26.37	4.97	4.08	15.69
1999	23.28	20.94	22.00	23.53	19.32	18.75	21.83	26.83	6.04	4.34	15.57
2000	21.17	21.18	20.49	22.32	18.16	16.98	20.20	24.43	6.38	3.89	15.10
2001	22.47	22.16	21.70	24.38	19.94	18.20	21.96	25.82	8.10	3.85	16.92

续表

年份	法国	澳大利亚	葡萄牙	英国	西班牙	意大利	美国	日本	韩国	中国	加拿大
2002	23.92	22.61	23.33	26.76	21.09	19.36	23.74	25.88	9.37	3.64	18.00
2003	24.44	22.89	24.02	27.22	21.89	20.08	23.92	24.58	8.82	3.44	18.80
2004	23.74	23.73	19.65	26.98	21.11	19.82	22.53	23.17	7.60	3.22	18.42
2005	23.12	23.06	22.45	26.58	21.23	19.57	21.52	21.58	7.55	3.29	18.18
2006	22.37	22.40	22.81	24.72	20.48	18.77	21.26	19.46	7.70	3.30	18.70
2007	22.71	22.60	22.55	26.06	20.22	18.72	21.83	18.76	8.02	3.52	19.71
2008	22.39	20.82	22.10	25.36	20.59	18.37	20.24	16.65	6.84	3.43	19.64
2009	26.48	23.87	27.03	24.95	26.04	22.70	24.12	22.78	7.78	3.80	23.03
2010	24.56	22.93	25.12	26.22	24.86	20.50	22.29	20.40	7.39	3.57	20.92
2011	22.90	21.51	24.17	25.05	22.64	19.77	20.37	19.49	7.45	3.85	19.41
2012	23.12	20.62	23.88	23.77	22.63	20.17	20.27	19.68	7.46	4.35	19.45
2013	23.80	22.15	24.21	25.89	22.68	21.11	20.95	19.51	8.00	4.62	19.95
2014	24.88	23.00	24.67	26.88	23.30	22.26	21.37	19.29	8.78	5.02	19.98
2015	26.01	24.60	25.96	28.5	25.24	23.23	23.78	23.73	10.86	6.14	20.84
2016	26.60	26.02	26.90	26.21	26.40	24.05	24.24	24.80	12.43	6.67	21.22
2017	24.48	22.00	23.89	24.57	23.09	21.68	21.5	21.31	10.46	5.71	—
2018	24.23	22.16	23.08	24.18	21.66	20.83	21.29	20.06	10.59	5.91	—
2019	24.83	23.30	22.94	23.19	22.50	21.87	22.03	20.93	11.51	7.27	—
2020	27.27	25.80	25.43	25.07	24.59	23.78	23.27	22.86	12.27	8.29	—
2021	—	23.62	22.38	—	—	—	—	19.40	11.03	7.48	—
2022	21.74	22.01	20.74	21.04	19.99	16.69	21.45	—	10.04	7.08	—

数据来源：根据 UN Comtrade 公布数据整理计算所得。

表 5-15 列出了金砖国家及墨西哥 1998—2022 年消费品进口占比数据。由表 5-15 可知，印度消费品进口占比整体稳定在 4%左右；巴西消费品进口占比先下降后上升，之后趋于稳定，2021 年消费品进口占比下降至 9.77%；墨西哥则出现了占比下降的现象，由 1998 年的 12.50%下降至 2020 年的 9.39%；南非与中国具有相似的消费品进口发展趋势，但整体占比远高于中国，近 6 年稳定在 15%左右；俄罗斯消费品进口占比在 25%上下波动，在观测期内并没有明显的上升趋势。

总的来看，通过 1998—2022 年中国与各国的比较可以发现，无论是与美国、日本等发达国家相比，还是与其他金砖国家、墨西哥等发展中国家相比，中国消费品进口占比在历年都处于较低水平，与经济发展水平不相适应。因此，有必要采取措施，释放国内对进口消费品的需求，进一步提升中国消费品进口在总进口额中的比重。

表 5-15　中国与主要发展中国家历年消费品进口占比　(%)

年份	俄罗斯	南非	巴西	墨西哥	中国	印度
1998	25.94	—	11.96	12.50	4.08	4.59
1999	20.38	—	10.10	11.64	4.34	3.85
2000	21.21	12.04	7.93	10.83	3.89	3.31
2001	25.28	11.53	7.48	11.88	3.85	4.03
2002	26.81	11.21	8.15	12.47	3.64	4.19
2003	26.78	11.81	7.90	12.5	3.44	3.79
2004	25.26	12.30	7.74	11.38	3.22	3.24
2005	25.77	13.15	7.89	11.14	3.29	3.12
2006	24.79	12.82	8.22	10.96	3.30	3.19
2007	23.71	12.19	8.49	10.34	3.52	3.48
2008	23.06	11.35	7.79	10.46	3.43	2.96
2009	29.39	14.43	10.24	11.67	3.80	4.01
2010	28.34	14.78	9.76	10.71	3.57	3.41
2011	24.89	13.93	9.67	9.92	3.85	3.28
2012	26.58	14.40	10.44	9.72	4.35	4.23
2013	27.93	14.14	10.48	10.06	4.62	3.60
2014	27.62	13.48	10.94	10.03	5.02	3.96
2015	26.94	15.12	12.39	10.12	6.14	5.16
2016	24.43	15.86	13.03	9.82	6.67	5.60
2017	22.50	15.10	11.93	9.43	5.71	5.00
2018	24.39	14.68	10.92	9.06	5.91	3.99
2019	25.32	14.82	11.23	9.56	7.27	4.17
2020	24.69	16.77	11.87	9.39	8.29	4.63
2021	—	—	9.77	—	7.48	—
2022	—	—	—	—	7.08	3.30

数据来源：根据 UN Comtrade 公布数据整理计算所得。

第四节 中国消费品进口占比偏低的原因

一、部分消费品的进口关税税率较高，阻碍了部分消费品的进口

本节根据 WTO Tariff Download Facility 数据库提供的各国关税数据①，整理了中国、美国、日本、韩国、欧盟、巴西、印度、墨西哥、南非等国 2022 年 HS 六位码产品的平均关税，并根据联合国贸易统计司的代码转换表，将 2022 版的 HS 六位码产品转换为 BEC 代码，以 BEC 112、BEC 122、BEC 522、BEC 61、BEC 62 和 BEC 63 识别消费品②，计算六类消费品的平均进口关税③。从表 5-16 可以看出，2022 年，将中国与同期其他经济体进行比较可以发现，中国非工业用的运输设备（BEC 522）进口平均关税为 17.70%，高于大多数其他经济体，仅低于印度该类产品平均进口关税水平（45.31%）。因此，可以认为，非工业用的运输设备进口关税较高是阻碍该类消费品进口的原因之一。中国初级食品饮料（BEC 112）进口平均关税达到 11.94%，高于欧盟、巴西、美国、南非以及日本，仍有下调的空间。从其他类别消费品进口视角看，在经过 2018 年与 2019 年大规模消费品降税之后，中国加工食品饮料（BEC 122）、耐用消费品（BEC 61）、半耐用消费品（BEC 62）和非耐用消费品（BEC 63）进口关税已经处于中游偏下水平，并不是阻碍这三类消费品进口的主要原因。

进一步分析，从 HS 六位码的细分产品视角看，与欧盟及美国相比，中国部分消费品关税仍处于较高水平，有进一步降低的空间。具体地，2022 年，在初级食品饮料（BEC 112）中，部分新鲜水果、干果以及坚果等商品（25%~30%），以及香料（15%~20%）的进口关税较高，远高于欧盟和美国关税水平；在加工食品饮料（BEC 122）中，部分加工谷物、蔗糖、葡萄酒以及其他果酒、人造黄油以及加工冷冻的猪牛肉等商品关税较高（20%~65%）；在非工业用的运输设备（BEC 522）中，大部分商品的进口关税均高于欧盟及美国，其中，摩托车、雪地车以及房车等关税水平较高（10%~45%），与欧盟和美国（0~2.4%）的差距较大；在耐用消费品（BEC 61）中，部分家用电器

---

① 本节涉及的关税税率均是指最惠国进口税率（MFN）。

② 根据 BEC 与 HS 编码的转换结果，BEC 112 对应 234 个 HS 六位码产品、BEC 122 对应 392 个 HS 六位码产品、BEC 522 对应 20 个 HS 六位码产品、BEC 61 对应 160 个 HS 六位码产品、BEC 62 对应 384 个 HS 六位码产品、BEC 63 对应 228 个 HS 六位码产品。

③ 本节取算术平均值。

(冰箱、电磁炉等)、表类（手表、怀表、钟表等）、电子乐器以及电影设备等的关税水平（7%~15%）高于欧盟和美国（2.0%~4.7%）；半耐用消费品（BEC 62）的关税水平与欧盟及美国相差不大，但部分皮革服饰（毛皮服装、服装配件等）的进口关税仍然较高（10%左右）；在非耐用消费品（BEC 63）中，部分橡胶制品（橡胶床垫、坐垫等）进口关税（10%~18%）以及笔类（铅笔、蜡笔等）进口关税（6%~12%）仍高于欧盟及美国，存在一定的调整空间。

表 5-16　2022 年主要国家及地区消费品平均进口关税　（%）

序号	国家（或地区）	消费品平均进口关税	BEC 112	BEC 122	BEC 522	BEC 61	BEC 62	BEC 63
1	印度	28. 54	35. 74	39. 55	45. 31	16. 89	19. 95	18. 28
2	韩国	20. 94	43. 59	31. 81	6. 96	6. 52	10. 47	9. 04
3	巴西	15. 97	7. 52	10. 24	12. 61	16. 72	25. 49	18. 48
4	墨西哥	13. 43	14. 73	16. 85	10. 53	8. 21	16. 60	13. 68
5	南非	12. 22	4. 65	10. 47	3. 13	9. 51	27. 36	18. 21
6	中国	9. 04	11. 94	10. 83	17. 70	6. 60	7. 05	6. 96
7	欧盟	7. 94	7. 57	11. 73	4. 01	3. 18	8. 28	6. 28
8	日本	6. 33	6. 12	10. 19	0. 00	1. 52	7. 13	3. 21
9	美国	5. 39	2. 63	3. 95	1. 25	2. 00	8. 20	7. 53

数据来源：根据 WTO Tariff Download Facility 数据库的数据整理计算。

注：截至本书成稿之时，Tariff Download Facility 数据库未提供 2021 年、2022 年墨西哥、南非的关税数据，用 2020 年的数据代替。

二、最终消费支出占 GDP 比重偏低，抑制了对进口消费品的需求

中国最终消费支出占比仍远低于同期其他主要国家和世界平均水平。根据 UN Comtrade 及世界银行 WDI 提供的数据，本节整理并计算了中国及其他主要国家消费支出占 GDP 的比重和消费品进口占比（见表 5-17）。通过对比发现，除了印度之外，最终消费支出占 GDP 比重越高的国家，消费品进口占比往往越大。2022 年，世界平均最终消费支出占比为 79. 29%，平均消费品进口占比为 12. 97%；而 2021 年中国平均消费支出占比为 53. 92%，消费品进口占比仅为 7. 48%。

表 5-17　中国及主要国家最终消费支出占比及消费品进口占比　（%）

序号	国家（或地区）	年份	最终消费支出占 GDP 比重	消费品进口占比
1	世界平均	2022	79.29	12.97
2	英国	2022	82.98	21.04
3	美国	2021	82.59	21.45
4	南非	2020	81.32	16.77
5	巴西	2021	79.63	9.77
6	墨西哥	2020	77.09	9.39
7	日本	2021	74.94	19.40
8	印度	2022	72.30	3.30
9	韩国	2022	64.30	10.04
10	中国	2021	53.92	7.48

数据来源：根据 UN Comtrade 及世界银行 WDI 公布数据整理计算所得。

此外，我们还计算了部分国家 1998—2022 年的最终消费支出占比和消费品进口占比情况，比较后发现，在此期间，大多数国家的最终消费支出占比和消费品进口占比呈现出高度正相关关系。中国低消费、高储蓄的社会发展特点是消费支出相对较小现象的原因，也是消费品进口占比相对较低的原因之一。因此，提高最终消费支出占比、刺激消费、扩大内需是提高消费品进口占比的重要举措。

三、消费品境外消费数额庞大，挤占了国内对进口消费品的需求

消费品境外消费是国内居民购买外国商品的重要途径。《2019 中国人出境旅游消费报告》显示，中国出境旅游人数和消费额持续多年稳居世界第一且屡创新高①。中国商务部数据显示，早在 2014 年中国境外消费已经超过 1 万亿元。2018 年，中国游客境外消费已经达到 2773 亿美元，是排名第二的美国（1444 亿美元）的 2 倍左右②。受疫情冲击，2020 年中国旅行服务进口同比下降 47.7%③，海南免税店销售额增长 1.27 倍，部分中高端品牌销售额增长 30%以上④。2020 年，海南离岛免税购物全年销售额达到

① 赵新泉，卫平东，刘文革．新时期主动扩大进口的理论机制及政策建议［J］．国际贸易，2020（7）：47-54.

② 世界旅游城市联合会（WTCF），益普索．中国公民出境（城市）旅游消费市场调查报告（2017—2018）［J］．新营销，2018（5）：30-32.

③ 数据源于中华人民共和国商务部商务数据中心（http：//data.mofcom.gov.cn/fwmy/overtheyears.shtml）。

④ 数据源于商务部消费促进司。

300亿元。2021年前三季度，海南离岛免税销售额同比增长118%；免税购买人数730.34万人次，同比增长116%；免税购物件数3810.94万件，同比增长96%①。进口渠道不断拓宽，免税购物政策不断完善，中国境外消费加速回流，消费品进口增幅加大②。

长期以来，境外消费量大是中国消费品进口占比相对较低的另一个重要原因。中国巨大的境外消费量，一方面体现出了我国对国外消费品的强烈需求，另一方面也体现出了当前消费品进口渠道不畅等问题，导致境外消费挤占国内进口消费，进而表现为总体消费品进口规模和占比较低。因此，疏通进口商品的国内销售渠道、将境外消费向境内消费转移，是提高消费品进口占比的重要路径。目前，国家陆续出台了自贸试验区建设政策、跨境电商相关支持政策、国际消费中心试点城市政策等，为促进境外消费回流提供了前所未有的重要机遇。在政策利好条件下，进一步疏通境外消费回流渠道、刺激进口消费品的国内需求是当前要务之一。

四、进口消费品的流通成本较高，不利于进口产品零售价格的下降

消费品进口的中间成本，尤其是流通成本和销售成本较高，是阻碍消费品进口的重要因素。我国物流保管费用大约是发达国家的2倍，管理费用是其3~4倍；我国物流成本占产品成本的比例在30%~40%，而其他发展中国家为15%~25%，发达国家一般为10%~15%③。相较而言，关税对消费品进口价格的影响有限。2018年，关税在市场零售价格中的占比仅为0.4%~6.5%，进口消费品的高价格很大部分是代理商、分销商层层加价导致的④。从流通组织看，国内产品多级批发、多级零售现象普遍，每增加一个环节，商品平均加价5%~10%⑤。可见，降低关税虽然可以降低进口企业成本，但并不一定能完全反映在进口消费品零售价格上，中间商较高的消费品进口中间加价提高了其利润，但同时也不利于进口产品价格的降低，抑制了对进口消费品的需求。

另外，进口消费品的销售渠道较窄。当前，进口消费品的销售主要通过实体店和跨境电商等渠道进行。进口商品销售实体店较少，进口商品在销售市场中的占比也较

---

① 数据源于海南省统计局（http：//stats. hainan. gov. cn/tjj/xxgk/newxxgk_ index. html）。

② 商务部召开2020年商务工作及运行情况新闻发布会［EB/OL］. 中国政府网，［2021-01-29］. http：//www. gov. cn/xinwen/2021-01/29/content_ 5583641. htm.

③ 人民日报：我国流通成本有多高？每个环节加价5%以上［EB/OL］. 环球网，［2017-06-12］. https：//www. sohu. com/a/148078886_ 162522.

④ 国务院政策例行吹风会：降低日用消费品进口关税有关情况［EB/OL］. 中国网，［2018-06-01］. http：//www. china. com. cn/zhibo/zhuanti/ch-xinwen/2018-06/01/content_ 51563352. htm.

⑤ 人民日报：我国流通成本有多高？每个环节加价5%以上［EB/OL］. 环球网，［2017-06-12］. https：//www. sohu. com/a/148078886_ 162522.

低，导致消费者对进口消费品的了解程度较低。随着互联网技术和跨境电商的发展，进口消费品通过网络平台的方式更多地出现在消费者眼前，但是，相比国内产品，进口消费品的曝光程度依旧不高，出现在大众眼前的机会依旧较少。

第五节　中国扩大消费品进口的必要性

一、中国扩大消费品进口对国内经济的积极影响

1. 扩大消费品进口有利于构建新发展格局

加快构建以国内大循环为主体、国内国际双循环相互促进的新发展格局，是以习近平同志为核心的党中央根据中国新发展阶段、新历史任务、新环境条件作出的重大战略决策。扩大消费品进口对构建新发展格局具有重要的促进作用。具体来看：

第一，扩大消费品进口可以通过促进国内消费升级来促进国内大循环。国内大循环是由生产、分配、交换、消费四个环节组成的，是一个周而复始、不断循环的过程。生产是起点，分配和交换是中间环节，消费是终点，也是新的生产的起点。因为消费的需要，又必须再进行生产、分配和交换。进口消费品是国内消费的重要组成部分，进口消费品也就是新生产的原因之一，因为扩大消费品进口可以通过促进国内消费升级来拉动内需，进而带动国内企业的生产、投资与技术创新，企业的生产、投资与技术创新又会带动国内一系列相关产业的产出、人员的就业，进而又促进了国内消费升级，最终有利于扩大国内大循环的流通规模。

第二，扩大消费品进口有利于增强国内国际双循环的相互促进，主要通过促进国内外市场的畅通联结、国内外产业的融合发展来实现。具体来看，首先，国内通过加快消费品贸易自由化和推动贸易政策衔接国际贸易规则，有利于逐步消除国内消费品市场与国外消费品市场联结的制度性障碍，从而促进国内外市场的畅通联结，进而有利于共享国内外市场的发展机遇，增强国内国际双循环的相互促进。其次，国内扩大消费品进口可以促进国外企业出口的增加，从而促使消费品出口企业在华投资建厂。在全球产业链和全球供应链时代，引进相关外资企业有利于实现我国产业和国外产业相关环节的深度融合，从而将有效保障我国产业链的完整性和供应链的稳定性，进而增强国内国际双循环的相互促进。

2. 扩大消费品进口有利于经济高质量发展

扩大消费品进口对我国经济高质量发展的促进作用主要通过促进我国企业技术升

级、产业结构的调整来实现；与此同时，扩大消费品进口也可以为我国创造更和谐良好的国际政治与经济环境，从而为我国国内的经济高质量发展创造稳定的外部环境。具体来看：

第一，优质消费品进口扩张，不仅可以促进国内的消费升级，还会导致进口竞争效应。这都会激励国内企业扩大投资规模与研发支出，以提高产品质量，应对进口竞争，最终带动国内一批企业加快技术升级。

第二，扩大消费品进口会通过促进我国产业结构的调整来促进经济的高质量发展，消费品进口扩张引致的进口竞争能够淘汰一些低生产率的国内企业，从而有利于优化资源配置，让更多的资源投向更具备比较优势的产业领域，强化我国比较优势产业的发展，最终实现我国产业结构的转型升级。

第三，消费品进口扩张有利于缩小我国的贸易逆差，进而有利于我国同消费品进口来源国建立和谐良好的国际关系，最终为我国国内经济的高质量发展创造稳定的国际环境。

3. 扩大消费品进口有利于促进国内消费升级

在消费规模不断扩大和消费结构不断升级的趋势下，部分消费品高需求和低供给之间的矛盾突出，而扩大这些消费品的进口规模，是破解这一矛盾的重要举措。消费升级表现为消费结构的变化，体现为不同消费品之间的支出转移，即消费支出从生存型消费向享受型和发展型消费转移，而优质进口消费品的消费是享受型和发展型消费的重要组成部分。扩大消费品进口能够通过提供更多消费品种类、提高消费品质量来促进国内消费升级，满足国内居民日益增长的美好生活需要。进口消费品对国内消费升级的促进机制具体表现为：

第一，直接效应。随着我国居民可支配收入的提高和消费意识的觉醒，多种类和高品质成为中国消费者选购消费品的标准，扩大消费品进口符合我国消费品消费需求多元化的基本趋势，可以通过提高享受型和发展型消费支出在消费总支出中的占比来优化居民的消费结构，进而促进消费升级。

第二，间接效应。随着优质消费品进口规模的扩大，国内消费品生产企业的市场份额可能下降，倒逼国内企业通过自身消费品的质量升级来保障或提升自己的市场份额。其结果就是提高了国内市场的整体消费品质量，也就是说，扩大优质消费品进口会通过进口竞争效应激发国内企业的消费品质量升级，从而促进国内消费升级。

4. 扩大消费品进口有利于激发国内消费潜力

扩大消费品进口能够通过影响消费品的供给、需求和购买门槛等方面来激发国内的消费潜力。具体来看：

第一，在消费品的供给端，扩大优质消费品进口，既能优化消费品的供给结构，也能推动国内企业加强品牌建设，进而实现国内供给端的优化升级，共同为国内消费者提供数量更多、质量更好的消费品，为激发消费潜力、释放潜在需求奠定了物质基础。

第二，在消费品的需求端，优质消费品进口在满足已有国内消费需求的同时，通过高端消费品数量和种类的增加、销售企业广告推广的增加，再加上先行消费者的示范效应，可以吸引越来越多的新消费者加入消费队伍。

第三，消费品进口规模的扩张也会使国内、国外消费品供应商之间的竞争强度加大，促使各类消费品供应商进一步降低产品价格。在收入水平保持不变的条件下，高端消费品价格的降低将会导致消费者消费行为升级，购买更多的高端消费品。也就是说，消费品进口为消费升级提供了更好的消费环境。

5. 扩大消费品进口有利于建设贸易强国

扩大消费品进口对我国出口和进口都会产生积极的影响。具体来看：

第一，扩大消费品进口有利于我国出口竞争力的提升、出口强度的增加和出口的稳定发展。首先，消费品进口规模扩张引致的进口竞争会激励国内企业在创新研发上投入更多，这能够提升国内企业的产品质量，进而增强国内企业的出口竞争力。其次，消费品进口规模扩张引致的进口竞争会通过提高企业的生产率而增加企业的出口强度，也就是提高企业出口规模在其总产出中的比重。最后，生产率越高的企业在国际市场上的竞争力也越强，消费品进口规模扩张引致的进口竞争能够降低国内已有出口企业退出出口的概率，增加国内非出口企业新出口的概率，总的来看，进口竞争整体上会扩大国内企业的出口规模，有利于保障我国出口的稳定发展。

第二，扩大消费品进口对我国进口规模的扩张、进口质量的提升和进口产品结构的优化都有积极影响。首先，为了扩大消费品进口，进口企业会深入了解进口消费品的国际市场环境和进口来源地情况，在此过程中，可能会发现其他类型的新消费品，从而进口新消费品，有利于我国进一步扩大进口规模。其次，扩大消费品进口引致的进口竞争能够对我国进口产品进行质量筛选，促使低质量进口产品退出我国市场，同时激励国外企业不断优化出口到我国的消费品质量。这同时也会对国外其他产品的出口企业起到一定的示范效应，从而有利于提高我国进口的整体质量。最后，随着我国消费品进口的扩张，国外其他优质产品的生产企业也会发现向我国出口产品能够获得较高收益，从而吸引国外其他优质产品的生产企业向我国出口自己的产品，优化我国进口产品结构，最终进一步释放我国进口扩张的潜力。

6. 扩大消费品进口有利于提高利用外资的水平

扩大消费品进口有利于进一步提高我国利用外资的规模和质量。具体来看：

第一，随着消费品进口规模的扩大，国外消费品出口企业的在华业务不断增长，再加上我国给予了外资企业许多税收优惠政策和专门配套服务，后期国外消费品出口企业为了进一步扩大在华业务可能会选择在华直接投资建厂，这就有利于我国利用外资规模的扩张。

第二，随着消费品进口扩张引致的进口竞争程度的增强和外资企业数量的增多，外资企业进入我国的难度也会相应增加，只有生产率足够高和产品质量较好的外资企业才能在我国实现业务的扩张，甚至在华直接投资建厂，因此，扩大消费品进口在中长期还有利于我国利用外资质量的提高。

二、中国扩大消费品进口对世界各国经济的积极影响

1. 中国扩大消费品进口有利于世界各国的对外贸易发展

第一，中国扩大消费品进口有利于世界各国出口的稳定发展。近年来，受新冠疫情、地缘政治冲突等多重因素影响，全球贸易增速放缓。从整体来看，凭借超大规模市场优势，中国扩大从世界各国的消费品进口，也就意味着世界各国增加对中国消费品的出口，有助于稳定世界市场的贸易规模。从单个进口来源地来看，进口来源地企业为了生产向中国出口的消费品，也可能会增加中间品进口，进而有助于扩大进口来源国的进口规模，进一步促进世界各国的贸易往来。从企业层面来看，生产率越高的企业在国际市场上的竞争力也越强，中国扩大消费品进口，不仅能降低世界各国已有出口企业退出出口的概率，还能增加世界各国非出口企业出口的概率，进而有力促进世界各国出口规模的稳定发展。

第二，中国扩大消费品进口有利于世界各国的出口产品结构优化。中国扩大消费品进口，只有质量较好、生产率较高的企业才能成为中国的出口商，而随着出口企业所获收入的增加和非出口企业收入份额的进一步降低，出口国各行业的企业结构和行业结构将向高效率调整，这就意味着中国扩大消费品进口有利于世界各国出口产品结构的优化。

第三，中国扩大消费品进口还有利于世界各国的进口质量提升和进口产品结构优化。首先，中国扩大消费品进口将在世界市场上加剧同种消费品之间的竞争，不仅会直接使得低质量的消费品退出世界市场，还会激励世界各国的消费品出口企业不断提升自己消费品的质量，最终有利于世界各国消费品质量的提升。其次，中国扩大消费

品进口会通过世界市场中的竞争效应来促进各国优化出口产品结构，进而促进世界市场上贸易产品结构的优化、世界各国进口产品结构的优化。

2. 中国扩大消费品进口有利于世界各国的投资发展

第一，中国扩大消费品进口有利于稳定世界各国的投资。在新冠疫情、能源危机、通货膨胀高企、国际金融市场动荡等多重风险叠加的严峻国际形势下，全球经济衰退风险增加，各国投资者的收益预期大幅下降，投资信心大幅受挫，严重抑制了世界各国的投资水平。中国扩大消费品进口，向世界市场传递了产品销售扩大的积极信号，有助于提振世界市场信心，提高各国投资者的收益预期，促进世界各国投资的稳定。

第二，中国扩大消费品进口有利于促进世界各国对华投资。首先，中国扩大消费品进口有利于增加出口企业的出口规模和出口收益，为出口企业在华投资建厂提供必要的资金支持。其次，中国扩大消费品进口有利于增进出口企业对中国市场需求信息的了解，降低在华投资的风险，为出口企业在华投资建厂提供必要的信息支持。

第三，中国扩大消费品进口有利于促进世界各国利用外资。中国扩大消费品进口，会增加中国进口企业对进口来源地市场制度、商业环境与需求状况的了解，并与进口来源地消费品的出口企业建立长期稳定的合作关系，进而降低中国企业对外投资的信息壁垒，提高中国企业在进口来源地投资建厂的可能性，有利于促进世界各国利用外资的增加。

3. 中国扩大消费品进口有利于推动世界各国的技术进步

第一，中国扩大消费品进口能够通过规模效应促进世界各国技术进步。中国扩大消费品进口，一方面，会直接增加外国出口企业的销售收入；另一方面，会扩大外国出口企业的生产规模，通过发挥规模经济效应，降低生产成本，提高企业的利润水平。外国出口企业的销售收入增加和利润水平提高，有助于缓解企业融资约束，为企业进行创新研发、提高技术水平提供必要的资金支持，进而有利于推动世界各国的技术进步。

第二，中国扩大消费品进口能够通过竞争效应促进世界各国技术进步。中国扩大消费品进口，特别是扩大优质消费品进口，将在世界各国的消费品出口企业中形成竞争效应，激励出口企业在产品设计、产品生产等多个环节进行研发创新，不断提高产品质量，以增强其品牌在中国市场上的影响力和竞争力，进而逐渐实现出口竞争效应下的技术进步。

第三，中国扩大消费品进口能够通过学习效应促进世界各国技术进步。中国扩大消费品进口，会增加进口来源地企业的出口，促进出口企业在出口过程中实现“干中学”，提高企业生产率和技术水平。此外，中国政府为了扩大消费品进口，举办了进博会、中国国际消费品博览会（简称“消博会”）等一系列国家级展会，有利于世界各国消费品出口企业在交流合作中互相学习、借鉴，提升生产工艺技术，实现技术进步。

4. 中国扩大消费品进口有利于加快人类命运共同体的建设

第一，中国扩大消费品进口有利于缓解世界各国的社会矛盾。中国扩大消费品进口，有利于增加出口企业的销售收入，扩大出口国的就业规模，提高出口企业员工的工资，进而缓解出口国的国内社会矛盾，维持出口国国内的政治、经济和社会稳定，并减少中国与贸易伙伴之间的贸易顺差，降低出口国向中国发起贸易争端或政治争端的概率。根据国际劳工组织发布的《世界就业和社会展望：2022 年趋势》预计数据，2022 年全球失业人数将达 2.07 亿人，高于 2019 年新冠疫情前 1.86 亿人的失业水平。中国扩大消费品进口，可以通过扩大贸易和增加投资等渠道，为进口来源国创造更多的就业岗位，减少失业。

第二，中国扩大消费品进口有利于缓解世界各国的生存矛盾。中国扩大消费品进口，尤其是扩大优质消费品进口，对出口国的技术进步有一定激励作用，有助于出口国企业提高生产效率和资源利用效率，开发新能源和新技术，进而有利于出口国改善生态环境，降低资源过度开发的可能性，缓解全球资源紧缺和污染问题，最终有利于缓解世界各国内部的生存矛盾。

第三，中国扩大消费品进口有利于加深世界各国的交流合作。中国政府为扩大消费品进口举办的进博会、消博会等一系列国家级展会，给世界各国企业创造了交流合作、互相了解的机遇和平台。此外，中国企业扩大消费品进口，有利于与出口企业在长期稳定的合作中进行深度交流，增进两国企业的相互了解，并传播彼此的技术、文化和经营策略，以及民族习俗，进而推动两国企业在合作交流中实现互利共赢。

第六节　中国提高消费品进口占比的政策建议

本章通过横向对比、纵向对比以及历史发展对比，比较了中国与其他国家的消费品进口占比情况，研究发现，中国消费品进口在总进口中的比重偏低。为了进一步扩大消费品进口规模、提高消费品进口占比，本节提出如下建议：

一、进一步降低部分消费品的进口关税水平

在各类消费品的细分产品中，存在部分商品关税过高的情况，特别是非工业用的

运输设备进口关税较高。因此，可以通过继续降低消费品进口关税的方式，激发消费品进口的潜能。具体来看，以下商品的进口关税存在进一步下调的空间：初级食品饮料（BEC 112）中，部分新鲜水果、干果以及坚果，以及香料等；加工食品饮料（BEC 122）中，部分加工谷物、蔗糖、葡萄酒以及其他果酒、人造黄油以及加工冷冻的猪牛肉等商品；非工业用的运输设备（BEC 522）中的大部分商品，特别是摩托车、雪地车以及房车等商品；耐用消费品（BEC 61）中，部分家用电器（冰箱、电磁炉等）、表类（手表、怀表、钟表等）、电子乐器以及电影设备等商品；半耐用消费品（BEC 62）中的部分皮革服饰（毛皮服装、服装配件等）；非耐用消费品（BEC 63）中，部分橡胶制品（橡胶床垫、坐垫等）进口关税以及笔类等商品。

二、加快建设国际消费中心城市

第一，在已设立的上海、北京、广州、天津、重庆 5 个国际消费中心试点城市的基础上，继续扩充国际消费中心试点城市，扩大试点城市对消费品进口的辐射范围和程度。综合考虑城市经济发展水平、居民消费水平以及城市地理位置，南京、武汉、杭州、青岛、长沙、郑州等城市是继续扩充的重点对象。第二，完善国际消费中心试点城市商圈的配套基础设施建设，开通国际知名消费品牌首店及总部服务“绿色通道”，简化审批流程，助力品牌首店或总部落地选址和推广，在国际品牌商店的新品发布及资源对接等方面给予政策支持，打造国际消费品牌全场景体验中心及服务中心，从而加大国际消费中心试点城市对外国知名消费品牌的吸引力度。第三，在国际消费中心城市里设立中小品牌进口消费品展台及综合体验店，进一步促进海外中小品牌产品进入国内市场，推动海外消费品进口的多样化。第四，支持国际品牌在国际消费中心试点城市开展新品首发、首秀、首展等活动，打造集新品发布、展示、交易于一体的生态链。打造国际消费中心城市辐射区域的进口消费品推广平台，如“购物节”、联合会展活动、消费特色园区等；与此同时，建设区域内消费信息共享平台，促进中心商圈与周边商圈、中心城市与周边城市的“互联互通”，推动实现“需求信息共享，物流信息互通”。

三、大力发展跨境电商

第一，推动跨境电商新业态与国际消费中心试点城市的融合，利用电商平台优势，将进口消费品直播带货等新型销售模式引入国际消费中心试点城市，拓宽消费品进口渠道。第二，依据进口消费品的产品质量、产地和成分标准，划分进口消费品在正面清单中的优先级，并根据其变化，动态调整消费品进口正面清单。第三，完善跨境电商售后服务，建立跨境电商快速退换货通道，对存在问题的进口消费品实行“快速确认”“快速取货”“快速退换”的全套流程，在短时间内实现退换货和问题产品清关，提高消费品进口便利化水平。第四，推动国内电商平台与国际品牌合作，开展线上线下同步进行的进口消费品展览活动，从而激发潜在进口消费品需求。第五，扩大跨境电商综合试验区试点范围，推动综合试验区范围试点向中西部城市、低线级城市发展，进一步释放进口消费品的社会需求。第六，逐步推出电商平台垄断的法律法规，禁止电商平台与零售商签署排他性协议，鼓励并支持有良好资质的中小电商平台快速发展，提高跨境电商平台对进口消费品出口企业的议价能力，降低进口消费品的垄断加价。

四、降低进口消费品的国内流通成本

第一，推动国内城市构建以航空运输中心为纽带，集铁路、公路、港口、机场于一体的交通网络，提高多式联运在进口消费品运输渠道中的比重，从而降低消费品在国内的运输成本。第二，加强城市群之间的交通联系，建立中西部连接沿海主要港口的运输通道和西部城市群之间的运输通道，疏通进口消费品的流通渠道，推动进口消费品的流通便利化。第三，优化进口消费品的流通业态，推动实现“进口商—电子商务平台—物流公司”的直接合作，缩减进口消费品的流通、销售环节，从而降低流通环节成本。第四，发挥物流行业协会的力量，整合低效率运输资源，促进流通企业之间的合作与兼并，提高商品运输效率；与此同时，加大政府对流通企业的政策支持，对物流行业减税降费，落实商贸流通业用地政策，减轻流通企业的负担。第五，政府牵头打造商品流通信息交换平台，如物流信息公共服务平台、商品交易公共服务平台等，在平台中增设进口消费品物流信息模块，协调进口商与物流公司之间的关系，并依托大数据技术，对进口消费品的流通情况进行实时监督和推送，防止大型物流企业垄断和封锁物流信息。

五、建设进口贸易促进创新示范区

第一，在当前设立的 43 个进口贸易促进创新试验区的基础上，继续增设进口贸易促进创新示范区①。第二，在示范区内建设国际综合物流园区等公共物流中心，完善示范区内的交通基础设施，提高示范区与区外地区之间的物流一体化程度，依托大数据

① 资料参考：全国增设 29 个国家进口贸易促进创新示范区［EB/OL］. 中国政府网，［2022-11-03］. https：//www. gov. cn/xinwen/ 2022-11/03/content_ 5724195. htm.

技术，打造智慧物流服务平台。第三，给予示范区内中小微消费品进口企业信贷优惠，如融资优惠、关税保函、关税保证保险等多元化金融支持，提高进口信贷中政策性信贷的比重，帮助符合资质的中小进口企业协调担保资源，提高中小微企业在消费品进口中的参与程度。第四，利用“网购保税进口”政策，在示范区内设立“跨境电商保税备货+新零售”的O2O跨境保税线下体验店、跨境电商新模式体验中心等，建设进口商品展销中心、高端消费品发布展示中心等，提升进口消费品的宣传、推广力度。第五，设置示范区内消费品进口企业“白名单”，对名单内的企业施行“低查验率、简化审核材料”等一系列便利化服务。

六、提高最终消费支出占GDP的比重

最终消费支出占GDP比重偏低，抑制了中国对进口消费品的需求，提高收入水平、刺激消费、扩大内需就成为提高我国消费品进口占比的有效措施。2021年，中国社会消费品零售总额440823亿元，最终消费支出占GDP的比重达53.92%。中国的消费支出占GDP比重在2011—2021年平均为53.62%，与发达国家（80%）以及发展中国家（70%以上）平均水平相比仍有较大的差距。居民扩大消费的意愿和政策激励是影响消费增长的重要因素，因此，必须进一步提高居民消费能力，完善消费政策，改善消费环境，开拓更多的消费增长点。扩大消费，既需要民众有钱消费、有意愿消费，又需要地方政府有主观愿望扩大中低收入阶层的消费需求。今后，财政政策、货币政策要更好地围绕扩大内需形成合力，加快推进新型城镇化建设步伐，加强基础设施建设，扩大消费需求的基数和增量，切实提高国内收入水平、提升国内消费需求。

第六章　中国高技术产品进口发展的事实、问题与对策

本章的高技术产品进口仅涉及制造业行业的货物贸易进口，不涉及服务贸易进口。高技术产品进口数据的统计口径来自国家统计局颁布的《高技术产业（制造业）分类（2017）》①，共包括85个研发投入强度相对较高的四位码国民经济行业，涉及6大类行业②。在进行数据统计时，本章首先将2017年版的国民经济行业分类（GB/T 4754—2017）与2002年版的国民经济行业分类（GB/T 4754—2002）进行对应，其次将2002年版的HS六位码产品数据与GB/T 4754—2002的四位码行业进行对应③，最后保留属于高技术产业的85个国民经济行业。通过匹配，本章最终识别出420种HS六位码高技术产品，具体如表6-1所示。

表6-1　高技术产业分类及其对应的产品

6大类行业	85个国民经济行业	420种产品（HS 2002六位码）
医药制造业	化学药品原料药制造、化学药品制剂制造、中成药生产、兽用药品制造、生物药品制造等9个	294140、293331、293711、293790、293962、300510、300610、300660、340700等134种
航空、航天器及设备制造业	飞机制造、航天器及运载火箭制造、航天相关设备制造、航空相关设备制造、其他航空航天器制造、航空航天器修理等6个	840120、880211、880310、880320、841112、841121、880390等21种

① 高技术产业（制造业）分类（2017）［EB/OL］. 国家统计局，［2018-01-04］. http：//www.stats.gov.cn/tjsj/tjbz/201812/t20181218_1640081.html.

② 依据国家统计局发布的《高技术产业（制造业）分类（2017）》，本章将高技术产业划分为医药制造，航空、航天器及设备制造，电子及通信设备制造，计算机及办公设备制造，医疗仪器设备及仪器仪表制造，信息化学品制造6大类行业。

③ BRANDT L，BIESEBORECK J V，WANG L，et al. WTO Accession and Performance of Chinese Manufacturing Firms［J］. American Economic Review，2017（107）：2784-2820.

续表

6大类行业	85个国民经济行业	420种产品（HS 2002六位码）
电子及通信设备制造业	集成电路制造、半导体器件专用设备制造、电子元器件与机电组件设备制造、其他电子专用设备制造、光纤制造、光缆制造、锂离子电池制造、通信系统设备制造、通信终端设备制造、雷达及配套设备制造等35个	850640、850680、850730、852739、854012、854079、854081、854190、854319等97种
计算机及办公设备制造业	计算机整机制造、计算机零部件制造、计算机外围设备制造、工业控制计算机及系统制造、信息安全设备制造、其他计算机制造、复印和胶印设备制造、计算器及货币专用设备制造等8个	844312、847010、847021、847029、847050、847090、847130、847170、847190、847329、847330等22种
医疗仪器设备及仪器仪表制造业	光学仪器制造、医疗诊断监护及治疗设备制造、口腔科用设备及器具制造、医疗实验室及医用消毒设备和器具制造、机械治疗及病房护理设备制造、电工仪器仪表制造、试验机制造、教学专用仪器制造、核子及核辐射测量仪器制造、电子测量仪器制造等25个	901420、901520、901730、901849、901530、901850、901910、902290、902620、902910、903040、903141等116种
信息化学品制造业	文化用信息化学品制造、医学生产用信息化学品制造2个	370210、370239、370252、370120、370191、370790等30种

第一节　世界高技术产品进口发展整体情况

一、世界高技术产品进口规模

自2001年以来，世界高技术产品进口总额总体呈现上升趋势（见表6-2）。2001年，世界高技术产品进口总额为14719亿美元，到2021年增长为48704亿美元，2021年是2001年的3.31倍，年均增长率为6.17%，相对而言，低于世界进口总额的年均增长率（6.51%）。这可能与世界主要国家对高技术产品实施出口管制有关。具体来看，2001—2021年，世界高技术产品进口总额主要经历了两次增长。其中，第一阶段是2001—2008年。世界高技术产品进口额从14719亿美元增长到28556亿美元，2008年是2001年的1.94倍，年均增长率为9.93%。第二阶段是2009—2021年。受金融危机影响，2009年世界高技术产品进口总额相比2008年出现明显下滑，降低了3042亿美元，但2010年之后基本恢复了增长态势。2009年世界高技术产品进口总额为25514亿美元，到2021年增长为48704亿美元，2021年是2009年的1.91倍，年均增长率为

5.54%。相比金融危机前，在金融危机发生后的年份中，世界高技术产品进口总额的增长速度出现明显下滑。

从世界高技术产品进口总额占世界进口总额的比例来看，2001—2021 年，其占比呈现先下降后上升的变化趋势（见表 6-2）。具体来看，2001—2008 年，世界高技术产品进口总额占世界进口总额的比例呈下降趋势，2001 年，这一比例为 24.68%，到 2008 年下降为 18.43%。2009—2021 年，世界高技术产品进口总额占世界进口总额的比例基本呈现波动上升的变化趋势，2009 年，这一比例为 21.55%，到 2021 年增长为 23.15%，基本恢复到了 21 世纪初期的水平。

表 6-2　2001—2021 年世界高技术产品进口情况

年份	世界高技术产品进口总额/亿美元	世界进口总额/亿美元	占世界进口总额的比例/%
2001	14719	59632	24.68
2002	15206	62546	24.31
2003	17573	72673	24.18
2004	21329	89167	23.92
2005	23509	101182	23.23
2006	26643	116200	22.93
2007	26430	132766	19.91
2008	28556	154979	18.43
2009	25514	118420	21.55
2010	30242	145396	20.80
2011	32714	174516	18.75
2012	32730	172144	19.01
2013	35680	178541	19.98
2014	36336	176233	20.62
2015	35953	156700	22.94
2016	36037	152689	23.60
2017	38513	163123	23.61
2018	41360	186677	22.16
2019	40936	181272	22.58
2020	41620	168201	24.74
2021	48704	210358	23.15

数据来源：根据 CEPII BACI 数据库整理计算。

二、世界高技术产品进口的产品结构

从世界高技术进口产品的最终用途结构来看，2001—2021 年，高技术消费品进口占世界高技术产品进口总额的比例为 10.23%~15.95%，高技术中间品进口占世界高技术产品进口总额的比例为 37.48%~47.47%，高技术资本品进口占世界高技术产品进口总额的比例为 40.10%~49.82%。具体来看，2001—2021 年，世界高技术消费品、中间品、资本品的进口规模总体上均呈现上升趋势。其中，世界高技术消费品进口额从 1505 亿美元增长到 6040 亿美元，2021 年是 2001 年的 4.01 倍，年均增长率为 7.20%；世界高技术中间品进口额从 5871 亿美元增长到 23118 亿美元，2021 年是 2001 年的 3.94 倍，年均增长率为 7.09%；世界高技术资本品进口额从 7334 亿美元增长到 19530 亿美元，2021 年是 2001 年的 2.66 倍，年均增长率为 5.02%。

总的来看，从进口年均增长率来看，世界高技术消费品的进口年均增长率最高，其次为高技术中间品，高技术资本品进口年均增长率最低。从各类最终用途高技术产品进口占世界高技术产品进口总额的比例来看，资本品占比呈明显下降趋势，消费品和中间品占比呈上升趋势。2021 年，中间品占比最高，其次为资本品，消费品占比最低（见表 6-3）。

表 6-3 2001—2021 年按最终用途分类的世界高技术产品进口情况

年份	消费品		中间品		资本品	
	进口额/亿美元	占世界高技术产品进口总额比例/%	进口额/亿美元	占世界高技术产品进口总额比例/%	进口额/亿美元	占世界高技术产品进口总额比例/%
2001	1505	10.23	5871	39.89	7334	49.82
2002	1837	12.08	5939	39.06	7420	48.79
2003	2183	12.42	7036	40.04	8347	47.50
2004	2585	12.12	8581	40.23	10155	47.61
2005	2923	12.43	9314	39.62	11263	47.91
2006	3244	12.18	10536	39.54	12851	48.23
2007	3739	14.14	9906	37.48	12774	48.33
2008	4133	14.47	11054	38.71	13355	46.76
2009	4069	15.95	9943	38.97	11493	45.04
2010	4350	14.38	12375	40.92	13506	44.66
2011	4696	14.35	13378	40.89	14623	44.70
2012	4612	14.09	12809	39.13	15293	46.72

续表

年份	消费品		中间品		资本品	
	进口额/亿美元	占世界高技术产品进口总额比例/%	进口额/亿美元	占世界高技术产品进口总额比例/%	进口额/亿美元	占世界高技术产品进口总额比例/%
2013	4718	13.22	14654	41.07	16294	45.67
2014	4846	13.33	15026	41.35	16452	45.28
2015	4751	13.21	14860	41.33	16322	45.40
2016	4811	13.35	15319	42.51	15890	44.09
2017	4718	12.25	17115	44.44	16668	43.28
2018	5154	12.46	18184	43.97	18002	43.52
2019	5311	12.97	18191	44.44	17412	42.54
2020	5653	13.58	18842	45.27	17108	41.11
2021	6040	12.40	23118	47.47	19530	40.10

数据来源：根据 CEPII BACI 数据库整理计算。

三、世界高技术产品进口的地区结构

表 6-4 是 2001 年和 2021 年世界高技术产品前 20 大进口国（或地区）情况。从表 6-4 可以看出，2001 年，世界高技术产品的主要进口国是美国、日本、德国、中国、英国和法国，这 6 个国家的高技术产品进口总额占世界高技术产品进口总额的比例超过了 50%。其中，美国是世界高技术产品的第一大进口国，占世界高技术产品进口总额的 17.88%，远高于其他国家；日本、德国分别是世界高技术产品的第二大、第三大进口国，分别占世界高技术产品进口总额的 9.37%、7.51%；中国是世界高技术产品的第四大进口国，占世界高技术产品进口总额的 6.73%。

2021 年，世界高技术产品的主要进口国（或地区）是美国、中国香港、中国内地、德国、荷兰、日本、韩国、法国。其中，美国依然是世界高技术产品的第一大进口国，占世界高技术产品进口总额的 15.26%；中国香港是世界高技术产品的第二大进口地，占世界高技术产品进口总额的 9.16%；中国内地是世界高技术产品的第三大进口地，占世界高技术产品进口总额的 9.11%；德国和荷兰分别为世界高技术产品的第四大和第五大进口国。

通过对比可以发现，中国内地和中国香港在世界高技术产品进口中的地位得到了较大的提升，中国内地从 2001 年第四大高技术产品进口地上升到 2021 年的第三大进口地，2021 年的进口额是 2001 年的 4.48 倍，中国香港从 2001 年的第十八大进口地上升到2021年的第二大进口地，2021年的进口额是2001年的19.48倍。

表6-4　世界高技术产品进口的前20大进口国（或地区）

序号	2001年				2021年			
	进口地	进口额/亿美元	占世界高技术产品进口总额比例/%	占世界进口总额比例/%	进口地	进口额/亿美元	占世界高技术产品进口总额比例/%	占世界进口总额比例/%
1	美国	2632	17.88	4.41	美国	7434	15.26	3.53
2	日本	1380	9.37	2.31	中国香港	4460	9.16	2.12
3	德国	1106	7.51	1.85	中国	4439	9.11	2.11
4	中国	991	6.73	1.66	德国	3052	6.27	1.45
5	英国	846	5.74	1.42	荷兰	1660	3.41	0.79
6	法国	760	5.16	1.27	日本	1595	3.27	0.76
7	新加坡	616	4.18	1.03	韩国	1386	2.84	0.66
8	中国台湾	606	4.11	1.02	法国	1330	2.73	0.63
9	爱尔兰	577	3.91	0.97	新加坡	1323	2.72	0.63
10	韩国	566	3.85	0.95	英国	1259	2.58	0.60
11	马来西亚	550	3.73	0.92	中国台湾	1227	2.52	0.58
12	荷兰	457	3.10	0.76	墨西哥	1154	2.37	0.55
13	墨西哥	423	2.87	0.71	越南	1131	2.32	0.54
14	加拿大	302	2.05	0.51	意大利	964	1.98	0.46
15	意大利	281	1.90	0.47	比利时	903	1.85	0.43
16	菲律宾	257	1.74	0.43	印度	903	1.85	0.43
17	瑞士	240	1.63	0.40	加拿大	783	1.61	0.37
18	中国香港	229	1.55	0.38	马来西亚	753	1.55	0.36
19	比利时-卢森堡	219	1.48	0.37	西班牙	737	1.51	0.35
20	泰国	211	1.43	0.35	瑞士	726	1.49	0.35

数据来源：根据CEPII BACI数据库整理计算。

另外，表6-5是2001年和2021年世界高技术产品的前20大出口国（或地区）情况。从表6-5可以看出，2001年，世界高技术产品的主要出口国（或地区）分别是美国、德国、英国、日本、法国、中国香港、中国内地。具体来看，美国是世界高技术产品的第一大出口国，占世界高技术产品出口总额的比例为19.08%。德国、英国、日本、法国、中国香港、中国内地的出口占世界高技术产品出口总额的比例分别为

7.97%、6.00%、5.06%、4.68%、4.61%、3.77%。

2021年，世界高技术产品的主要出口国（或地区）分别是中国大陆、美国、德国、中国台湾、韩国、新加坡、日本。从表6-5中可以看出，2021年，中国大陆超越美国成为世界高技术产品的第一大出口地，占世界高技术产品出口总额的比例高达24.82%，可见，中国在世界高技术产品出口中的地位得到了大幅度提升。值得关注的是，2021年美国的高技术产品出口额仅是2001年的1.44倍，年均增长率仅为1.86%，其中一个原因就是美国对其高技术产品实行的严格出口管制措施。

表6-5　世界高技术产品前20大出口国（或地区）

序号	2001年				2021年			
	出口地	出口额/亿美元	占世界高技术产品出口总额比例/%	占世界出口总额比例/%	出口地	出口额/亿美元	占世界高技术产品出口总额比例/%	占世界出口总额比例/%
1	美国	2809	19.08	4.71	中国	12091	24.82	5.75
2	德国	1174	7.97	1.97	美国	4059	8.33	1.93
3	英国	883	6.00	1.48	德国	3562	7.31	1.69
4	日本	745	5.06	1.25	中国台湾	2902	5.96	1.38
5	法国	689	4.68	1.15	韩国	2440	5.01	1.16
6	中国香港	679	4.61	1.14	新加坡	1629	3.34	0.77
7	中国	555	3.77	0.93	日本	1612	3.31	0.77
8	荷兰	516	3.50	0.86	荷兰	1550	3.19	0.74
9	新加坡	515	3.50	0.86	爱尔兰	1545	3.17	0.73
10	墨西哥	430	2.92	0.72	越南	1482	3.04	0.70
11	加拿大	411	2.79	0.69	瑞士	1427	2.93	0.68
12	意大利	408	2.77	0.68	法国	1376	2.82	0.65
13	韩国	388	2.64	0.65	马来西亚	1336	2.74	0.63
14	中国台湾	350	2.38	0.59	墨西哥	1076	2.21	0.51
15	比利时-卢森堡	337	2.29	0.56	比利时	1007	2.07	0.48
16	马来西亚	304	2.06	0.51	英国	990	2.03	0.47
17	西班牙	260	1.76	0.43	意大利	790	1.62	0.38
18	爱尔兰	245	1.66	0.41	泰国	626	1.28	0.30
19	瑞士	219	1.48	0.37	菲律宾	518	1.06	0.25
20	泰国	180	1.22	0.30	中国香港	512	1.05	0.24

数据来源：根据CEPII BACI数据库整理计算。

四、世界高技术产品进口的行业结构

从世界高技术产品进口的行业结构来看，2021 年，世界高技术产品进口规模最大的行业是电子及通信设备制造业，进口额为 21149 亿美元，占世界高技术产品进口总额的比例为 43.42%，占世界进口总额的比例为 10.05%，较 2001 年均有较大的提升（见表 6-6）。2021 年，世界高技术产品进口排名第二至第六的行业分别为医药制造业，计算机及办公设备制造业，医疗仪器设备及仪器仪表制造业，航空、航天器及设备制造业，信息化学品制造业，占世界高技术产品进口总额的比例分别为 24.18%、14.26%、12.05%、5.33%、0.76%，占世界进口总额的比例分别为 5.60%、3.30%、2.79%、1.24%、0.18%。

表 6-6　世界高技术产品进口的行业结构

行业名称	2001 年			2021 年		
	大类行业进口额/亿美元	占世界高技术产品进口总额比例/%	占世界进口总额比例/%	大类行业进口额/亿美元	占世界高技术产品进口总额比例/%	占世界进口总额比例/%
电子及通信设备制造业	5620	38.18	9.42	21149	43.42	10.05
医药制造业	2361	16.04	3.96	11777	24.18	5.60
计算机及办公设备制造业	3613	24.54	6.06	6945	14.26	3.30
医疗仪器设备及仪器仪表制造业	1479	10.04	2.48	5870	12.05	2.79
航空、航天器及设备制造业	1357	9.21	2.27	2598	5.33	1.24
信息化学品制造业	292	1.98	0.49	369	0.76	0.18

数据来源：根据 CEPII BACI 数据库整理计算。

第二节　世界主要国家高技术产品进口发展情况

一、世界主要国家高技术产品进口占其总进口的比值

本节选取美国、德国、日本、英国和韩国等世界主要国家的高技术产品进口情况比较分析。表 6-7 是 2001—2021 年世界主要国家高技术产品进口占其进口总额比例的

情况。可以看出，2001—2021年，美国的高技术产品进口规模占其进口总额的比例为20.66%~36.51%，德国为19.87%~24.93%，日本为17.39%~32.81%，英国为15.81%~33.24%，韩国为17.59%~35.28%。具体分析如下：

对于美国而言，2001—2008年，美国的高技术产品进口占其进口总额的比例呈现下降趋势，从36.51%下降为20.66%。2009—2021年，美国的高技术产品进口占比总体呈现先下降后上升的趋势。

对于德国而言，2001—2008年，德国的高技术产品进口占其进口总额的比例呈现先上升后下降的波动变化态势，2001—2004年，德国的高技术产品进口占比从20.39%上升为24.93%，2005—2008年，从24.10%下降为19.87%。2009—2021年，德国的高技术产品进口占比相对平稳，介于20.84%~24.18%。

对于日本而言，2001—2008年，日本的高技术产品进口占其进口总额的比例总体呈现下降态势，从32.81%下降为18.57%。2009—2021年，日本的高技术产品进口占比总体呈现先下降后上升的变化趋势。

对于英国而言，2001—2008年，英国的高技术产品进口占其进口总额的比例总体呈现下降的变化态势，从33.24%下降为15.81%。2009—2021年，英国的高技术产品进口占比的变化趋势相对平稳，介于17.22%~20.66%。

对于韩国而言，2001—2008年，韩国的高技术产品进口占其进口总额的比例总体呈现下降的变化态势，从35.28%下降为18.33%。2009—2021年，韩国的高技术产品进口占比总体呈现先下降后上升的变化趋势。

总的来看，与2001年相比，2021年美国、日本、英国、韩国的高技术产品进口占其进口总额的比例是下降的，而德国的高技术产品进口占其进口总额的比例是上升的。具体来看，2001年，美国高技术产品进口占其进口总额的比例为36.51%，到2021年下降为27.24%，下降幅度为9.27%；2001年，日本高技术产品进口占其进口总额的比例为32.81%，到2021年下降为22.77%，下降幅度为10.04%；2001年，英国高技术产品进口占其进口总额的比例为33.24%，到2021年下降为18.48%，下降幅度为14.76%；2001年，韩国高技术产品进口占其进口总额的比例为35.28%，到2021年下降为23.99%，下降幅度为11.29%。2001年，德国高技术产品进口占其进口总额的比例为20.39%，到2021年上升为22.83%，上升幅度为2.44%。

表 6-7　世界主要国家高技术产品进口占其进口总额的比例　（%）

年份	美国	德国	日本	英国	韩国
2001	36. 51	20. 39	32. 81	33. 24	35. 28
2002	25. 81	24. 46	24. 14	24. 95	27. 35
2003	25. 00	24. 01	23. 62	23. 46	26. 60
2004	24. 43	24. 93	23. 72	23. 71	26. 01
2005	23. 31	24. 10	22. 34	23. 22	24. 47
2006	23. 03	23. 82	21. 61	23. 43	22. 93
2007	21. 68	21. 10	19. 83	18. 43	21. 23
2008	20. 66	19. 87	18. 57	15. 81	18. 33
2009	26. 14	23. 29	20. 08	20. 39	20. 98
2010	24. 42	22. 78	19. 87	19. 05	19. 78
2011	22. 45	20. 87	17. 39	17. 22	17. 59
2012	23. 13	21. 34	18. 10	18. 18	17. 86
2013	23. 59	20. 84	19. 65	18. 71	18. 20
2014	24. 08	21. 90	19. 37	20. 16	19. 16
2015	26. 18	23. 45	24. 36	21. 12	23. 77
2016	27. 21	23. 86	25. 40	20. 66	25. 43
2017	26. 84	23. 64	24. 32	19. 91	24. 61
2018	26. 56	22. 30	21. 51	18. 71	21. 81
2019	27. 16	22. 73	22. 50	17. 82	23. 59
2020	29. 51	24. 18	25. 24	18. 58	26. 09
2021	27. 24	22. 83	22. 77	18. 48	23. 99

数据来源：根据 CEPII BACI 数据库整理计算。

二、世界主要国家高技术产品进口的最终用途结构

表 6-8 是 2001 年和 2021 年世界主要国家高技术产品进口的最终用途结构情况。可以看出，在 2001 年和 2021 年，美国的高技术资本品进口占其高技术产品进口总额的比例均高于高技术中间品和消费品，美国的高技术资本品进口占比从 2001 年的 48. 75%增长到 2021 年的 53. 74%，高技术消费品进口占比从 2001 年的 6. 96%增长到 2021 年的 16. 06%，高技术中间品进口占比呈现下降的变化趋势，从 2001 年的 44. 22%下降到 2021 年的 30. 15%。

德国的高技术消费品进口占比从 2001 年的 13.80%增长到 2021 年的 14.47%，高技术中间品进口占比从 2001 年的 38.83%增长到 2021 年的 46.53%，高技术资本品进口占比从 2001 年的 47.36%下降为 2021 年的 38.98%。

日本的高技术消费品进口占比从 2001 年的 5.25%增长到 2021 年的 12.75%，高技术中间品进口占比从 2001 年的 47.94%下降为 2021 年的 44.75%，高技术资本品进口占比从 2001 年的 46.81%下降为 2021 年的 42.47%。从表 6-8 中可以看出，日本的高技术产品进口的最终用途结构调整主要体现在，增加了高技术消费品进口占比，降低了高技术中间品和高技术资本品进口占比。

英国的高技术消费品进口占比从 2001 年的 15.37%增长到 2021 年的 16.02%，高技术中间品进口占比从 2001 年的 38.82%下降为 2021 年的 37.32%，高技术资本品进口占比从 2001 年的 45.69%增长到 2021 年的 46.55%。

韩国的高技术消费品进口占比则相对较低，从 2001 年的 2.8%增长到 2021 年的 4.79%，高技术中间品进口占比从 2001 年的 43.23%增长为 2021 年的 63.53%，高技术资本品进口占比从 2001 年的 53.96%下降为 2021 年的 31.64%。与前文中国的高技术产品进口的最终用途结构相比，韩国与中国的情况较为相似。

表 6-8 世界主要国家高技术产品进口的最终用途结构

年份	国家	进口额/亿美元			占该国高技术产品进口总额的比例/%		
		消费品	中间品	资本品	消费品	中间品	资本品
2001	美国	183	1164	1283	6.96	44.22	48.75
	德国	153	429	524	13.80	38.83	47.36
	日本	72	661	646	5.25	47.94	46.81
	英国	130	328	386	15.37	38.82	45.69
	韩国	16	245	305	2.80	43.23	53.96
2021	美国	1194	2242	3995	16.06	30.15	53.74
	德国	441	1420	1190	14.47	46.53	38.98
	日本	203	714	677	12.75	44.75	42.47
	英国	202	470	586	16.02	37.32	46.55
	韩国	66	880	438	4.79	63.53	31.64

数据来源：根据 CEPII BACI 数据库整理计算。

三、世界主要国家高技术产品的进口来源地结构

表 6-9 和表 6-10 分别是 2001 年和 2021 年世界主要国家高技术产品的进口来源地

结构情况。对于美国而言，2001 年，美国的高技术产品进口来源地主要是墨西哥、加拿大、英国、日本、德国，美国从这五个国家进口的高技术产品占其高技术产品进口总额的 43.22%，美国从中国进口的高技术产品占比仅为 3.70%。2021 年，中国已成为美国高技术产品的第一大进口来源地，美国从中国进口的高技术产品占比高达 25.64%，墨西哥、爱尔兰、德国、越南分别是美国高技术产品的第二大至第五大进口来源地。

对于德国而言，2001 年，德国的高技术产品进口来源地主要为美国、法国、英国、意大利、瑞士，进口占比分别为 13.90%、11.60%、8.86%、6.54%、5.05%。2021 年，德国的高技术产品进口来源地主要为中国、美国、荷兰、瑞士、爱尔兰，进口占比分别为 16.76%、8.66%、8.61%、7.14%、6.24%。

对于日本而言，2001 年，日本的高技术产品进口来源地主要为美国、中国内地、韩国、德国、中国香港，进口占比分别为 27.95%、7.29%、6.92%、6.87%、6.57%。2021 年日本高技术产品进口来源地主要为中国大陆、美国、中国台湾、德国、比利时，进口占比分别为 32.17%、12.89%、11.04%、5.22%、3.81%。

对于英国而言，2001 年，英国的高技术产品进口来源地主要为美国、德国、法国、爱尔兰、荷兰，进口占比分别为 16.43%、12.30%、9.26%、9.00%、7.38%。2021 年，英国的高技术产品进口来源地主要为中国、德国、美国、荷兰、爱尔兰，进口占比分别为 21.36%、11.03%、10.96%、8.82%、5.50%。

对于韩国而言，2001 年，韩国的高技术产品进口来源地主要为美国、日本、中国内地（大陆）、中国香港、中国台湾，进口占比分别为 27.27%、10.23%、7.68%、7.08%、6.17%。2021 年，韩国的高技术产品进口来源地主要为中国大陆、中国台湾、美国、日本、越南，进口占比分别为 39.17%、11.54%、9.75%、8.96%、7.27%。

从以上分析来看，相较于 2001 年，2021 年中国在世界主要国家高技术产品进口中的地位均得到了很大提升，成为其第一大进口来源地，尤其是美国、日本和韩国，对中国的高技术产品进口依赖程度较高。这反映出自加入 WTO 以来，中国的科技水平得到了极大提升，中国的高技术产品在国际社会上的比较优势也越来越明显。

表 6-9 2001 年世界主要国家高技术产品的进口来源地结构 （%）

序号	美国		德国		日本		英国		韩国	
	进口来源地	占比	进口来源地	占比	进口来源地	占比	进口来源地	占比	进口来源地	占比
1	墨西哥	10.40	美国	13.90	美国	27.95	美国	16.43	美国	27.27
2	加拿大	9.18	法国	11.60	中国	7.29	德国	12.30	日本	10.23
3	英国	8.12	英国	8.86	韩国	6.92	法国	9.26	中国	7.68
4	日本	7.85	意大利	6.54	德国	6.87	爱尔兰	9.00	中国香港	7.08
5	德国	7.67	瑞士	5.05	中国香港	6.57	荷兰	7.38	中国台湾	6.17
6	法国	5.38	荷兰	4.44	新加坡	5.31	意大利	4.49	英国	4.39
7	新加坡	4.31	比利时-卢森堡	4.04	中国台湾	4.65	西班牙	3.39	新加坡	4.20
8	韩国	4.06	西班牙	3.68	英国	3.34	比利时-卢森堡	2.93	德国	4.06
9	中国	3.70	澳大利亚	3.58	荷兰	3.25	日本	2.67	墨西哥	3.02
10	荷兰	3.44	日本	2.90	法国	3.05	瑞士	2.17	马来西亚	2.53

数据来源：根据 CEPII BACI 数据库整理计算。

表 6-10 2021 年世界主要国家高技术产品的进口来源地结构 （%）

序号	美国		德国		日本		英国		韩国	
	进口来源地	占比	进口来源地	占比	进口来源地	占比	进口来源地	占比	进口来源地	占比
1	中国	25.64	中国	16.76	中国	32.17	中国	21.36	中国	39.17
2	墨西哥	11.53	美国	8.66	美国	12.89	德国	11.03	中国台湾	11.54
3	爱尔兰	6.96	荷兰	8.61	中国台湾	11.04	美国	10.96	美国	9.75
4	德国	5.87	瑞士	7.14	德国	5.22	荷兰	8.82	日本	8.96
5	越南	4.70	爱尔兰	6.24	比利时	3.81	爱尔兰	5.50	越南	7.27
6	中国台湾	4.69	捷克共和国	5.24	马来西亚	3.40	比利时	5.41	新加坡	4.02
7	瑞士	3.83	比利时	4.92	新加坡	3.32	法国	4.80	德国	3.58
8	韩国	3.69	法国	4.24	韩国	3.29	波兰	2.96	马来西亚	2.32
9	加拿大	3.59	波兰	4.10	泰国	3.10	瑞士	2.70	比利时	1.29
10	日本	3.40	英国	3.88	瑞士	3.06	意大利	2.44	中国香港	1.02

数据来源：根据 CEPII BACI 数据库整理计算。

第三节 中国高技术产品进口发展情况

一、中国高技术产品整体进口规模

自2001年加入WTO以来，中国高技术产品进口规模总体呈现快速增长的发展态势（见表6-11）。中国高技术产品整体进口规模从2001年的736亿美元增长到2022年的8329亿美元，增长了10.32倍，年均增长率为12.25%，高于同时期中国总进口规模的年均增长率（12.17%）。其中，2001—2008年，中国高技术产品进口一直保持着超高速的增长趋势，年均增长率高达25.87%；受金融危机的影响，2009年，高技术产品进口规模出现一定幅度的下滑；2010—2013年，高技术产品进口规模继续恢复了增长态势，年均增长率为10.23%；2014—2016年，高技术产品进口规模又出现一定幅度的下滑；2017—2021年，高技术产品进口规模又呈现上升趋势，并在2021年达到历史最大规模；2022年，高技术产品进口规模又有所下降。

从中国高技术产品进口占中国总进口份额来看，2001—2022年中国高技术制造业产业进口份额基本维持在28.20%~38.57%。其中，2006年，中国高技术产品进口占中国总进口份额达到历史最高，为38.57%，2022年，中国高技术产品进口占中国总进口的份额为30.67%。

从中国高技术产品进口占世界高技术产品进口份额来看，2001—2021年，中国高技术产品进口占世界高技术产品进口的份额总体呈现大幅度上升的趋势。2001年，中国高技术产品进口仅占世界高技术产品进口总额的5.00%，到2021年，中国高技术产品进口占世界高技术产品进口份额已提升至17.91%。

表6-11 2001—2022年中国高技术产品整体进口规模

年份	中国高技术产品进口额/亿美元	中国总进口额/亿美元	世界高技术产品总进口额/亿美元	占中国进口总额比例/%	占世界高技术产品进口总额比例/%
2001	736	2436	14719	30.21	5.00
2002	993	2952	15206	33.64	6.53
2003	1467	4128	17573	35.54	8.35
2004	2014	5612	21329	35.89	9.44
2005	2475	6600	23509	37.50	10.53

续表

年份	中国高技术产品进口额/亿美元	中国总进口额/亿美元	世界高技术产品总进口额/亿美元	占中国进口总额比例/%	占世界高技术产品进口总额比例/%
2006	3053	7915	26643	38. 57	11. 46
2007	3514	9561	26430	36. 75	13. 30
2008	3685	11326	28556	32. 54	12. 90
2009	3349	10056	25514	33. 30	13. 13
2010	4394	13960	30242	31. 48	14. 53
2011	4917	17434	32714	28. 20	15. 03
2012	5328	18182	32730	29. 30	16. 28
2013	5885	19500	35680	30. 18	16. 49
2014	5826	19592	36336	29. 74	16. 03
2015	5793	16796	35953	34. 49	16. 11
2016	5538	15879	36037	34. 88	15. 37
2017	6219	18438	38513	33. 73	16. 15
2018	7118	21336	41360	33. 36	17. 21
2019	6778	20793	40936	32. 60	16. 56
2020	7221	20696	41620	34. 89	17. 35
2021	8723	26844	48704	32. 50	17. 91
2022	8329	27160	—	30. 67	—

数据来源：中国数据来源于 UN Comtrade，世界进口数据来源于 CEPII BACI 数据库。

二、中国高技术产品进口的产品结构

从高技术进口产品的最终用途来看，2001—2022 年，中国高技术进口产品以中间品和资本品为主，两者之和占中国高技术产品进口规模的 95%以上，高技术消费品进口占高技术产品进口的份额不足 5%（见表 6-12）。具体来看，2001—2022 年，中国高技术消费品进口规模从 16 亿美元增长到 331 亿美元，年均增长率为 15. 52%，占中国高技术产品进口份额仅维持在 1. 84%~4. 68%；中国高技术中间品进口规模从 464 亿美元增长到 5827 亿美元，年均增长率为 12. 81%，占中国高技术产品进口份额介于 59. 77%~69. 72%；高技术资本品进口规模从 257 亿美元增长到 2170 亿美元，年均增长率为 10. 69%，占中国高技术产品进口份额为 19. 40%~35. 02%。

总的来看，中国高技术消费品进口虽然正在以超高速增长态势发展，但总体进口规模依然较低，随着中国国内消费升级需求不断增加，未来中国扩大高技术消费品进口的潜力巨大。中国高技术中间品进口一直是主要进口的高技术产品，这与中国部分关键零部件技术缺失，依赖国外进口密切相关，表现出较强的进口依赖性。中国高技术资本品进口规模虽然也在不断增加，但占中国高技术产品进口的份额总体上呈下降的态势，2001 年，中国高技术资本品进口占中国高技术产品进口的份额为 34.92%，到 2022 年下降为 26.05%。

表 6-12 2001—2022 年中国高技术进口产品按最终用途分类情况

年份	消费品		中间品		资本品	
	进口额/亿美元	占中国高技术产品进口总额的比例/%	进口额/亿美元	占中国高技术产品进口总额的比例/%	进口额/亿美元	占中国高技术产品进口总额的比例/%
2001	16	2.17	464	63.04	257	34.92
2002	20	2.01	650	65.46	323	32.53
2003	28	1.91	929	63.33	509	34.70
2004	37	1.84	1275	63.31	700	34.76
2005	50	2.02	1603	64.77	821	33.17
2006	64	2.10	1981	64.89	1007	32.98
2007	88	2.50	2251	64.06	1174	33.41
2008	99	2.69	2314	62.80	1270	34.46
2009	100	2.99	2127	63.51	1121	33.47
2010	116	2.64	2768	62.99	1508	34.32
2011	152	3.09	3041	61.85	1722	35.02
2012	170	3.19	3367	63.19	1790	33.60
2013	174	2.96	3859	65.57	1851	31.45
2014	202	3.47	3763	64.59	1859	31.91
2015	210	3.63	3850	66.46	1731	29.88
2016	215	3.88	3744	67.61	1577	28.48
2017	266	4.28	4216	67.79	1734	27.88
2018	283	3.98	4854	68.19	1978	27.79
2019	317	4.68	4726	69.72	1733	25.56
2020	314	3.60	.3291	59.77	1692	19.40
2021	344	3.94	6416	73.55	1961	22.48
2022	331	3.98	5827	69.96	2170	26.05

数据来源：根据 UN Comtrade 数据库整理计算。

三、中国高技术产品进口的来源地结构①

2001年，中国高技术产品进口来源地为116个，2021年，中国高技术产品进口来源地为198个。从中国高技术产品的进口来源地结构来看，中国台湾和韩国是中国大陆高技术产品的主要进口来源地，两者之和占中国大陆高技术产品进口总额的36.51%（见表6-13）。2021年，中国大陆高技术产品进口的第一大进口来源地是中国台湾，进口规模为837亿美元，占中国大陆高技术产品进口总额的18.85%、总进口的4.25%。2001—2021年，中国大陆从中国台湾进口高技术产品的规模得到大幅度提升，中国台湾从2001年中国大陆的第四大上升为2021年的第一大高技术产品进口来源地，2021年的进口规模是2001年的15.22倍，年均增长率为13.84%。与此同时，中国从韩国进口高技术产品的规模也得到了大幅度增长，2001—2021年，韩国从中国的第五大上升为第二大高技术产品进口来源地，高技术产品进口规模从43亿美元增长到784亿美元，2021年是2001年的18.23倍，年均增长率为14.83%，从韩国进口的高技术产品占中国高技术产品进口的份额从7.84%增长到17.66%，占中国总进口的份额从2.14%增长到3.98%。

由于以美国、日本为首的发达国家长期对高技术产品进行出口管制，中国2001—2021年从美国、日本进口的高技术产品规模增长幅度较低，占中国高技术产品进口和中国总进口的份额出现明显下降的趋势。具体来看，2021年，中国从美国进口高技术产品的规模为423亿美元，仅比2001年增长了3.36倍。2001—2021年，中国从美国进口高技术产品的年均增长率为7.26%，占中国高技术产品进口总额的比例从17.58%下降至9.53%，占中国总进口的比例从4.79%下降至2.15%。

与美国的情况相似，2001—2021年，日本从中国的第一大降为第四大高技术产品进口来源地，高技术产品进口占中国高技术产品进口的份额从18.15%大幅度下降为8.33%，占中国总进口的份额从4.95%下降为1.88%。中国从日本进口高技术产品的规模从101亿美元增长到了370亿美元，仅增加了2.66倍，年均增长率为6.38%。

① 受数据不可得限制，此部分数据更新至2021年。

表 6-13 中国高技术产品前 20 大进口来源地

序号	2001 年				2021 年			
	进口来源地	进口额/亿美元	占中国高技术产品进口总额比例/%	占中国进口总额比例/%	进口来源地	进口额/亿美元	占中国高技术产品进口总额比例/%	占中国进口总额比例/%
1	日本	101	18.15	4.95	中国台湾	837	18.85	4.25
2	美国	97	17.58	4.79	韩国	784	17.66	3.98
3	中国香港	61	10.97	2.99	美国	423	9.53	2.15
4	中国台湾	55	9.90	2.70	日本	370	8.33	1.88
5	韩国	43	7.84	2.14	越南	319	7.19	1.62
6	德国	27	4.92	1.34	德国	305	6.87	1.55
7	马来西亚	24	4.34	1.18	新加坡	249	5.62	1.27
8	新加坡	23	4.14	1.13	马来西亚	183	4.13	0.93
9	俄罗斯	15	2.72	0.74	爱尔兰	125	2.82	0.63
10	英国	13	2.29	0.62	中国香港	114	2.56	0.58
11	法国	11	2.05	0.56	法国	92	2.07	0.47
12	泰国	11	1.91	0.52	菲律宾	80	1.80	0.40
13	加拿大	10	1.72	0.47	瑞士	71	1.60	0.36
14	菲律宾	9	1.70	0.46	泰国	61	1.37	0.31
15	芬兰	7	1.21	0.33	英国	49	1.10	0.25
16	瑞典	6	1.15	0.31	以色列	37	0.83	0.19
17	意大利	5	0.98	0.27	荷兰	36	0.82	0.18
18	爱尔兰	4.24	0.76	0.21	丹麦	31	0.71	0.16
19	印度尼西亚	3.90	0.70	0.19	阿拉伯联合酋长国	31	0.70	0.16
20	墨西哥	3.87	0.70	0.19	比利时	25	0.55	0.12

数据来源：根据 CEPII BACI 数据库整理计算。

四、中国高技术产品进口的行业结构

1. 基于六大类行业进口的分析

从六大类行业视角来看（见表 6-14），2022 年，中国高技术产品进口规模最大的大类行业是电子及通信设备制造业，进口总额为 5757 亿美元，占中国高技术产品进口总额的 69.12%，占中国总进口的 21.20%，进口规模是 2001 年的 15.11 倍，2001—

2022年年均增长率为13.80%；医疗仪器设备及仪器仪表制造业次之，进口总额为1170亿美元，占中国高技术产品进口总额的14.05%，占中国总进口的4.31%，进口规模是2001年的10.09倍，2001—2022年年均增长率为11.63%；计算机及办公设备制造业进口规模为592亿美元，占中国高技术产品进口总额的7.11%，占中国总进口的2.18%，是2001年的3.82倍，2001—2022年年均增长率为6.59%；医药制造业进口规模为544亿美元，占中国高技术产品进口总额的6.53%，占中国总进口的2.00%，进口规模是2001年的20.92倍，2001—2022年年均增长率为15.58%；航空、航天器及设备制造业进口规模为150亿美元，占中国高技术产品进口总额的1.80%，占中国总进口的0.55%，进口规模是2001年的3.06倍，2001—2022年年均增长率为5.47%；信息化学品制造业进口规模为116亿美元，占中国高技术产品进口总额的1.39%，占中国总进口的0.43%，进口规模是2001年的11.60倍，2001—2022年年均增长率为12.38%。

总的来看，电子及通信设备制造业的进口增长幅度最大，信息化学品制造业进口增长幅度最小。此外，医药制造业进口的年均增长率最快，计算机及办公设备制造业进口的年均增长率最低。

表6-14 基于六大类行业中国高技术产品进口情况

行业名称	2001年			2022年		
	大类行业进口额/亿美元	占中国高技术产品进口总额比例/%	占中国进口总额比例/%	大类行业进口额/亿美元	占中国高技术产品进口总额比例/%	占中国进口总额比例/%
电子及通信设备制造业	381	51.77	15.66	5757	69.12	21.20
医疗仪器设备及仪器仪表制造业	116	15.76	4.74	1170	14.05	4.31
计算机及办公设备制造业	155	21.06	6.35	592	7.11	2.18
医药制造业	26	3.53	1.06	544	6.53	2.00
航空、航天器及设备制造业	49	6.66	2.01	150	1.80	0.55
信息化学品制造业	10	1.36	0.40	116	1.39	0.43

数据来源：根据UN Comtrade数据库整理计算。

2. 基于85个四分位国民经济行业进口的分析

根据国家统计局划定的高技术行业标准，中国有85个四分位国民经济行业属于高技术行业。从85个四分位国民经济行业分类视角来看（见表6-15、表6-16），2022年，中国高技术产品进口规模最大的行业是集成电路制造业，进口规模为4169亿美元，占中国高技术产品进口总额的 50.05%，占中国总进口的 15.35%，进口规模是 2001 年的 28.36 倍，2001—2022 年年均增长率为 17.27%。2022 年，进口排名第二至第五的行业分别为通信系统设备制造、其他专用仪器制造、计算机零部件制造、计算机外围设备制造，进口规模分别为 532 亿美元、373 亿美元、261 亿美元、261 亿美元，分别占中国高技术产品进口总额的 6.39%、4.48%、3.13%、3.13%，分别占中国总进口的 1.96%、1.37%、0.96%、0.96%。

除此之外，值得说明的是，通过数据统计发现，中国高技术产品进口行业结构相对比较集中。2022 年，前五大高技术行业进口占中国总进口的 20.60%，占中国高技术产品进口的 67.18%；前十大高技术行业进口占中国总进口的 23.63%，占中国高技术产品进口的 77.08%；前二十大高技术行业进口占中国总进口的 27.37%，占中国高技术产品进口的 89.27%。

表 6-15 2001 年基于四分位国民经济行业中国高技术产品进口前 20 大产品

序号	行业名称	进口额/亿美元	占中国高技术产品进口总额比例/%	占中国进口总额比例/%
1	集成电路制造	147	19.97	6.05
2	计算机零部件制造	49	6.66	1.99
3	计算机外围设备制造	49	6.66	1.99
4	雷达及配套设备制造	35	4.76	1.43
5	其他专用仪器制造	31	4.21	1.26
6	电子真空器件制造	29	3.94	1.18
7	半导体分立器件制造	27	3.67	1.11
8	光学仪器制造	26	3.53	1.08
9	通信终端设备制造	24	3.26	1.01
10	飞机制造	24	3.26	0.98
11	航空航天器修理	24	3.26	0.98
12	音响设备制造	20	2.72	0.84
13	电子电路制造	19	2.58	0.79
14	通信系统设备制造	19	2.58	0.77
15	计算机整机制造	18	2.45	0.73
16	锂离子电池制造	17	2.31	0.69
17	化学药品原料药制造	15	2.04	0.62
18	医疗诊断、监护及治疗设备制造	14	1.90	0.56

续表

序号	行业名称	进口额/亿美元	占中国高技术产品进口总额比例/%	占中国进口总额比例/%
19	工业控制计算机及系统制造	10	1.36	0.40
20	信息安全设备制造	10	1.36	0.40

数据来源：根据 UN Comtrade 数据库整理计算。

表 6-16　2022 年基于四分位国民经济行业中国高技术产品进口前 20 大产品

序号	行业名称	进口额/亿美元	占中国高技术产品进口总额比例/%	占中国进口总额比例/%
1	集成电路制造	4169	50.05	15.35
2	通信系统设备制造	532	6.39	1.96
3	其他专用仪器制造	373	4.48	1.37
4	计算机零部件制造	261	3.13	0.96
5	计算机外围设备制造	261	3.13	0.96
6	雷达及配套设备制造	200	2.41	0.74
7	半导体分立器件制造	194	2.33	0.71
8	中药饮片加工	166	1.99	0.61
9	锂离子电池制造	134	1.61	0.49
10	医疗诊断、监护及治疗设备制造	130	1.56	0.48
11	光学仪器制造	119	1.42	0.44
12	通信终端设备制造	115	1.38	0.42
13	实验分析仪器制造	112	1.35	0.41
14	电子测量仪器制造	111	1.33	0.41
15	电子电路制造	107	1.29	0.40
16	生物药品制造	107	1.28	0.39
17	基因工程药物和疫苗制造	107	1.28	0.39
18	化学药品原料药制造	88	1.06	0.32
19	飞机制造	75	0.90	0.28
20	航空航天器修理	75	0.90	0.28

数据来源：根据 UN Comtrade 数据库整理计算。

第四节 中国高技术产品进口存在的问题

一、发达国家对华进行高技术产品出口管制，限制了中国从这些国家的进口

长期以来，美欧等发达国家对华出口的高技术产品进行严格管制，造成中国尽管是技术后发国家，但是，与美国、欧盟等创新型国家（或地区）之间，在高技术领域贸易却呈现出净出口方的局面[①②③④]。发达国家限制对华高科技产品出口的原因，首先在于其担忧中国将某些技术合作、设备与仪器等用于军事领域，威胁其国家安全；其次在于其忌惮中国崛起，担忧中国利用国外技术实现自主创新与技术赶超，在全球科技领域占据主导地位[⑤⑥⑦]。2018 年，美国商务部就生物技术，人工智能和机器学习技术，定位、导航和定时技术，微处理器技术，先进计算技术，数据分析技术，量子信息和传感技术，物流技术，增材制造，机器人，脑机接口，高超声速空气动力学，先进材料，先进的监控技术等 14 类可能影响美国安全的新兴和基础技术向公众征集意见，拟进行出口管制。2022 年，美国对中国先进芯片、芯片生产工具以及超级计算机能力等领域精准实行出口管制，试图利用美国对全球技术和供应链的影响力来打压遏制中国企业[⑧]。2023 年，美国商务部以所谓的“支持俄罗斯国防工业基础”为由，将 42 家中国企业列入出口管制清单。同年，美国《纽约时报》报道称，美国将 721 家中国企业、组织和个人列入出口管制清单，限制其从美国购买产品[⑨]。

此外，近年来，中国与美国、欧盟等国家之间的贸易摩擦频繁发生，原因之一就

① 宋姗姗，钟永恒，刘佳，等．企业技术创新风险研究进展与热点议题［J］．技术与创新管理，2023，44（5）：525-540.

②⑥ 刘威．中美贸易摩擦中的高技术限制之“谜”［J］．社会科学文摘，2019（7）：30-32.

③ 刘斌，李秋静．特朗普时期美国对华出口管制的最新趋势与应对策略［J］．国际贸易，2019（3）：33-42.

④ 张威，徐紫光．中美与中欧、中日高技术产业合作比较分析［J］．国际经济合作，2010（10）：46-49.

⑤ 刘薇，张溪．美国对华高技术出口限制对中国科技创新的影响分析——基于中美贸易摩擦背景［J］．工业技术经济，2019，38（9）：35-43.

⑦ 杨莹．出口管制系列之五 中欧高技术贸易合作与欧盟出口管制政策［J］．经济，2012（9）：72-74.

⑧ 贾申，柯静，张欣然．欲渡黄河冰塞川——2022 年美国出口管制动态回顾与展望［EB/OL］．中伦视界微信公众号，［2022-12-28］．https：//mp. weixin. qq. com/s? _ _ biz=MjM5ODI5MzI0NA==&mid=2651497457&idx=3&sn=5cf737739fcd564cb6ad381aa3b1fe16&chksm=bd32f8628a4571746dc0a723be2f745142686686cc9dbf1d2f956188160a0d95fcd6e2e9bc2e&scene=27.

⑨ 赵安琪，陈小茹．美国滥用出口管制 难阻中国实力提升［N］．中国青年报，2023-10-12（009）.

在于中国与美国、欧盟国家之间的贸易顺差过大，导致西方国家开始担忧中国出口对其国内就业、经济发展产生负面影响，并大肆宣扬“中国威胁论”。缓解贸易摩擦的可行办法之一是中国主动扩大从美国、欧盟国家的进口，缩小双边贸易顺差。欧美等国家限制对华高技术产品出口是中美、中欧贸易顺差过大的主要原因之一。但问题在于，美国、欧盟等国家严格管制其向中国出口具备比较优势的高技术产品，导致中国扩大从这些国家进口的空间受限，不利于中美、中欧之间在高技术领域开展正常的贸易合作。

二、中国高技术产品进口关税处于高位，降低了企业扩大进口的积极性

从高技术产品总体进口关税水平（简单平均进口关税）来看，2022 年中国高技术产品总体进口关税水平为 3.77%，高于同时期世界主要发达国家高技术产品总体进口关税水平，其中美国、日本、欧盟的高技术产品总体进口关税水平分别为 1.05%、0.39%、1.91%①。总的来看，中国的高技术产品总体进口关税水平相比世界主要经济体，均处于高位。较高的关税一方面推高了国内企业利用外国先进技术的成本，降低了企业主动扩大高技术产品进口的动力，不利于增加高技术产品进口，另一方面增加了消费者的消费成本，降低了消费者福利水平。

三、高端设备与关键零部件严重依赖进口，“卡脖子”问题日益凸显

从现阶段来看，尽管中国高技术产业已取得骄人的成绩，尤其是在高技术产业应用领域，如第五代移动通信技术（5G）、高速铁路技术、航天技术等，均已处于世界前列，但在基础与理论研究方面仍存在严重欠缺，导致我国核心技术发展遭遇“瓶颈”，部分高端设备与关键零部件产品生产能力明显低于发达国家，关键核心技术匮乏，严重依赖进口②。2022 年，中国大陆的芯片自给率仅为 25.61%左右，且很多是低端芯片，74.49%左右的芯片依赖进口③。自 2018 年起，在美国对中兴通讯进行芯片禁运、华为公司遭遇美国“断供”等一系列事件发生后，国人才逐渐意识到核心技术受制于

---

① 数据来源：WTO Tariff Download Facility 数据库。

② 刘英基．我国高技术产业低端锁定问题及解决对策［J］．经济纵横，2013（10）：18-21.

③ 现实很残酷：2022 年，我们芯片自给率仅为 25.6%，主要靠进口［EB/OL］．网易号，（2023-03-02）［2023-10-08］．https：//www.163.com/dy/article/HURB8OD205119JRD.html.

人，容易面临被“卡脖子”的风险，甚至关系相关企业的生死存亡[①]。2023 年，麒麟 9000S 芯片横空出世，展示了中国在芯片领域的重大突破，但是，中国芯片与国外先进制程 5G 芯片之间仍存在一定的差距[②]。

随着中国与发达国家之间技术差距的不断缩小，发达国家为了保持其竞争优势，遏制中国的科技进步，正在不断加大中国引进其先进技术与产品的难度，中国面临的“卡脖子”问题正日益严重。集成电路产业的光刻机、通信装备产业的高端芯片等领域存在“卡脖子”问题，如果这些产品的进口来源国对华进行制裁或断供，中国的大量高新技术企业将遭受巨大的创伤。“卡脖子”问题的出现，既暴露了中国与以美国为首的发达国家之间的技术差距，又暴露了我国在基础性、关键核心技术上的短板。

四、过度依赖高技术产品进口，可能加剧陷入“低端锁定”风险

在高技术产业的全球价值链分工格局中，发达国家依靠其丰厚的知识积累与强大的技术创新能力，长期垄断着具有高附加值的研发与生产环节，而包括中国在内的发展中国家则长期处于加工制造的中低端环节[③④]。长期以来，中国依靠资源和劳动力等要素禀赋融入全球价值链，高技术产业“低端锁定”的困境亟须改变。以 iPhone 手机为例，2017 年，每销售一台售价为 999 美元的 iPhone X，中国在整个制造环节中仅能赚到大约 1/20 的钱[⑤]，远低于美国、日本、韩国凭借设计与技术获得的利润分成。

由于高技术产业具有研发投入高、高技术人员投入比重大、关键技术开发难度高等典型特点，单纯依赖中国自主研发创新很难突破技术“瓶颈”，因此，理性的选择是，通过积极主动扩大高技术产品进口，整合全球创新资源，统筹国内国际两个市场，充分利用国内国际两种资源，促进中国技术创新。然而，高技术产品进口是一把“双刃剑”。一方面，扩大高技术产品进口，有利于国内企业整合国际创新资源，通过引进吸收国外先进技术实现自主创新；另一方面，扩大高技术产品进口，将使企业可以以较低的成本获得高质量和高技术的中间投入品[⑥⑦]，可能导致中国企业过分依赖国外先

---

① 肖广岭．以颠覆性技术和“卡脖子”技术驱动创新发展［J］．人民论坛·学术前沿，2019（13）：55-61.

② 华为突围，只差存储芯片？［EB/OL］．网易号，（2023-09-26）［2023-10-08］．https：//www.163.com/dy/article/IFJ8Q5GN05565HBF.html.

③ 方杰炜，施炳展．知识产权保护如何影响发展中国家参与全球价值链分工［J］．国际贸易问题，2023（9）：106-122.

④ 刘英基．我国高技术产业低端锁定问题及解决对策［J］．经济纵横，2013（10）：18-21.

⑤ 赵展慧．少挖“地矿”多挖“脑矿”（各抒己见）［EB/OL］．人民网，（2017-11-13）［2020-07-25］．http：//data.people.com.cn/rmrb/pd.html.

⑥ 吕越，盛斌．探究“中国制造”的全球价值链“低端锁定”之谜［J］．清华金融评论，2018（10）：103-104.

⑦ 刘英基．我国高技术产业低端锁定问题及解决对策［J］．经济纵横，2013（10）：18-21.

进技术，面临“低端锁定”风险。

五、产学研协同创新体系不健全，对高技术进口产品的消化吸收能力薄弱

现阶段，我国高技术企业在引进国外先进技术促进生产能力提升的同时，并没有使企业自身的创新能力得到显著提升，大量高技术企业陷入“引进—落后—再引进”的技术追赶陷阱，这与企业引进技术的初衷相悖。我国高技术企业存在“重引进而轻吸收”的问题，对引进技术的消化吸收能力相对薄弱。相比日本与韩国，我国技术引进与消化吸收的投入比例严重失调，技术引进经费支出远远高于技术消化经费支出，严重制约了我国高技术企业的技术进步。目前，我国还没有形成针对引进消化吸收的联动机制，各领域的技术衔接度较低，高技术企业与高等院校、科研机构没有形成有机而紧密的结合，产学研协同创新体系不健全。高技术产业在关键核心技术上的突破需要企业与高等院校、科研机构通力合作、相互渗透才能完成，然而目前受制于科研管理体制以及各部门目标差异较大，产学研合力促进高技术产业创新的效果并不明显。我国高技术企业的整体研发投入比较少，还没有成为真正的技术创新主体；而高校和科研机构虽有较大的创新潜力，但其研究成果难以转化为现实的技术研发实践，无法为企业提供稳定的技术来源（刘英基，2013）。此外，我国促进产学研合作的法律制度、组织协调机制、信息沟通机制、创新激励约束机制、投融资机制还不健全，阻碍了高技术产业的协同创新发展①。

第五节　中国加快高技术产品进口的政策建议

一、主动与主要进口来源国进行磋商，积极应对对华高技术产品出口管制

目前，发达国家利用出口管制措施试图遏制中国高技术产业发展的意图已经昭然若揭，尤其是美国对中国高技术产业实行了近乎封锁式的出口管制措施，中国从美国引进高技术产品的难度不断增加。但是，从发达国家进口高技术产品，是有利于中国

① 余华，唐斌．我国产学研协同创新机制优化路径研究［J］．湖南工业大学学报（社会科学版），2015，20（4）：22-25.

经济发展的，是为中国企业发展服务的，是为中国国内消费者服务的，也就是说，从发达国家进口高技术产品是我国的内在自主需求，因此，为了应对发达国家对华高技术产品出口管制，相关政府部门要主动加快与主要进口来源国的磋商与合作。

具体来看，首先，中国要建立起与以美国为首的发达国家之间磋商谈判的机制和平台，通过各种途径特别是公共舆论向美国传达对华进行高技术产品出口管制的弊端，以此向美国政府施加压力，敦促美国政府取消或放宽对中国的出口管制。其次，要积极与国际多边管制组织接轨，开展中欧高技术合作，加强与德国、日本、韩国、俄罗斯、印度等国家的技术交流，推进“一带一路”建设，防止美国联合其他国家对中国高技术产业进行联合制裁。最后，要加大对高科技外资企业的引进力度，以投资促进进口、替代进口，重点引进某些国内经济发展急需、国内产业转型升级急需的高技术外资企业，从而突破发达国家对高技术产品的出口管制。

二、对高技术产品进口关税进行结构性调整，战略性地降低部分产品的进口关税

为了扩大高技术产品进口，助力国内产业转型升级，国家应该对高技术产品进口关税进行结构性调整，根据国内经济发展实际需要，战略性地降低部分高技术产品的进口关税水平。目前，信息安全设备制造、光缆制造、光纤制造、工业控制计算机及系统制造、地质勘探和地震专用仪器制造、半导体分立器件制造、电子电路制造等相关产品的进口关税与发达国家相比，处于比较低的水平，降低进口关税的空间基本没有；生物药品制造、基因工程药物和疫苗制造、环境监测专用仪器仪表制造、雷达及配套设备制造、医疗诊断及治疗设备制造、飞机制造、航空航天器修理、实验分析仪器制造、电子测量仪器制造、航空航天器制造等相关产品的进口关税整体上高于发达国家，但降低进口关税的空间也不大；医学生产用信息化学品制造、文化用信息化学品制造、影视录放设备制造、电视机制造、音响设备制造、锂离子电池制造、广播电视节目制作及发射设备制造、运输设备及生产用计数仪表制造等相关产品的进口关税高于发达国家，有很大的降低进口关税的空间。

三、加强基础研究和人才队伍建设，全力攻克“卡脖子”技术问题

习近平总书记指出：“关键核心技术是要不来、买不来、讨不来的，只有把关键核

心技术掌握在自己手中，才能从根本上保障国家经济安全、国防安全和其他安全。”① 关键核心技术研发创新周期较长，技术攻克难度较大，解决“卡脖子”技术的关键在于：一是基础研究；二是人才队伍建设。基础研究决定了一个国家科技创新的深度和广度，“卡脖子”问题的根子在于基础研究薄弱。基础研究的开展并不是一蹴而就的，可能需要几十年才能有所突破。进行基础研究，需要大量的研究人才，当前，我国在人才应用上同样面临“卡脖子”问题，即人才匮乏，对于可用人才没有好好使用，人才流动性过大，导致人才不能发挥应有的作用②。

因此，为了解决“卡脖子”技术问题，具体来看：①在基础研究方面，国家政府是基础研究的组织者、策划者和实施者，应尽快破除阻碍基础研究的各种制度障碍，借鉴国际经验进一步完善和加强有利于基础研究的各种制度安排，扩大战略性、前瞻性基础研究领域的范围，优化国家科技计划基础研究支持体系，深化科研项目和经费管理制度改革，改进评价和激励制度，建设攻克关键核心技术的国家实验室等。②在人才队伍建设方面，首先，重视高端人才的培养和引进，高端人才是攻克关键核心技术的支撑力量，除了进一步优化培养人才、发现人才的机制之外，还要特别高度重视从国外引进成熟高端人才。其次，提高高端人才的领导作用，让高端技术人才在研究部门具有决策权，改变“外行领导内行”的风气，提高高端人才的积极性，充分发挥高端人才专业技术，确保研究聚焦国际前沿。再次，加大对基础研究人员的投入，提高其工资待遇，解决其住房、医疗、孩子教育等问题，让其安心科研，降低科研人员的流动性。最后，加强高端人才团队建设，关键核心技术往往要依靠团队的长期攻关，要加大资金支持力度，构建大型公关团队，组建国际合作团队。

四、营造良好的创新生态环境，防范中国高技术产业被“低端锁定”的风险

激发中国高技术企业的创新活力，着力提升高技术产业的自主创新能力，是降低对发达国家高技术产品的进口依赖、防范中国高技术产业被“低端锁定”的根本路径。该路径的顺利实现需要良好的创新生态环境作为前提保障。为了营造良好的创新生态环境，国家政府应该：①打造创新型社会风气。引领社会风气，加大创新宣传，提升

① 习近平．关键核心技术是要不来、买不来、讨不来的［EB/OL］．人民日报海外版，（2019-06-06）［2020-07-24］．http：//paper.people.com.cn/rmrbhwb/html/2019-06/06/content_1928983.htm. http：//mch.my.gov.cn/tzcj/41468301.html.

② 王媛．五大举措解决人才“卡脖子”问题［EB/OL］．（2019-01-29）［2020-07-20］．http：//www.sohu.com/a/292247689_100283467.

全民科学素养，激发青少年对科学的兴趣，鼓励青少年热爱科学、学习科学、钻研科学，为培养科学家奠定基础；此外，要让科技工作成为富有吸引力的工作、成为青少年尊崇向往的职业，从而为创新营造良好的社会氛围。②培育创新型领军企业。目前及今后，中国面临的技术难题基本上都是关键技术、核心技术的开发。一般来说，关键技术和核心技术的开发难度都特别大，依靠小型科研团队很难攻克下来，因此，在不同重点领域，国家政府必须选定基础条件比较好、综合实力比较强的企业和单位，组建大型科研攻关团队，使其成为创新突破的领军团队。③完善创新支撑制度。以深化“放管服”改革全面优化提升营商环境为契机，破除阻碍科技创新能力提高的体制性障碍、结构性矛盾和政策性问题，完善税收政策、融资政策、补贴政策、奖励政策、知识产权保护政策、采购政策，全面激发创新潜能。

五、促进产学研协同创新，提升我国高技术企业对进口技术的消化吸收能力

技术引进的消化吸收能力不足，严重制约了我国高技术产业的发展。促进产学研协同创新是提高我国企业对进口技术消化吸收能力的有效途径之一。但是，我国目前产学研协同创新体系还不健全，高技术企业、高等院校与科研机构等主体的价值取向、生存环境、发展需求、风险偏好、利益诉求大不相同，难以凝聚各主体的力量，合力促进高技术产业实现自主创新[①]。因此，我国应该：①构建完善的产学研协同创新体系，利用大数据信息技术，通过搭建产学研协同创新联盟平台、科技服务平台、技术交流交易平台，使高技术企业、高校与科研机构之间建立起知识与信息传递关系，共享产学研协同创新资讯信息。②解决好在协同创新过程中产生的知识产权归属问题，明确各部门利益归属，形成各方都满意的利益分配方案。③技术的“引进—消化—吸收—再创新”过程涉及显性知识和隐性知识的转换，而隐性知识很难编码或表述，需要专业人才对隐性知识进行转换与传播。高技术人才的素质直接影响着企业消化吸收技术的效率，因此，企业在引进国外高技术的同时，应注重专业人才的引进；与此同时，高等院校应该注重专业人才的培养，为企业储备人才、提供与企业需求相匹配的高质量人才。④在继续扩大高技术产品进口等技术引进的同时，国家应该提高对消化引进技术的经费投入，激励产学研各方重视消化吸收引进技术工作，从而提高消化吸收引进技术的能力和效率。

---

① 余华，唐斌．我国产学研协同创新机制优化路径研究［J］．湖南工业大学学报（社会科学版），2015，20（4）：22-25.

第七章　中国科技生活产品进口发展的事实、问题与对策

扩大科技生活产品进口，一方面，可以缓解国内低端供给相对过剩、中高端供给相对不足的局面，满足国内企业对关键零部件、国内消费者对中高端产品的需求；另一方面，可以为各国企业进入中国市场提供机遇，缓解贸易摩擦，促进贸易平衡。基于此，本章主要利用 2001—2021 年 CEPII BACI 数据库中 HS 六位码产品分类进口数据，以科技生活产品为研究对象，详细探究其进口贸易的发展现状以及存在的问题，并提出相应的政策建议。需要说明的是，鉴于数据的可得性和商品在贸易数据中的可识别性，本章在进行描述性统计时，仅以消费电子和家用电器（均包含产品和零部件）作为统计对象进行分析，具体见表 7-1。

表 7-1　科技生活产品分类及其对应的产品编码

科技生活产品分类	代表性产品	HS 1992 六位码
消费电子	线路电话（包括电报设备部件）、录像（重放）设备和磁带、电信设备、录像和复制设备（非磁带）、电话机、带扬声器的电唱机、其他摄影器材（电影摄影机除外）、即时打印相机、其他非录音重放设备	851710、851720、851730、851740、851781、851782、851790、851910、851921、851929、851931、851939、851940、851991、851999、852110、852190、900610、900620、900630、900640、900651、900652、900653、900659
家用电器	彩色电视接收机（包括监控和投影仪）、两门组合式冷冻机、电煮和烧烤设备、真空吸尘器、自动洗衣机（容量< 10 千克）、家用电咖啡或茶壶、其他家用电热器具、其他有电动机的家用电器、洗碗机（家用）	841810、841821、841822、841829、841830、841840、841891、845011、845012、845019、845020、845090、845210、845221、845229、845230、845240、845290、852810、852820、842211、845110、845121、845129、845130、851640、851650、851660、851671、851672、851679、851631、851632、850910、850920、850930、850940、850980、850990、851010

第一节 中国科技生活产品进口的基本情况

一、中国科技生活产品进口的整体情况

1. 中国科技生活产品进口规模

图 7-1 描述了 2001—2021 年中国科技生活产品进口规模。总体而言，中国科技生活产品进口总额表现为上升趋势，由 2001 年的 41.57 亿美元增长至 2021 年的 325.70 亿美元，增长了 6.83 倍，年均增长率达到 10.84%。

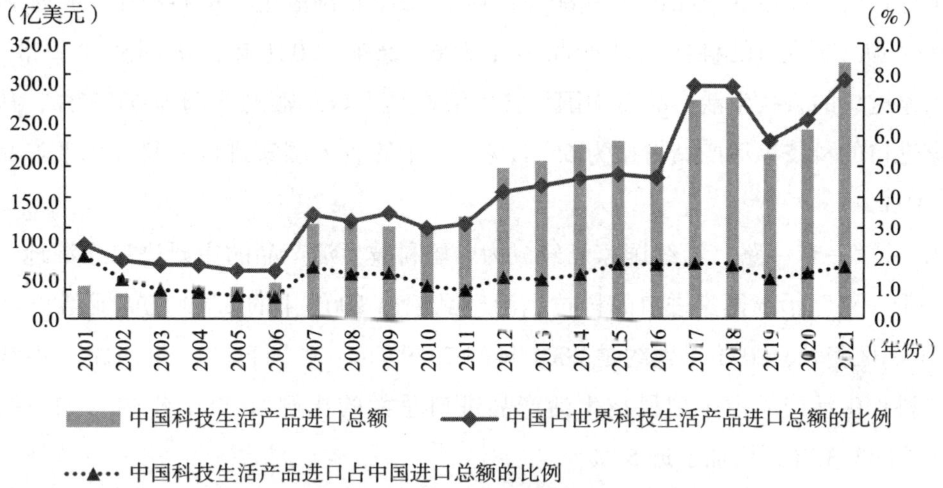

图 7-1 2001—2021 年中国科技生活产品进口规模

数据来源：根据 2001—2021 年 CEPII BACI 数据库计算得到。

具体来看，中国科技生活产品进口的发展历程可分为五个阶段。第一阶段是 2001—2006 年，中国科技生活产品进口总额处于 31.70 亿美元至 45.69 亿美元。第二阶段是 2007—2011 年，2007 年，中国科技生活产品进口总额首次突破 120 亿美元，整个阶段进口总额处于 117.28 亿美元至 129.61 亿美元。第三阶段是 2012—2016 年，2012 年，中国科技生活产品进口总额首次突破 190 亿美元，整个阶段进口总额处于 191.18 亿美元至 225.92 亿美元。第四阶段是 2017—2018 年，中国科技生活产品进口总额首次突破 270 亿美元，整个阶段进口总额处于 278.04 亿美元至 280.89 亿美元。第五阶段是 2019—2021 年，中国科技生活产品进口总额于 2019 年下跌至 208.50 亿美元，后实现恢复性增长，至 2021 年达到 325.70 亿美元。

此外，中国科技生活产品进口占世界科技生活产品进口总额的比例也呈现相似的增长态势，由 2001 年 2.40%提高至 2021 年 7.80%，提高了 5.4%。与此同时，中国科技生活产品进口占中国进口总额的比例在 2001—2021 年保持稳定，始终处于 2.0%左右。

2. 中国科技生活产品进口来源地结构

表 7-2 列出了 2001 年和 2021 年中国从不同类型国家进口科技生活产品的基本情况及其发展趋势。可以看出：

第一，中国科技生活产品的主要进口来源地从发达国家、高收入国家、OECD 国家和 G7 转向"一带一路"沿线国家、发展中国家以及中等收入国家。2001 年，中国从发达国家进口的科技生活产品占中国科技生活产品进口总额的比例为 86.54%；从高收入国家进口的科技生活产品占比为 86.42%；从 OECD 国家进口的科技生活产品占比为 83.32%；从 G7 进口的科技生活产品占比为 65.26%。2021 年，中国从"一带一路"沿线国家进口的科技生活产品占中国科技生活产品进口总额的比例为 63.37%；从发展中国家进口的科技生活产品占比为 65.41%；从中等收入国家进口的科技生活产品占比为 61.31%。

第二，"一带一路"沿线国家已经成为中国科技生活产品的主要进口来源地。中国自"一带一路"沿线国家进口的科技生活产品额由 2001 年的 2.79 亿美元增长至 2021 年 206.37 亿美元，2021 年大约是 2001 年的 73.97 倍。中国自"一带一路"沿线国家进口的科技生活产品占中国科技生活产品进口总额的比例由 2001 年的 6.71%提高至 2021 年的 63.37%，增加了近 57%。

第三，中国科技生活产品进口对不同类型进口来源地科技生活产品出口的贡献整体提升。2001 年，中国从不同类型国家进口的科技生活产品占其科技生活产品出口总额的比例均处于 5%以下。其中，低收入国家的比例最高，为 4.48%；中等收入国家的比例最低，为 0.46%。与 2001 年相比，2021 年中国从不同类型国家进口的科技生活产品占其科技生活产品出口总额的比例均有所提升。其中，中国自"一带一路"沿线国家进口的科技生活产品占其科技生活产品出口总额的比例由 2001 年的 1.05%增长至 2021 年的 17.29%，增加了 16%以上，这说明"一带一路"沿线国家的科技生活产品对中国市场的依赖程度不断攀升。此外，与 2001 年相比，2021 年中国从发展中国家进口的科技生活产品占其科技生活产品出口总额的比例提升了大约 17%。

表 7-2　2001 年和 2021 年中国从不同类型国家的科技生活产品进口情况

进口来源地	2001 年			2021 年		
	进口总额/亿美元	占中国进口总额的比例/%	占进口来源地科技生活产品出口总额的比例/%	进口总额/亿美元	占中国进口总额的比例/%	占进口来源地科技生活产品出口总额的比例/%
G7	27. 13	65. 26	3. 69	33. 17	10. 18	7. 13
金砖国家	0. 16	0. 39	1. 70	5. 58	1. 71	16. 35
“一带一路”沿线国家	2. 79	6. 71	1. 05	206. 37	63. 37	17. 29
非“一带一路”沿线国家	37. 15	89. 38	3. 11	108. 69	33. 37	8. 70
OECD 国家	34. 63	83. 32	2. 91	97. 56	29. 95	6. 50
非 OECD 国家	5. 31	12. 78	1. 96	217. 50	66. 78	23. 10
发达国家	35. 97	86. 54	3. 18	102. 03	31. 33	7. 87
发展中国家	3. 97	9. 55	1. 19	213. 03	65. 41	18. 58
高收入国家	35. 92	86. 42	3. 28	99. 84	30. 66	9. 29
中等收入国家	1. 41	3. 40	0. 46	199. 68	61. 31	16. 24
低收入国家	2. 61	6. 27	4. 48	15. 54	4. 77	11. 23

数据来源：根据 2001 年和 2021 年 CEPII BACI 数据库计算得到。

注：表中采用的贸易数据版本为 HS 1992 版本，产品编码为 HS 六位码。本章共涉及 64 个“一带一路”沿线国家（魏浩、巫俊，2017），28 个均在 2000 年之前加入 OECD；“一带一路”沿线国家、非“一带一路”沿线国家占中国进口总额的比例之和小于 1，主要原因在于部分国家没有同时报告 2001 年、2021 年的中国进口额数据和出口总额数据，这些国家没有被统计在内。OECD 国家、非 OECD 国家，高收入国家、中等收入国家及低收入国家的情况类似。此外，高收入国家、中等收入国家及低收入国家的划分标准来源于世界银行，具体可参见 https://data. worldbank. org. cn/country。

二、中国消费电子产品进口的基本情况

1. 中国消费电子产品进口规模

表 7-3 列出了 2001—2021 年中国消费电子产品进口规模。中国消费电子产品进口总额由 2001 年的 37. 02 亿美元增长至 2021 年的 299. 11 亿美元，2021 年大约是 2001 年的 8. 07 倍，年均增长率为 11. 02%。从中国消费电子产品进口总额的增长趋势来看，中国消费电子产品进口额增长率波动性加剧，2007 年、2012 年、2017 年、2021 年的增长率较高，分别为 198. 92%、53. 37%、26. 99%、36. 93%。从中国消费电子产品进口占中国进口总额的比例来看，2001—2021 年，消费电子产品进口占比始终处于 2%以下，说明中国消费电子产品进口还具有一定的增长空间。另外，中国消费电子产品进口占世界消费电子产品进口总额的比例由 2001 年的 3. 48%提高至 2021 年的 17. 44%，

提高了近14%，意味着中国消费电子产品进口在世界消费电子产品进口中的地位有所提升。

表7-3　2001—2021年中国消费电子产品进口规模

年份	中国消费电子产品进口总额/亿美元	中国消费电子产品进口额增长率/%	中国消费电子产品进口占中国进口总额的比例/%	中国消费电子产品进口占世界消费电子产品进口总额的比例/%
2001	37.02	—	1.82	3.48
2002	26.03	-29.68	1.05	2.81
2003	26.78	2.90	0.77	2.62
2004	31.69	18.32	0.69	2.56
2005	31.82	0.40	0.59	2.39
2006	37.10	16.60	0.58	2.59
2007	110.91	198.92	1.55	6.15
2008	115.86	4.47	1.35	5.60
2009	109.77	-5.26	1.40	6.21
2010	108.38	-1.27	0.97	5.08
2011	116.57	7.56	0.83	5.07
2012	178.79	53.37	1.26	6.41
2013	185.86	3.95	1.18	6.65
2014	204.21	9.87	1.33	6.90
2015	208.91	2.30	1.64	6.95
2016	201.15	-3.71	1.63	6.72
2017	255.43	26.99	1.66	14.13
2018	258.90	1.37	1.61	14.93
2019	184.44	-28.76	1.17	11.08
2020	218.44	18.44	1.41	13.21
2021	299.11	36.93	1.52	17.44

数据来源：根据2001—2021年CEPII BACI数据库计算得到。

2. 中国前十大消费电子产品进口来源国

表7-4列出了2001年和2021年中国前十大消费电子产品进口来源国。可以看出：

表 7-4 2001 年和 2021 年中国前十大消费电子产品进口来源国

排序	2001 年				2021 年			
	国家	消费电子产品进口总额/亿美元	占中国消费电子产品进口总额的比例/%	占进口来源国消费电子产品出口总额的比例/%	国家	消费电子产品进口总额/亿美元	占中国消费电子产品进口总额的比例/%	占进口来源国消费电子产品出口总额的比例/%
1	美国	9.99	26.98	6.42	越南	179.01	59.85	60.24
2	德国	3.64	9.83	6.70	韩国	56.83	19.00	29.07
3	英国	3.36	9.08	6.81	日本	14.47	4.84	30.31
4	日本	3.16	8.53	2.35	德国	5.87	1.96	13.58
5	加拿大	2.08	5.61	5.04	印度	5.40	1.81	57.77
6	瑞典	1.63	4.40	4.65	新加坡	4.05	1.35	24.19
7	意大利	1.63	4.39	6.99	美国	2.15	0.72	5.22
8	芬兰	1.60	4.31	7.15	泰国	1.98	0.66	6.61
9	比利时	1.37	3.69	7.60	马来西亚	0.80	0.27	5.61
10	以色列	1.06	2.87	5.22	以色列	0.59	0.20	9.04

数据来源：根据 2001 年和 2021 年 CEPII BACI 数据库计算得到。

第一，中国前十大消费电子产品进口来源国由发达国家转向发展中国家。2001 年，中国消费电子产品前十大进口来源国均为发达国家。其中，中国从第一大进口来源国美国进口的消费电子产品总额为 9.99 亿美元，占中国消费电子产品进口总额的比例为 26.98%；从德国、英国、日本以及加拿大进口的消费电子产品占比依次为 9.83%、9.08%、8.53%、5.61%；从其他国家进口的消费电子产品占比均不足 5%。2021 年，在前十大进口来源国中，有 4 个国家是发展中国家。其中，越南跃升为中国第一大消费电子产品进口来源国，中国自越南进口的消费电子产品总额高达 179.01 亿美元，占中国消费电子产品进口总额的比例高达 59.85%。值得注意的是，2021 年，在前十大进口来源国中，有 5 个国家为“一带一路”沿线国家，分别是越南、印度、新加坡、泰国以及马来西亚。

第二，中国消费电子产品进口来源地的集中度明显增加，并且，主要进口来源国对中国的依赖程度也明显增加。从中国消费电子产品进口来源地的集中度来看，2001—2021 年，中国从消费电子产品第一大进口来源国的进口占比由 26.98%增长为 59.85%；从消费电子产品前两大进口来源国的进口占比由 36.81%增长至 78.85%；从前三大进口来源国的进口占比由 45.89%增长至 83.69%。这表明，中国消费电子产品进口来源地的集中度大幅增加。从中国消费电子产品进口对主要进口来源国出口的贡献来看，与2001年相比，2021年中国消费电子产品进口对主要进口来源国该产品出口的贡献整体提升。2001年，中国消费电子产品进口占主要来源国出口额的比例均不超过8%；2021年，中国从前十大进口来源国进口的消费电子产品占其出口总额的比例大幅度提升。其中，越南、印度的比例较高，分别达到60.24%、57.77%；日本、韩国和新加坡的比例处于24%~31%；另有5个国家的比例处于5%~10%；其余则不足5%。

3. 中国消费电子产品进口的产品结构

表7-5和表7-6分别是2001年和2021年中国前五大消费电子产品进口情况。可以看出，第一，中国前两大消费电子进口产品的进口额均有所提高。线路电话以及电报设备的零件（851790）进口总额由2001年的15.01亿美元迅速增长至2021年的232.00亿美元，成为2021年中国第一大消费电子进口产品；录像以及再现设备（包括磁带）（852110）进口总额由2001年的0.52亿美元增长至2021年的66.10亿美元，成为2021年中国第二大消费电子进口产品。第二，中国消费电子产品进口的产品集中度进一步提高。2001—2021年，中国第一大消费电子产品的进口份额由46.80%增长为77.56%，前两大消费电子产品的进口份额由87.36%增长为99.66%。

表7-5　2001年中国消费电子产品进口结构

排序	HS 1992编码	产品名称	进口额/亿美元	占中国消费电子产品进口总额的比例/%
1	851740	载波电流线路系统设备	17.32	46.80
2	851790	线路电话以及电报设备的零件	15.01	40.56
3	851730	电话或电报交换设备	2.35	6.34
4	851782	电报设备	0.67	1.80
5	852110	录像以及再现设备（包括磁带）	0.52	1.40

数据来源：根据CEPII BACI数据库计算得到。

表7-6　2021年中国消费电子产品进口结构

排序	HS 1992编码	产品名称	进口额/亿美元	占中国消费电子产品进口总额的比例/%
1	851790	线路电话以及电报设备的零件	232.00	77.56
2	852110	录像以及再现设备（包括磁带）	66.10	22.10
3	852190	录像以及复制设备（不包括磁带）	0.24	0.08
4	851929	声音重放装置	0.20	0.07
5	900640	照相机、摄影（不包括电影摄影）	0.16	0.05

数据来源：根据CEPII BACI数据库计算得到。

三、中国家用电器产品进口的基本情况

1. 中国家用电器产品进口规模

如表 7-7 所示，2001—2021 年，中国家用电器产品进口规模从整体上看表现为稳步上升的态势，进口总额从 4.55 亿美元增长至 26.57 亿美元，2021 年大约为 2001 年的 5.84 倍，年均增长率为 9.22%。从不同阶段来看，2001—2004 年，家用电器产品进口总额高速增长，于 2005 年小幅下降后，2006—2008 年继续增长，2009 年有所下降，2010—2011 年开始回升，2012 年再次下降，2013—2017 年持续增长，并于 2018—2021 年呈现波动增长的发展态势。

从中国家用电器产品进口占中国进口总额的比例来看，占比始终低于 0.25%，意味着中国家用电器产品进口仍然具有较大的发展空间。从中国家用电器产品进口占世界家用电器产品进口总额的比例来看，占比在 2001—2021 年始终不足 1.5%。

表 7-7　2001—2021 年中国家用电器产品进口规模

年份	中国家用电器产品进口额/亿美元	中国家用电器产品进口额增长率/%	中国家用电器产品进口占中国进口总额的比例/%	中国家用电器产品进口占世界家用电器产品进口总额的比例/%
2001	4.55	—	0.22	0.68
2002	5.67	24.70	0.23	0.76
2003	6.21	9.47	0.18	0.72
2004	8.46	36.31	0.18	0.79
2005	8.44	-0.28	0.16	0.68
2006	8.59	1.78	0.13	0.57
2007	9.52	10.84	0.13	0.55
2008	9.90	3.99	0.12	0.53
2009	7.51	-24.16	0.10	0.46
2010	10.26	36.69	0.09	0.54
2011	13.04	26.99	0.09	0.69
2012	12.39	-4.99	0.09	0.68
2013	14.37	16.03	0.09	0.79
2014	16.74	16.48	0.11	0.89
2015	17.01	1.60	0.13	0.95
2016	17.02	0.07	0.14	0.98

续表

年份	中国家用电器产品进口额/亿美元	中国家用电器产品进口额增长率/%	中国家用电器产品进口占中国进口总额的比例/%	中国家用电器产品进口占世界家用电器产品进口总额的比例/%
2017	22.60	32.80	0.15	1.22
2018	21.98	-0.03	0.14	1.12
2019	24.03	9.31	0.12	1.25
2020	22.02	-8.33	0.11	1.09
2021	26.57	20.64	0.13	1.08

数据来源：根据 CEPII BACI 数据库计算得到。

2. 中国前十大家用电器产品进口来源国

表 7-8 列出了 2001 年和 2021 年中国前十大家用电器产品进口来源国。可以看出：

第一，中国主要从发达国家进口家用电器产品，且“一带一路”沿线国家对中国家用电器产品进口的重要性日益凸显。2001 年，日本是中国家用电器产品第一大进口来源国。中国从日本进口的家用电器产品总额为 1.29 亿美元，占中国家用电器产品进口总额的比例为 28.45%；德国次之，进口额为 0.49 亿美元，所占份额为 10.78%。中国从其他国家进口的家用电器产品所占份额均不足 10%。2021 年，德国成为中国家用电器产品第一大进口来源国，进口额为 4.29 亿美元，进口份额为 16.15%；越南成为中国家用电器产品第二大进口来源国，进口额为 4.10 亿美元，进口份额为 15.41%；马来西亚跃升为中国家用电器产品第三大进口来源国，进口额为 3.57 亿美元，进口份额为 13.45%。

第二，中国家用电器产品的进口来源地集中度有所下降，而前三大进口来源国对中国的依赖程度明显增加。从中国家用电器产品的进口来源地集中度来看，2001—2021 年，中国从家用电器产品第一大进口来源国进口的家用电器产品占比由 28.45%下降至 16.15%，下降了 12.30%；中国从家用电器产品前两大进口来源国的进口家用电器产品占比由 39.23%下降至 31.56%，下降了 7.67%。这表明中国家用电器产品的进口来源地集中度有所下降。从中国家用电器产品进口对主要来源国出口总额的贡献来看，与 2001 年相比，2021 年中国家用电器产品进口对前三大进口来源国总出口的贡献整体提升。2001 年，中国家用电器产品进口占前三大进口来源国出口总额的比例均不超过 3%；2021 年，中国从前三大进口来源国进口的家用电器产品占其出口总额的比例大幅度提升。中国从日本进口的家用电器产品占其出口总额的比例由 2001 年 2.79%提升至 2021 年 14.65%，提升了近 11.86%。

表 7-8　2001 年和 2021 年中国前十大家用电器产品进口来源国

排序	2001 年				2021 年			
	国家	进口额/亿美元	占中国家用电器产品进口总额的比例/%	占进口来源国家用电器产品出口总额的比例/%	国家	进口额/亿美元	占中国家用电器产品进口总额的比例/%	占进口来源国家用电器产品出口总额的比例/%
1	日本	1.29	28.45	2.79	德国	4.29	16.15	3.38
2	德国	0.49	10.78	0.90	越南	4.10	15.41	5.76
3	韩国	0.38	8.29	1.05	马来西亚	3.57	13.45	6.36
4	意大利	0.26	5.64	0.52	日本	2.91	10.95	14.65
5	新加坡	0.22	4.78	2.80	韩国	1.65	6.19	2.54
6	美国	0.22	4.75	0.57	波兰	1.27	4.77	0.88
7	俄罗斯	0.10	2.26	18.78	意大利	0.93	3.51	1.65
8	英国	0.07	1.61	0.43	美国	0.80	3.01	1.52
9	法国	0.06	1.26	0.19	阿拉伯联合酋长国	0.70	2.65	4.79
10	荷兰	0.05	1.19	0.41	法国	0.58	2.17	2.05

数据来源：根据 2001 年和 2021 年 CEPII BACI 数据库计算得到。

3. 中国家用电器产品进口的产品结构

表 7-9 和表 7-10 分别为 2001 年和 2021 年中国前十大家用电器进口产品。可以看出：

第一，中国前十大家用电器进口产品发生了较大的变化，只有缝纫机零件（845290）、彩色电视接收器/监视器/投影仪（852810）、烘干机（845129）、带电动机的家用电器（850990）以及双门组合式冰箱（841810）均于 2001 年和 2021 年同时位列中国家用电器产品前十大进口产品行列。其中，2001—2021 年，彩色电视接收器/监视器/投影仪（852810）的进口排名由第 3 升至第 1，进口额由 0.51 亿美元增长至 6.64 亿美元；烘干机（845129）的进口排名由第 5 升至第 3，进口额由 0.31 亿美元增长至 1.75 亿美元；带电动机的家用电器（850990）的进口排名由第 7 升至第 6，进口额由 0.26 亿美元增长至 1.49 亿美元；双门组合式冰箱（841810）的进口排名由第 9 升至第 4，进口额由 0.21 亿美元增长至 1.67 亿美元。缝纫机零件（845290）虽然进口排名有所下降，但进口额则有所提升。

第二，中国前十大家用电器进口产品的进口额均有所提高。2001 年，中国家用电器产品前十大进口产品的进口额均低于 1 亿美元；2021 年，彩色电视接收器/监视器/

投影仪（852810）成为中国家用电器产品第一大进口产品，进口额为6.64亿美元；家用吸尘器（850910）次之，进口额为2.46亿美元；烘干机（845129）再次之，进口额为1.75亿美元；双门组合式冰箱（841810）进口额为1.67亿美元，排名第4；电烹调、烧烤和烘焙设备（851660）进口额为1.53亿美元，排名第5；其余产品进口额均不足1.5亿美元。

第三，中国家用电器产品进口的产品集中度有所提高。2001—2021年，中国第一大家用电器产品的进口份额由16.77%增长至24.99%，增加了8.22%；中国前两大家用电器产品的进口份额由31.77%增长至34.25%，增加了2.48%。

第四，家用吸尘器（850910）、烘干机（845129）等新型家用电器产品进入中国前十大家用电器进口产品行列。2021年，家用吸尘器（850910）位列中国第二大家用电器进口产品，进口额为2.46亿美元；烘干机（845129）位列中国第三大家用电器进口产品，进口额为1.75亿美元。

表7-9　2001年中国前十大家用电器进口产品

排序	HS 1992 编码	产品名称	进口额/亿美元	占中国家用电器产品进口总额的比例/%
1	845229	缝纫机，书籍缝纫机除外	0.76	16.77
2	845290	缝纫机零件	0.68	15.00
3	852810	彩色电视接收器/监视器/投影仪	0.51	11.16
4	845221	自动缝纫机，书籍缝纫机除外	0.50	11.00
5	845129	烘干机	0.31	6.78
6	845130	熨烫机，包括定影机	0.29	6.45
7	850990	带电动机的家用电器	0.26	5.61
8	845090	家用或洗衣式洗衣机零件	0.22	4.83
9	841810	双门组合式冰箱	0.21	4.63
10	845210	家用缝纫机	0.17	3.73

数据来源：根据2001年CEPII BACI数据库计算得到。

表7-10　2021年中国前十大家用电器进口产品

排序	HS 1992 编码	产品名称	进口额/亿美元	占中国家用电器产品进口总额的比例/%
1	852810	彩色电视接收器/监视器/投影仪	6.64	24.99
2	850910	家用吸尘器	2.46	9.26
3	845129	烘干机	1.75	6.58
4	841810	双门组合式冰箱	1.67	6.28

续表

排序	HS 1992 编码	产品名称	进口额/亿美元	占中国家用电器产品进口总额的比例/%
5	851660	电烹调、烧烤和烘焙设备	1.53	5.77
6	850990	带电动机的家用电器	1.49	5.60
7	851631	电热吹风机	1.36	5.10
8	851010	剃须刀	0.84	3.15
9	845290	缝纫机零件	0.83	3.13
10	845011	全自动洗衣机	0.78	2.94

数据来源：根据 2021 年 CEPII BACI 数据库计算得到。

第二节　中国科技生活产品进口存在的问题

一、经济下行压力加大导致进口需求下降

世界经济形势错综复杂，发达国家经济复苏艰难曲折，新兴市场国家经济增速放缓，受国内外环境影响，中国经济下行压力加大。从消费电子产品品牌来看，消费电子产品市场自 2022 年以来一直保持下滑的趋势，其中，三星、小米等多个品牌都在早些时候主动降低了生产计划，将去库存定为 2022 年下半年的主要营销策略，但市场反馈依旧不如预期。从智能手机产品来看，市场研究机构 Canalys 发布了 2022 年第三季度的智能手机市场报告，全球市场持续下滑，同比下跌 9%①。

在全球对科技生活产品需求下降的背景之下，中国对部分科技生活产品的进口需求也会随之下降。具体来看：第一，对部分消费电子产品的进口需求有所下降。从会议培训类电子产品来看，进口市场对投影仪、LED 大型电子屏、电子白板和会场音响设备等线下会议培训类电子产品的需求下降；从旅游餐饮类电子产品来看，在线点餐将会减少进口市场对餐厅点餐机的需求；从室内健身类电子产品来看，户外健身将减少进口市场对室内健身的跑步机、重力自行车等健身设施的需求②。第二，对部分家用电器产品的进口需求有所下降。全国家用电器工业信息中心数据显示，2023 年第一季

① 只剩苹果大卖！三季度全球智能手机市场下跌 9%：需求持续低迷［EB/OL］. 雷科技，［2022-10-19］. https://www.360kuai.com/pc/92a38a1a4fb5929af?cota=3&kuai_so=1&sign=360_57c3bbd1&refer_scene=so_1.

② 张国庆. 疫情将改变消费电子发展方向［N］. 中国工业报，2020-02-17（008）.

度，彩电、空调、冰箱、洗衣机、厨卫和生活电器产品销售额累计达到1464亿元，同比下滑4.9%[①]。可以预见，国内市场对进口家电的需求也不容乐观。

二、大量境外消费导致进口动力不足

目前，国内消费者可通过直接出境旅游、海外代购以及电子商务网站等境外消费方式购买电饭煲、数码产品、手机、电脑等科技生活产品。世界旅游组织发布的报告显示，2017年中国游客境外消费总额位居全球第一，高达2580亿美元（刘明，2018[②]）。2023年8月，中国文化和旅游部发布《关于试点恢复旅行社经营中国公民赴有关国家和地区（第三批）出境团队旅游业务的通知》，随后，携程平台上出境游产品搜索瞬时增长超过20倍；中国旅游研究院发布的《2023年上半年出境旅游大数据报告》显示，2023年上半年出境游目的地共计接待内地（大陆）游客4037万人次，中国出境旅游和出境消费的有序复苏有望将全球消费需求推向新高潮[③]。

但是，大量的境外消费造成部分消费资金外流，进而降低了国内需求，科技生活产品进口缺乏动力。对于科技生活产品而言，消费者选择境外消费而非进口产品的原因在于：第一，境外消费的产品价格普遍低于同类型进口产品的价格。我国商务部的调查数据显示，数码产品等中高端产品在内地（大陆）的价格与港澳台等地区相比，高42%左右，和欧洲国家相比高68%左右，和美国相比高57%左右[④]。进口产品价格偏高的原因在于：①进口关税、消费税、增值税以及物流成本较高，国内分销体系不完善，流通环节过多等因素导致进口成本增加；②进口品牌厂商采取“半饥饿”营销策略，通过减少供给营造“供不应求”的品牌形象，进而推高产品售价、提高品牌尊崇度；③金融危机之后，欧美产品普遍采用打折和降价的手段刺激消费，国内进口产品的价格普遍上涨。

第二，通过境外消费的方式可以更好地满足国内消费者多样化的需求。出于对现行政策、产品特性、采购成本、市场评估等多方面的考虑，进口商选择的产品种类有限。相比之下，消费者在境外购买产品，可以拥有更多的品牌和产品种类的选择，进而满足多样化的消费需求。此外，国内外文化差异成为境外消费的诱因之一。部分国内消费者热衷于体验异域文化，会选择购买含有当地文化因素的产品。

---

① 内销改善 一季度家电市场逐渐恢复［EB/OL］. 家电头条，［2023-06-12］. https://new.qq.com/rain/a/20230612A017NE00.html.

② 刘明. 关税之降能否撬动进口之升［N］. 国际商报，2018-06-15（002）.

③ 贾平凡. 中国出境游再扩容，全球旅游业喜相迎［N］. 人民日报海外版，2023-08-21（010）.

④ 孟庆新. 如何让中国奢侈品境外消费回归理性［J］. 商场现代化，2018（7）：12-13.

三、“断供”事件导致进口零部件供给体系脆弱

目前，虽然我国在科技生活产品的关键零部件领域取得了一定的成就，但是，诸多关键零部件依旧高度依赖进口。根据工业和信息化部2018年对全国30多家大型制造业企业的调研结果，我国32%的关键材料仍为空白、52%依赖进口，70%以上智能终端处理器以及绝大多数存储芯片依赖进口[①]。2021年中国芯片进口额超过4300亿美元，占全球芯片销售额的77.8%，中国芯片自给率仅为36%[②]。美国等发达国家为保持自身的技术优势，通过对信息通信等领域实施出口管制以遏制中国技术性崛起，导致中国科技生活产品关键零部件的外部供给体系脆弱。具体来看：

第一，美国将我国头部信息通信企业列入管制“实体名单”。①美国对中兴通讯实施出口管制。2018年，美国商务部宣布7年内禁止美国企业向中兴通讯出口电信零部件产品，但是，中兴的基带芯片、射频芯片等20%~30%的零部件依赖美国，美国对中兴通讯实施的出口管制导致其处于破产的边缘[③]。②美国对华为实施出口管制。2019年5月，美国商务部以威胁国家安全为由，将华为及其70家附属公司列入管制“实体名单”[④]。谷歌、高通和英特尔等公司纷纷暂停与华为的合作，并停止处理器、安卓系统、芯片以及服务器的供应。2020年5月15日，华为再遭封杀，美商务部发文全面切断华为全球晶圆代工来源，即美国限制了全世界所有的半导体厂（包括晶圆代工、IDM厂），只要有使用到美国软件和设备，在为华为生产芯片之前，就需要获得美国政府的许可证[⑤]。

第二，美国游说英国等发达国家对我国高新技术企业进行限制。2016年英国“脱欧”公投后，英国政府规定仅在5G网络的“非核心”部分才可使用华为产品。美国将华为作为贸易谈判的矛头，游说英国彻底将华为排除在5G系统建设之外。在美国对华战略方针由“贸易战遏制”阶段转向“全面遏制”阶段的背景下，美国如果继续实施出口管制或扩大出口管制范围，或者游说其他发达国家限制我国信息通信企业发展，将使我国科技生活产品生产企业面临关键零部件供给中断风险，正常生产都会遭受

---

① 方太打造新物种 入局集成灶与净水器市场［EB/OL］. 经济网，［2019-08-15］. http：//www.ceweekly.cn/2019/0815/264497.shtml.

② 谢非，罗安. 非对称性贸易依赖关系对中国芯片进口的影响探究［J］. 改革，2022（6）：116-130.

③ 2018年04月18日赢家早盘题材消息［EB/OL］. 赢家财富网，［2018-04-18］. http：//www.yingjia360.com/jgsm/2018-04-18/43279.html.

④ 美国智库：限制向华为出口是一种危险策略［EB/OL］. 中国新闻网，［2019-05-24］. http：//www.chinanews.com/gn/2019/05-24/8846685.shtml.

⑤ 美商务部发文将全面切断华为全球晶圆代工来源，中方将强力反击［EB/OL］. 搜狐网，［2020-05-06］. https：//www.sohu.com/a/395537182_354973.

重创。

四、电子类“洋垃圾”走私冲击进口市场秩序

电子类“洋垃圾”包括废弃的家用电器、消费电子等产品，成分复杂。现阶段，电子类“洋垃圾”走私已经形成完整的黑色产业链，不法分子将走私的电子类“洋垃圾”进行加工销售，获得高额非法利润，冲击了正常的市场秩序，致使消费者利益受损。近年来，中国海关破获多起电子类“洋垃圾”走私案。例如，2019 年 6 月，江门海关破获一起走私废旧电器案，现场查扣涉嫌走私冰箱、洗衣机、抽湿机、音响器材等废旧电器 1000 余件，总重 24.7 吨[①]；2019 年 7 月，郑州海关所属机场海关在货运渠道查获一批“集成电路”，共计 2695 个，重 78 千克[②]。

电子类“洋垃圾”走私行为高发的根本在于高额利润的驱使。具体来看：

第一，运输“洋垃圾”能获得垃圾输出国的“处置补贴”。处理电子类“洋垃圾”的成本较高，且处理过程将给大气、土壤、地下水带来严重的污染。发达国家具有严格的环保法律和严密的社会监管机制，处理电子类“洋垃圾”需要缴纳高额费用。鉴于此，发达国家的企业会选择支付“处置补贴”，将垃圾输送至发展中国家。

第二，不法分子将电子类“洋垃圾”进行加工销售获取高额非法利润。发达国家居民环保意识较强，且具有严密的垃圾分类配套措施，产生的电子类“洋垃圾”回收利用分拣成本低，可作为低成本原材料投入生产。以笔记本电脑为例，从电子类“洋垃圾”中挑选出的笔记本电脑，通过更换配件、重组等加工环节，再加上场地和人工费用，最终成本在 400 元左右，而销售价格一般不低于 2000 元，利润率高达 400%[③]。不法分子将电子类“洋垃圾”加工后，通常将其作为二手产品进行售卖。售卖的产品不仅存在严重的质量问题，而且只有保修承诺没有退换货承诺，致使消费者利益严重受损。

五、终端设备的数据收集存储功能引发信息跨境传输安全问题

智能手机、智能家电以及可穿戴设备等终端设备在日常活动中收集了大量个人信

① 江门海关查获涉嫌走私废旧家用电器 24.7 吨［EB/OL］. 中华人民共和国海关总署网，［2019-06-25］. http://www.customs.gov.cn//customs/xwfb34/302425/2520876/index.html.

② 拒绝电子类“洋垃圾”！郑州海关查获进口“集成电路”2695 个［EB/OL］. 映象网，［2019-07-10］. http://news.hnr.cn/201907/10/48258.html.

③ 重庆电子“洋垃圾”现身 高利润推动走私贩卖［EB/OL］. 中国新闻网，［2010-06-10］. https://www.chinanews.com.cn/it/news/2010/06-10/2334456.shtml.

息、交易数据和外部数据，进口的科技生活产品对网络的高度依赖和数据云存储的方式导致了跨国信息安全问题。例如，跨国企业更容易利用其生产的科技生活产品或内置在科技生活产品中的 App 非法收集我国公民和企业的机密信息。进口科技生活产品导致的敏感信息泄露，不仅侵犯了我国公民的个人隐私权，给我国公民的人身财产安全带来威胁，还会给我国企业带来严重的经济损失，甚至成为影响国家安全的潜在威胁。

目前，我国对境外机构、组织、个人收集我国政府、企业和公民信息的行为缺乏有效监管，原因在于：第一，数据跨境传输缺乏立法保障。环节多、溯源难、跨法域等特性也决定了数据特别是敏感个人信息的跨境流动蕴含着较高的法律风险①。基于数据跨境流动立法而言，《中华人民共和国网络安全法》《中华人民共和国数据安全法》《中华人民共和国个人信息保护法》等均对数据及个人信息跨境流动的规则、相关主体的义务与责任作出了明确规定。但是，《中华人民共和国网络安全法》规定的数据跨境流动安全评估制度仍然比较宏观，相关的配套规定和标准也有待监管部门进一步厘定；《中华人民共和国个人信息保护法》关于数据跨境流动的规定较少，数据跨境流动领域的法律规范供给严重缺乏；作为所有重要法益的最后一道防线，《中华人民共和国刑法》对于数据安全保护的传统思路在数据跨境流动的安全风险规制方面呈现明显不足②③。第二，我国信息安全人才缺口过大，加剧了信息安全监管的难度。据统计，当前信息安全人才数量缺口高达 70 万人，预计到 2020 年将超过 140 万人，目前每年信息安全学历人才培养数量不足 1.5 万人，信息安全人才培养的数量远远满足不了社会需求④。与此同时，信息安全人才能力不足、人才培养与实际需求脱节等问题也比较突出。

六、售后服务外包策略难以保障进口产品售后服务质量

据统计，品牌企业在北上广等一线城市设立售后服务站点的年运营成本高达 80 万元，在三、四线城市设立站点的年运营成本高达 30 万元⑤。部分科技生活产品进口品牌基于成本和产品竞争力的考虑，采用售后服务外包策略，即通过签约、特约授权等

---

① 张继红，蔡雨倩．敏感个人信息跨境流动的国际规制［J］．广西社会科学，2023（7）：107-118.

② 李芷馨．个人数据跨境传输中域外立法管辖权的适用研究［J］．南海法学，2023，7（4）：101-113.

③ 阮紫晴．金融数据跨境流动的安全风险及刑法保护［C］//上海市法学会．《上海法学研究》集刊 2022 年第 5 卷——2022 世界人工智能大会法治论坛文集．苏州：苏州大学王健法学院，2022.

④ 我国网络空间安全人才缺口大［EB/OL］．新华网，［2019-09-18］．http://www.xinhuanet.com/politics/2019-09/18/c_1125011126.htm.

⑤ 何勇海．打破家电“小病大治”背后的利益共同体［N］．中国市场监管报，2019-03-28（002）.

方式指定第三方售后服务商。例如，上海百邦科技全资子公司是苹果签约的服务供应商，以苹果手机售后服务为主营业务[①]；西门子等家电企业利用自己产品市场稀有的独占地位，使用“特约授权”的方式指定售后服务厂商，并且对服务商和销售相关产品原装零配件进行指定[②]。

但是，科技生活产品进口品牌的售后服务网点布局及结构不合理、收费不合理等问题比较突出，部分进口品牌的售后服务甚至存在“小病大治”、误导推销、有意破坏产品再维修的违法违规行为[③]。售后服务外包是引发科技生活产品进口品牌售后服务问题的重要原因。具体来看：

第一，售后服务外包可能导致变相垄断。为了统一管理，进口品牌厂商滥用市场支配地位，规定原装零部件只提供给被特约授权的售后服务商，限制了消费者自由选择售后服务商的权利，直接损害了我国消费者的利益。

第二，售后服务外包商的盈利方式是导致售后服务问题的关键性因素。售后服务外包商的收入来源于两方面：①进口品牌厂商提供的基础服务费，如产品的基础安装等费用；②售后服务外包商通过为消费者提供高空作业等增值服务获取收入。对于售后服务外包商而言，进口品牌厂商提供的基础服务费有限，为保证经济利益，售后服务外包商不遗余力地为用户推荐收费项目，甚至做出违法违规行为。对于进口品牌厂商而言，为了维持与售后服务外包商的合作，必须保证售后服务外包商的经济利益，往往默许售后服务外包商的不当行为。这就影响了国内对进口产品的需求。

第三节　中国推动科技生活产品进口的政策建议

一、挖掘国内进口需求，扩大进口规模

为进一步改善消费环境，发挥消费基础性作用，国家发展改革委等 23 部门联合印发了《关于促进消费扩容提质加快形成强大国内市场的实施意见》，建议通过扩大优质商品进口、鼓励国际知名品牌在中国市场首发或同步上市新品、畅通跨境电商商品退

① 百邦科技全资子公司续签苹果授权服务供应商协议［N/OL］. 上海证券报，［2023-12-15］. https：//finance. eastmoney. com/a/202312152934775515. html.

② 黄文，戴嘉莹，杨蕊. 关于家电售后服务的法律研究［J］. 法制博览，2020（20）：76-77.

③ 鞠实. 家电售后须破除“特约授权”垄断［N］. 中国消费者报，2019-03-27（001）.

换货通道等方式改善进口商品供给①。可见，稳定和扩大进口商品消费成为我国重要的政策着力点之一。

收入水平变化、经济冲击等都可能导致消费者行为的转变，因此，政府和企业应及时调查消费者对一些特殊或者新兴科技生活产品的需求，进一步挖掘国内对进口科技生活产品的新需求，如健康管理（电子体温监测仪、升级版电子手环和电子病例）、家庭卫生（紫外线消毒鞋柜、具有杀毒功能的空气净化器、电子洗手机、电子消毒衣柜、电子洗菜机和电子口罩）、远程办公和在线教育（手机视频会议系统、语音识别系统、电子发票、电子签章、可以开视频会议的电视和可以开语音会议的智能音箱）等领域的科技生活产品。

二、缩小国内外价差，引导境外消费回流

缩小国内外价差是刺激国内需求、引导境外消费回流的有效途径。自 2018 年 7 月 1 日起，我国大幅度下调家用电器等产品的进口关税，但是，消费者的受益程度有限，主要原因：在降税范围内的进口产品，多数在国内市场并不占据主导地位；降税福利由国外出口商、国内进口商、中间营销商和消费者共享，即降税福利大部分由非消费者享有。因此，我国政府应根据国内居民对科技生活产品的实际消费需求，进一步降低主流产品的进口关税，同时，鼓励国际品牌企业实施境内外“同价政策”，从而切实促进境外消费回流。

对于国际品牌企业来说，一方面，国际品牌企业可以通过折扣和售后优惠等方式降低中国进口产品的实际售价，从而使国内消费者更多关注进口科技生活产品，进而增加对进口科技生活产品的需求；另一方面，国际品牌企业应进一步完善物流配送体系，加强与大型物流企业的合作，减少流通环节，提高流通效率，降低物流成本，从而在一定程度上降低在中国的销售价格。

三、加大创新投入，防范关键零部件进口风险

为了保障科技生活产品关键零部件供应渠道安全，政府应千方百计保持进口渠道稳定，避免零部件进口中断风险；企业应重视自主研发，突破技术“瓶颈”，提高自给能力，从根本上避免核心零部件受制于人。具体来看：

---

① 国家发展改革委等 23 部门联合印发《关于促进消费扩容提质加快形成强大国内市场的实施意见》［EB/OL］. 中央网络安全和信息化委员会办公室，中华人民共和国国家互联网信息办公室，［2020-03-04］. http：//www.cac.gov.cn/2020-03/14/c_ 1585731495962644.htm.

第一，政府应加强知识产权保护程度和执法力度，进一步推动产学研协作深化，加强与发达国家之间的技术性合作，保持进口渠道稳定。具体表现为：①美国一直将知识产权作为对中国发起出口管制的借口，中国可以借机完善知识产权制度，提高知识产权保护执法力度，缓和中美贸易关系，进而保障现有进口渠道的安全。②我国政府应进一步推动研究型大学与科学院和企业间的科教融合发展，强化科研信息沟通与知识交流，加快建设科研与教育共同体，为实现长期科技生活产品关键零部件自主可控生产奠定基础。③我国政府应借助进博会平台，让全球科技龙头企业展示先进科技生活产品、关键零部件和核心技术，促使中外企业充分对接、深挖合作机会，努力拓展进口渠道。④我国政府应进一步降低科技生活产品关键零部件的进口关税，支持企业扩大核心零部件进口规模并进行储备，以应对短期进口中断风险。

第二，政府应加大对国内零部件生产企业的支持力度，助力国内企业突破关键零部件技术“瓶颈”，打破核心零部件长期依赖进口的局面。目前，关键零部件国内生产企业仍然存在“重招商引资和市场规模，轻创新和人才培养”的问题，发展方式亟待改变。政府可通过加强统筹规划和资源整合、加大财税支持力度、拓宽投融资渠道、加强人才队伍建设以及扩大国际交流与合作等保障措施，促进科技生活产品核心零部件行业的研发和发展。另外，企业自身应重视自主研发，加大研发投入，提高自给能力。

四、强化非法入境管控，维持进口市场秩序

为防范电子类“洋垃圾”走私风险，维护正常的科技生活产品进口市场秩序，保障消费者权益，政府应从国内国外两方面入手，强化对电子类“洋垃圾”非法入境的管控。

第一，从国内看，政府应贯彻落实“智关强国”行动，聚焦当前海关监管面临的“洋垃圾”走私风险，加大检验、监管、宣传和防范力度，保持打击“洋垃圾”走私的高压态势。具体来看：①海关部门应通过大数据系统确定查验重点，积极推广先进检验设备，充分发挥CT机、“智检人”等设施设备的优势，实现“智慧查验”，提高检验效率；②生态环境部、国家市场监督管理总局以及海关总署等部门应进一步加强合作，从严审查进口固体废物申请，减量审批固体废物进口许可证，控制许可进口总量，加大全过程监管力度；③政府应加大法治宣传力度，提高企业守法意识，同时加大查处力度，增加企业违法成本。

第二，从国外看，政府应加快建立国际合作机制，扩大国际合作范围，共同打击

“洋垃圾”走私行为。一方面，我国应推动与越南、菲律宾和马来西亚等东盟国家建立“洋垃圾”反走私合作机制，适时发起区域性联合执法行动；另一方面，我国应加强与世界海关组织、国际刑警组织、联合国环境规划署等机构的合作，并高效利用国际执法合作渠道，共同构筑“洋垃圾”防御长城。

五、完善数据跨境传输法律法规，防范信息安全风险

为有效防范进口的科技生活产品带来的信息安全风险，政府一方面应尽快完善数据跨境传输相关法律法规，建立健全网络信息预警系统，同时，加强国际合作，共同组建国际数据传输协调机制；另一方面应借鉴先进国家的经验，建立健全信息安全人才培养机制。

第一，政府应该进一步完善数据跨境传输相关的法律法规。①明确界定相关定义和监管范围。一方面，政府可进一步规定，由境外主体主动实施的涉及境内数据或在境外实施的访问、共享等使用境内数据的行为均属于数据出境行为；另一方面，政府应明确敏感信息的定义，对于敏感信息设置更加严格的监管条件。②基于数据特征对跨境数据进行分级分类管理。为了避免国外企业非法收集我国居民数据，我国有必要加强专项数据规则的制定，对数据进行分级分类管理，既保证数据的充分流动，又坚定维护我国公民的个人信息安全和国家数据安全。③在现行刑法中增设直接以数据为犯罪对象的罪名。政府应落实对数据控制者数据安全保护义务违反的责任追究，明确数据犯罪与传统犯罪的区分与适用，由此加强数字时代刑法对数据安全风险的积极应对①。

第二，改变传统被动的防御方式，建立“主动免疫”的网络信息预警系统。《国内外敏感信息泄露案例分析》的统计数据显示，73.23%的个人信息泄露是黑客主动入侵导致的②，在此背景下，被动的“打补丁”网络防护模式效率过低，漏洞修补滞后于漏洞发现，已经难以有效地应对漏洞暴露的安全风险，政府应在可承受成本范围内，拓展“数据自保”类技术使用范围，建立“前岗哨、后控制”的安全体系设置，高效率实现监控和预警功能。

第三，积极建立国家间的数据传输协调机制。世界各国的互联网普及程度、信息安全法制规定、监管水平以及公民意识存在较大的差别，我国政府在完善国内相关法

---

① 阮紫晴．金融数据跨境流动的安全风险及刑法保护［C］//上海市法学会．《上海法学研究》集刊2022年第5卷——2022世界人工智能大会法治论坛文集．苏州：苏州大学王健法学院，2022.

② 国内外敏感信息泄露案例汇总分析［EB/OL］．安全牛，［2017-07-28］．https：//www.aqniu.com/industry/26957.html.

律法规时，应积极参与国际规则制定，充分保障我国企业和个人的信息安全，建立安全便捷的企业、个人信息数据国际传输制度。

第四，加大关键领域敏感信息监管技术方面的研发投入，重视信息安全人才培养。当前信息泄露的特点是全方位的泄露，民众、他国政府、恐怖分子都可以获知信息，这是对国家最现实的威胁①。因此，一方面，政府应依托国家顶层设计和支持力度，加大信息监管尤其是信息监管技术研发方面的投入，从而加强对关键领域敏感信息的监控和获取；另一方面，政府应借鉴先进国家经验，加强顶层设计，制定我国网络空间安全人才中长期发展规划，同时，全国各大高校应根据企业提供的用人标准，加快相关学科和专业设置，培养信息安全储备人才。

六、探索多种售后服务方式，保障消费者售后权益

全球科技生活产业呈现寡头垄断趋势，竞争日益激烈，售后服务已经成为提升竞争力的关键。一方面，我国政府应重视售后服务外包引致的垄断问题，维护消费者合法权益；另一方面，进口生产商应从维护品牌形象和获取长远利益出发，探索多种售后服务制度，充分重视售后服务质量，提高科技生活产品吸引力。具体来看：

第一，重视售后服务外包引致的垄断问题。进口品牌厂商规定原装零部件只提供给其在特定地区设定的唯一服务商。《中华人民共和国反垄断法》明确规定，禁止具有市场支配地位的经营者，没有正当理由，限定交易相对人只能与其进行交易或者只能与其指定的经营者进行交易。特约授权制度违反了《中华人民共和国反垄断法》的相关规定，政府应对特约授权制度提出反垄断诉讼，加强对进口科技生活产品售后服务市场的监管，维护消费者的合法权益。

第二，科技生活产品进口厂商可探索多种方式以优化售后服务。①中央维修制度。由于设立售后服务站点的成本颇高，进口品牌厂商可以采用中央维修制度，同时加强与第三方物流公司的合作，尽力缩短物流时间、降低物流成本②。消费者可使用第三方快递将待修产品运送至中央维修中心，中央维修中心可使用逆向物流将维修好的产品送至消费者手中。物流费用由进口品牌厂商和第三方物流公司统一集中结算，以保证在保修期内整个服务过程对消费者无条件免费。②售后共享服务制度。进口品牌厂商

---

① 李兴．信息泄露给国际政治增添哪些新变数［J］．人民论坛，2017（20）：25-27.

② 苏亮．檀冲：中央维修推动全行业的“化学反应”［J］．家用电器，2015（3）：68-69.

可打造独立运营的集服务运营、维修技术于一体的综合性共享平台①。平台不仅可以免费为在保修期内的自有品牌产品提供服务，也可以有偿承接外部品牌的售后服务需求。此外，进口品牌售后部门可考虑开发维修专用型 App，帮助售后维修人员迅速检验、判别故障，并提供可行维修方案，有效解决服务人员维修技能薄弱等问题。

① 杨浩．家电售后共享服务平台应用实践与探讨［J］．电器，2019（11）：74-75.

第八章 中国品质生活消费品进口发展的事实、问题与对策

中国扩大品质生活消费品进口，一方面可以缓解国内低端供给相对过剩、中高端供给相对不足的尴尬局面，更好满足人民群众对高品质生活的需要；另一方面，也能发挥“鲇鱼效应”，倒逼国内企业提高产品质量，促进产业升级。本章以 CEPII BACI 数据库中 1992 版本 HS 六位码数据作为统计基础，界定 14 类商品为品质生活消费品，具体包括：服装服饰[①]、家具及家居用品、鞋、美妆日化、体育用品、玩具、珠宝首饰、箱包、文创用品、钟表、宠物用品、母婴用品、艺术品、饰品。本章首先分析了中国品质生活消费品进口的基本情况，其次分析了中国品质生活消费品进口存在的问题，最后针对存在问题提出了切实可行的政策建议。

表 8-1 品质生活消费品分类及对应的 HS 1992 编码

品质生活消费品分类	HS 1992 编码
服装服饰	401519、401590、420310、420321、420329、420330、420340、430310、430390、610333、610339、610341、610342、610343、610349、610411、610412、610413、610419、610421、610422、610423、610429、610431、610432、610433、610439、610441、610442、610443、610444、610449、610451、610452、610453、610459、610461、610462、610463、610469、610510、610520、610590、610610、610620、610690、610711、610712、610719、610721、610722、610729、610791、610792、610799、610811、610819、610821、610822、610829、610831、610832、610839、610891、610892、610899、610910、610990、611010、611020、611030、611090、611110、611120、611130、611190、611211、611212、611219、611220、611231、611239、611241、611249、611300、611410、611420、611430、611490、611511、611512、611519、611520、611591、611592、611593、611599、611610、611691、611692、611693、611699、611710、611720、611780、611790、620111、620112、620113、620119、620191、620192、620193、620199、620211、620212、620213、620219、620291、620292、620293、620299、620311、620312、620319、620321、620322、620323、620329、620331、620332、620333、620339、620341、620342、620343、620349、620411、620412、620413、

① 本章研究的服装服饰类消费品包含服装服饰配件。

续表

品质生活消费品分类	HS 1992 编码
服装服饰	620419、620421、620422、620423、620429、620431、620432、620433、620439、620441、620442、620443、620444、620449、620451、620452、620453、620459、620461、620462、620463、620469、620510、620520、620530、620590、620610、620620、620630、620640、620690、620711、620719、620721、620722、620729、620791、620792、620799、620811、620819、620821、620822、620829、620891、620892、620899、620910、620920、620930、620990、621010、621020、621030、621040、621050、621111、621112、621120、621131、621132、621133、621139、621141、621142、621143、621149、621210、621220、621230、621290、621310、621320、621390、621410、621420、621430、621440、621490、621510、621520、621590、621600、621710、621790、630900、650100、650200、650300、650400、650510、650590、650610、650691、650692、650699、650700
家具及家居用品	340600、392210、392220、392290、392410、392490、441900、442110、442190、480300、481410、481420、481430、481490、481810、481820、481830、481840、481850、481890、570110、570190、570210、570220、570231、570232、570239、570241、570242、570249、570251、570252、570259、570291、570292、570299、570310、570320、570330、570390、570410、570490、570500、581100、630110、630120、630130、630140、630190、630210、630221、630222、630229、630231、630232、630239、630240、630251、630252、630253、630259、630260、630291、630292、630293、630299、630311、630312、630319、630391、630392、630399、630411、630419、630491、630492、630493、630499、630710、630800、660110、660191、660199、691010、691090、691110、691190、691200、691390、691410、691490、701310、701321、701329、701331、701332、701339、701391、701399、732181、732182、732183、732391、732392、732393、732394、732399、732410、732421、732429、732490、741810、741820、761510、761520、821410、821420、821490、821510、821520、821591、821599、830110、830120、830130、830140、830150、830160、830170、830250、830260、830300、830630、830810、830820、830890、842310、330749、340111、340211、340212、340213、340219、340220、340290、961610
鞋	640110、640191、640192、640199、640211、640219、640220、640230、640291、640299、640311、640319、640320、640330、640340、640351、640359、640391、640399、640411、640419、640420、640510、640520、640590
美妆日化	330300、330410、330420、330430、330491、330499、330510、330520、330530、330590、330710、330720、330730、330790、340119、340120、630790、670300、670411、670419、670420、670490、900130、960329、961511、961519、961590、961620、821210、821290、821420
体育用品	950611、950612、950619、950621、950629、950631、950632、950639、950640、950651、950659、950661、950662、950669、950670、950691、950699、420321、640319、640212、640312、640411、843280、890391、890399、950410、950420、950430、950440、950450、950710、950720、950730、950790、950490、611211、611212、611219、611220、611231、611239、611241、611249、621111、621112、621120
玩具	950100、950210、950291、950299、950310、950320、950330、950341、950349、950350、950360、950370、950380、950390、950440、950490、950410、950420、950430
珠宝首饰	711311、711319、711320、711411、711419
箱包	420211、420212、420219、420221、420222、420229、420231、420232、420239、420291、420292、420299

续表

品质生活消费品分类	HS 1992 编码
文创用品	920110、920120、920190、920210、920290、920510、920590、920600、920710、920790、920810、920890、920910、920920、920930、920991、920992、920993、920994、920999、960810、960820、960831、960839、960840、960850、960860、960891、960899、960910、960920、960990、961000、961100、961210、961220、480100、480210、480220、480230、480240、480251、480252、480253、480260、480510、480521、480522、480523、480529、480530、480540、480550、480560、480570、480580、480620、480630、480910、480920、480990、481610、481620、481630、481690、481710、481720、481730、481960、482010、482020、482030、482040、482050、482090、490110、490191、490199、490210、490290、490300、490400、490510、490591、490599、490600、490700、490810、490890、490900、491000、830510、830520、830590
钟表	910111、910112、910119、910121、910129、910191、910199、910211、910212、910219、910221、910229、910291、910299、910310、910390、910400、910511、910519、910521、910529、910591、910599
宠物用品	230910、230990
母婴用品	190110、871500、611110、611120、611130、611190、620910、620920、620930、620990
艺术品	970110、970190、970200、970300、970400、970500、970600
饰品	442010、442090、691310、830621、830629、960110、960190、711719、711790

第一节　中国品质生活消费品进口的基本情况

一、中国品质生活消费品的进口规模

表 8-2 显示了 2001—2021 年中国品质生活消费品的进口规模。从中可以看出：

第一，中国品质生活消费品的进口规模总体表现出稳步上升的发展态势。进口总额由 2001 年的 26.50 亿美元增长至 2021 年的 519.48 亿美元，年均增长率约为 16%。从发展趋势来看，2001—2008 年，中国品质生活消费品进口规模处于持续增长阶段，进口总额由 26.50 亿美元增长至 84.12 亿美元，年均增长率达到 17.94%；2009 年中国品质生活消费品进口额小幅下降，比 2008 年减少 0.74 亿美元；2010—2021 年，中国品质生活消费品进口总额继续高速增长，进口总额由 106.81 亿美元增长至 519.48 亿美元，年均增长率为 17.13%。

第二，中国品质生活消费品进口规模相对较小。从中国品质生活消费品进口占中国进口总额的比例来看，2001—2021 年，这一比例始终低于 3%；从中国品质生活消费品进口占世界品质生活消费品进口总额的比例来看，2001—2021 年，这一比例始终低于4%。2021 年，中国进口占世界进口总额的比例高达 12%左右，与中国进口的国际占比相比，中国品质生活消费品进口的国际占比较低。

表 8-2　2001—2021 年中国品质生活消费品的进口规模及占比

年份	进口额/亿美元	进口额增长率/%	占中国进口总额的比例/%	占世界品质生活消费品进口总额的比例/%
2001	26.50	—	1.30	0.53
2002	29.29	10.53	1.19	0.55
2003	33.36	13.89	0.96	0.56
2004	40.44	21.22	0.88	0.59
2005	47.31	17.00	0.88	0.64
2006	55.14	16.54	0.86	0.68
2007	68.33	23.93	0.95	0.74
2008	84.12	23.11	0.98	0.83
2009	83.38	-0.89	1.06	0.93
2010	106.81	28.10	0.96	1.08
2011	153.02	43.27	1.10	1.35
2012	153.29	0.18	1.08	1.36
2013	171.87	12.12	1.09	1.45
2014	194.53	13.18	1.27	1.56
2015	225.36	15.85	1.77	1.87
2016	246.08	9.19	1.99	2.07
2017	300.83	22.25	1.96	2.45
2018	353.80	17.61	2.20	2.53
2019	379.95	7.39	2.41	2.68
2020	431.76	13.64	2.78	3.21
2021	519.48	20.32	2.64	3.30

数据来源：根据 CEPII BACI 数据库计算得到。

二、中国品质生活消费品的进口来源地结构

表 8-3 为 2001 年和 2021 年中国从不同类型国家进口品质生活消费品的基本情况。从中可以看出：

第一，中国品质生活消费品进口的主要来源地集中在 G7、OECD 国家、发达国家

和高收入国家。2001—2021 年，中国从 G7 进口的品质生活消费品占中国品质生活消费品进口总额的比例由 29.63%增长至 41.83%，增长了 12.20%；中国从 OECD 国家进口的品质生活消费品占比由 49.12%增长至 74.71%，增长了 25.59%；中国从发达国家进口的品质生活消费品占比由 50.42%增长至 78.83%，增长了 28.41%；中国从高收入国家进口的品质生活消费品占比由 50.38%增长至 78.36%，增长了 27.98%。

第二，除金砖国家和低收入国家外，中国从不同类型国家进口的品质生活消费品占中国品质生活消费品进口总额的比例均有所上升，占进口来源地出口总额的比例也有所上升。值得注意的是，中国从“一带一路”沿线国家进口的品质生活消费品规模快速增长，占中国品质生活消费品进口总额的比例由 2001 年的 10.82%增长到 2021 年的 20.74%，增加了近 10%。

表 8-3　中国从不同类型国家进口品质生活消费品的基本情况

进口来源地	2001 年			2021 年		
	进口额/亿美元	占中国品质生活消费品进口总额的比例/%	占进口来源地品质生活消费品出口总额的比例/%	进口额/亿美元	占中国品质生活消费品进口总额的比例/%	占进口来源地品质生活消费品出口总额的比例/%
G7	7.85	29.63	0.54	217.32	41.83	6.28
金砖国家	1.07	4.02	0.65	3.65	0.70	0.72
“一带一路”沿线国家	2.87	10.82	0.27	107.77	20.74	2.39
非“一带一路”沿线国家	14.85	56.05	0.58	395.14	76.06	6.60
OECD 国家	13.02	49.12	0.55	388.12	74.71	6.26
非 OECD 国家	4.70	17.74	0.38	114.79	22.10	2.67
发达国家	13.36	50.42	0.58	409.51	78.83	6.63
发展中国家	4.36	16.44	0.33	93.40	17.98	2.16
高收入国家	13.35	50.38	0.60	407.08	78.36	7.06
中等收入国家	2.40	9.07	0.20	74.41	14.32	1.88
低收入国家	1.96	7.41	0.94	21.42	4.12	2.79

数据来源：根据 CEPII BACI 数据库计算得到。

注：本章共涉及 64 个“一带一路”沿线国家（魏浩、巫俊，2017）；为了保证前后年份的可比性，本章将 2000 年之前加入 OECD 的国家定义为 OECD 国家，共计 28 个；“一带一路”沿线国家、非“一带一路”沿线国家占中国进口总额的比例之和小于 1，主要原因在于部分国家没有同时报告 2001 年、2021 年的中国进口额数据和出口总额数据，这些国家没有统计在内。OECD 国家、非 OECD 国家，高收入国家、中等收入国家及低收入国家的情况类似。此外，高收入国家、中等收入国家及低收入国家的划分标准来源于世界银行，具体可参见 https://data.worldbank.org.cn/country。

三、中国品质生活消费品的进口商品结构

表8-4为2001年和2021年中国品质生活消费品的进口商品结构。从中可以看出：

第一，中国各类品质生活消费品的进口规模均有所增加。其中，美妆日化进口额的增长幅度最大，2021年比2001年增加了165.08亿美元；服装服饰进口额的增长幅度次之，2021年比2001年增加了73.11亿美元；其他种类消费品的进口额也均有一定幅度的提高。

第二，中国品质生活消费品的主要进口商品为美妆日化和服装服饰。2021年，美妆日化类消费品进口总额为167.28亿美元，占中国品质生活消费品进口总额的比例高达27.58%，是品质生活消费品中的第一大进口商品；服装服饰类消费品是品质生活消费品中的第二大进口商品，进口额为84.90亿美元，所占份额为14.00%。

第三，中国品质生活消费品的进口商品集中度有所降低。2021年，中国进口的前三大品质生活消费品分别为美妆日化、服装服饰和文创用品，进口额分别为167.28亿美元、84.90亿美元和65.62亿美元，进口份额分别为27.58%、14.00%和10.82%。2021年，中国进口的第一大、前两大、前三大品质生活消费品进口额累计占比分别为27.58%、41.58%、52.40%，较2001年分别下降了3.45%、16.19%、22.13%。

表8-4　中国品质生活消费品的进口商品结构

商品类型	2001年		2021年	
	进口额/亿美元	占中国品质生活消费品进口总额的比例/%	进口额/亿美元	占中国品质生活消费品进口总额的比例/%
美妆日化	2.20	5.79	167.28	27.58
服装服饰	11.79	31.03	84.90	14.00
文创用品	10.16	26.74	65.62	10.82
家具及家居用品	6.37	16.76	54.72	9.02
箱包	0.31	0.82	39.95	6.59
母婴用品	0.59	1.56	39.57	6.52
鞋	0.48	1.27	37.67	6.21
珠宝首饰	1.20	3.17	37.81	6.23
钟表	0.46	1.21	36.40	6.00
体育用品	1.79	4.71	17.17	2.83
宠物用品	0.66	1.74	10.74	1.77
玩具	1.38	3.62	7.35	1.21

续表

商品类型	2001 年		2021 年	
	进口额/亿美元	占中国品质生活消费品进口总额的比例/%	进口额/亿美元	占中国品质生活消费品进口总额的比例/%
艺术品	0.20	0.54	4.75	0.78
饰品	0.40	1.05	2.62	0.43

表 8-5 为中国在世界品质生活消费品进口贸易中的占比情况，从中可以看出，2001—2021 年，中国各类品质生活消费品进口在世界进口贸易中的地位均有所提升。其中，中国母婴用品进口占世界此类商品进口总额的比例的增长幅度最大，由 0.69%增长至 16.29%，增加了近 16%；美妆日化次之，由 0.56%增长至 10.57%，增加了 10%以上；钟表排名第 3，由 0.27%增长至 8.44%，增加了约 8%；文创用品和箱包进口占比分别由 1.22%、0.24%增长至 6.92%、5.88%，均增加了约 6%。其余品质生活消费进口占比的增长幅度不足 5%。

表 8-5　中国各类品质生活消费品进口占世界同类商品进口总额的比例　(%)

商品类型	2001 年	2005 年	2010 年	2015 年	2021 年
母婴用品	0.69	0.93	4.27	10.55	16.29
美妆日化	0.56	0.84	1.65	3.48	10.57
钟表	0.27	1.95	4.7	3.83	8.44
文创用品	1.22	1.26	2.44	2.62	6.92
箱包	0.24	0.3	0.99	1.87	5.88
珠宝首饰	0.9	0.85	0.86	1.33	3.99
鞋	0.08	0.23	0.6	1.63	2.78
宠物用品	1.23	0.85	1.05	1.07	2.63
艺术品	0.21	0.25	0.79	0.99	2.07
饰品	0.72	0.8	1.02	0.95	1.93
家具及家居用品	0.35	0.46	0.97	1.74	1.82
服装服饰	0.51	0.54	0.57	1.26	1.6
体育用品	0.55	0.87	1.09	1.17	1.45
玩具	0.49	0.62	0.74	0.76	0.72

数据来源：根据 CEPII BACI 数据库计算得到。

表 8-6 为“一带一路”沿线国家在中国各类品质生活消费品进口总额中的占比情

况。从中可以看出：

第一，中国主要从“一带一路”沿线国家进口鞋、文创用品、服装服饰和体育用品等品质生活消费品。2021 年，中国从“一带一路”沿线国家进口的鞋、文创用品、服装服饰和体育用品占中国同类商品进口总额的比例均处于 40%以上，分别为 66.53%、54.97%、42.44%和 40.54%。

第二，“一带一路”沿线国家在中国品质生活消费品进口贸易中的地位日益提升。具体来看，除宠物用品和钟表之外，中国从“一带一路”沿线国家进口的各类品质生活消费品占中国同类商品进口总额的比例均有所增加。其中，鞋类进口占比的增长幅度最大，由 2001 年的 26.55%增长至 2021 年的 66.53%，增长了近 40%；服装服饰进口占比的增长幅度次之，由 2001 年的 5.49%增长至 2021 年的 42.44%，增长了近 37%；玩具进口占比的增长幅度排名第 3，由 2001 年的 3.84%增长至 2021 年的 39.70%，增长了近 36%；体育用品进口占比的增长幅度由 2001 年的 6.24%增长至 2021 年的 40.54%，增长了约 34%；其余品质生活消费品进口占比的增长幅度均不足 30%。

表 8-6　中国从“一带一路”沿线国家进口的各类品质生活消费品占中国同类商品进口总额的比例

（%）

商品类型	2001 年	2005 年	2010 年	2015 年	2021 年
鞋	26.55	49.81	56.14	68.57	66.53
文创用品	32.91	9.49	8.12	18.10	54.97
服装服饰	5.49	6.56	23.26	44.43	42.44
体育用品	6.24	10.87	16.07	22.33	40.54
玩具	3.84	16.18	24.05	50.42	39.70
家具及家居用品	12.06	16.19	28.73	14.02	24.71
美妆日化	14.94	13.69	8.45	8.56	18.42
饰品	8.69	16.51	35.44	52.53	17.76
箱包	4.61	15.67	12.29	27.22	12.46
宠物用品	17.93	6.52	4.31	15.25	9.34
珠宝首饰	1.77	9.98	3.87	9.91	4.96
钟表	8.71	7.59	5.78	7.01	4.46
艺术品	3.49	10.27	9.83	3.51	4.13
母婴用品	0.88	44.88	52.20	11.01	1.96

数据来源：根据 CEPII BACI 数据库计算得到。

四、中国服装服饰类消费品的进口结构

1. 中国服装服饰类消费品的进口来源国结构

表 8-7 显示了 2001 年和 2021 年中国服装服饰类消费品的前十大进口来源国。从中可以看出：

第一，中国服装服饰类消费品的前十大进口来源国发生了较大的变化。与 2001 年相比，2021 年，只有日本、意大利、韩国和法国仍为中国服装服饰前十大进口来源国，其中，日本、韩国的排名有所下降，日本由第 1 位下降至第 9 位，韩国由第 2 位下降至第 4 位；意大利和法国的排名有所上升，分别由第 4 位、第 10 位上升至第 1 位、第 3 位。

第二，越南成为中国服装服饰第二大进口来源国。2001 年，越南并未进入中国服装服饰前十大进口来源国行列；2021 年，越南跃升为中国服装服饰第二大进口来源国，进口额达到 10.04 亿美元，所占份额高达 11.82%。

第三，中国服装服饰进口市场集中度进一步提高。2001 年，中国从第一大、前两大、前三大进口来源国进口的服装服饰累计占比为 10.62%、20.52%、22.81%，2021 年，以上数据变化为 20.20%、32.02%、42.85%，分别增加了 9.58%、11.50% 和 20.04%。

表 8-7　中国服装服饰类消费品的前十大进口来源国情况

排序	2001 年				2021 年			
	国家	进口额/亿美元	占中国服装服饰进口总额的比例/%	占进口来源国服装服饰出口总额的比例/%	国家	进口额/亿美元	占中国服装服饰进口总额的比例/%	占进口来源国服装服饰出口总额的比例/%
1	日本	1.24	10.62	17.47	意大利	17.15	20.20	6.92
2	韩国	1.16	9.90	2.52	越南	10.04	11.82	3.17
3	朝鲜	0.27	2.29	24.05	法国	9.20	10.83	7.51
4	意大利	0.23	1.95	0.18	韩国	5.20	6.12	22.83
5	美国	0.22	1.91	0.41	孟加拉国	4.07	4.79	0.93
6	以色列	0.17	1.47	2.07	马来西亚	3.94	4.64	2.89
7	英国	0.11	0.93	0.36	柬埔寨	3.32	3.91	2.67
8	澳大利亚	0.11	0.92	2.73	西班牙	3.11	3.66	2.04
9	比利时	0.09	0.77	0.39	日本	2.50	2.95	23.72
10	法国	0.08	0.67	0.17	印度尼西亚	2.50	2.95	2.52

数据来源：根据 CEPII BACI 数据库计算得到。

表 8-8 为 2001 年和 2021 年中国从“一带一路”沿线国家进口服装服饰的进口来源国结构。从中可以看出：目前，越南、孟加拉国和马来西亚是当前中国服装服饰主要的进口来源国。2021 年，中国从越南、孟加拉国、马来西亚进口的服装服饰总额分别为 10.04 亿美元、4.07 亿美元、3.94 亿美元，占中国服装服饰进口总额的比例分别为 11.82%、4.79%、4.64%。中国从其他“一带一路”沿线国家进口的服装服饰占中国服装服饰进口总额的比例均不足 4%。另外，中国服装服饰进口对进口来源国服装服饰出口的贡献有所上升。

表 8-8　中国从“一带一路”沿线国家进口服装服饰情况

排序	2001 年				2021 年			
	国家	进口额/亿美元	占中国服装服饰进口总额的比例/%	占进口来源国服装服饰出口总额的比例/%	国家	进口额/亿美元	占中国服装服饰进口总额的比例/%	占进口来源国服装服饰出口总额的比例/%
1	以色列	0.17	1.47	2.07	越南	10.04	11.82	3.17
2	印度尼西亚	0.08	0.64	0.13	孟加拉国	4.07	4.79	0.93
3	蒙古	0.06	0.55	3.44	马来西亚	3.94	4.64	2.89
4	越南	0.06	0.54	0.30	柬埔寨	3.32	3.91	2.67
5	印度	0.06	0.53	0.10	印度尼西亚	2.50	2.95	2.52
6	菲律宾	0.06	0.51	0.22	泰国	2.20	2.59	3.99
7	俄罗斯	0.04	0.38	0.93	阿拉伯联合酋长国	1.41	1.67	5.41
8	马来西亚	0.04	0.34	0.17	土耳其	0.87	1.02	0.45
9	巴基斯坦	0.03	0.27	0.15	罗马尼亚	0.80	0.94	3.41
10	泰国	0.02	0.18	0.06	缅甸	0.80	0.94	1.46

数据来源：根据 CEPII BACI 数据库计算得到。

2. 中国服装服饰类消费品的进口商品结构

表 8-9、表 8-10 为 2001 年和 2021 年中国服装服饰类消费品的进口商品结构。从中可以看出：

第一，中国各种服装服饰类消费品的进口额均有所增加。2001 年，成衣配件（非针织）（621790）是中国服装服饰第一大进口商品，进口额为 1.57 亿美元。2021 年，橡胶制非手术手套（401519）成为中国服装服饰第一大进口商品，进口额为 5.73 亿美元。与 2001 年相比，2021 年中国服装服饰第一大进口商品总额增加了 4.16 亿美元。

与2001年相比，2021年中国第二大、第三大以及第四大服装服饰进口商品总额的增长幅度处于3.56亿~4.09亿美元。

第二，中国服装服饰的主要进口商品为橡胶制非手术手套（401519），棉制针织T恤衫、背心及其他背心（610910），人造纤维制男童无尾裤等（非针织）（620193）等。2021年，橡胶制非手术手套（401519）进口总额为5.73亿美元，占中国服装服饰进口总额的比例为6.75%，是服装服饰类消费品中的第一大进口商品；棉制针织T恤衫、背心及其他背心（610910）是服装服饰类消费品中的第二大进口商品，进口额为5.18亿美元，所占份额为6.10%。其他服装服饰进口商品所占份额均不足6%。

第三，中国服装服饰类消费品进口的商品集中度有所降低。2001年，中国进口的第一大、前两大、前三大服装服饰类消费品累计占比分别为13.39%、22.73%、30.60%。到2021年，该数值变更为6.75%、12.85%、18.29%，比2001年分别降低了6.64%、9.88%、12.31%。

表8-9　2001年中国服装服饰的进口商品结构

排序	HS 1992 编码	商品	进口额/亿美元	占中国服装服饰进口总额的比例/%
1	621790	成衣配件（非针织）	1.57	13.39
2	611020	棉制套头衫、开襟衫等针织制品	1.09	9.34
3	611030	人造纤维制的套头衫、开衫等	0.92	7.87
4	620520	男式棉制衬衫（非针织）	0.72	6.18
5	620462	女装、女童棉制裤及短裤（非针织）	0.67	5.74
6	611790	服装、配件、纺织材料、针织物的零件	0.51	4.38
7	611010	羊毛或毛制针织套头衫、开襟羊毛衫等	0.43	3.69
8	611090	针织套头衫、羊毛衫等	0.42	3.59
9	620342	男式棉制裤子和短裤（非针织）	0.39	3.33
10	621710	非针织纺织材料服装附件	0.32	2.77

数据来源：根据CEPII BACI数据库计算得到。

表8-10　2021年中国服装服饰的进口商品结构

排序	HS 1992 编码	商品	进口额/亿美元	占中国服装服饰进口总额的比例/%
1	401519	橡胶制非手术手套	5.73	6.75
2	610910	棉制针织T恤衫、背心及其他背心	5.18	6.10

续表

排序	HS 1992 编码	商品	进口额/亿美元	占中国服装服饰进口总额的比例/%
3	620193	人造纤维制男童无尾裤等（非针织）	4.62	5.44
4	611020	棉制套头衫、开襟衫等针织制品	4.28	5.04
5	620293	女装、女童人造纤维制品等（非针织）	3.40	4.00
6	611010	羊毛或毛制针织套头衫、开襟羊毛衫等	2.53	2.98
7	620342	男式棉制裤子和短裤（非针织）	2.21	2.60
8	420330	服装配件（皮带和绑带）	2.08	2.45
9	610990	针织材料制T恤衫、背心等	2.03	2.39
10	611030	人造纤维制的套头衫、开衫等	1.89	2.23

数据来源：根据 CEPII BACI 数据库计算得到。

五、中国美妆日化类消费品的进口结构

1. 中国美妆日化类消费品的进口来源国结构

表 8-11 为 2001 年和 2021 年中国美妆日化类消费品的前十大进口来源国。从中可以看出：

第一，韩国、日本和法国是中国美妆日化类消费品的主要进口来源国。2001 年，中国从前两大进口来源国——韩国和美国进口的美妆日化类消费品分别为 0.39 亿美元、0.32 亿美元，占中国美妆日化类消费品进口总额的比例分别为 20.57%、17.02%。2021 年，中国从前三大进口来源国——韩国、日本和法国进口的美妆日化类消费品分别为 44.26 亿美元、36.62 亿美元和 22.55 亿美元，占中国美妆日化类消费品进口总额的比例分别为 26.46%、21.89%和 13.48%。

第二，中国美妆日化类消费品的进口来源地集中度进一步增加。2001 年，中国从第一大、前两大、前三大进口来源国进口的美妆日化类消费品累计占比分别为 20.57%、37.59%、47.48%；2021 年，以上数据变化为 26.46%、48.35%、61.83%，分别增加了 5.89%、10.76%、14.35%。

第三，中国美妆日化类消费品进口对主要来源地同类商品总出口的贡献大幅度提升。2001 年，中国从韩国进口的美妆日化类消费品占韩国同类商品出口总额的比例为 9.40%；2021 年，所占比例为 46.66%，提高了 37%以上。2001 年，中国从日本进口的美妆日化类消费品占日本同类商品出口总额的比例为 2.93%；2021 年，所占比例为 38.60%，提高了近 36%。

表 8-11 中国美妆日化类消费品的前十大进口来源国情况

排序	2001 年				2021 年			
	国家	进口额/亿美元	占中国美妆用品进口总额的比例/%	占进口来源国美妆用品出口总额的比例/%	国家	进口额/亿美元	占中国美妆用品进口总额的比例/%	占进口来源国美妆用品出口总额的比例/%
1	韩国	0.39	20.57	9.40	韩国	44.26	26.46	46.66
2	美国	0.32	17.02	0.71	日本	36.62	21.89	38.60
3	日本	0.19	9.89	2.93	法国	22.55	13.48	23.77
4	马来西亚	0.15	7.90	8.70	新加坡	18.83	11.26	19.85
5	法国	0.14	7.74	0.23	美国	9.54	5.70	10.06
6	越南	0.06	3.28	10.58	印度	5.11	3.05	5.38
7	德国	0.06	3.26	0.22	瑞士	4.60	2.75	4.85
8	印度	0.06	3.02	2.24	缅甸	3.60	2.15	3.79
9	爱尔兰	0.05	2.69	0.74	德国	3.06	1.83	3.22
10	印度尼西亚	0.04	2.16	1.29	西班牙	2.05	1.23	2.16

数据来源：根据 CEPII BACI 数据库计算得到。

2. 中国美妆日化类消费品的进口商品结构

表 8-12 和表 8-13 展示了 2001 年和 2021 年中国美妆日化类消费品的进口商品结构。从中可以看出：

第一，中国各种美妆日化类消费品的进口额均有所增加。其他美容、化妆和防晒用品（330499）进口额从 2001 年的 0.50 亿美元增长至 2021 年的 121.72 亿美元，2021 年大约是 2001 年的 243 倍，是中国美妆日化类第一大进口商品。与 2001 年相比，2021 年中国第二至第四大美妆日化类进口商品总额的增长幅度处于 5 亿~9 亿美元，其余美妆日化类进口商品总额的增长幅度均不足 5 亿美元。

第二，中国美妆日化类消费品的进口商品集中度大幅度提升。2001 年，中国进口的第一大、前两大、前三大美妆日化类消费品累计占比分别为 26.72%、42.59%、50.06%。2021 年，中国进口的第一大美妆日化类消费品占中国美妆用品进口总额的比例就高达 72.77%。

表 8-12 2001 年中国美妆日化类消费品的进口商品结构

排序	HS 1992 编码	商品	进口额/亿美元	占中国美妆用品进口总额的比例/%
1	330499	其他美容、化妆和防晒用品	0.50	26.72
2	630790	纺织类化妆品	0.30	15.87
3	340120	肥皂	0.14	7.47
4	821210	剃刀（包括安全剃刀，开放式刀片剃刀）	0.10	5.60
5	900130	隐形眼镜	0.10	5.25
6	330300	香水和厕所用水	0.08	4.15
7	340119	固体肥皂（用于除香皂以外的用途）	0.07	3.63
8	330510	洗发水	0.07	3.56
9	670420	人类头发制作的假发、假胡子、眉毛等	0.06	3.32
10	330410	唇用化妆品	0.06	3.20

数据来源：根据 CEPII BACI 数据库计算得到。

表 8-13 2021 年中国美妆日化类消费品的进口商品结构

排序	HS 1992 编码	商品	进口额/亿美元	占中国美妆用品进口总额的比例/%
1	330499	其他美容、化妆和防晒用品	121.72	72.77
2	670300	制作假发用的人的头发、羊毛或动物的头发	9.10	5.44
3	900130	隐形眼镜	5.75	3.43
4	330410	唇用化妆品	5.49	3.28
5	330300	香水和厕所用水	5.07	3.03
6	330590	发制品	4.11	2.46
7	340119	固体肥皂（用于除香皂以外的用途）	3.62	2.16
8	670300	其他香水、化妆品或盥洗用品	2.55	1.52
9	330420	眼用化妆品	2.44	1.46
10	330491	化妆品和厕所制剂	1.87	1.12

数据来源：根据 CEPII BACI 数据库计算得到。

第二节　中国品质生活消费品进口存在的问题

一、品质生活消费品进口集中度较高

目前，中国品质生活消费品的进口规模总体呈增长态势，但是，从中国品质生活消费品进口占中国进口总额的比例来看，2001—2021年，中国品质生活消费品进口占比始终低于3%。2021年，中国进口额占世界进口总额的比例高达12%左右，2001—2021年，中国品质生活消费品进口额占世界品质生活消费品进口总额的比例始终低于4%，可见，中国品质生活消费品进口贸易发展滞后于中国进口贸易总体发展。也就是说，从品质生活消费品进口的国内及国际占比比较来看，中国品质生活消费品进口占比偏低，品质生活消费品进口市场仍存在较大的扩容空间。

从进口品类集中度来看，2021年前三大品质生活消费品进口额累计占比52.40%，虽较2001年大幅下降，但仍超50%，进口品类集中度较高，其他品类的进口需求仍待释放。从进口来源地集中度来看，以美妆日化为例，2021年美妆日化进口来源地集中度进一步增加，自前三大进口来源国进口的美妆日化额累计占比超60%。可见，中国品质生活消费品进口集中度偏高，难以满足多元化消费需求且存在一定的供应链风险。进口来源地的过度集中不利于满足国内多元化的消费需求，对特定国家的进口依赖也强化了供应中断风险。

二、进口便利化水平有待提高

企业进口品质生活消费品通常面临资质证明繁多、材料办理周期较长等问题，品质生活消费品的进口贸易便利化水平有待提高。具体来看：第一，品质生活消费品进口通常需要提供多项资质证明。以化妆品为例，进口该类商品一般需要生产企业、出口商、进口商出具多种证明，包括原产国的生产销售证明、产品配方、产品质量安全评估、化妆品进口许可证、卫生许可证、货物流通许可证、商标注册证，以及出口商所在国的各种资质、卫生检疫检验证明等。第二，部分资质证明材料办理难度较大、办理周期长。从获批时间来看，部分批文办理需花费半年至一年的时间①。

① 童莉霞，丛思雨，张小瑜. 扩大消费品进口需政策引导［J］. 经济，2019（3）：76-78.

三、进口品质生活消费品国内售价较高

中国商务部的调查数据显示，服装、箱包、手表、珠宝首饰等中高端品质生活进口消费品在我国境内售价偏高，比港澳台等地区高出42%左右，比欧洲国家高出68%左右，比美国高出57%左右①。中国进口品质生活消费品销售价格过高的原因如下：

第一，进口成本较高。品质生活消费品进口商需缴纳的行政事业性费用、经营服务性费用较多。特别是对于化妆品而言，除缴纳报关、商检、港口装卸、仓储运输费用之外，企业还要面对名目繁多的各种认证费。

第二，流通和销售环节加价。虽然自2018年7月1日起，我国大幅度下调了日用消费品的进口关税，但是，国内商品多级批发、多级零售现象普遍，进口品质生活消费品面临着代理商、分销商层层加价的问题。相关数据显示，流通过程每增加一个环节，商品平均加价5%~10%，这些成本最终被转嫁到零售价格上，由此提高了商品售价。

第三，国际高端品牌的定价和营销策略。在定价阶段，中高端商品的生产厂商通过定期提价保持品牌高端定位，进而提高品牌尊崇度；在营销阶段，生产厂商通常采取“半饥饿”式的营销策略，通过减少商品供给营造“供不应求”的品牌销售情况，使定期提价的定价策略得以顺利实施。

第四，中国国内缺乏品质生活消费品的自主创新知名品牌，进口商品面临的市场竞争较小，导致中国缺乏对进口品质生活消费品的定价权，无法影响品质生活消费品的进口价格。具体来看，服装、箱包等品质生活消费品具有市场进入门槛低、投入规模小、集约性缺乏、市场覆盖率低等特点，国内企业很难将其打造成为具有国际影响力的知名品牌，国外品牌厂商占据国内较大的市场份额，国内高端商品进口市场缺乏竞争。

四、境外消费挤占消费品进口需求

部分中国居民赴境外购买品质生活消费品，这部分消费不会被计入中国进口，换言之，消费品进口需求被境外消费挤占。这种现象的主要原因，除了品质生活消费品国内销售价格较高外，还有国内免税行业发展相对滞后，免税品质生活消费品竞争力与国外相比仍存在差距。许多品质生活消费品都在免税政策覆盖范围内，如美妆日化、

① 孟庆新．如何让中国奢侈品境外消费回归理性［J］．商场现代化，2018（7）：12-13.

箱包、饰品等，但是，我国免税起退点偏高，议价能力也偏弱，退税流程及配套服务也与境外国家和地区存在一定的差距，因而并没有表现出较强的竞争优势。日韩等境外免税市场具有较强的议价能力以及较为成熟的运营模式，吸引了大量国内消费者，进而扩大了市场规模，议价能力也随之进一步提高。在这一良性循环的过程中，日韩免税市场的规模优势和议价能力得到了动态强化，我国境内免税行业与境外免税行业的价格差距进一步拉大。

五、进口产品质量与安全问题突出

目前，进口的品质生活消费品存在质量安全问题，将直接威胁我国居民的身体健康和生命安全，严重损害我国消费者权益。在品质生活消费品中，不乏直接关系居民生命健康安全的商品，如婴儿奶粉、婴儿食品等。据深圳海关统计，2019 年深圳海关共检出不合格进口消费品 245 批，涉及进口婴童用品、服装、小家电、一次性卫生用品、汽车；深圳海关共抽查检验婴童用品 248 批，检出不合格 109 批①。进口高档品牌商品的质量问题尤其明显。2018 年 1 月，上海市工商行政管理局对阿玛尼、博柏利、纪梵希、艾特罗等知名品牌进行抽查发现，其中 23 个批次不合格，不合格检出率高达 17. 7%②。

通过跨境电商进口的品质生活消费品也存在较多质量安全问题。2019 年，深圳海关对原产地涉及日本、欧盟等多个来源地的跨境电商在售消费品开展了专项风险监测，抽查样品 157 批（主要包括家用电器、奶嘴、牙刷、服装等），检出不符合我国标准的消费品 97 批，其中品质不合格 43 批③。2021 年，海关总署组织全国 19 个直属海关开展跨境电商进口消费品质量安全风险监测工作，监测对象包括牙刷、服装、婴童用品、家用电器等 13 个类别的跨境电商进口消费品。监测共抽样 562 批，经检测有 55 批不符合我国产品标准中质量安全有关要求，风险发现率为 9. 79%④。

另外，针对进口商品的检验和监管难度较大。具体表现为：①检验和监管内容不全面。检验检疫部门更加重视对出口商品而非进口商品的检验，造成了“宽进严出”的尴尬局面；同时，检验检疫部门也更加重视对法检目录内商品的检验，而对法检目录外的商品抽检过少。②新业态、新模式加剧了进口商品的检验和监管难度。随着跨

---

① 邹丽恒．进口消费品质量安全不容忽视［N］．中国国门时报，2020-03-13（003）．

② 杜志琴．中国奢侈品跨境电子商务发展面临的困境及创新路径［J］．对外经贸实务，2018（9）：25-28.

③ 2019 年深圳海关截获 245 批质量不合格进口消费品［EB/OL］．深圳新闻网，［2020-03-12］．https：//www. sznews. com/news/content/2020-03/12/content_ 22951346. htm.

④ 海关总署公布 2021 年跨境电商进口消费品质量安全风险监测情况［EB/OL］．央视网，［2022-01-02］．https：//news. cctv. com/2022/01/02/ARTIMCnVvqNmSUaNpuHMuVbK220102. shtml.

境电商等新业态、新模式出现，进口贸易向“碎片化”、小单化转变，检验检疫部门很难对进口消费品实施逐批检验，而抽检方式检验很难保证全部进口商品均为合格商品，同时也很难制定对跨境电商的检验监管规范。

六、进口消费品线下分销渠道较为单一

当前，品质生活进口消费品线下分销渠道较为单一，降低了消费者对进口消费品的触达性，抑制了国内需求。具体来看：

在消费能力较强的一、二、三线城市中，品质生活进口消费品线下分销渠道主要集中于大型商超，而小型商超、便利店等覆盖率更高的消费场所很少出售品质生活进口消费品。销售渠道单一降低了消费者购买进口消费品的便利性，使消费者接触品质生活进口消费品的频率大幅下降，不利于充分释放进口消费潜力。

在低线级城市这类下沉市场中，大型商超比较稀缺，消费者缺少获取品质生活进口消费品的线下渠道，对品质生活进口消费品的触达性进一步降低。随着国民经济的发展和居民收入水平的提高，下沉市场中的进口消费需求也日益旺盛。但是，下沉市场中进口消费品线下分销渠道的缺失限制了消费者对品质生活进口消费品的认知和接触，降低了进口消费品在这些城市中的曝光度和销售机会，从而制约了品质生活消费品进口的发展。

七、跨境电商进口面临新问题

作为品质生活消费品进口的重要渠道，跨境电商进口成为品质生活消费品进口的新增长点，但也为品质生活消费品进口带来了新挑战。具体表现：

第一，跨境电商进口贸易“碎片化”特征明显，监管难度进一步加大。跨境电商监管需要多部门合作，但各监管方权限界定不清导致协调成本较高，并且容易引发“化整为零”包税进口走私等新型走私风险。

第二，物流问题成为跨境电商进口发展的主要障碍。一方面，国外多数物流企业无法及时提供甚至无法提供可视化的物流跟踪信息，降低了消费者的体验感，同时提高了进口商品的丢件率。另一方面，通过跨境电商平台进口的品质生活消费品规模较大，且呈现小单化、高频化的特点，导致通关环节时间成本和总交易成本较高。据统计，我国物流成本占跨境电商总交易成本的30%~40%，跨境物流运输时间平均在5~

10天，大多数在一周左右[①]。

第三，国内外标准不统一诱发质量隐患。跨境电商零售进口政策突破了原有的货物进口准入限制，进口商品适用原产地标准，不再需要符合国内标准，潜在的风险需要消费者自行承担，使得经由跨境电商进口的品质生活消费品存在质量隐患。以文具橡皮为例，日本章具标准JIS S 6050：2002《塑料橡皮擦》缺少对邻苯二甲酸酯的限制。邻苯二甲酸酯具有致突变、致癌、生殖毒性等危害，青少年儿童长期接触，可能会导致内分泌紊乱，给生殖系统带来危害。近年来，一些橡皮中检测出添加邻苯二甲酸酯作为增塑剂，我国QB/T 2309—2020《橡皮擦》在修订后增加了对邻苯二甲酸二（2-乙基）己酯等6种有害邻苯二甲酸酯的限制，但日本标准还没有更新[②]。

八、售后服务体系不完善

目前，我国已成为中高端品质生活消费品的消费大国。贝恩咨询数据显示，2020年中国消费者境内奢侈品消费规模已超过400亿欧元。据统计，2012—2018年，全球奢侈品市场有超过一半的增幅来自中国，预计到2025年，中国奢侈品消费总额有望增至1.2万亿元，对全球奢侈品消费增幅贡献占比将达到65%[③]。但是，进口的品质生活消费品特别是奢侈品售后服务体系不完善，“易买难养”问题日益突出。具体而言：

从营销策略来看，国内中高端品质生活消费品进口市场发展过快，多数品牌实行“售后未至、销售先行”的营销策略，维修点的扩张速度远低于销售门店。

从销售渠道来看，中国销售渠道比较混乱，通过网购、海外经销商、代工厂等渠道销售的商品大部分没有获得品牌商直接授权，导致销售的商品鱼龙混杂。在此情况下，进口品牌在中国设立售后服务站点的风险和成本均较高。

从监管制度来看，我国缺乏专门针对中高端品质生活消费品的管理制度和监管制度，用于维护消费者权益的相关法律法规也难以适用于品质生活进口消费品。例如，服装鞋帽目前并无强制“三包”规定，因此，即便其十分昂贵，也无法将其直接纳入强制“三包”范围。

从售后待遇来看，部分进口品牌售后服务存在“地域歧视”和“国家歧视”，比如，国内售后平台拒绝维修在国外或在免税店购买的商品、拒绝提供“随到随修”服务等。

---

① 李海波．区块链视角下我国跨境电商问题解决对策［J］．中国流通经济，2018，32（11）：41-48.

② 从进口国到出口国，文具标准要求孰高孰低［EB/OL］．WTO/FTA咨询网，［2021-10-21］．http：//chinawto. mofcom. gov. cn/article/jsbl/zszc/202110/20211003210016. shtml.

③ 麦肯锡发布《2019年中国奢侈品消费报告》，中国消费额占全球三分之一［EB/OL］．中国贤集网，［2019-04-26］．https：//www. xianjichina. com/news/details_ 115574. html.

第三节 中国促进品质生活消费品进口的政策建议

一、推动进口多元化发展，充分释放国内消费潜力

随着消费结构不断升级，品质生活消费品进口需求日常化、精细化的趋势日益突出，进口多元化发展是满足消费者日常化、精细化进口消费需求的重要突破口，有助于充分释放消费潜力。品质生活消费品进口多元化发展包括进口商品多元化、进口来源多元化和进口分销渠道多元化 3 个方面。具体来看：

第一，提高品质生活消费品进口商品多元化水平。当前，品质生活消费品进口品类较为集中，需从关税调整、平台赋能双向发力，提高商品多元化水平。一方面，部分品质生活消费品存在进口关税下调的空间，政府有关部门应根据国内相关需求情况适度下调相关商品税负，规范非关税措施，降低制度性成本，扩大品质生活消费品进口品类范围。另一方面，充分发挥进博会、消博会以及跨境电商的平台功能，完善市场化的招商招展办展机制，吸纳更多优质展商。借助平台赋能缓解信息不对称，降低搜寻成本，提高优质消费品搜寻效率，提高品质生活进口消费品的多元化程度，更好地满足消费者精细化、多元化的消费需求，以进一步释放消费潜力。

第二，提高品质生活消费品进口来源多元化水平。当前，中国品质生活消费品进口来源地高度集中于发达国家，进口来源多元化水平有待提升。为进一步提高品质生活消费品进口来源多元化水平，需积极优化进口布局，在稳定发达经济体等传统进口来源地的基础上，着力拓展与发展中国家的进口合作，借助 RCEP 的政策红利开拓更多品质生活消费品进口来源，扩大中国品质生活消费品进口来源地的范围，从而充分满足进口来源多元化的消费需求。

第三，提高品质生活消费品进口分销渠道多元化水平。当前，中国品质生活进口消费品线下分销渠道较为单一、覆盖率偏低，需进一步拓展进口消费品线下分销渠道，提高消费者对进口消费品的触达性，激发国内消费潜力。首先，在上海、北京、广州等消费潜力较大的城市，乘借国际消费中心试点城市建设的东风，在高标准商圈中建造更多品质生活进口消费品的线下消费场所，加快品质生活进口消费品的推广速度，引领消费潮流风尚。其次，鼓励国内有条件的流通企业发展消费品进口业务，大力培育内外贸融合发展的流通企业，培育具有话语权的进口商品代理商，积极拓展进口商

品国内流通渠道，促进进口商品国内销售便利化[①]。最后，加强对进口消费品线下分销渠道建设的引导和支持，提高品质生活进口消费品线下消费场所的覆盖率，强化进口交易线下平台建设，吸引更多国外品牌直接入驻，缩短国外品牌与国内消费者之间的交易链条，以降低各交易环节的附加成本。

二、升级进口便利化政策，激发企业进口积极性

为进一步扩大品质生活消费品进口，满足国内消费升级需求，我国政府颁布了一系列政策措施，旨在缩短进口消费品审批流程、简化审批手续。例如，2017 年，进口非特殊用途化妆品“备案制”陆续在全国推展；2018 年，国务院发布《关于在全国推开“证照分离”改革的通知》；等等。下一步，国家政府相关部门应进一步优化品质生活消费品进口的审批流程，取消部分行政事业性和经营服务性费用，具体措施包括：

第一，提高审批环节进口便利化水平。进一步扩充审批人员队伍、提高审批效率，并清理评审、检验、备案及进口各环节的不合理收费。首先，进一步扩充审批人员队伍，吸引更多具备专业知识和管理经验的人才加入，通过加强培训和考核，提高审批人员的业务能力和服务水平，确保他们能够快速、准确地完成审批工作。其次，优化审批流程，减少不必要的环节、手续和收费，提高审批效率。可以通过加强信息化建设，建立分级审查标准，实现审批流程的自动化、标准化和智能化，减少人为因素对审批效率的影响。同时，对评审、检验、备案及进口各环节的收费进行全面清理，取消不合理收费，降低收费标准，并加强对收费的监管，防止乱收费和重复收费现象的发生。最后，进口审批环节涉及多个部门和多方利益，因此，需要加强与相关部门的协调配合，形成工作合力，通过建立跨部门的工作机制，加强信息共享和沟通协调，提高进口审批环节效率。

第二，提高信息搜寻环节进口便利化水平。持续做好政策宣传工作，为进口企业提供进口程序咨询、进口政策解释、供求信息查询、进口代理等服务，以提升消费品进口的便利化水平。首先，通过各种宣传渠道，持续宣传进口政策，让更多的企业了解和熟悉进口流程和规定。定期组织政策宣讲会、发放宣传资料、制作在线教程、发布政策解读等，为企业提供全面、准确、及时的信息，帮助企业更好地把握进口机会。其次，建立供求信息平台，发布国内外供应商和采购商的信息，方便企业查询和联系。通过提供有效的信息匹配服务，降低企业的信息搜寻成本，提高进口交易的效率。最后，整合各类资源和服务，建立进口服务平台，为企业提供“一站式”服务。平台可

① 李宁．扩大优质消费品进口惠及各方［N］．国际商报，2023-04-10（001）．

以包括进口政策咨询、供求信息查询、进口代理、进口金融服务等功能，提高信息搜寻效率，方便企业快速、高效地完成进口业务。

第三，提高中小企业、民营企业的进口便利化水平。首先，制定专门针对中小企业和民营企业的进口便利化政策，通过税收减免、财政补贴等措施，降低其进口成本和经营压力，并简化其进口流程，减少不必要的行政手续和费用，提高其进口效率。其次，定期组织中小企业、民营企业进行进口业务培训和交流活动，帮助其解决进口过程中遇到的问题和困难，提高进口业务水平和能力。最后，为中小企业和民营企业提供进口贸易融资服务，缓解其资金压力。通过与金融机构的合作，建立完善的进口金融服务体系，满足中小企业和民营企业的融资需求。同时，建立中小企业和民营企业进口信用评价体系，对其进口行为进行记录和评估。对于信用良好的企业，可以给予更多的政策支持和金融服务优惠，提高其进口便利化水平。

第四，提高内陆地区进口便利化水平。一方面，加强内陆地区的基础设施建设，提高物流配送效率。加强铁路、公路、航空和水路等交通基础设施建设，完善内陆地区的交通网络，提高运输效率。与此同时，加强仓储和物流中心建设，提高货物的中转和存储能力。另一方面，加强内陆地区与沿海地区的合作，推动进出口贸易的协同发展。通过建立合作机制和信息共享平台，加强内陆地区与沿海地区的联系和沟通，实现资源共享和优势互补。通过互学互鉴、资源共享，降低内陆地区的进口成本，提高进口便利化水平。

三、缩小国内外价格差距，多措并举吸引境外消费回流

近年来，中高端品质生活消费品的国内外价差逐渐缩小。有关数据表明：53%的国际高端品牌的平均价差控制在15%以内，但是，仍有29%的高端品牌的国内外平均价差处于15%~20%，有18%的高端品牌国内外平均价差甚至超过20%①。为进一步缩小进口品质生活消费品的国内外价差，吸引境外消费回流，政府和相关企业应分别采取如下措施：

第一，相关部门应适当调整增值税和消费税。由于国内中低收入者具有较强的消费意愿但缺乏消费能力，高收入者具有较强的消费能力但缺乏消费意愿且经常选择境外消费，政府可根据商品性质适当调整增值税、消费税的征收范围和税率，并适当降低中高端消费品的税率，通过调整税收政策降低进口商品的税收负担，从而缩小国内

① 奢侈品中外价差缩减了25%，高档商业地产也从中捞到了好处［EB/OL］. 好奇心日报百家号，［2017-09-07］. https：//baijiahao. baidu. com/s？id=1577837967379118373&wfr=spider&for=pc.

外价差。

第二，跨境电商平台及相关进口企业应减少中间流通环节，降低进口价格。一方面，跨境电商平台及相关进口企业应优化自身供应链体系，尽可能与国外供应商建立直接采购渠道，对接一手进口货源，减少国内外中间环节，降低采购成本，降低流通过程中的加价。另一方面，跨境电商平台和相关进口企业应借助国内大市场优势，通过规模采购和集中采购，提高议价能力，降低采购成本，进而降低品质生活消费品进口价格，从而缩减国内外价差。

第三，实现国内外物流无缝对接，推进物流体系的国际化建设，减少进口物流成本。一方面，政府在构建高效立体的海陆空交通运输网络，加强对机场、港口和铁路等物流节点设施的建设，提高物流集散能力的同时，还应鼓励跨境电商进口平台在我国建立进口保税仓库，以节省物流时间，降低物流成本。另一方面，政府应推动建立物流信息资源共享平台，囊括与跨境电商相关的通关、物流、税收等信息，方便消费者及时追踪物流信息，从而实现对进口消费品的可溯源管理。此外，政府应加大科研投入，培养跨境电商人才，扶持并鼓励我国大型物流公司通过联盟或者自营的方式开拓海外市场，建立一流的国际物流体系，减少物流成本，进一步缩减国内外价差。

第四，大力发展免税行业。首先，进一步放宽免税品类、提高免税额度。其次，政府应进一步完善市内免税店的相关政策，加快市内免税布局。国内免税行业目前以口岸免税和离岛免税为主，市内免税店规模较小，尚处于起步阶段，具有较大的发展潜力。市内免税的兴起将进一步降低消费者的购买成本，能够更好地吸引境外消费回流。最后，政府应加强对免税行业线下线上全渠道建设的引导、扶持和监管，利用数字赋能打破时空限制，进一步释放消费潜力，促进海外消费回流。

第五，“直播+”为品质生活消费品进口发展蓄势赋能。大量品质生活消费品适合在直播间销售，如美妆日化、鞋、服装服饰等，因此，“直播+”可能成为品质生活消费品进口贸易发展的新增长点。事实上，部分地区已经开始探索跨境电商创新发展，例如，2023 年 9 月，天津东疆综合保税区首次实现了跨境电商“保税仓+直播”的新零售模式①。未来可以将已经获得成功的新零售模式推广到全国，助力品质生活消费品进口发展。

四、积极对接国际检验标准，推进进口监管制度改革

我国相关部门应积极对接进口消费品的国际检验标准。2023 年，国务院办公厅印

① “跨境电商+直播带货”创新模式在东疆正式落地［EB/OL］. 中国（天津）自由贸易试验区天津港东疆片区，［2023-09-25］. https：//www. dongjiang. gov. cn/contents/40/20258. html.

发的《关于加快内外贸一体化发展的若干措施》（国办发〔2023〕42号）强调，对标国际先进水平，建立完善国际标准跟踪转化工作机制，转化一批先进适用国际标准，不断提高国际标准转化率。因此，相关部门应加大我国进口消费品检验标准的宣传力度，并积极对接进口消费品的国际检验标准，以便进口贸易相关方全面了解中国技术规范要求，避免不必要的贸易损失，与此同时，积极推进国内检验标准向国外检验标准的转化应用。

政府推进进口消费品监管制度改革的具体措施包括：①检验检疫部门应加快更新对新型商品的检验监管方法，并积极采用创新型监管手段以提高监管效率。例如，上海洋山检验检疫局[①]对玩具商品采取“空检海放”“信息化标签”等创新模式，由事前监管转变为事中、事后监管，大大缩短了检验通关周期，简化了通关流程，实现了可溯源管理。②政府相关部门可考虑整合市场检验资源以建立第三方检验机构，提高检验效率。鉴于检验检疫部门很难通过抽检方式保证全部进口商品的质量安全，我国可推动建立第三方检验机构，补充政府职能，充分利用市场资源保证进口消费品安全。与此同时，政府相关部门应加强对第三方检验机构的监管，确保其提供高质量的检验鉴定，避免其提供虚假检验欺骗消费者。③政府应加强国际合作，实现对进口商品的事前、事中和事后信息互换，进一步提升监管效能。例如，中国香港海关和欧盟之间在知识产权截获方面实现了数据互换，使中国香港海关可以事前获得准确情报[②]，在很大程度上提高了进出口商品的监管效率。

五、完善跨境电商监管体系，加强对重点进口产品的监管

跨境电商进口的贸易模式具有定制化、差异化的特征，能够更好地满足国内不同消费者对品质生活消费品的多元化需求，但也加大了监管难度。为充分发挥跨境电商进口对品质生活消费品进口的拉动作用，政府应进一步加强对跨境电商进口的监管，具体措施如下：

第一，完善跨境电商法律法规体系。围绕跨境电商进口监管，2018年海关总署发布了《关于跨境电子商务零售进出口商品有关监管事宜的公告》；2018年商务部、财政部等6部门联合发布的《关于完善跨境电子商务零售进口监管有关工作的通知》，明确了政府部门、跨境电商企业、跨境电商平台、境内服务商、消费者各方责任。此外，

---

① 上海洋山检验检疫局推进进口母婴消费品检验监管工作［EB/OL］. 中国质量网，［2017-06-06］. http://www.chinatt315.org.cn/tsfk/2017-6/6/62122.aspx.

② 李向阳. 跨境电商监管的国际实践和经验借鉴［J］. 海关与经贸研究，2019，40（3）：50-61.

2018年颁布的《中华人民共和国电子商务法》也针对跨境电子商务作出了相关规定。可见，中国已初步建立了跨境电商监管体系。然而，目前针对跨境电商违法违规行为的法律责任及处罚措施不够明确，随着跨境电子商务进口规模的迅速扩大，各种新问题不断涌现，因此，政府应进一步细化和完善已有的法律法规，积极推进自身与电商平台、社会组织联合构建多元化监管体系，对于严格监管、一般性监管以及严格禁止内销三种不同类别的商品采用不同的监管流程，避免出现真空地带，提高监管效率。

第二，加强对重点品质生活消费品的监管。《关于完善跨境电子商务零售进口监管有关工作的通知》规定，对跨境电商零售进口商品按个人自用进境物品监管，不执行有关商品首次进口许可批件、注册或备案要求。然而，在品质生活消费品中，部分商品直接关系着国内居民的生命健康安全，如母婴用品中的婴幼儿奶粉、婴幼儿食品等。因此，针对这类商品的跨境电商进口，政府应制定更加严格的监管措施，落实跨境电商企业、跨境电商平台以及境内服务商的责任，并加强消费者权益保护宣传力度，让消费者明确通过跨境电商进口渠道购买商品可能面临的风险。建立跨境商品溯源监管机制，严厉查处假冒伪劣产品，及时发布消费风险警告，从而有效保护消费者权益和行业生态环境①。

第三，跨境电商平台应完善管理制度，强化平台内部监管。首先，平台方应加强对平台入驻商家的资质审核，从严审核入驻商家的资质、信息，发布入市商品的标准，并对商品进行随机抽检，及时下架存在质量隐患的进口商品，对情节恶劣的商家予以退出平台的处罚。其次，针对入驻商家的资质及过往交易情况对入驻商家进行信用评级，降低消费者面临的信息不对称程度。

六、健全进口售后服务体系，维护消费者合法权益

当前，售后服务逐渐成为消费者衡量进口品牌的关键。为了进一步扩大品质生活消费品的进口规模，国际品牌出口企业以及经销商应重视售后服务市场投入，健全售后服务体系，维护消费者合法权益。

从企业视角来看，国际进口品牌厂商应对中高端品质生活消费品的售后服务予以充分重视。具体措施如下：①设立售后服务中心。由于短时间内无法设立可以覆盖整个中国市场的售后服务中心，国际进口品牌厂商一方面可以设立中央售后服务中心，通过第三方物流运送待修产品，加强与第三方物流的合作，缩减物流费用、节省物流

① 陈波，王晗，孙立．中国跨境电商发展的现状、问题与建议［J］．长安大学学报（社会科学版），2022，24（4）：9-19.

时间；另一方面也可以与其他同类型进口品牌厂商共同设立售后服务中心，降低售后服务中心的运营成本。②建立统一的售后服务标准。国际进口品牌厂商应建立统一的售后服务标准，对售后服务内容进行细致梳理，努力拓展保修范围、保修时间以及售后服务范围，重视客户信息反馈，提高消费者满意度，进而维持品牌尊崇度。③全面开启线上和线下售后服务模式。线上和线下售后服务模式既能保障 24 小时提供线上服务，也能在线下开启体验模式，同时提供无障碍的退换货服务。

从政府视角来看，政府应建立专门针对中高端品质生活进口消费品的监管制度和投诉渠道。具体措施如下：①加强现有法律法规的执行力度。《中华人民共和国产品质量法》和《中华人民共和国消费者权益保护法》规定，消费者可以与厂商约定退货或更换、修理不符合质量要求的商品，但是，多家高端进口品牌不仅不提供退换货服务，甚至还会恶意隐藏退换货条款，因此，政府相关部门应进一步加大执法力度，严厉打击进口品牌商设立“霸王条款”的违法行为，维护消费者的合法权益。②制定配套法律，设立专有监管机构。在加强现有法律法规执行力度的同时，政府相关部门还应制定与中高端商品进口相关的配套法律法规，并设立针对中高端进口商品的专门监管机构、售后投诉渠道以及消费权益保护机制，在消费者协会等网站上定期公布问题品牌，切实保障国内消费者的合法权益。

第九章　中国汽车产品进口发展的事实、问题与对策

汽车产业是国民经济战略性、支柱性产业。在汽车产业由高速增长转向高质量发展的关键时期，扩大汽车产品进口，一方面有利于增加国内市场竞争，倒逼国内汽车企业加大研发创新力度，注重品牌建设，加快转型升级，提高供给质量；另一方面有利于缓解我国汽车整车消费市场供需不匹配问题，同时满足国内汽车企业对核心零部件产品的进口需求。

为逐步开放汽车市场，中国汽车产业经历了两个重要节点：一是在 2001 年中国加入 WTO 至 2006 年，我国逐年下调汽车进口关税、增加进口配额，并于 2005 年取消了汽车及其关键零部件的进口配额许可制度。二是在 2018 年博鳌亚洲论坛开幕式上，习近平主席向全世界郑重宣布中国将相当幅度降低汽车进口关税，主动扩大进口，满足人民日益增长的美好生活需要①。随后，国务院关税税则委员会发布公告，自 2018 年 7 月 1 日起，将汽车整车税率为 25%的 135 个税号和税率为 20%的 4 个税号的税率降至 15%，将汽车零部件税率分别为 8%、10%、15%、20%、25%的共 79 个税号的税率降至 6%②。以上两次针对汽车进口关税、进口配额的调整，充分体现出我国对汽车进口的高度重视。基于此，本章针对汽车产品进口进行分析。

汽车产品包括汽车整车和汽车零部件。表 9-1 是汽车整车和汽车零部件对应的 1992 版本 HS 六位码产品。采用 CEPII BACI 数据库中 1992 版本 HS 六位码数据，本章首先针对中国汽车产品进口的现实情况进行统计分析，其次详细剖析中国汽车进口存在的问题，最后针对存在的问题提出相应的政策建议。

---

① 习近平在博鳌亚洲论坛 2018 年年会开幕式上的主旨演讲［EB/OL］. 人民网，［2018-04-10］. http：//jhsjk. people. cn/article/29917187.

② 国务院关税税则委员会关于降低汽车整车及零部件进口关税的公告［EB/OL］. 中国政府网，［2018-05-22］. http：//www. gov. cn/xinwen/2018-05/22/content_ 5292720. htm.

表 9-1　汽车产品分类及其对应的 HS 六位码产品

汽车产品分类	代表性产品	HS 1992 编码
汽车整车	火花点火发动机汽车、柴油机汽车、柴油动力卡车、燃气轮机汽车、火花点火发动机卡车	870210、870290、870310、870321、870322、870323、870324、870331、870332、870333、870390、870410、870421、870422、870423、870431、870510、870520、870530、870540、870590
汽车零部件	车身零部件、机动车辆变速箱、汽车用新橡胶充气轮胎、制动系统部件、汽车用差速器驱动轴、公共汽车或卡车用新橡胶充气轮胎、车轮、汽车减震器	401110、401120、401310、700711、700721、700910、840731、840732、840733、860800、870432、870490、870600、870710、870790、870810、870821、870829、870831、870839、870840、870850、870860、870870、870880、870891、870892、870893、870894、870899

第一节　中国汽车产品进口的基本情况

一、中国汽车产品进口的整体情况

1. 中国汽车产品进口规模

中国汽车产品进口规模快速增加。2001—2021 年，中国汽车产品进口总额总体表现为快速增长的发展态势（见表 9-2），进口总额由 42.06 亿美元增长至 751.13 亿美元，2021 年大约为 2001 年的 17.86 倍，年均增长率达到 15.50%。具体来看，2001—2014 年，中国汽车产品进口总额持续增长，并于 2014 年达到历史峰值 856.97 亿美元；2015 年，进口总额大幅度下降到 641.95 亿美元；2016—2018 年，汽车产品进口总额实现恢复性增长；2020 年，进口总额下降至 690.51 亿美元；2021 年，进口总额恢复性增长至 751.13 亿美元。

从中国汽车产品进口额占中国进口总额的比例（以下简称“进口占比”）来看，2001—2021 年，中国汽车产品进口占比基本维持在 2.07%~5.68%，2001 年进口占比最小，为 2.07%，2016 年进口占比最大，为 5.68%，2021 年进口占比已下降至 3.81%。从中国汽车产品进口占世界汽车产品进口总额的比例（以下简称“进口份额”）来看，2021 年，中国汽车产品进口份额达到 5.39%。

表 9-2　2001—2021 年中国汽车产品进口规模

年份	汽车产品进口总额/亿美元	汽车产品进口总额增长率/%	中国汽车产品进口占中国进口总额的比例/%	中国占世界汽车产品进口总额的比例/%
2001	42.06	—	2.07	0.77
2002	70.56	67.77	2.86	1.18
2003	121.45	72.12	3.48	1.77
2004	130.29	7.28	2.83	1.62
2005	136.45	4.73	2.55	1.56
2006	176.13	29.08	2.75	1.82
2007	226.98	28.88	3.16	2.01
2008	270.06	18.98	3.14	2.30
2009	295.39	9.38	3.77	3.59
2010	505.52	71.14	4.54	4.86
2011	656.44	29.86	4.70	5.39
2012	665.47	1.38	4.68	5.35
2013	728.97	9.54	4.63	5.67
2014	856.97	17.56	5.59	6.49
2015	641.95	-25.09	5.05	5.09
2016	701.17	9.22	5.68	5.36
2017	755.31	7.72	4.91	5.54
2018	761.86	0.86	4.73	5.26
2019	695.21	-8.75	4.42	4.84
2020	690.51	-0.68	4.44	5.70
2021	751.13	8.78	3.81	5.39

数据来源：根据 CEPII BACI 数据库计算得到。

2. 中国汽车产品的进口来源地结构

表 9-3 列出了 2001 年和 2021 年中国从不同类型国家进口汽车产品的基本情况。从中可以看出：

第一，中国汽车产品进口的主要来源地集中在 G7、OECD 国家、发达国家和高收入国家。2021 年，中国从 G7 进口的汽车产品占中国汽车产品进口总额的比例为 81.60%，从 OECD 国家进口的汽车产品占比为 93.50%，从发达国家进口的汽车产品占比为 91.92%，从高收入国家进口的汽车产品占比为 91.01%。

第二，G7 是中国汽车产品的主要进口来源地，德国、日本和美国是中国汽车产品的主要进口来源国。从中国自 G7 的进口规模来看，汽车产品进口额由 2001 年的 29.48 亿美元增长至 2021 年的 612.90 亿美元，2021 年大约是 2001 年的 20.79 倍。从 G7 内部来看（见图 9-1），2001 年，中国汽车产品的前两大进口来源国是日本和德国，占中国汽车产品进口总额的比例分别为 31.78%和 24.98%，中国从美国、加拿大、法国、英国以及意大利进口的汽车产品占比均小于 6%。2021 年，中国从德国、日本、美国和英国的进口额整体提升，占中国汽车产品进口总额的比例分别为 41.29%、19.86%、11.74%、6.39%，中国从意大利、加拿大、法国进口的汽车产品占比均小于 2%。

第三，中国汽车产品进口来源地更加集中于 G7。从中国自 G7 整体进口占中国汽车产品进口总额的比例来看，中国自 G7 的进口份额由 2001 年的 70.08%提高至 2021 年的 81.60%，增幅超过 10%。从 G7 内部来看（见图 9-1），2001 年，中国从第一大进口来源国日本进口的汽车产品占中国汽车产品进口总额的比例为 31.78%，2021 年，中国第一大汽车产品进口来源国变为德国，占中国汽车产品进口总额的比例提高至 41.29%。

第四，中国汽车产品进口对不同类型进口来源国总出口的贡献整体提升。2001 年，中国从不同类型国家进口的汽车产品总额占其出口总额的比例均处于 3.5%以下，其中，中等收入国家的比例最低，为 0.43%，低收入国家的比例最高，为 3.07%。与 2001 年相比，除金砖国家之外，2021 年中国从不同类型国家进口的汽车产品总额占其出口总额的比例均有所提升，其中，中国从 G7 进口的汽车产品占其出口总额的比例由 2001 年的 0.80%增长至 2021 年的 10.15%，说明 G7 的汽车产品出口对中国市场的依赖程度不断提升。

表 9-3　中国从不同类型国家进口汽车产品的基本情况

进口来源地	2001 年			2021 年		
	汽车产品进口总额/亿美元	占中国汽车产品进口总额的比例/%	占进口来源地汽车产品出口总额的比例/%	汽车产品进口总额/亿美元	占中国汽车产品进口总额的比例/%	占进口来源地汽车产品出口总额的比例/%
G7	29.48	70.08	0.80	612.90	81.60	10.15
金砖国家	1.27	3.01	1.42	1.85	0.25	0.64
“一带一路”沿线国家	1.26	3.00	0.48	59.96	7.98	2.22
非“一带一路”沿线国家	35.39	84.13	0.69	675.47	89.93	7.21
OECD 国家	33.71	80.15	0.66	702.27	93.50	6.78

续表

进口来源地	2001 年			2021 年		
	汽车产品进口总额/亿美元	占中国汽车产品进口总额的比例/%	占进口来源地汽车产品出口总额的比例/%	汽车产品进口总额/亿美元	占中国汽车产品进口总额的比例/%	占进口来源地汽车产品出口总额的比例/%
非 OECD 国家	2.94	6.98	1.26	33.16	4.41	1.92
发达国家	33.65	80.00	0.69	690.44	91.92	7.38
发展中国家	3.00	7.14	0.57	44.99	5.99	1.65
高收入国家	33.39	79.38	0.69	683.63	91.01	7.66
中等收入国家	2.30	5.48	0.43	41.36	5.51	1.47
低收入国家	0.96	2.28	3.07	10.44	1.39	3.18

数据来源：根据 CEPII BACI 数据库计算得到。

注：本章选取在 2000 年之前加入 OECD 的 28 个国家以及 64 个"一带一路"沿线国家（魏浩、巫俊，2017）进行数据统计。"一带一路"沿线国家、非"一带一路"沿线国家占中国进口总额的比例之和小于 1，主要原因在于部分国家没有同时报告 2001 年、2021 年的中国进口额数据和出口总额数据，这些国家没有统计在内。OECD 国家、非 OECD 国家，高收入国家、中等收入国家及低收入国家的情况类似。

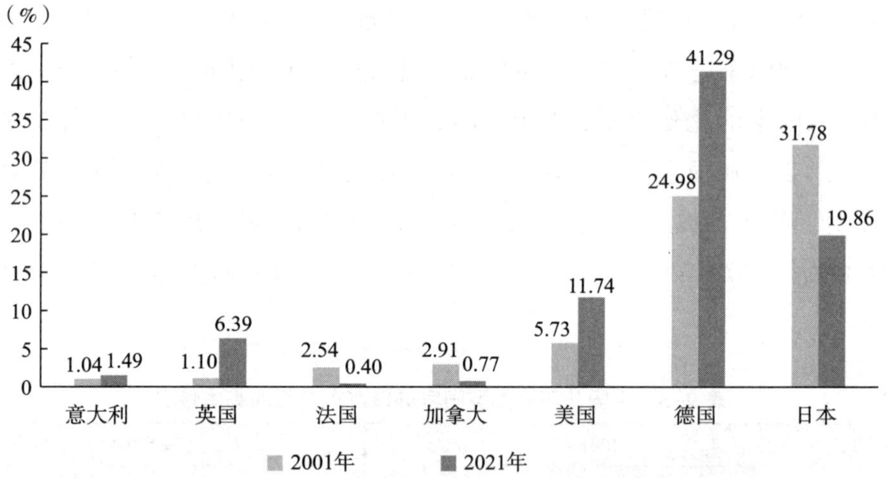

图 9-1 中国从 G7 汽车产品进口占中国汽车产品进口总额的比例

数据来源：根据 CEPII BACI 数据库计算得到。

二、中国汽车整车进口的基本情况

1. 中国汽车整车进口规模

从中国汽车整车进口额来看，2001—2021 年，中国汽车整车进口额总体表现为稳步上升的态势。从发展阶段来看，如表 9-4 所示，2001—2014 年，中国汽车整车进口处于快速增长阶段，进口额由20.81亿美元增长至560.61亿美元，2014年大约是2001年的26.94倍，年均增长率为28.83%。2015年，中国汽车整车进口额大幅度下跌，比2014年减少169.77亿美元。2016—2017年，汽车整车进口额实现恢复性增长，2017年进口额为475.94亿美元，但未超过2014年的历史峰值。2018—2020年，中国汽车整车进口额持续下降，2020年比2017年减少了36.29亿美元。2021年，中国汽车整车进口额实现恢复性增长。

总的来看，2001—2021年，中国汽车整车进口额由20.81亿美元增长至482.26亿美元，2021年大约是2001年的23.17倍，年均增长率达到17.02%。中国汽车整车进口占比总体维持在稳定水平，由2001年的1.02%增长至2021年的2.45%，中国汽车整车进口份额由2001年的0.55%增长至2021年的5.41%。

从中国汽车整车进口量来看，汽车整车进口数量日益增加。如表9-5所示，2005—2022年，中国汽车整车进口数量从16.10万辆增长至87.8万辆，2022年是2005年的5.45倍。具体来看，中国汽车整车进口数量2005—2014年逐年递增，2015—2016年明显下降，2017年实现恢复性增长，2018—2022年呈现持续下降态势。

平行进口汽车①和新能源汽车进口成为中国汽车整车进口的新动力。平行进口汽车数量占中国汽车整车进口数量的比例由2012年的4.98%提高到2017年的17.24%，随后，受疫情、排放标准升级等因素影响，波动下降至2020年的7.8%。2015—2022年，新能源汽车进口量占中国汽车整车进口数量的比例由0.43%提高至3.54%。可以预见，随着平行汽车进口的规范化和常规化发展、国六标准②在各地区的陆续实施，平行汽车和新能源汽车进口可能在中国汽车整车进口中占据更大的份额。

表9-4　2001—2021年中国汽车整车进口规模

年份	汽车整车进口额/亿美元	汽车整车进口额增长率/%	汽车整车进口占中国进口总额的比例/%	中国占世界汽车整车进口的比例/%
2001	20.81	—	1.02	0.55
2002	40.07	92.57	1.62	0.96
2003	58.08	44.96	1.66	1.23

① 平行进口汽车，也称平行汽车，是指未经品牌厂商授权，由贸易商从海外市场购买，并引入中国市场进行销售的汽车。

② 国六标准指国家第六阶段机动车污染物排放标准，包括《轻型汽车污染物排放限值及测量方法（中国第六阶段）》（自2020年7月1日起实施）和《重型柴油车污染物排放限值及测量方法（中国第六阶段）》（自2019年7月1日起实施）两部分。2021年5月26日，生态环境部举行例行发布会通报，7月起，我国将全面实施重型柴油车国六排放标准，标志着我国汽车标准全面进入国六时代，基本实现与欧美发达国家接轨。

续表

年份	汽车整车进口额/亿美元	汽车整车进口额增长率/%	汽车整车进口占中国进口总额的比例/%	中国占世界汽车整车进口的比例/%
2004	55.04	-5.23	1.19	1.00
2005	59.71	8.48	1.12	1.01
2006	74.57	24.89	1.16	1.13
2007	115.72	55.18	1.61	1.49
2008	157.83	36.39	1.83	1.98
2009	165.50	4.86	2.11	3.05
2010	311.89	88.45	2.80	4.59
2011	428.22	37.30	3.06	5.45
2012	431.16	0.69	3.03	5.33
2013	464.57	7.75	2.95	5.58
2014	560.61	20.67	3.65	6.53
2015	390.84	-30.28	3.07	4.73
2016	432.95	10.77	3.51	5.02
2017	475.94	9.93	3.09	5.24
2018	464.68	-2.37	2.88	4.87
2019	454.93	-2.10	2.89	4.83
2020	439.65	-3.36	2.83	5.59
2021	482.26	9.69	2.45	5.41

数据来源：根据 CEPII BACI 数据库计算得到。

表 9-5 2005—2022 年中国汽车整车进口数量

年份	汽车整车进口量/万辆	平行进口汽车占汽车整车进口总量的比例/%	新能源汽车进口占汽车整车进口总量的比例/%	进口汽车销量/万辆
2005	16.10	—	—	—
2006	22.78	—	—	—
2007	31.30	—	—	—
2008	40.97	—	—	—
2009	42.07	—	—	—
2010	77.14	—	—	—
2011	100.35	—	—	—
2012	109.13	4.98	—	89.45

续表

年份	汽车整车进口量/万辆	平行进口汽车占汽车整车进口总量的比例/%	新能源汽车进口占汽车整车进口总量的比例/%	进口汽车销量/万辆
2013	117.06	8.39	—	102.21
2014	142.30	10.96	—	115.76
2015	107.81	11.43	0.43	92.00
2016	104.13	13.28	1.61	89.85
2017	121.59	17.24	2.07	90.41
2018	110.84	13.97	2.07	85.37
2019	108.60	15.01	14.50	83.80
2020	100.00	7.80	2.75	99.70
2021	93.90	—	3.70	93.90
2022	87.80	—	3.54	76.70

数据来源：汽车整车进口量数据、进口汽车销量以及平行进口汽车数量数据来源于《2019年全年中国进口汽车市场情况》，详情见 http：//www.cada.cn/Data/info_87_7283.html。此外，2005—2017年新能源汽车进口数量数据来源于《中国进口汽车市场发展研究报告（2018—2019）》，2018—2019年新能源汽车进口数量数据来源于中国海关总署。2020—2022年数据来源于中国汽车流通协会，详情见 http：//www.cada.cn/Data/list_87_1.html。平行进口汽车数量占比和新能源汽车进口数量占比经作者计算得到。

注：由于数据缺失，进口汽车销量数据、平行进口汽车数量自2012年始，新能源汽车进口数据自2015年开始。

2. 中国汽车整车进口的来源地结构

表9-6列出了2001年和2021年中国汽车整车前十大进口来源国。从中可以看出：

第一，中国汽车整车进口来源国以发达国家为主，德国、日本、美国和英国是中国汽车整车的主要进口来源国。2001年，在中国汽车整车前十大进口来源国中，除巴西和罗马尼亚外，其余8个国家均为发达国家，日本、德国、韩国是前三大进口来源国；到2021年，前十大进口来源国发生了一定的变化，除泰国之外，其余9个进口来源国仍为发达国家，德国、日本、美国是前三大进口来源国。具体来看，2001年，日本位列中国汽车整车第一大进口来源国，进口额为5.37亿美元，所占份额高达25.83%；德国是中国汽车整车第二大进口来源国，进口额为4.21亿美元，所占份额高达20.22%；韩国是中国汽车整车第三大进口来源国，进口额为1.33亿美元，所占份额达到6.42%；美国是中国汽车整车第四大进口来源国，进口额为1.11亿美元，所占份额达到5.35%。2021年，德国成为中国汽车整车第一大进口来源国，进口额高达176.00亿美元，所占份额为23.10%；日本是中国汽车整车第二大进口来源国，进口额为70.85亿美元，所占份额高达9.30%；美国是中国汽车整车第三大进口来源国，进口额为60.29亿美元，所占份额达到7.91%；英国是中国汽车整车第四大进口来源国，进口额为47.49亿美元，所占份额达到6.23%。

第二，中国汽车整车进口的来源国集中度有所下降。从中国汽车整车进口的前两大来源国来看，2001年，中国从前两大来源国进口的汽车整车累计份额为46.05%；2021年，这一份额变化为32.40%，较2001年下降了13.65%。从中国汽车整车进口的前三大来源国来看，2001年，中国从前三大来源国进口的汽车整车累计份额为52.47%；2021年，这一份额变化为40.31%，较2001年下降了12.16%。从中国汽车整车的前十大进口来源国来看，2001年，中国从前十大来源国进口的汽车整车累计份额为68.54%；2021年，这一份额变化为56.96%，较2001年下降了11.58%。整体而言，中国汽车整车的进口市场集中度进一步下降。

表9-6　2001年和2021年中国前十大汽车整车进口国

排序	2001年			2021年		
	国家	进口额/亿美元	占中国汽车整车进口总额的比例/%	国家	进口额/亿美元	占中国汽车整车进口总额的比例/%
1	日本	5.37	25.83	德国	176.00	23.10
2	德国	4.21	20.22	日本	70.85	9.30
3	韩国	1.33	6.42	美国	60.29	7.91
4	美国	1.11	5.35	英国	47.49	6.23
5	巴西	0.83	3.98	斯洛伐克	31.51	4.14
6	瑞典	0.47	2.26	瑞典	13.21	1.73
7	法国	0.36	1.74	泰国	12.02	1.58
8	罗马尼亚	0.22	1.03	意大利	9.17	1.20
9	奥地利	0.21	1.02	加拿大	7.00	0.92
10	波兰	0.14	0.69	澳大利亚	6.50	0.85

数据来源：根据CEPII BACI数据库计算得到。

3. 中国汽车整车进口的车型结构

如表9-7所示，2018年，中国乘用车进口量为108.80万辆，2021年，中国乘用车进口量为93.91万辆，较2018年下降了14.89万辆。具体分析如下：

第一，运动型多用途汽车（sports utility vehicle，SUV）和轿车是乘用车进口的主要类型。2018年，SUV和轿车的进口量分别为58.51万辆和46.33万辆，占中国乘用车进口总量的比例分别为53.78%和42.59%；2021年，SUV和轿车的进口量分别为49.35万辆和41.33万辆，占中国乘用车进口总量的比例分别为52.55%和44.01%。

第二，SUV 在 2018 年和 2021 年均为中国乘用车第一大进口类型。2018 年，SUV 为第一大进口乘用车，所占份额为 53.78%，轿车次之，所占份额为 42.59%，两者相差 11.19%。2021 年，SUV 仍然是第一大进口乘用车，所占份额为 52.55%，轿车次之，为 44.01%，两者相差 8.54%。

第三，多用途汽车（multi-purpose vehicle，MPV）进口量和进口份额均处于较低水平。2018 年和 2021 年，MPV 进口量均不足 4 万辆，所占份额处于 3%~4%，与轿车和 SUV 相比有较大差距。

表 9-7 2018 年和 2021 年中国乘用车进口的类型结构

车辆类型	2018 年		2021 年	
	进口量/万辆	占中国乘用车进口总额的比例/%	进口量/万辆	占中国乘用车进口总额的比例/%
乘用车	108.80	100.00	93.91	100.00
其中：SUV	58.51	53.78	49.35	52.55
轿车	46.33	42.59	41.33	44.01
MPV	3.96	3.64	3.23	3.44

数据来源：2021 年 12 月中国进口汽车市场情况［EB/OL］. 中国汽车流通协会网站，［2022-02-11］. http://www.cada.cn/Data/info_87_8937.html.

4. 中国汽车整车进口的品牌结构

表 9-8 为 2018 年和 2022 年中国汽车整车进口前十大品牌。从中可以看出：

第一，在观测期内，中国汽车整车进口前十大品牌没有发生大的变化。2018 年和 2022 年，奔驰、雷克萨斯、宝马、保时捷、丰田、奥迪、路虎和沃尔沃始终处于中国汽车整车前十大进口品牌行列，斯巴鲁和迷你替代大众、林肯于 2022 年成为前十大进口品牌。

第二，2018 年，在中国汽车整车进口的前十大品牌中，有 5 个品牌属于德国企业，2 个品牌属于日本企业，英国、美国、瑞典的品牌各 1 个；2022 年，在中国汽车整车进口的前十大品牌中，有 4 个品牌属于德国企业，3 个品牌属于日本企业，2 个品牌属于英国企业，1 个品牌属于瑞典企业。具体来看，与 2018 年相比，2022 年中国从德国进口的保时捷汽车数量增幅显著，从德国进口的奔驰、宝马和奥迪汽车数量却大幅下降；中国从日本进口的雷克萨斯汽车数量明显增加，从日本进口的丰田汽车数量明显下降；中国从美国进口的林肯汽车、从英国进口的路虎汽车、从瑞典进口的沃尔沃汽车数量均有所下降。

第三，中国进口豪华车的品牌集中度进一步上升。从第一大品牌所占份额来看，

2018 年，中国汽车整车进口的第一大品牌奔驰所占份额为 16.39%，2022 年，中国汽车整车进口的第一大品牌变为雷克萨斯，所占份额提高至 20.79%。从前两大品牌所占份额来看，2018 年，中国汽车整车进口的前两大品牌奔驰和雷克萨斯所占份额为 31.07%，2022 年，中国汽车整车进口的前两大品牌变为雷克萨斯和奔驰，所占份额进一步提高至 39.08%。

表 9-8 中国汽车整车进口前十大品牌

排序	2018 年			2022 年		
	品牌	进口量/万辆	占中国汽车整车进口数量的比例/%	品牌	进口量/万辆	占中国汽车整车进口数量的比例/%
1	奔驰	18.17	16.39	雷克萨斯	18.25	20.79
2	雷克萨斯	16.27	14.68	奔驰	16.06	18.29
3	宝马	16.03	14.46	宝马	11.52	13.12
4	保时捷	8.70	7.85	保时捷	9.44	10.75
5	丰田	6.94	6.26	奥迪	4.45	5.07
6	奥迪	6.70	6.04	路虎	3.73	4.25
7	大众	5.30	4.78	迷你	2.88	3.28
8	路虎	5.04	4.55	丰田	2.65	3.02
9	林肯	4.44	4.01	沃尔沃	2.11	2.40
10	沃尔沃	3.31	2.99	斯巴鲁	1.16	1.32

数据来源：2018 年中国进口汽车市场研究报告［EB/OL］. 中国汽车流通协会网站，［2019-02-01］. http://www.cada.cn/Data/info_87_7029.html；2022 年 12 月中国进口汽车市场情况［EB/OL］. 中国汽车流通协会网站，［2023-02-09］. http://www.cada.cn/Data/info_87_9506.html.

5. 中国汽车整车进口的排量结构

随着国六排放标准的陆续实施，小排量汽车进口量大幅度增加。具体来看，1.5~2.0 L 排量汽车进口占中国汽车整车进口数量的比例，由 2010 年的 24.6%稳步提高至 2022 年的 47.7%，提高了约 23%；2.0~2.5 L 排量汽车进口占比由 2010 年的 25.4%下降为 2018 年的 6.4%，下降了 19%，于 2022 年恢复性增长到 14.9%；2.5~3.0 L 排量汽车进口占比始终稳定在 27%左右；3.0~4.0 L 排量汽车进口占比呈现持续下降的态势，由 2010 年的 16.7%下降至 2022 年的 4.3%，下降了超 12%。

表 9-9　不同排量汽车整车占中国汽车整车总进口量的比重　（%）

排量/L	2010 年	2018 年	2022 年
1. 5~2. 0	24. 6	46. 8	47. 7
2. 0~2. 5	25. 4	6. 4	14. 9
2. 5~3. 0	26. 9	27. 3	26. 9
3. 0~4. 0	16. 7	9. 1	4. 3
其他	6. 4	10. 4	6. 2

数据来源：2018 年中国进口汽车市场研究报告［EB/OL］. 中国汽车流通协会网站，［2019-02-01］. http：//www. cada. cn/Data/info_ 87_ 7029. html；2022 年 12 月中国进口汽车市场情况［EB/OL］. 中国汽车流通协会网站，［2023-02-09］. http：//www. cada. cn/Data/info_ 87_ 9506. html.

三、中国汽车零部件进口的基本情况

1. 中国汽车零部件进口规模

中国汽车零部件进口规模有所增长。中国汽车零部件进口额总体呈现出稳步上升的变化趋势，进口额从 2001 年的 21. 26 亿美元增长至 2021 年的 268. 87 亿美元，2021 年大约是 2001 年的 12. 65 倍，年均增长率为 13. 52%。从汽车零部件进口占中国进口总额的比例来看，2001 –2021 年，汽车零部件进口占比相对较低，始终不足 2. 5%。另外，中国汽车零部件进口占世界汽车零部件进口总额的比例由 2001 年的 1. 29%提高至 2021 年的 5. 34%，说明中国市场在世界上的重要性进一步凸显。

表 9-10　中国汽车零部件进口规模

年份	汽车零部件进口额/亿美元	汽车零部件进口额增长率/%	汽车零部件进口占中国进口总额的比例/%	中国占世界汽车零部件进口总额的比例/%
2001	21. 26	—	1. 05	1. 29
2002	30. 50	43. 48	1. 23	1. 85
2003	63. 37	107. 79	1. 81	3. 84
2004	75. 25	18. 75	1. 63	4. 56
2005	76. 74	1. 98	1. 43	4. 65
2006	101. 55	32. 33	1. 58	6. 16
2007	111. 26	9. 56	1. 55	6. 74
2008	112. 23	0. 87	1. 30	6. 80
2009	129. 89	15. 74	1. 66	7. 87
2010	193. 63	49. 07	1. 74	11. 74

续表

年份	汽车零部件进口额/亿美元	汽车零部件进口额增长率/%	汽车零部件进口占中国进口总额的比例/%	中国占世界汽车零部件进口总额的比例/%
2011	228.22	17.87	1.63	13.83
2012	234.32	2.67	1.65	14.20
2013	264.40	12.84	1.68	16.03
2014	296.37	12.09	1.93	17.96
2015	251.11	-15.27	1.97	15.22
2016	268.22	6.81	2.17	16.26
2017	279.36	4.15	1.82	16.93
2018	297.18	6.40	1.85	6.00
2019	240.28	-19.15	1.53	4.87
2020	250.87	4.41	1.61	5.90
2021	268.87	7.18	1.37	5.34

数据来源：根据 CEPII BACI 数据库计算得到。

2. 中国汽车零部件进口的来源国结构

表 9-11 列出了 2001 年和 2021 年中国汽车零部件的前十大进口来源国。从中可以看出：

第一，中国主要从德国、日本、美国等发达国家进口汽车零部件。2021 年，中国从德国、日本、美国三国进口的汽车零部件共计 200.83 亿美元，占中国汽车零部件进口总额的比例达到 74.69%。其中，2021 年，中国从第一大进口来源国德国进口的汽车零部件为 118.00 亿美元，占比高达 43.89%。日本、美国分别是中国汽车零部件的第二大、第三大进口来源国，进口规模分别为 62.47 亿美元、20.36 亿美元，占比分别为 23.23%、7.57%。

第二，中国从发展中国家进口的汽车零部件总额不断增长。2001 年，在中国汽车零部件的前十大进口来源国中，除巴西外，其他进口来源国均为发达国家。2001 年，中国从巴西进口的汽车零部件总额为 0.38 亿美元，占比仅为 1.80%。2021 年，墨西哥、泰国跃升为中国汽车零部件进口的第五大、第七大进口来源国。中国从墨西哥、泰国进口的汽车零部件总额分别为 9.30 亿美元、5.00 亿美元，占比分别为 3.46%、1.86%。

第三，2001 年和 2021 年，德国、日本、美国、韩国、英国、西班牙和法国均位列中国汽车零部件前十大进口来源国。其中，日本、法国、英国的排名有所下降，德国、韩国和西班牙的排名有所上升。

表 9-11 中国汽车零部件前十大进口来源国

排序	2001 年			2021 年		
	国家	进口额/亿美元	占中国汽车零部件进口总额的比例/%	国家	进口额/亿美元	占中国汽车零部件进口总额的比例/%
1	日本	7.99	37.61	德国	118.00	43.89
2	德国	6.30	29.64	日本	62.47	23.23
3	美国	1.30	6.10	美国	20.36	7.57
4	加拿大	1.10	5.19	韩国	15.04	5.60
5	法国	0.70	3.31	墨西哥	9.30	3.46
6	韩国	0.67	3.15	西班牙	5.01	1.86
7	巴西	0.38	1.80	泰国	5.00	1.86
8	英国	0.38	1.78	法国	3.02	1.12
9	意大利	0.35	1.63	英国	2.98	1.11
10	西班牙	0.28	1.30	挪威	2.39	0.89

数据来源：根据 CEPII BACI 数据库计算得到。

3. 中国汽车零部件进口的产品结构

表 9-12 列出了 2001 年和 2021 年中国汽车零部件进口的前五大类产品。从中可以看出：

第一，中国汽车零部件进口的产品结构总体较为稳定。2001 年和 2021 年，机动车辆变速箱，其他汽车零件，机动车辆其他车体零部件，汽车方向盘、柱和箱均位于中国汽车零部件前五大进口产品行列。2021 年，驱动轴与差速器的机动车辆替代除汽车衬料外的制动系统部件跻身中国汽车零部件前五大进口产品行列。2001 年，中国进口的前五大汽车零部件产品总额共计 17.17 亿美元，占中国汽车零部件进口额的比例为 80.76%；2021 年，前五大汽车零部件产品进口总额 217.58 亿美元，占中国汽车零部件进口额的比例为 80.92%。

第二，从中国前五大汽车零部件进口额的增长幅度来看，机动车辆变速箱进口额的增长幅度最大，进口额由 2001 年的 2.93 亿美元增长至 2021 年的 111.00 亿美元，增加了约 108 亿美元；机动车辆其他车体零部件、其他汽车零件进口额的增长幅度次之，2021 年较 2001 年分别增长了 35.81 亿美元、32.34 亿美元；汽车方向盘、柱和箱进口额的增长幅度位列第三，2021 年较 2001 年增长了 12.78 亿美元。

表 9-12　中国汽车零部件前五大进口产品

排序	2001 年			2021 年		
	商品名称	进口额/亿美元	占中国汽车零部件进口总额的比例/%	商品名称	进口额/亿美元	占中国汽车零部件进口总额的比例/%
1	其他汽车零件	8.17	38.44	机动车辆变速箱	111.00	41.28
2	机动车辆其他车体零部件	4.46	20.98	其他汽车零件	40.51	15.07
3	机动车辆变速箱	2.93	13.77	机动车辆其他车体零部件	40.27	14.98
4	除汽车衬料外的制动系统部件	1.02	4.79	汽车方向盘、柱和箱	13.37	4.97
5	汽车方向盘、柱和箱	0.59	2.78	驱动轴与差速器的机动车辆	12.43	4.62

数据来源：根据 CEPII BACI 数据库计算得到。

第二节　中国汽车产品进口存在的问题

一、汽车产业政策频繁调整加剧进口市场波动

近年来，我国汽车产业对外面临复杂严峻的国际环境，对内面临经济下行压力。在此背景下，我国针对汽车产业进行了一系列政策调整，在一定程度上加剧了汽车产品进口市场的波动性。具体来看：

第一，取消外资股比限制导致国内对进口汽车需求减少。2021 年 12 月 27 日，国家发展和改革委员会、商务部发布《外商投资准入特别管理措施（负面清单）（2021 年版）》① 规定，从 2022 年 1 月 1 日起，在汽车制造领域，取消乘用车制造外资股比限制以及同一家外商可在国内建立两家及两家以下生产同类整车产品的合资企业的限制。这就意味着我国汽车行业实现完全对外开放，吸引更多国际汽车品牌在中国投资建厂，促进“进口汽车国产化”，进一步挤压了进口汽车的市场空间。

第二，取消汽车购置税优惠导致进口汽车购买成本增加。根据财政部、国家税务

① 外商投资准入特别管理措施（负面清单）（2021 年版）［EB/OL］. 国家发展和改革委员会，［2021-12-27］. https：//zfxxgk. ndrc. gov. cn/web/iteminfo. jsp？id=18589.

总局《关于减征 1.6 升及以下排量乘用车车辆购置税的通知》[①]，自 2018 年 1 月 1 日起，恢复按 10%的法定税率征收车辆购置税，直接导致汽车购买成本增加。简单来说，购买一辆发票价格 10 万元的小排量汽车，需多缴纳 2000 多元税款[②]。

第三，国六排放标准实施导致进口车供给紧张。国务院于 2018 年印发《打赢蓝天保卫战三年行动计划》[③]，要求自 2019 年 7 月 1 日起，在北京、上海、天津等多个地区执行国六排放标准。2020 年 5 月 13 日，生态环境部等多部门颁布《关于调整轻型汽车国六排放标准实施有关要求的公告》，要求自 2020 年 7 月 1 日起，在全国范围实施轻型汽车国六排放标准，禁止生产国五排放标准轻型汽车，进口轻型汽车应符合国六排放标准。2023 年 7 月 1 日起，全面实施国 6B 排放标准，禁止生产、进口、销售不符合国六排放标准 6B 阶段的汽车，进口车以货物进口证明书签注运抵日期为准，销售日期以机动车销售发票日期为准。现有进口货源并不满足我国排放标准，短期内很难采取特殊措施加以应对。

二、进口市场垄断导致汽车产品定价过高

中国进口汽车市场存在的垄断行为主要包括进口汽车制造商、总代理商以及分销商的横向垄断和纵向垄断行为，具体如下：

第一，横向垄断。一方面，进口汽车产品制造商之间相互勾结，组建卡特尔，协调产品最终售价以获得垄断利润。例如，我国曾对日本 8 家汽车零部件企业、4 家轴承企业存在长达 10 年的协同报价、协商涨价行为进行处罚[④]。另一方面，进口汽车产品经销商通过划分销售市场，限制汽车产品跨地区销售，减少竞争并维持垄断高价以获得巨额利润。

第二，纵向垄断。一方面，上游公司通过签订固定转售价格[⑤]、最低转售价格垄断协议直接干预汽车产品最终售价，损害公平竞争和消费者权益，最终获取垄断利润。另一方面，进口汽车制造商通过设立总经销商延长价值链，进而抬高汽车最终售价。

---

① 关于减征 1.6 升及以下排量乘用车车辆购置税的通知［EB/OL］. 中华人民共和国财政部，［2016-12-15］. http：//szs. mof. gov. cn/zhengwuxinxi/zhengcefabu/201612/t20161215_ 2483048. html.

② 小排量汽车购置税优惠下个月结束 10 万元车将多花 2000 多元［EB/OL］. 新华网，［2017-12-13］. http：//www. xinhuanet. com/auto/2017-12/13/c_ 1122104764. htm.

③ 国务院关于印发打赢蓝天保卫战三年行动计划的通知［EB/OL］. 中国政府网，［2018-07-03］. http：//www. gov. cn/zhengce/content/2018-07/03/content_ 5303158. htm.

④ “十二五”期间反价格垄断取得重大进展［EB/OL］. 国家发展和改革委员会，［2016-03-04］. http：//www. ndrc. gov. cn/xwzx/xwfb/201603/t20160304_ 791938. html.

⑤ 上游公司保留对下游销售产品价格控制权的合同安排。

我国商务部等部门于2005年公布的《汽车品牌销售管理实施办法》① 规定，外国汽车公司可在中国“投资设立总经销商”（品牌经销商）或者“授权境内企业作为总经销商”，由总经销商负责从国外进口，然后分销给各地的授权经销商。从行业价值链的角度来看，汽车制造商把握生产、总经销两大环节，在选择上游零部件厂商和下游分经销商时，均拥有强大的话语权和垄断力量。可见，汽车制造商不仅可以获得两个环节的销售利润，还可以通过控制进口车车源、进口车定价获取巨额垄断利润。

较强的市场垄断直接导致我国进口汽车产品存在较大的国内外价差。以“路虎发现”为例，其美国版本SE 4dr 4×4 售价约为35.88万元，对应的国内版本3.0 V6 SE的厂商指导价、完税价格分别高达76.28万元、54.39万元，国内完税价格为美国售价的1.52倍②。除此之外，经销商对热门车型“限制降价”或“加价”的行为时有发生。出于对热门车型的急需或喜爱，消费者有时要花费更高的价格购买进口汽车。

三、平行进口汽车的空间不断被压缩

平行进口汽车绕过了总经销商、大区经销商、4S店等销售环节，且定价不受厂商限制，其价格通常比普通进口车低10%~20%，部分甚至低30%③。但是，在中美经贸摩擦持续升级、国内汽车产业政策不断调整的背景下，平行进口汽车的优势空间被不断压缩，汽车平行进口缺乏动力。具体如下：

第一，消费者可能遭遇“配置陷阱”。由于平行进口汽车具有提车时间优势和车型多样化选择优势，消费者可以提前拿到国内即将上市的车型或者购买国内未上市的车型。但优势也是劣势，由于国内消费者对平行进口汽车车型缺乏了解，平行进口汽车厂商可能会使用非原厂配件对进口的低配车进行加装，然后按照高配车的价格售卖以获得非法利润。

第二，平行进口车难获国六认证，消费者将为环保买单。平行进口汽车获得国六认证的方式包括完全授权、部分授权以及企业自主公开3种。平行进口商因为运作模式的局限性，很难获得原厂的OBD认证及PVE测试文件，进而很难通过完全授权、部分授权等方式获得国六排放标准认证。平行进口商可以通过实验获得检测数据并自主

---

① 汽车品牌销售管理实施办法［EB/OL］. 商务部，［2005-02-21］. http://file.mofcom.gov.cn/article/gkml/200804/20080498012087.shtml.

② 捷豹路虎国内外售价对比，一个字：贵！［EB/OL］. 车家号，［2019-02-20］. https://chejiahao.autohome.com.cn/info/3363482/.

③ 胡建兵. 促进汽车平行进口发展带来多方利好［EB/OL］. 中国商网，［2019-09-03］. https://www.dongchedi.com/article/6732321202225807879.

公开信息以获得国六认证，但这种方式产生的高成本最终将由消费者买单。

第三，跨国公司提高我国平行进口汽车的采购成本，以降低平行进口汽车的吸引力，进而维持其通过销售正常汽车获得的垄断利润。跨国公司通常采取以下两种方式抵制我国平行进口汽车：①制定更严苛的审核标准和更烦琐的购买手续以提高平行进口汽车的采购成本。②利用我国的进口汽车关税政策，通过修改车辆排量提高平行进口汽车的最终售价。我国对进口车按照排量征税，排量是 2979 mL 的进口车，按照 2500～3000 mL 的标准，征收 66.19%的关税，而排量是 3004 mL 的进口车就要征收 95%的关税。以美国宝马 X5 为例，排量增加了 25 mL，应缴关税多了近 11 万元[①]。

四、汽车核心零部件进口供给体系脆弱

发达国家对我国实施高技术出口管制是汽车核心零部件外部供给体系脆弱的直接原因之一。美国、日本、欧盟等发达国家或地区为保持自身的技术优势，遏制中国制造业的发展，对中国实施出口审查和管制措施，其中，受到严格出口管制的领域就包括发动机等技术领域。由于关键技术只掌握在美国等少数发达国家手中，我国很难通过进口多元化策略维持进口渠道稳定。此外，通过“以市场换技术”的方式引进外资，掌握其核心技术的概率微乎其微。

国内零部件生产企业创新基础薄弱，研发创新投入不足，是我国汽车零部件受制于人的关键原因。创新基础薄弱主要表现在：一是汽车零部件行业仍然存在“低、散、弱”问题，行业利润率低。截至 2016 年 9 月，年产值达 2000 万元以上的汽车零部件企业仅占 13%，中小型企业占比高达 87%，行业平均利润率处于 6%～8%，而外资、合资企业的利润率超过 15%[②]。二是产业结构不合理。国内汽车零部件企业主要集中在劳动密集型、材料密集型等低附加值领域，且没有形成成熟的自主开发体系，在高端领域和核心技术方面需要突破。三是汽车零部件市场生态环境脆弱，产品同质化、过度竞争等问题比较突出。研发创新投入不足主要表现在：据统计，我国汽车零部件企业研发投入目前只占销售收入的 1.4%，即使是实力较强的 98 家上市企业，它们的研发投入占当年营业收入比例的平均值也只有 3.8%，远低于跨国企业 5%的平均水平[③]。

---

① 宝马调查我国平行进口车 被指抵制平行进口变相垄断［EB/OL］. 中国新闻网，［2015-04-30］. http：//www.chinanews.com/auto/2015/04-30/7244054.shtml.

② 中国零部件企业营收 3.5 万亿 核心部件外资垄断［J］. 机械工业标准化与质量，2016（12）：21-22，46.

③ 李永钧．“空心化”拷问中国汽车零部件业［J］. 西南汽车信息，2018（10）：22-24.

五、进口汽车售后服务体系不健全

目前，进口汽车售后服务尚未建立标准化、规范化、专业化、一体化的服务体系，意味着各大进口汽车品牌提供的售后服务的模式和质量存在较大差别。售后服务体系不健全的直接后果是企业难以及时高效地解决售后问题，消费者无法对售后服务进行有效甄别和评价，相关部门也无法对售后服务纠纷进行有效裁决，消费者权益缺乏有效保障。具体来看：

第一，售后服务理念落后。由于利益驱动或维修技术缺乏，进口汽车 4S 店通常诱导客户购买新的零部件加以更换，而非使用技术手段对零部件进行维修。

第二，售后服务内容趋于同质化。目前，众多进口汽车 4S 店可以满足消费者的主流售后需求，但是无法为客户提供维修技术人员上门、替客户代取和送还维修车辆等个性化、定制化服务。

第三，售后服务效率低下。售后服务流程主要分为预约、接待、维修以及回访四部分。预约流程中，存在难以预约到合适的时间、预约系统较难操作以及预约条件苛刻等问题；接待流程中，存在等待时间过长等问题；维修流程中，存在流程工序重复等问题；回访流程则流于表面，对客户的反馈信息不够重视，且没有建立详细的客户档案和回访记录。

第四，售后维修人才严重缺乏。现代汽车故障的诊断维修，不再仅采用传统眼看、耳听、手摸等感官手段，而是采用通用或专用的仪器设备进行检测，利用数字技术完成对汽车故障诊断参数的测试、分析、判断和处理决策。诊断工具、手段、方法、技术、理念无不是信息技术的集中运用①，这就对售后维修人员提出了更高的技能要求。

此外，平行进口汽车起步较晚，其售后服务体系不完善的问题更加突出。一方面，平行进口汽车的质保体系不健全，消费者需通过自费购买保险的方式获得本该由经销商义务提供的质保；另一方面，由于缺乏技术支持和专业型人才，平行进口汽车的售后服务只有态度，没有精度，难以真正解决消费者问题。

---

① 李杰，牛雅丽，韩宁．面向现代汽车产业后市场的客户服务研究［J］．汽车实用技术，2020（6）：234-236.

第三节　中国推动汽车产品进口发展的政策建议

一、进一步释放进口汽车的消费潜力

第一，大力发展电商直播等“云买车”业务，加快进口企业的宣传和销售。《2019麦肯锡汽车消费者洞察报告》指出，虽然线下渠道仍占主导地位，但是，无论是消费者被动接收信息形成初始品牌选单的过程，还是实际购买前的主动学习过程，线上渠道都渗透在各个环节。因此，汽车企业应加快数字化转型，通过线上消费市场进行精准营销和线上远程交付，例如，可以尝试通过短视频平台进行产品宣传和推广，吸引消费者“种草”，再结合直播的方式，打造个性化线上消费场景，进行汽车销售。

第二，应充分发挥新产品对消费的“拉力”作用。随着收入水平的不断提高，国内居民追求全球同步新车型，追求品质、个性化、新能源产品的心态仍在强化。汽车进口商应进一步扩大进口汽车的类型范围，充分发挥多样性产品对消费需求、市场规模的拉动作用。

第三，应充分挖掘三、四线城市的消费潜力。目前发达国家的千人汽车保有量总体在500~800辆的水平，而我国千人汽车保有量仅为225辆[①]。考虑到人口规模、区域结构和资源环境的国别差异，再加上我国三线以及三线以下城市汽车消费潜力比较大，随着我国居民收入不断提高，消费不断升级，城市化逐步推进，未来我国千人汽车保有量还有较大的增长空间[②]。中央政府、地方政府和企业应共同培育三、四线城市市场，提高中等收入人群占比，满足“以旧换新”等消费升级需求，共同解决使用成本高、网点服务不到位等制约进口汽车市场发展的关键性问题。

第四，应充分发挥报废汽车回收的“推力”以提振消费。目前，我国机动车零部件再制造利用率不足10%，与发达国家45%的水平相比存在较大差距[③]。我国汽车报废回收存在诸多问题，例如，回收价格低、回收程序烦琐，车辆所有者报废回收缺乏动力；获利渠道单一、竞争缺乏秩序，正规回收企业回收积极性低。因此，政府应通过

---

① 公安部：我国汽车保有量达3.18亿辆 千人汽车保有量达225辆［EB/OL］. 中国证券报·中证网，［2022-12-08］. https：//www.cs.com.cn/xwzx/hg/202212/t20221208_6312470.html.

② 国务院联防联控机制就应对疫情影响 稳定和扩大汽车消费工作情况举行发布会［EB/OL］. 中国网，［2020-04-09］. http：//www.china.com.cn/zhibo/content_75908495.htm.

③ 报废车行业迎新政 市场劲吹改革东风［EB/OL］. 中华人民共和国司法部，［2019-05-08］. http：//www.moj.gov.cn/Department/content/2019-05/08/596_3235236.html.

财政补贴等方式增强回收企业实力，构建合理有序的竞争秩序，提高企业回收积极性，从而扩大新车置换消费空间，进而加快进口汽车消费。

二、加快破除进口汽车市场垄断行为

为了解决中国进口汽车高售价问题，进一步缩小进口汽车国内外价差，必须严厉打击进口汽车市场存在的横向垄断和纵向垄断行为，维护公平的市场竞争秩序。具体来看：

第一，尽早出台汽车业反垄断指南，同时加强《中华人民共和国反垄断法》的执行力度。出台汽车业反垄断指南，可以为跨国企业提供清晰的行为指导与合理预期，更好保护消费者权益，也可以保障被调查企业的抗辩权。在中国反垄断调查所涉及的企业中，外国企业只占到10%①。政府应进一步加强《中华人民共和国反垄断法》的执行力度，打击上下游公司之间签订最低转售价格维持、固定转售价格维持的违法行为，维护公平的市场竞争秩序。值得注意的是，《中华人民共和国反垄断法》对不同品牌产品的影响存在很大的差异性，比如针对凯迪拉克、道奇、吉普的反垄断调查不仅没有降低其产品价格，反而导致了价格上升②。因此，在执行《中华人民共和国反垄断法》的过程中，应充分关注不同企业类型的异质性，增强反垄断的执法效果。

第二，破除进口汽车制造商的垄断。政府应取消《汽车品牌销售管理实施办法》规定的单一授权模式，允许汽车总经销商和品牌经销商的授权和非授权模式同时存在，取消备案制，积极发展电商、超市等销售新模式③。

第三，破除进口汽车经销商的垄断。汽车经销商划分销售市场的行为实质上限制了消费者的自主选择权，排除了经销商之间的公平竞争。政府应严禁汽车经销商对消费者户籍进行限制，允许消费者跨区域购买，以强化各经销商之间的竞争。

三、降低汽车平行进口的制度性成本

扩大汽车平行进口，一方面可以倒逼跨国企业降低国内售价，降低跨国企业在中国进口汽车市场上的垄断程度，解决汽车零配件4S店专营等问题；另一方面可以有效满足国内多样化、多层次的消费需求。具体来看：

第一，进一步降低汽车平行进口的制度性成本。对于平行进口汽车认证而言，政府一方面应简化并规范平行进口汽车的认证方式，达成各部门行政命令之间的统一，

---

① 李克强：反垄断调查所涉及到的外国企业只占10%［EB/OL］．中国经济网，［2014-09-09］．http://www.ce.cn/xwzx/gnsz/szyw/201409/09/t20140909_3505740.shtml.

② 王永进．反垄断诉讼能破解中国进口汽车高售价之谜吗［J］．中国经济报告，2019（3）：40-47.

③ 徐海涛．中国汽车行业的垄断与反垄断［J］．汽车工业研究，2017（10）：42-48.

避免在区分进口车“身份”上造成困扰，明确划分各责任方；另一方面应积极开展与主要贸易国进行汽车认证标准的比对，推动认证结果与主要贸易投资合作国家（或地区）的双向互认①。对于平行进口汽车的改装而言，政府应建立合法规范的平行进口汽车改装基地，可考虑在港口建立专门的标准符合性改装工厂，并加强监管，保证手续完全②。

第二，建立专门的监管部门，实施全过程监督管理。目前，天津、辽宁、成都等地相继建立汽车平行进口领导小组，全面监督、管理和协调开展平行进口汽车试点工作。随着汽车平行进口口岸由试点转向推广，现有监管模式无法满足市场需求和消费者需求。政府应该尽快建立专门的监管部门，推动监管部门与海关数据信息系统联网，节省各部门共同监管的协调成本，对整个流通和售后过程进行监督与管理，避免出现监管空白区域，对更改汽车配置获取非法利润等违法违规行为予以严厉打击，提高监管效率。

四、防范汽车零部件进口中断风险

为了避免汽车核心零部件进口供给中断，政府短期内应鼓励中外资零部件生产企业深入合作，在中长期应积极推动国内零部件企业重组、转型与升级，提高自给能力，从根本上避免核心零部件受制于人。具体来看：

第一，推动中资企业与外资企业开展全方位合作。政府一方面可以允许内资企业并购的外商投资企业及境外企业在符合我国相关法律法规规定的条件下享受内资企业待遇；另一方面引导中外零部件生产企业在产品研发、品牌建设、联合采购、售后服务、人才培训等方面创新合作模式，提高国际合作的广度和深度③。国内汽车零部件进口商应加强与国外汽车零部件出口商的沟通与协调，相互配合逐层进行供应风险和经营安全性评估及筛查，充分共享最新产能计划和限制信息，同时指导和帮助上游供应商共同抵御供应链风险④。

第二，加快国内零部件生产企业兼并重组进程。国内零部件生产企业通过兼并重组，可以将各原有企业的技术、管理、材料、销售渠道等优势资源聚集在一起，充分实现优势互补，合力攻克核心技术，从而提高国内零部件生产企业的竞争力。此外，

---

① 高文．平行进口：能否成为海南汽车销售的“黑马”［N］．中国国门时报，2020-01-08（003）．

② 侯小菲．天津港平行进口汽车发展研究［J］．社科纵横，2017，32（12）：37-40．

③ 师建华．中国汽车零部件产业发展报告［J］．汽车与驾驶维修（维修版），2018（10）：12-14．

④ 专访德勤冯莉：疫情之下，汽车供应链面临松动风险中国汽车报［EB/OL］．搜狐网，［2020-02-24］．https：//www.sohu.com/a/375334142_120044219．

中国汽车零部件生产企业之间的兼并重组大多以“大企业兼并小企业”的方式进行，而大企业、优势企业之间的兼并重组更能达到优势互补的目的。因此，政府应鼓励大企业之间通过相互参股、换股等形式加速磨合过程，加快推进大企业之间的兼并进程。

第三，增加研发投入推动国内零部件生产企业转型升级。①增加研发资金投入。政府应在市场导向的基础上，加大对零部件龙头企业研发的财政支持，设立专项资金助力汽车零部件质量升级；建立高质量企业名录和产品名录，给予相应的税收减免优惠；为零部件龙头企业提供贷款优惠。②激发企业创新潜力。政府一方面可拨付专项资金建立汽车技术创新平台，统筹多家企业的技术力量促进汽车技术研发和创新，充分发挥资源共享、信息互通的平台优势；另一方面可设立专项奖励以激发汽车企业进行技术创新。③大力吸引和培养人才。短期内可通过引进国际人才，弥补国内高端人才资源匮乏的短板；长期应推进产—学—研一体化建设，加强与国内专业院校和研究机构的合作，储备汽车产业所需人才。

五、建立健全进口汽车售后服务体系

目前，售后服务收入占汽车产品总营收的20%，并为汽车制造商贡献了近一半的利润。因此，汽车经销商应将精力由薄利的汽车销售市场转向售后服务市场，建立健全进口汽车售后服务体系①。具体来看：

第一，进口汽车售后中心应形成优质化、人性化、标准化的服务理念。提高售后维修水平，真正通过使用技术手段“维修”汽车零部件而非“替换”汽车零部件解决消费者问题，为消费者降低售后成本，建立品牌忠诚度；应坚持以人为本的核心立场，为消费者提供便利化、标准化、诚信化、低成本、高质量的服务；通过提供汽车美容装饰、汽车俱乐部、保险及二手车等延伸服务以维持消费者的品牌忠诚度。

第二，完善售后服务流程。售后服务中心应着重注意以下几点：对售后服务内容进行细致梳理，根据客户需求提供更多差异化、个性化服务；降低客户时间成本，开设预约绿色通道，为预约客户提供优先派工服务；重视信息反馈，做好客户回访工作，以找到售后服务发展方向。

第三，建立数字化的售后经营模式。汽车售后服务企业通过开发集多功能售后服务于一体的App，为消费者提供网上预约、定期维护、服务延展等全方位的智能化服务，打通线上线下的售后服务渠道，节省消费者的时间成本，提高售后服务质量。

---

① 王华．为何当下汽车业要重整售后服务？［J］．汽车与配件，2019（4）：32-34.

第十章　中国从美国进口的事实、问题与对策

中国和美国分别作为世界上最大的发展中国家和最大的发达国家，经贸合作始终是两国关系的“压舱石”。但是，2017 年特朗普政府挑起的中美经贸摩擦严重阻碍了中美双边经贸往来。中美双方历经多轮谈判，最终于 2020 年 1 月 15 日签署了《中华人民共和国政府和美利坚合众国政府经济贸易协议》，即中美第一阶段经贸协议，协议内容之一是中国需要显著扩大从美国的进口，具体内容是从 2020 年 1 月 1 日至 2021 年 12 月 31 日两年内，中国应确保在 2017 年基数之上，扩大自美采购和进口制成品、农产品、能源产品和服务不少于 2000 亿美元。在中美第一阶段经贸协议完成之际，拜登政府将根据协议执行情况制定未来对华经贸政策。2023 年以来，美国经贸官员密集访华，中美双方成立经济领域工作组，包括“经济工作组”和“金融工作组”两个工作组，将定期、不定期举行会议，就经济、金融领域相关问题加强沟通和交流。在此背景下，本章分析了中国从美国进口的总体情况，总结了存在的问题，提出了应对策略，以期指导中美经贸合作特别是中国扩大从美国的进口。

第一节　中国从美国进口的基本情况

一、2001—2022 年中国从美国进口的整体情况

中国从美国的进口规模整体表现为波动上升的发展趋势。如表 10-1 所示，2001—2022 年，中国从美国的进口规模自 262. 17 亿美元增加至 1789. 57 亿美元，年均增长率为 9. 58%，2022 年大约是 2001 年的 6. 82 倍。大体经历了 3 个阶段：①整体增加阶段。2001—2014 年，中国从美国的进口规模自 262. 17 亿美元增加至 1600. 65 亿美元的历史峰值，年均增长率为 14. 93%。②波动下滑阶段。2015—2019 年，中国从美国的进口规

模自 1486.93 亿美元下降至 1232.36 亿美元，年均下降 4.59%。其中，2015—2016 年，中国从美国的进口规模呈现一定幅度的下降，2017—2018 年恢复增长态势后，2019 年再次下降。③上升阶段。2020 年、2021 年中国从美国的进口规模都有所增长，2022 年有所下降。

美国在中国总进口中的地位有所下降。如表 10-1 所示，2001—2022 年，从整体来看，中国从美国的进口占中国总进口的比重从 10.76%下降至 6.59%。从分阶段来看，表现为下降—上升—下降的态势。具体来看，2001—2011 年，中国从美国的进口占中国总进口的比重有所下降，从 10.76%降为 7.06%；2012—2015 年，中国从美国的进口占中国总进口的比重恢复增长态势，从 7.36%上升至 8.85%；2016—2022 年，中国从美国的进口占中国总进口的比重再次下降，从 8.51%降至 6.59%，并于 2019 年降至最低点 5.96%。此外，2001 年，美国是中国的第三大进口来源地，2022 年，美国下滑至中国的第四大进口来源地。

中国进口对美国出口的贡献整体提升。如表 10-1 所示，2001—2022 年，中国从美国的进口占美国的总出口的比重整体呈现上升的态势，从 2.63%增加至 7.46%，并于 2020 年达到历史最高值 8.72%。与此同时，中国在美国出口市场中的排名有所上升，2001 年，中国是美国的第九大出口市场，到 2022 年中国已跻身美国的第三大出口市场。

表 10-1　2001—2022 年中国从美国的进口规模及占比情况

年份	进口额/亿美元	同比增长/%	占中国总进口的比重/%	占美国总出口的比重/%
2001	262.17	—	10.76	2.63
2002	272.61	3.98	9.24	3.19
2003	339.44	24.52	8.22	3.91
2004	447.48	31.83	7.97	4.23
2005	487.41	8.92	7.39	4.57
2006	593.14	21.69	7.49	5.33
2007	695.48	17.25	7.27	5.61
2008	815.86	17.31	7.20	5.50
2009	777.55	-4.70	7.73	6.58
2010	1027.34	32.13	7.36	7.19
2011	1231.24	19.85	7.06	7.03
2012	1337.66	8.64	7.36	7.15

续表

年份	进口额/亿美元	同比增长/%	占中国总进口的比重/%	占美国总出口的比重/%
2013	1533.95	14.67	7.87	7.72
2014	1600.65	4.35	8.17	7.64
2015	1486.93	-7.10	8.85	7.73
2016	1351.20	-9.13	8.51	7.97
2017	1544.42	14.30	8.38	8.40
2018	1560.04	1.01	7.31	7.21
2019	1232.36	-21.00	5.96	6.48
2020	1359.97	10.35	6.62	8.72
2021	1809.72	33.07	6.74	8.62
2022	1789.57	-1.11	6.59	7.46

数据来源：根据 UN Comtrade 数据库中的统计数据整理而得。

二、2017 年以来中国从美国进口的基本情况

中美经贸摩擦短期内抑制了中国从美国的进口。2017 年 8 月，特朗普政府正式对华开展“301”调查，2018 年 3 月，美国贸易代表办公室（USTR）公布《中国贸易实践的 301 调查》，继而在 2018 年 4 月公布了对中国商品加征关税的计划，由此揭开了中美全面经贸摩擦的序幕。如表 10-1 所示，2017 年，中国从美国的进口总额为 1544.42 亿美元；2018 年，中国从美国的进口总额增至 1560.04 亿美元；2019 年，中国从美国的进口总额减少至 1232.36 亿美元，比 2018 年下降了 21.00%，占中国从世界进口总额的比重为 5.96%，比 2018 年下降了 1.35%，占美国出口总额的 6.48%，比 2018 年下降了 0.73%。

中美第一阶段经贸协议的签署显著扩大了中国从美国的进口。一方面，中美经贸摩擦开始后，作为反制措施，中国对部分美国商品加征关税，中美第一阶段经贸协议的签署使得中国削减了部分美国商品的关税，以此扩大从美国的进口；另一方面，中国高度重视中美第一阶段经贸协议的履行，克服了新冠疫情、全球经济衰退和供应链中断等多重负面冲击的影响，努力扩大从美国的进口。受新冠疫情的影响，2020 年中国从世界的进口额有所下降，同比下降了 1.14%，然而，中国从美国的进口额却逆势增长，同比增加了 10.35%，占中国从世界进口总额的比重为 6.62%，同比增加了 0.66%，占美国出口总额的比重为 8.72%，同比增加了 2.24%。2021 年是中美第一阶

段经贸协议履行的第二年，中国采取多种措施千方百计扩大从美国的进口，这一年，中国从美国的进口总额创历史新高，达到 1809. 72 亿美元，同比增加了 33. 07%，占中国从世界进口总额的比重为 6. 74%，同比增加了 0. 12%，占美国出口总额的比重为 8. 62%，同比增加了 0. 1%。2022 年，受新冠疫情以及俄乌冲突的影响，中国从美国的进口总额降至 1789. 57 亿美元，同比下降了 1. 11%。

美国在中国总进口中的地位有所下降。2017—2022 年，虽然美国始终是中国的第四大进口来源地，但是，中国对美国的依赖度显著降低，表现为中国从美国的进口占中国总进口的比重大幅下降。2017—2019 年，中国从美国的进口占中国总进口的比重逐年下降，分别为 8. 38%、7. 31%、5. 95%。受中美第一阶段经贸协议的影响，2020 年和 2021 年，中国从美国的进口占中国总进口的比重有所上升，分别为 6. 62% 和 6. 74%，但是仍然低于 2017 年的水平。2022 年，中国从美国的进口占中国总进口的比重降至 6. 59%。

中国进口对美国出口的贡献整体下降。2017—2022 年，中国一直是美国的第三大出口市场，仅次于加拿大和墨西哥，与此同时，中国从美国的进口占美国总出口的比重整体呈现下降的态势，从 2017 年的 8. 4%减少至 2022 年的 7. 46%。

三、2017 年以来中国从美国进口农产品的情况

在中美经贸摩擦过程中，作为反制措施，中国对美国农产品加征了涉及品目多、金额大、强度高的反制关税。根据中国政府发布的征税清单，几乎美国出口到中国的所有农产品均在加征反制关税的产品之列，猪肉、水果、坚果、油籽等重点农产品更是被多次加征关税。在随后签订的第一阶段经贸协议中，农产品的重要性依然十分突出。从协议文本内容上看，中文协议的文本内容共计 88 页，其中涉及中方削减或消除部分自美农产品进口的非关税措施的内容就高达 43 页。农产品也是中国在协议中明确承诺会在 2020 年和 2021 年增加进口的少数品种之一①。

2017—2022 年，中国从美国进口的农产品规模呈现出先下降、后大幅上升的发展态势。如图 10-1 所示，2017 年，中国从美国进口的农产品总额为 240. 84 亿美元。中美经贸摩擦后，中国从美国进口的农产品总额下降。具体来看，2018 年，中国从美国进口的农产品总额降至 161. 94 亿美元，同比下降了 32. 8%；2019 年，中国从美国进口的农产品总额降至最低值 140. 94 亿美元，比 2017 年下降了 41. 48%，比 2018 年下降了

① 王容博，曹历娟，朱晶．中美经贸摩擦中的农产品进口与中国粮食安全［J］．国际贸易问题，2022（5）：122-136.

12.96%。2020年，中美第一阶段经贸协议要求中国扩大从美国进口农产品，在2017年的进口基数（约240亿美元）之上，2020年和2021年中国从美国进口的农产品规模分别不少于125亿美元和195亿美元。从中美第一阶段经贸协议的实际履行情况来看，中国基本兑现了从美国扩大农产品进口的承诺，2020年中国从美国进口的农产品总额增加至237.29亿美元，2021年显著增加至389.71亿美元，2022年继续提高至420.5亿美元的最高值，比2017年增加了74.6%，比2021年增加了7.9%。

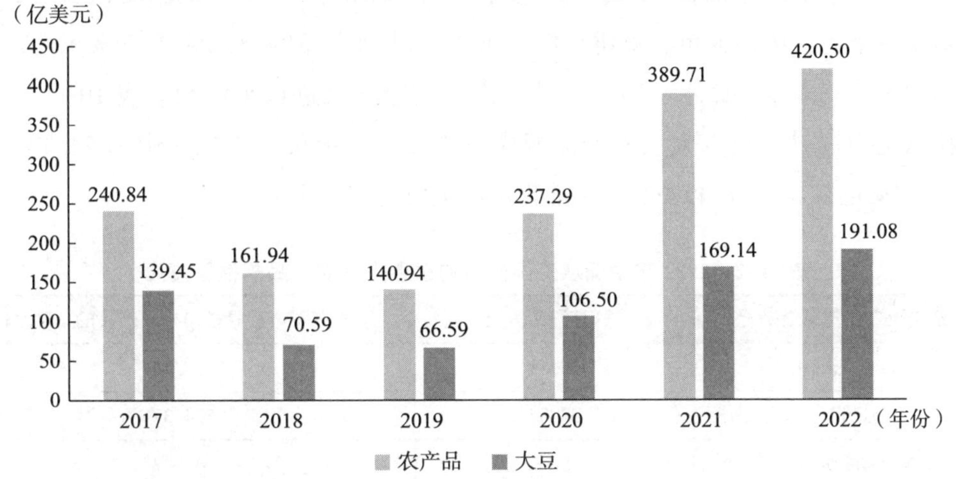

图10-1 2017—2022年中国从美国进口的农产品及大豆规模

数据来源：根据商务部发布的《中国农产品进出口月度统计报告》整理而得。

2017—2022年，美国始终是中国农产品的第二大进口来源地，仅次于巴西，然而，美国在中国农产品进口中的地位有所下降，与巴西的差距也有所增大。具体来看，2017年，中国从美国进口的农产品占中国农产品总进口的比重为19.32%，2018年为11.81%，2019年下降至9.41%，2020年上升至13.89%，2021年继续上升至17.73%，2022年继续上升至17.81%，2022年比2017年下降了1.5%。与此同时，巴西在中国农产品进口中的地位有所上升，2017年，中国从巴西进口的农产品占中国农产品总进口的比重为19.32%，2022年增加至22.22%，比2017年上升了2.89%。从美国和巴西占中国农产品进口的比重来看，2017年，美国和巴西占比大体一致，2022年，巴西的占比高出美国4.41%。

从细分农产品来看，美国也是中国大豆的第二大进口来源地，仅次于巴西。首先，2017—2022年，中国从美国进口的大豆总额同样呈现出先下降后上升的趋势。如图10-1所示，2017年，中国从美国进口的大豆总额为139.45亿美元，2019年降至66.59亿美元，2020年以后恢复上升趋势，2022年增加至191.08亿美元，比2017年增加了

37.03%，比2021年增加了13%。其次，美国在中国大豆进口中的地位有所下降，巴西在中国大豆进口中的地位有所提升。2022年，中国从美国进口的大豆占中国大豆进口总额的比重为31.2%，比2017年（35.19%）下降了3.99%，比巴西大豆占比（60.95%）低29.75%。最后，大豆在中国从美国进口农产品总额中的占比也有所下降。2022年，中国从美国进口的农产品中约45.44%是大豆，比2017年低12.46%；中国从巴西进口的农产品中约71.17%是大豆。

从其他大宗农产品来看，2022年，美国是中国棉花、玉米、配制动物饲料的第一大进口来源地，是中国冻鱼、豆饼豆粕、鸡肉及其副产品的第二大进口来源地，是锯材、牛皮革及马皮革、原木、猪肉及其副产品的第三大进口来源地。表10-2为2022年中国从美国进口的重点大宗农产品规模及占比，从中可以看出，中国74.37%的玉米、58.15%的棉花、41.42%的配制动物饲料进口来自美国。

表10-2　2022年中国从美国进口的重点大宗农产品规模及占比

重点大宗农产品类别	进口额/亿美元	占中国从世界进口相应产品的比重/%
棉花	30.51	58.15
玉米	52.84	74.37
配制动物饲料	4.78	41.42
冻鱼	6.05	12.75
豆饼豆粕	0.12	30.51
鸡肉及其副产品	12.29	29.82
锯材	8.72	11.58
牛皮革及马皮革	1.20	9.29
原木	7.36	8.63
猪肉及其副产品	9.86	15.10

数据来源：商务部发布的《中国农产品进出口月度统计报告》。

第二节　中国扩大从美国进口面临的问题

在中美第一阶段经贸协议完成之际，2022年3月31日，美国贸易代表办公室发布《2022年国家贸易评估报告》，宣称“中国远未履行美中贸易协议中的承诺”①，仅履行

① 张茉楠．需理性评估中美“第一阶段”经贸协议［EB/OL］．网易号，［2022-05-18］．https：//www.163.com/dy/article/H7LNRMMN05149512.html.

了第一阶段协议的约60%。美国对中国履行协议情况的非理性认知和评估是不正确的，既忽视了中国为了履行协议所做出的巨大努力，也没有考虑到中国从美国扩大进口面对的一系列问题。

一、美国主动挑起经贸摩擦

中美经贸摩擦的表现之一是美方对中方产品加征关税。目前，拜登政府是否会取消对中国加征的高关税尚无定论，如果美国对中国加征的高关税长期存在①，作为对等的反制措施，中国也将对美国产品征收高关税，这必然会缩小中国从美国的进口规模。在中美尚未达成第一阶段经贸协议之前，由于美国多次针对中国产品加征关税，中国也先后对美国农产品及低技术制造业产品、高技术制造业产品及信息与通信技术类制造品、能源产品加征反制关税，平均关税税率从争端前的8.4%大幅提升至20%以上②。以美国对中国出口的农产品为例，中国对美国农产品进口加征关税以后，油籽的平均关税由2017年的3%上升至28%~33%，肉类的平均关税由2017年的13%上升至43%~52%③。

虽然中美第一阶段经贸协议有助于缓和双方经贸关系，但是美国针对中国产品的加征关税一直存在，因而中国也无法取消对美国产品的加征关税。中国从美国进口的平均关税税率从中美关税争端前的8%显著提升至关税争端期间的21.1%，中美第一阶段经贸协议签订后，略降至20.9%的水平，但仍有56.7%的中国从美国进口商品面临额外关税的影响④。与此同时，中国对除美国以外的其他国家征收的平均关税稳步下降，中国总体平均关税水平从2017年的9.8%下降至2022年的7.4%。中国从美国进口的平均关税税率高于从其他国家进口的平均关税，将提高中国从美国进口产品的成本，从而制约中国从美国的进口潜力。可见，美国发起的加征关税抑制了中国从美国的进口。

二、美国对中国实施高技术产品出口管制

美国对中国实施高技术产品出口管制严重限制了中国从美国的进口。特朗普政府

---

① 龙春生，袁征．大国竞争时代美国对华科技战略探析［J］．美国研究，2023，37（4）：6，47-72.

② 余振，王净宇．美国对华经贸的“脱钩”与“再挂钩”：思想渊源与现实逻辑［J］．国际展望，2022，14（3）：97-114，160-161.

③ 王容博，曹历娟，朱晶．中美经贸摩擦中的农产品进口与中国粮食安全［J］．国际贸易问题，2022（5）：122-136.

④ BOWN C P. Phase One China Deal：Steep Tariffs Are the New Normal［EB/OL］. PIIE，(2019-12-19)［2022-06-07］. https：//www. piie. com/blogs/trade-and-investment-policy-watch/phase-one-china-deal-steep-tariffs-are-new-normal.

奉行“美国优先”原则，一方面担忧中国将引进的美国技术和高科技产品用于军事领域，从而威胁美国的国家安全，另一方面担忧中国将吸收的美国先进技术进行研发再创新，进而挑战美国在全球的高科技主导地位。基于这两方面考虑，美国不断将中国高科技企业纳入出口管制清单，以此阻碍中国从美国进口高技术产品。在中美第一阶段经贸协议签署后，美国依然把300多家中国企业列入出口管制清单或涉军企业清单。此外，美国还联合其他盟友、伙伴等第三方力量扩大对中国出口管制的范围，试图构建科技联盟。如美国通过《瓦森纳协定》协调欧洲、日本等拥有先进技术的国家，共同实施对华出口管制①；积极联合以色列、日本、韩国和中国台湾组建“半导体联盟”，禁止联盟成员对中国大陆出口和转让半导体制造的技术和设备。

拜登政府执政后，延续了特朗普政府的这一政策，认为中国是唯一可以长期威胁美国安全和动摇美国霸权的“战略竞争对手”，特别强调指出，在与中国的竞争中，要确保在科技和工业领域的国际领导地位，把出口管制作为阻止美国相关技术或物资出口中国的强有力工具，不仅卫星、芯片等高技术产品被严格禁止向中国出口，还不断发起对中国的出口管制制裁②，对中国重点支持的高新技术行业的出口管制更为突出。自2022年10月以来，拜登政府不断收紧对中国的出口管制，限制向中国出口芯片、芯片制造工具以及用美国设备在海外生产的芯片，此后便一直敦促荷兰、日本和韩国限制其对华出口芯片。

拜登政府希望通过以下两方面的出口管制计划维持中国对先进芯片的进口依赖，实现“规锁”中国科技发展的目的。一方面，美国敦促荷兰和日本对生产先进芯片所需的制造设备，包括EUV光刻机实施更加严格的出口管制；另一方面，美国敦促中国台湾和韩国对生产的先进芯片实施更加严格的出口管制，以切断中国大陆与先进半导体制造工艺技术的联系③。2022年12月，拜登政府发起设立的美欧贸易和技术委员会在华盛顿召开第三次会议，美欧双方致力于在已有的“防御性”手段基础上增强对中国“进攻性”手段的运用，包括实施半导体出口管制，表明美欧联合加强对中国收紧高技术出口管制④。此外，拜登政府正在考虑将美国出口管制的范围扩大到量子技术和生物技术、物联网、区块链等领域，阻止美国的关键技术和专业知识流入中国的先进

---

① 张薇薇．美国对华“脱钩”：进程、影响与趋势［J］．当代美国评论，2021（2）：42-57，121-122.

② 刘子奎，刘晓临．冷战后美国对华卫星出口管制政策——从老布什政府到特朗普政府［J］．美国研究，2022，36（1）：130-159，7-8.

③ 孙成昊，申青青．拜登政府的供应链重塑战略：路径与前景［J］．美国研究，2023，37（1）：113-137，7-8.

④ 王浩，宋天阳．统合内政—外交双重逻辑——中美竞争背景下拜登政府国家供应链安全战略［J］．美国研究，2023，37（1）：82-112，7.

技术领域。在未来很长一段时间内，美国将会继续以维护“国家安全”的名义，不断更新其出口管制机制，同时深化和整合其盟伴关系，对中国高科技企业的供应链进行封堵，禁止或限制向中国高科技企业出口相关产品①。这严重不利于中国扩大从美国的进口。

三、美国对中国的投资有所下降

美国对中国的投资能够通过在华美资企业扩大中国从美国的进口，但是，在现实中，美国对中国投资的下降限制了中国从美国的进口。

第一，美国加强了对中国的投资限制，导致美国对中国新增投资下降。拜登上台后，美国政府加强了对美国资本流入中国的限制，扩大了禁止美国向中国投资的行业范围。2021 年，美国政府提出《2021 年国家关键能力防御法（草案）》，主要目的是限制美国企业向中国投资影响美国国家安全的制造业和关键技术②，与数字领域相关的主要是通信、机器人、人工智能、半导体等行业。受此政策影响，美国在华实际投资额及占中国实际使用外资的比重均有所下降，根据中国商务部发布的历年《中国外资统计公报》，2017 年，美国在华实际投资额为 26.5 亿美元，占中国吸收外资的比重为 1.9%；2022 年，美国在华实际投资额降至 22.1 亿美元，占中国吸收外资的比重降至 1.2%，与韩国和日本对中国投资的占比存在一定的差距。2022 年，韩国在华实际投资金额为 66 亿美元，占中国实际使用外资的比重为 3.5%；日本在华实际投资金额为 46.1 亿美元，占中国实际使用外资的比重为 2.4%。2022 年 8 月，美国总统拜登签署《2022 芯片与科学法案》，试图限制美国芯片企业在中国的投资发展。2023 年 8 月，美国政府升级对中国的投资限制，拜登提出，限制美国企业投资中国的半导体和微电子、量子信息技术和人工智能领域，目的是进一步限制美国对中国的高科技投资。美国对中国投资限制的加强将严重阻碍中国扩大从美国的进口。

第二，部分在华美国企业可能撤离中国，使美国在中国的投资存量减少。一方面，中美经贸摩擦增加了美资撤离中国的风险。中美经贸摩擦的升级直接导致美国对华关税水平的升高，影响了在华美资企业的出口。受此影响，美国跨国企业会通过投资转移将生产重新布局到美国国内或东南亚地区，进而导致部分在华美资企业撤离③。另一方面，拜登政府的供应链重塑战略也可能导致部分在华美资企业撤离中国。为了重构

① 龙春生，袁征．大国竞争时代美国对华科技战略探析［J］．美国研究，2023，37（4）：6，47-72.
② 李墨丝．中美欧博弈背景下的中欧跨境数据流动合作［J］．欧洲研究，2021，39（6）：1-24，165.
③ 司春晓，罗长远．撤离中国？——基于美国对华投资的研究［J］．当代美国评论，2021（1）：64-85.

全球供应链布局，减少对中国的供应链依赖，拜登政府通过内外政策重塑供应链布局。在内部政策方面，鼓励海外高端产业链回迁，促进制造业回流，即鼓励在海外的美国高科技企业回到美国投资建厂，这将导致部分在华高科技美资企业退出中国市场，回迁到美国；在对外政策方面，拜登政府与美国的盟友和伙伴构建双边和小多边联盟，将中低端产业链转移到近岸生产或友岸外包，取代离岸外包对中国的依赖，企图在全球供应链布局中实现“去中国化”的目的，也就是说，美国将在盟友国家增加投资，这将导致部分在华中低技术美资企业撤离，并转移到美国的友好国家投资建厂[①]。毫无疑问，部分美国企业从中国撤资将影响中国从美国的进口。

四、美国不断渲染“中国威胁论”

随着中国经济的崛起，美国大肆渲染“中国威胁论”，没有正确看待中国的发展，在与中国的经贸合作中存在戒备之心，不利于中国扩大从美国的进口。一方面，美国政府试图抹黑中国的形象。另一方面，美国民众没有十分可靠的途径去了解真实的中国，美国的新闻媒体和官方舆论总是会设定好相关的认识、思想和解释[②]。几乎所有美国主流媒体都报道过中国经济发展给美国带来的挑战，甚至夸大中国的实际经济指标。根据盖洛普公司的调查，自中美经贸摩擦以来，美国公众对中国的好感度趋于下降，认为中国是美国最主要敌人的比例大幅增加。根据美国芝加哥全球事务理事会的调查，2019—2021 年，67%的美国民众认为中国是美国的经济威胁，仅有 30%的美国民众认为中国是美国经济伙伴，62%的美国民众支持对华产品加征关税，57%的美国民众甚至赞成大幅减少对华贸易[③]。此外，美国还认为中国正越来越多地利用技术进步威胁美国科技的全球主导地位，制造、夯实、传播“中国科技威胁论”。“中国威胁论”将导致美国民众对中国产生错误的看法，不利于中国从美国的进口。

① 孙成昊，申青青．拜登政府的供应链重塑战略：路径与前景［J］．美国研究，2023，37（1）：7-8，113-137.

② ［美］博克．大洋彼岸的中国幻梦：美国“精英”的中国观［M］．丁伯成，译．北京：外文出版社，2000：3.

③ 吴心伯．美国国内政治生态变化如何重塑对华政策［J］．美国研究，2022，36（4）：5-6，30-46.

第三节 中国扩大从美国进口的政策建议

一、多方位加强与美国的沟通，积极缓和中美经贸摩擦

习近平主席旗帜鲜明地指出，中美合则两利、斗则俱伤，合作是双方唯一正确的选择①。中美第一阶段经贸协议就在很大程度上是双方积极对话、理性谈判的结果。因此，中国仍应继续推进与美国之间的合作对话，致力于解决中美经贸摩擦，进而取消中国对美国产品加征的高关税，扩大从美国的进口。

第一，中国应继续保持与美国高层的对话。首先，中国要加强与美国领导人的沟通交流，可以增加中美两国互访的频率。其次，G20 是中美恢复全球经济宏观合作的最佳平台，WTO 的多边平台是中美两国经贸关系进一步发展的制度保障，因此，还要积极发挥 G20 和 WTO 的平台作用，在 G20 机制和 WTO 的多边平台之下，加强与美国的沟通。最后，充分利用中美经济工作组和金融工作组，加强与美国的沟通。通过与美国的对话，在中美第一阶段经贸协议的基础上，准备中美第二阶段经贸谈判，力争取消加征关税。

第二，加强与支持取消对华加征关税的美国官员、行业协会、商界的沟通。在美国政府内部，民主党主张中美经贸关系正常化，如财政部部长珍妮特·耶伦主张取消或削减大部分对中国加征的关税；在美国的行业协会中，2021 年 8 月，半导体、零售业等领域的 30 多家美国行业商会敦促拜登政府取消对中国产品额外加征的关税，并呼吁重启与中国在经贸领域的接触；在美国商业界，300 多家美国企业向政府竭力反对向中国产品征收高关税。可以看出，美国国内存在许多反对向中国加征关税的力量，因此，中国应通过多种渠道，积极加强与支持取消对华加征关税的美国民主党官员、行业协会、企业的交流，通过这些力量向美国政府施加压力，取消对华加征关税。

第三，中美双方的地方政府应加强沟通交流，开展经贸合作。美国加州州长指出，地方交往是美中关系的重要组成部分。中国应赋予地方政府更大的自主权，积极引导中美在省州、地市等地方层面的经贸交流活动，基于中美双边已建立的近 300 对友好省州和友好城市，继续发挥中美省州市“贸易投资合作联合工作组”的积极作用，促

① 习近平同美国总统特朗普通电话［EB/OL］. 习近平系列重要讲话数据库，［2020-03-27］. http://jhsjk.people.cn/article/31651316.

进中美地方政府之间的交流合作，推进中美相互取消加征关税①。与此同时，要加强与对中国市场依赖度较高的美国地区的经贸合作，争取更多的支持。

第四，探索中美经贸合作新空间，增进交流。中国应在中美利益相关领域积极探索新合作，围绕能源安全、网络信息安全、粮食安全、气候变化、全球经济治理等中美共同关注的议题，加强与美国在节能减排、新能源、数字经济、健康等新兴领域的合作，推动中美共同利益最大化，缓和中美经贸摩擦②。

二、积极借助多方力量，督促美国放松对华高技术产品出口管制

美国的高技术产品是中国主要的进口产品，美国放松对华高技术产品出口管制是中国扩大从美国进口的有效措施和重要基础。因此，中国应积极主动与美国磋商，督促美国放松对华高技术产品出口管制，进一步扩大从美国进口。具体来看：

第一，中国应通过企业、商会、行业协会等建立与美资企业的沟通机制，鼓励美资企业游说美国政府放弃对中国的出口管制。美国强化对华技术出口管制，使美国大量高科技企业的出口与利益遭受损失。美国波士顿咨询公司的相关预测显示，对中国实施出口管制将导致美国半导体企业损失 18%的全球市场份额和 37%的收入③。许多美国高科技企业是与中国贸易的受益者和供应链利益相关者，并对美国国内政治具有巨大影响。这些企业的游说和政治博弈能够给美国政府制定对华出口管制政策带来极大压力。2023 年 7 月以来，全球最大的 3 家芯片制造商英伟达、英特尔和高通强调，美国对中国高技术出口的管制将重创这些企业的业务并破坏美国政府新建半导体工厂的计划，最终迫使拜登政府放缓对中国额外的芯片限制措施。因此，中国应该继续加强对受冲击大且规模较大的美国高科技企业的关注，通过与这类高科技企业进行密切沟通与协同，争取将出口管制带来的负面影响降至最低。

第二，加强与美国盟友、伙伴等第三方力量的合作，以防止美国联合其他国家限制对中国高技术出口。在美国向欧洲、日本、韩国、东盟等国家或地区施压，试图利用其产业链优势地位联合他国共同限制高技术流向中国时，中国更应以共同利益为突破点，向第三方传播中国巨大的市场潜力能够为其提供更多发展机遇的思想，加强与

① 余振，王净宇．美国对华经贸的“脱钩”与“再挂钩”：思想渊源与现实逻辑［J］．国际展望，2022，14（3）：97-114，160-161.

② 余振，王雪纯．WTO 改革：中美主要分歧与合作潜能［J］．开放导报，2022（5）：34-39，55.

③ The Boston Consulting Group. How Restrictions to Trade with China Could End US Leadership in Semiconductors［EB/OL］．［2022-12-24］. https：//media-publications. beg. com/flash2020-03-07-How-Restrictions-to-Trade-withChina-Could-End-US-Semiconductor-Leadership. pdf.

第三方在经贸领域的合作，扩大从这些国家的进口，使第三方从与中国的经贸交流与合作中获得长远发展的利益，争取避免这些国家或地区在美国对中国的出口管制中“一边倒”①。

第三，中国政府要完善对外制裁和出口管制法律体系，提高反击效率。出口管制法律体系从立法层面为对外反制裁和保护中国经济利益提供了法律支持，政府应尽快完善出口管制法律体系。一方面，对中国出口管制政策的物项和主体作出明确规定，增强可操作性。在物项方面，可以使用技术说明的办法，根据产品和技术的性能及技术参数的差异对受管控的物项进行区分，方便企业和有关机构识别管控；在主体方面，可以借鉴美国的做法，采用实际联系标准，只要与中国存在实际联系就接受中国法律管辖。与此同时，取消多个机构受理出口许可的模式，成立统一的出口许可受理机构，建立单一机构审批机制以缩短审批周期。另一方面，面对美国对华出口管制加强趋势，要建立有效的反制裁措施。可以完善《不可靠实体清单规定》，或通过暂停两国合作项目等方式更好地保护我国的合法利益②。

第四，中国国内企业应成立专门的出口管制合规部门或聘请专业的法律顾问，积极应对美国对华高技术出口管制。中国国内企业应注重经营的合规性，成立合规部门或聘请法律顾问，有针对性地对美国的出口管制法律体系进行研究，尽可能减轻美国出口管制给企业自身带来的法律风险，并积极利用法律手段有效应对美国的出口管制。

三、优化外资营商环境，加快中美双边投资协定谈判进程

公平、稳定、透明的营商环境是吸引外资企业来华投资的关键，中国应持续打造市场化、法治化、国际化的营商环境，增强对美资的吸引力，以高质量的美资促进中国从美国的进口。第一，推动投资自由化便利化。在更大范围、更宽领域推进准入前国民待遇加负面清单管理制度，积极落实全面取消制造业外资准入限制措施，缩减外资准入负面清单，大幅提升金融、保险、物流和基础设施建设等重点领域的对外开放力度，逐步取消或者放宽对美国投资者在资质要求、股权比例、经营范围和投资方式等方面的准入限制。第二，全面实施内外资企业平等待遇。确保外资企业平等获取各类生产要素、享受产业政策、参与规则标准制定，消除在重大项目招投标、政府采购、产业补贴等方面的歧视性待遇，形成内外资企业公平竞争的市场格局。第三，提高争端解决机制国际化水平。加强知识产权保护，顺应数字经济发展要求，推动数据知识

---

① 龙春生，袁征．大国竞争时代美国对华科技战略探析［J］．美国研究，2023，37（4）：6，47-72.

② 纪建悦，刘路平，许瑶．美国对华出口管制的新态势、影响及中国对策［J］．国际贸易，2023（5）：48-55.

产权立法，提升知识产权治理水平，提高办案效率，严惩侵权盗版、恶意商标注册、窃取商业机密、网络剽窃等违法行为。鼓励自贸试验区设立国际商事法庭、国际知识产权法庭，引进国际仲裁机构，聘请多国法律专家，完善商事纠纷解决的国际化保障机制，畅通外资企业投诉渠道和反馈机制①。第四，积极推进重启中美双边投资协定谈判。对于美国来说，中美双边投资协定的达成有助于其进一步拓宽中国市场，维护美国投资者在华利益，中美双方应在已交换负面清单的基础上推进谈判，改进清单质量、缩短清单长度，早日达成中美双边投资协定②。

四、推进中美人文交流合作，夯实中美经贸合作的民意基础

推进人文交流合作是增进美国人民对中国了解的重要渠道，是中国扩大从美国进口的保障。第一，在教育领域，鼓励中美高校、研究机构加强合作，增进美国民众对中国的了解。大力开展中美合作办学、联合招生等项目，增加中美学生之间的交流，定期举办中美双边论坛和研讨会，促进中美学者的学术交流和科研合作。吸引美国留学生来中国访学，增进对中国国情和政策的认识，改正“中国威胁论”的错误看法。第二，充分发挥媒体的力量。面对美国媒体对“中国威胁论”的不实宣传，应借助国内和国际媒体的力量，引导国际舆论，将“中国声音”和中国为美国带来的发展机遇传播到美国国内。第三，发挥在美中资企业的垂范引领作用。中资企业是中国形象的一面鲜明旗帜，应鼓励和支持中资企业深入了解美国当地文化、反哺当地，将企业形象塑造列为重要工作，宣传中国形象。第四，加强与美国在新兴领域的文化交流。巩固以文艺演出为主的传统文化交流成果，深化在动漫游戏、影视创作、文博展览、期刊出版、考古、文化遗产申报等领域的交流合作。

---

① 王晓红．推动制造业利用外资扩量提质［J］．国际贸易，2023（7）：41-50.

② 徐微茵，扈天韵，张晓涛．中国双边投资协定的演进与发展：总体特征与质量测度［J］．国际贸易，2023（2）：87-95.

第十一章　中国从欧盟进口的机遇、挑战与对策

2023年是中国同欧盟建立全面战略伙伴关系20周年。作为全球两大主要经济体，长期以来，中国和欧盟互为重要的贸易伙伴。截至2019年，欧盟连续16年保持中国第一大贸易伙伴地位，中国则连续15年成为欧盟第二大贸易伙伴。2020年，随着英国脱欧，欧盟成为中国的第二大贸易伙伴，中国则首次超越美国，成为欧盟的第一大贸易伙伴。2022年，中国和欧盟互为第二大贸易伙伴。中欧双方密切的贸易往来离不开中国扩大从欧盟的进口。在当今世界正经历百年未有之大变局、中美战略竞争趋于强化、俄乌冲突持续升级等复杂多变的国际局势下，作为加强中欧经贸合作的重要途径，中国积极扩大从欧盟进口具有更加重要的现实意义。基于此，本章首先分析了中国从欧盟进口的现状，其次分析了中国积极扩大从欧盟进口的新机遇，再次分析了中国积极扩大从欧盟进口的现实挑战，最后提出了中国扩大从欧盟进口的政策建议，以期进·步推进和加强中国与欧盟的经贸合作。

第一节　中国从欧盟进口的基本情况

一、中国从欧盟的进口规模

中国从欧盟的进口规模整体上呈现稳步增长的态势。2001—2022年，中国从欧盟的进口规模从357.14亿美元增加到2853.68亿美元，年均增长率为10.4%，2022年大约是2001年的8倍。其中，2001—2014年，中国从欧盟的进口规模整体呈现增长的趋势，年均增长率为15.94%；2015—2016年，中国从欧盟的进口规模呈现下降趋势；2017—2021年，中国从欧盟的进口规模恢复增长态势，年均增长率为6.05%，且于2021年达到历史最高值3098.17亿美元，同比增长19.82%。2022年，中国从欧盟的进

口总额为2853.68亿美元，同比下降7.89%。

中国从欧盟进口占中国总进口的比例有所下降。2001—2022年，中国从欧盟的进口占中国总进口的比例整体上在12%上下波动，具体来看，从14.66%下降至10.51%，降低了4.15%。其中，2001—2005年，中国从欧盟的进口占中国总进口的比例呈现逐年下降趋势；2006—2019年，这一比例呈现出波动上升的趋势；2020—2022年，这一比例再次下降，并于2022年达到历史最低值10.51%（见表11-1）。

表11-1　2001—2022年中国从欧盟的进口规模情况

年份	中国从欧盟的进口规模/亿美元	占中国总进口比例/%
2001	357.14	14.66
2002	385.32	13.05
2003	530.18	12.84
2004	701.00	12.49
2005	735.90	11.15
2006	903.28	11.41
2007	1109.67	11.61
2008	1326.46	11.71
2009	1277.69	12.71
2010	1683.69	12.06
2011	2111.61	12.11
2012	2120.71	11.66
2013	2199.47	11.28
2014	2441.76	12.46
2015	2087.76	12.43
2016	2081.43	13.11
2017	2449.79	13.29
2018	2737.03	12.82
2019	2764.47	13.36
2020	2585.67	12.58
2021	3098.17	11.54
2022	2853.68	10.51

数据来源：根据UN Comtrade统计数据整理而得。

中国进口对欧盟出口的贡献整体提升。2001—2022年，中国从欧盟的进口占欧盟总出口的比例整体呈现增长态势，2001 年，这一比例仅为 2.8%，2020 年，这一比例上升至最高点 10.5%。2022 年，中国从欧盟的进口占欧盟总出口的比例为 9.0%（见图 11-1）。同期，美国占欧盟总出口的比例有所下降，从 2001 年的 20.3%下降至 2022 年的 19.8%，下降了 0.5%。此外，2022 年，中国是欧盟的第三大出口目的地，仅次于美国和英国。

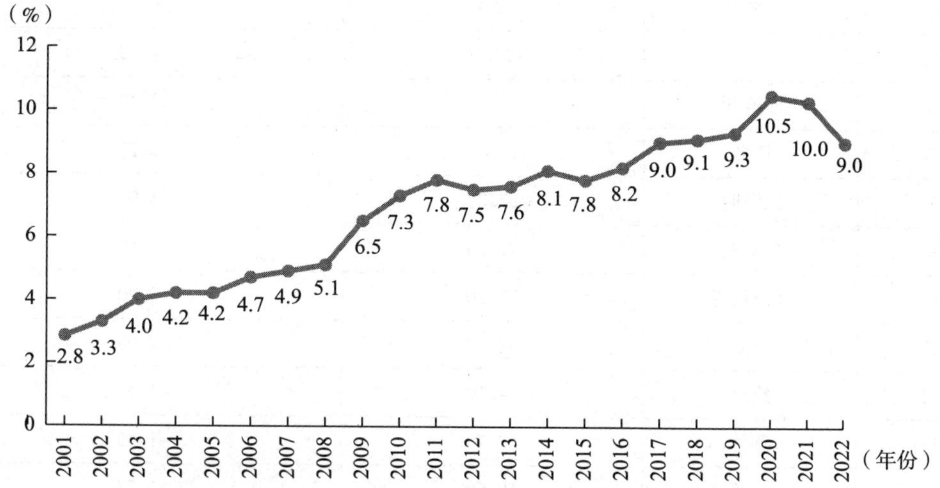

图 11-1　2001—2022 年中国进口占欧盟总出口的比例

数据来源：欧盟统计局。

二、中国从欧盟进口的地区结构

2022 年，德国、法国、意大利、爱尔兰和荷兰是中国在欧盟的前五大进口来源地。具体来看，2022 年，从德国的进口总额为 1113.98 亿美元，占中国从欧盟进口总额的比例高达 39.04%，从法国、意大利、爱尔兰和荷兰的进口总额依次为 355.79 亿美元、269.76 亿美元、180.96 亿美元和 125.16 亿美元，中国从上述五国的合计进口额占中国从欧盟进口总额的比例达 71.69%。此外，中国主要从加入欧盟的西欧国家进口，进口总额为 2554.35 亿美元，占中国从欧盟总进口的比例高达 89.51%；中国从加入欧盟的中东欧国家进口较少，进口额为 299.33 亿美元，仅占中国从欧盟总进口的 10.49%（见表 11-2）。

表 11-2　2022 年中国从欧盟各成员国的进口规模情况

排名	国家	进口额/亿美元	占中国从欧盟进口的比例/%
1	德国	1113.98	39.04
2	法国	355.79	12.47
3	意大利	269.76	9.45
4	爱尔兰	180.96	6.34
5	荷兰	125.16	4.39
6	西班牙	97.64	3.42
7	瑞典	91.63	3.21
8	比利时	87.27	3.06
9	奥地利	82.36	2.89
10	斯洛伐克	77.10	2.70
11	丹麦	57.17	2.00
12	捷克	54.19	1.90
13	芬兰	52.79	1.85
14	波兰	50.60	1.77
15	匈牙利	50.49	1.77
16	罗马尼亚	30.75	1.08
17	葡萄牙	30.36	1.06
18	保加利亚	12.72	0.45
19	希腊	8.33	0.29
20	斯洛文尼亚	5.90	0.21
21	马耳他	5.85	0.21
22	拉脱维亚	3.75	0.13
23	卢森堡	3.28	0.11
24	爱沙尼亚	3.01	0.11
25	克罗地亚	1.59	0.06
26	立陶宛	0.91	0.03
27	塞浦路斯	0.33	0.01

数据来源：根据 UN Comtrade 统计数据整理而得。

中国在欧盟各成员国出口市场中也占据重要位置。从欧盟各成员国出口市场排名来看，2022 年，中国是德国的第四大出口市场，是芬兰的第五大出口市场，是爱尔兰的第六大出口市场，是法国的第八大出口市场，是丹麦、意大利、奥地利和斯洛伐克的第十大出口市场。从中国在欧盟各成员国出口市场中所占份额来看，2022 年，中国占德国总出口的比例为 6.81%，占爱尔兰总出口的比例为 6.29%，占芬兰总出口的比例为 4.69%，占法国总出口的比例为 4.04%，占瑞典总出口的比例为 3.54%，占丹麦、意大利、奥地利和斯洛伐克出口的比例分别为 2.84%、2.65%、2.59%和 2.54%。

三、中国从欧盟进口的产品结构

中国主要从欧盟进口机械运输设备。2022 年，中国从欧盟进口的机械运输设备总额为 1335.28 亿美元，占中国从欧盟进口总额的比例高达 46.79%。也就是说，在中国从欧盟进口的产品中，大约 50%是机械运输设备。这主要是因为欧盟成员国的汽车、航空航天器等机械设备比较发达。与此同时，中国从欧盟进口的机械运输设备总额占中国从世界进口的机械运输设备总额的比例为 14.80%，可见，欧盟是中国机械运输设备的主要进口来源地。中国从欧盟进口的第二大类产品是化学品及有关产品，进口额为 592.40 亿美元，占中国从欧盟总进口的比例为 20.76%。此外，中国的饮料及烟类进口高度依赖欧盟，中国从欧盟进口的饮料及烟类占中国饮料及烟类总进口的比例高达 45.60%（见表 11-3）。

表 11-3　2022 年中国从欧盟进口的产品结构

SITC 一位码	产品类型	中国从欧盟的进口额/亿美元	占中国从欧盟总进口的比例/%	占中国各产品总进口的比例/%
0	食物及活动物	131.60	4.61	10.04
1	饮料及烟类	32.23	1.13	45.60
2	非食用原料	130.49	4.57	3.24
3	矿物燃料及润滑油	17.83	0.62	0.33
4	动植物油脂及蜡	3.26	0.11	2.53
5	化学品及有关产品	592.40	20.76	22.24
6	按原料分类的制成品	219.39	7.69	11.05
7	机械运输设备	1335.28	46.79	14.80
8	杂项制品	377.58	13.23	21.63
9	其他未分类商品	13.61	0.48	1.61

数据来源：根据 UN Comtrade 统计数据整理而得。

第二节　中国扩大从欧盟进口的新机遇

一、中国经济高质量发展的需求

中国经济高质量发展需要积极扩大从欧盟进口。党的二十大报告提出，高质量发展是全面建设社会主义现代化国家的首要任务，我们要坚持以推动高质量发展为主题，加快建设现代化经济体系，推动经济实现质的有效提升和量的合理增长。可见，推动经济高质量发展已经成为中国的一项重要任务。创新是引领中国经济高质量发展的第一动力，国家也明确提出要加快实施创新驱动发展战略。事实上，欧盟不仅是中国重要的经贸伙伴，更是中国主要的高技术进口来源地，中国对欧盟的高技术产品具有很强的依赖性，中国一半以上的汽车及零部件进口、20%以上的机械设备和医疗设备进口来自欧盟[①]，因此，中国经济高质量发展需要欧盟技术、人才、资本等要素的参与，从而不断提升中国的创新水平。具体来看，一方面，中国从欧盟进口的高技术产品具有溢出效应，即通过进口欧盟的高技术产品，中国企业不仅能够接触到更多的新产品、新技术、新知识，还能够学习、消化、吸收欧盟产品中蕴含的技术，这都会激励中国企业进行自主创新；另一方面，中国从欧盟进口的高技术产品具有“鲇鱼效应”，即中国从欧盟进口的高技术产品将加剧国内市场竞争程度，使国内企业产生“逃离竞争效应”，倒逼企业增加研发投入，促进企业提升创新水平。此外，欧盟的研发人员、企业高管和高级工程师等人才进入中国，能够为中国带来先进的技术和管理经验，这将有效提升中国的人力资本水平，有利于促进中国创新。

二、欧盟经济复苏的需求

欧盟经济复苏也需要中国积极扩大从欧盟进口。受新冠疫情、难民危机、俄乌冲突等因素的影响，欧盟正面临通胀高企、能源危机和金融风险等严峻局势以及不断上升的不确定性，经济复苏仍存在多重挑战。欧盟委员会发布的《2023 年春季经济预测报告》预计，2023 年欧盟 GDP 仅增长 1%，德国 GDP 增长 0.2%。在此背景下，中国作为欧盟第二大贸易伙伴和第三大出口市场的重要性进一步凸显，中国积极扩大从欧

---

① 寇蔻．中欧经贸依赖关系的变化及未来走向［J］．欧洲研究，2022（1）：7，85-108.

盟进口能够提振欧盟应对各种挑战的信心，对欧盟经济复苏具有重要的战略意义。一方面，中国积极扩大从欧盟进口既能够为欧盟提供更巨大的出口市场，进而拉动欧盟经济增长，又能够为欧盟出口企业提供更多订单，缓解这些企业的资金约束，降低企业的生产波动，有利于欧盟经济的稳定发展。另一方面，中国积极扩大从欧盟进口能够为欧盟创造更多就业岗位。早在 2011 年，中国从欧盟的进口就为欧盟创造了约 300 万个就业岗位，为德国创造了约 107 万个就业岗位①，2011—2022 年，中国从欧盟进口年均增长 2.78%，而欧盟每 10 亿欧元的出口能带来 1.4 万个就业岗位。可以预见，中国积极扩大从欧盟的进口将增加欧盟的出口，能够为欧盟创造更多的就业岗位，进一步带动欧盟经济复苏。

三、中欧已经建立多种合作对话机制

中欧双方建立的对话机制为中欧经贸合作指明了方向，对推动中国从欧盟的进口具有重要的引领作用。目前，中欧双方已经建立了中国—欧盟领导人会晤、中欧经贸高层对话、中国—中东欧国家合作机制、中欧战略对话、中欧高级别人文交流对话、中欧环境与气候高层对话等多种对话机制。首先，中国—欧盟领导人会晤是中欧之间最高层级的政治对话机制，推动了中欧双方关系从“建设性伙伴关系”提升为“全面战略伙伴关系”。2022 年 4 月，第二十三次中国—欧盟领导人会晤成功举行，为中欧关系提供了战略引领，双方达成了多个领域的合作共识，奠定了中欧合作基调，为中国积极扩大从欧盟进口提供了政策支持。其次，中欧经贸高层对话是中欧经贸领域最高级别对话机制，自 2008 年成立以来，已经成功举办 10 次，为深化双边互利合作、推动解决双方关切发挥了重要作用。2023 年 9 月，第十次中欧经贸高层对话召开，中欧双方达成一系列成果和共识，同意在出口管制领域建立对话机制，在农产品和化妆品等领域加强经贸合作，推动中欧经贸合作健康稳定持续向前发展，为中国积极扩大从欧盟进口注入了强心剂。最后，自 2012 年中国—中东欧国家合作机制成立以来，中国与中东欧国家在贸易、投资、互联互通等经贸领域的合作取得长足进展，为中欧之间的深入对话、交流、合作搭建了平台，在深化中欧全面战略伙伴关系方面发挥了积极作用，促进了中国扩大从欧盟的进口。2021 年 2 月，中国—中东欧国家领导人峰会成功举行，中国提出，今后 5 年将从中东欧国家进口累计价值 1700 亿美元以上的商品，争

① 报告称对华出口为欧盟创造约 300 万就业岗位 [EB/OL]．中国政府网，[2015-06-03]．http://www.gov.cn/govweb/xinwen/2015-06/03/content_2872384.htm.

取未来5年从中东欧国家的农产品进口额翻番①，展示了中国积极扩大从中东欧国家进口的意愿。

四、《中欧地理标志协定》成功签署

《中欧地理标志协定》激发了中国从欧盟进口优质特色产品的潜力。中欧双方历经8年谈判，于2020年9月正式签署《中欧地理标志协定》，于2021年3月正式生效，是中国对外商签的第一个全面的、高水平的地理标志协定。作为一项独立的知识产权，地理标志是识别产品来源于某一地区的标记，用于证明此类产品的产地、质量、声誉与某一独特的地理区域具有密切联系。《中欧地理标志协定》保护的地理标志数量众多、种类丰富，是中欧之间首次大规模互认的地理标志，共550个，包括欧洲的香槟、巴伐利亚啤酒、帕尔玛火腿、马吉那山脉橄榄油等，不仅提高了欧盟产品在中国的知名度，还为欧盟的优质特色产品进入中国市场提供了充分保护，可以消除欧盟生产商的后顾之忧，使其放心地进入中国市场②。此协定生效后，中国从欧盟的进口有所扩大，2021年，中国已经是欧盟地理标志产品的第二大出口目的地，也是欧盟食品和饮料行业具备高增长潜力的出口市场③，欧盟向中国出口的酒品饮料比2020年增长了47.2%。截至2022年底，中欧双方累计实现244个地理标志产品的互认互保，有效推动了中国更加便捷地进口欧盟优质农产品。可以预期的是，随着欧盟地理标志产品在中国的知名度不断提升，将会大大促进中国从欧盟进口优质地理标志产品。

五、中国拥有超大规模市场优势

中国超大规模市场为中国积极扩大从欧盟进口提供了广阔的空间。2019年，欧盟发布的《欧中战略展望》强调，中国日益增长的国内市场和经济规模为欧盟提供了重要机遇。一方面，中国超大规模消费市场有利于中国扩大从欧盟进口高质量消费品。中国是全球最大和最有潜力的消费市场，具有巨大的增长空间。近年来，中国中等收入群体不断扩大，居民收入水平稳步提升，消费升级步伐逐渐加快，我国社会主要矛盾已经转化为人民日益增长的美好生活需要和不平衡不充分的发展之间的矛盾，可见，中国亟须优化供给结构，增加高质量产品、高端消费品进口，以满足人民日益升级的

---

① 习近平．凝心聚力，继往开来 携手共谱合作新篇章［N］．人民日报，2021-02-10（002）.

② 商务部条法司负责人就中欧签署地理标志协定答记者问［EB/OL］．商务部网站，［2020-09-15］. http：//www. mofcom. gov. cn/article/ae/sjjd/202009/20200903001173. shtml.

③ 中欧地理标志协定为中欧经贸注入新动力［EB/OL］．新华社新媒体百家号，［2021-09-14］．https：//baijiahao. baidu. com/s？id=1710858177472880982&wfr=spider&for=pc.

消费需求。一些欧盟产品在全球享有盛誉，如德国的汽车、法国的红酒、意大利的奢侈品等。2022 年，法国已经连续两年成为中国葡萄酒的第一大进口来源地，约 30%的中国进口葡萄酒来自法国。随着我国国内市场需求的释放，中国从欧盟进口的消费品总额也将进一步增加。另一方面，中国巨大的国内市场有助于扩大欧盟对中国的投资。中国巨大的国内市场为在华投资的欧盟企业创造了巨额的利润，使中国成为欧盟企业投资的热土。中国欧盟商会发布的《商业信心调查 2023》显示，2022 年，大约 70%的在华欧盟企业实现了盈利，其中，12%的中小企业的营业收入显著增长。此外，与其他国家相比，中国是德国企业对外直接投资中获利最高的市场，为德国企业提供了巨大的回报机遇①，以占德国总投资 7%的份额为德国创造了 12%～16%的利润。可以看出，中国巨大的国内市场提高了在华欧盟企业的收入和利润，极大地吸引了欧盟企业扩大对中国的投资。2022 年，欧盟对中国新增投资 100.3 亿美元，比 2021 年增长了 96.6%②。自 2022 年 11 月以来，欧洲领导人密集访华，向欧盟企业释放了积极信号，表明欧盟将继续重视中国巨大市场的潜力，把中国视为主要的投资目的地，不断增加对中国的投资。

六、中国实施高水平对外开放

中国实施的高水平对外开放政策是中国扩大从欧盟进口的助推器。

首先，中国自主削减关税显著降低了中国从欧盟进口的成本。自 2001 年中国加入 WTO 以来，中国关税总水平逐渐降低，从 2001 年的 15.3%降至目前的 7.4%，低于许多发展中国家。中国进口关税的削减能够降低中国从欧盟进口的产品价格，从而激励中国积极扩大从欧盟进口。

其次，中国举办的进口展会平台为中国扩大从欧盟进口提供了更加便捷的渠道。进博会、消博会、中国进出口商品交易会（简称“广交会”）进口展、中国—中东欧国家博览会暨国际消费品博览会（简称“中东欧博览会”）、中外地理标志产品博览会暨中欧地理标志协定论坛（简称“中外地理标志产品博览会”）等进口展会平台为中国采购商和欧盟参展商提供了直接沟通交流的机会，有利于促进中国扩大从欧盟进口的便利化。第一，中国每年如期举办的进博会加深了中国对欧盟产品的了解，为欧盟产品进入中国搭建了平台。自 2018 年中国举办首届进博会以来，欧盟企业连年参展，参展企业的展品变为商品，促进了中国从欧盟进口相关商品。在每年的进博会上，

① 丁纯，陈芊凝．中德经贸关系 50 年：成就、问题与前景［J］．德国研究，2022，37（6）：20-43，120-121.

② 周东洋．中欧经贸合作保持良好发展势头［N］．中国贸易报，2023-06-20（001）.

中国40%的进口产品是欧盟产品。第二，广交会是中国规模最大的综合性国际贸易盛会，有利于欧盟企业向中国消费者展示欧盟产品的特色，有利于增加中国从欧盟进口的订单。2023年4月，中国政府发布《关于2023年中国进出口商品交易会展期内销售的进口展品税收优惠政策的通知》，对2023年广交会展期内销售到中国的进口展品，在免税额度内免征进口关税、进口环节增值税和消费税，有利于激发欧盟产品到中国展览和销售的积极性，扩大中国从欧盟的进口。第三，消博会是中国首个以消费品为主题的国家级展会，有利于中国消费者了解欧盟的消费品品牌，有利于中国扩大对欧盟消费品的进口。意大利是2023年第三届消博会的唯一主宾国，为意大利拓展中国市场提供了宝贵机会，体现了中国扩大从欧盟进口的广阔前景。第四，中东欧博览会是中国唯一面向中东欧的国家级展会，是中东欧产品的集中展示平台，有利于提高中东欧产品在中国的知名度，有利于中国扩大从中东欧进口。第五，中外地理标志产品博览会是依托《中欧地理标志协定》生效成立的国际性平台，是中欧贸易往来、文化交流的重要载体，有效促进了中欧加强经贸合作，有利于中国扩大进口欧盟的地理标志产品。未来，随着中国继续举办各种进口展会，中国将进口更多欧盟优质产品。

最后，中国持续优化外商投资环境，有利于吸引更多欧盟企业扩大在华投资。中国持续放宽外资市场准入，不断缩减外资准入负面清单，《外商投资准入特别管理措施（负面清单）（2021年版）》将全国外资准入负面清单进一步缩减至31条，压减比例达6.1%。2022年，中国政府发布《鼓励外商投资产业目录（2022年版）》，2023年8月，中国政府再次发布《关于进一步优化外商投资环境 加大吸引外商投资力度的意见》，2023年10月，习近平主席在第三届“一带一路”国际合作高峰论坛开幕式的主旨演讲中宣布，中国将全面取消制造业领域外资准入限制措施[①]。随着中国出台的这一系列优化外商投资环境政策的陆续落地实施，欧盟将更大力度地扩大在华投资。

七、中欧班列高质量发展

中欧班列高质量发展为中国扩大从欧盟进口提供了便捷的运输通道。中欧班列作为往来于中国与欧洲国家的集装箱国际铁路联运班列，已经成为亚欧各国国际物流运输的中坚力量[②]。中欧班列创新了现代物流和交通运输的新模式，完善了亚欧陆路运输网络，具有安全、快捷、绿色低碳的优势，运输费用约是航空运输的1/5，运输时间约

① 习近平出席第三届“一带一路”国际合作高峰论坛开幕式并发表主旨演讲［EB/OL］. 人民网，［2023-10-19］. http：//jhsjk. people. cn/article/40098611.

② 陈文玲. 中欧班列是高质量共建“一带一路”的互联互通大动脉——《中欧班列发展报告（2021）》解读之三［EB/OL］. 中国一带一路网，［2022-08-24］. https：//www. yidaiyilu. gov. cn/xwzx/gnxw/270592. htm.

是海上运输的1/4，平均碳排放量是航空运输的1/15。因此，中国通过中欧班列从欧盟进口能够大幅降低进口物流成本，缩短进口时长，提高进口效率，保障进口安全。中欧班列自开行以来，数量不断攀升，为中国扩大从欧盟进口提供了重要支撑。中欧班列“跨境电商专列”“邮政专列”以及“班列+园区”“班列+口岸”等新业态不断涌现，截至2023年9月底，中欧班列已经通达欧洲25个国家217个城市，累计开行超过7.8万列①。可以预见，随着中欧班列覆盖更多的欧洲国家和欧洲城市，开行数量持续增加，逐渐向信息化、数字化和智能化发展，中国将通过中欧班列运输通道，更加便捷地扩大从欧盟进口。

第三节　中国扩大从欧盟进口的现实挑战

一、欧盟对中国实施高技术产品出口管制

欧盟对中国实施高技术产品出口管制，阻碍了中欧之间在高技术领域的正常贸易往来，限制了中国从欧盟进口高技术产品的增长潜力。欧盟对中国实施高技术产品出口管制的原因可以归纳为两个方面：第一，出于防范中国科技增强的考虑，担忧中国将从欧盟进口的高技术产品进行自主创新后成为科技强国，从而威胁欧盟在全球的高技术领先地位；第二，担心中国可能将欧盟的高科技从民用转为军用，威胁欧盟成员国的军事安全②。欧盟对华出口管制的产品主要集中在两个方面：一是欧盟认为可能从民用转为军用的两用技术，涉及核材料设备、生化、常规武器、激光器、航空电子设备、推进系统航天器等高技术产品；二是涉及国家安全的技术。2021年，《欧盟两用物项出口管制条例》正式生效并全面升级，首次将侵犯人权的电子监控物项纳入管制清单，还将与两用物项相关的技术援助纳入监管范围，这会限制中国引进欧盟的专业技术人才。此外，该条例还鼓励欧盟与第三方国家在出口管制方面加强合作。考虑到欧盟和美国的商业管制清单分类标准相同，这可能推动欧美联合对华实施高技术产品出口管制，将严重影响中国高技术产品进口③。

---

① 国新办举行《共建“一带一路”：构建人类命运共同体的重大实践》白皮书新闻发布会［EB/OL］. 国新网，［2023-10-10］. http：//www.scio.gov.cn/live/2023/32729/tw/.

② 杨莹. 出口管制系列之五 中欧高技术贸易合作与欧盟出口管制政策［J］. 经济，2012，165（9）：72-74.

③ 胡子南. 欧盟强化对华经贸防御工具的动因、举措、影响及中国应对［J］. 太平洋学报，2022，30（3）：53-63.

事实上，若欧盟取消对中国高技术产品出口管制，不仅能够增加对中国的出口总额，缓解中欧贸易顺差，还能够为通货膨胀和俄乌冲突双重冲击下的欧盟经济注入新的活力，拉动欧盟经济复苏。欧盟对中国高技术产品出口比重每增加1%，将至少增加22亿欧元的出口。由此可以看出，由于欧盟对中国实施高技术产品出口管制，中国从欧盟进口的潜力受到了压制。

二、欧盟内部存在对中国的错误认知

在意识形态和价值观方面，欧盟成员国存在对中国的错误认知和定位，加剧了中欧双方的政治不确定性，打破了中国从欧盟进口的稳定性。第一，近年来，中欧政治关系逐渐紧张。2021年3月，欧盟以侵犯新疆人权的名义对中国实施制裁，这是欧盟32年来首次制裁中国，中国随即采取反制措施，对欧盟的10名成员和4个实体实施制裁；2021年5月，为了报复中国对欧盟实施制裁，欧盟冻结了《中欧全面投资协定》，并表示只有中国取消反制裁措施才能重启该协定；2021年9月，欧洲议会通过《新欧中战略报告》，将中国定位为欧盟的合作和谈判伙伴，但也认为中国正日益成为欧盟的"经济竞争者"和"制度性对手"。欧盟对中国的新定位加剧了中欧经贸紧张局势，增加了中国从欧盟进口的不确定性，从而不利于中国扩大从欧盟进口。第二，欧盟内部存在"中国威胁论"，认为中国的经济发展威胁了欧盟部分成员国的安全。2020年，爱沙尼亚、立陶宛和拉脱维亚鼓吹"中国威胁论"，将中国列入威胁名单；2022年6月，欧洲议会通过《关于欧盟和印太安全挑战的报告》，大肆渲染"中国威胁"，宣称中国在印太地区对欧盟的利益构成威胁；2023年，欧盟鼓吹"中国风电威胁论"。"中国威胁论"的错误认知导致欧盟部分成员国警惕对中国的出口，进而影响中国从欧盟进口。

三、美国干扰中欧经贸合作

美国通过多种手段干扰中欧经贸合作，阻碍中国扩大从欧盟进口。首先，美国阻挠《中欧全面投资协定》的生效。2020年12月，《中欧全面投资协定》完成谈判后，美国政府、智库、媒体均表示失望并展开了严厉的批评，宣称中国是《中欧全面投资协定》的最大赢家，协定分裂了欧洲和美国，并呼吁欧洲议会议员终止协定或要求中国重新作出承诺，在一定程度上导致《中欧全面投资协定》被叫停，阻碍了中国大幅度吸引欧盟投资。其次，美国联合欧盟对中国实施高技术出口管制。拜登政府继承了特朗普政府的对华强硬政策，不仅将中国视为"战略竞争对手"，还更加强调联合欧盟对抗中国。2021年4月，美国参议院通过的《2021年战略竞争法案》提出，美国应联合欧盟加强出口管制以限制对中国出口高技术产品。美国—欧盟贸易和技术委员会自2021年成立至2022年底已举办3次会议，密切协调美欧关键技术的出口管制，进一步禁止对中国输出高技术，以达到遏制中国在科技领域崛起的目的。在这种情况下，中国从欧盟进口高技术产品将存在很大难度。最后，中美经贸摩擦对欧盟在华投资产生了潜在威胁。2022年，9%的在华欧盟企业认为中美经贸摩擦是其在华经营面临的最严峻挑战。在华欧盟汽车制造商同时面临美国半导体生产商供给骤减与中国半导体需求激增的双重难题，很难找到可用的替代品，无法进口汽车芯片，因此不得不关停整条生产线。此外，为了遏制中国，美国逼迫欧盟企业尤其是高科技企业退出中国市场。由此可见，中美经贸摩擦不但影响了在华欧盟企业的正常生产，还抑制了欧盟对华投资的潜力。

四、中东欧国家基础设施落后且政治风险较高

中国主要从德国、法国、意大利、爱尔兰和荷兰等西欧国家进口，从中东欧国家进口相对较少。产生这一现象的原因在于，中东欧国家基础设施落后且政治风险较高。中东欧国家普遍落后的基础设施降低了中国从中东欧国家进口的贸易便利化程度。世界经济论坛发布的《全球竞争力报告2019》显示，加入欧盟的中东欧国家的基础设施排名普遍低于西欧国家，均位于20名之后，其中，保加利亚在基础设施方面甚至排在第56位。具体来看，在交通基础设施方面，中东欧国家铁路建设比较落后，利用率低且设施老化严重，亟须更新换代。在通信基础设施方面，根据欧盟发布的《数字经济与社会指数2021》，爱沙尼亚、斯洛文尼亚和立陶宛3个中东欧国家的综合排名高于欧盟平均水平，属于数字化发展水平较高的经济体，通信基础设施比较完善，而剩余9个中东欧国家的排名较为靠后，甚至处于欧盟成员国最底端。此外，中东欧国家处于地缘政治敏感地带，是美国对华政策博弈的焦点，容易受到美国的牵制，政治风险较高，部分国家对华立场和态度的变化会影响中国从中东欧国家进口的稳定性。

五、中欧班列回程利用率较低

中欧班列的运营通过互联互通缩短了中欧贸易的物理距离，提高了中欧之间的贸易便利化程度，为中国从欧盟进口提供了新的运输通道。国家铁路集团有限公司的统计数据显示，2016—2021年，中欧班列年开行数量由1702列增长到15183列，年均增长55%；年运输货值由80亿美元提升至749亿美元，增长了8.36倍，在中欧贸易总额

中的占比从1.5%提高到8%①。2022年，中欧班列开行1.6万列，同比增长9%。

但是，中欧班列较低的回程利用率制约了中国扩大从欧盟的进口。具体来看，第一，由于境外集货能力不足、国内消费者对欧盟商品缺乏充分的了解，中欧班列回程进口货源不足，空车回程问题仍然突出。第二，受中欧班列途经国家地缘政治紧张局势的影响，中国无法通过中欧班列进口部分欧盟商品。白俄罗斯是中欧班列的重要枢纽，2021年，白俄罗斯禁止欧盟货物过境白俄罗斯运往中国，使中欧班列回程面临困境。俄乌冲突更是加剧了中欧班列的不确定性，提高了部分中欧班列的运营风险和运费成本，已导致部分中欧班列停运，显著降低了回程利用率。第三，部分中欧班列途经国家的基础设施体系薄弱、信息化水平较低，导致中欧班列运行时间延长以及运输效率降低，不仅增加了中国从欧盟进口的运输时长和运营成本，也降低了回程利用率。如波兰的马拉舍维奇是大多数中欧班列的必经之地，其边境口岸的基础设备和人力资源配置无法满足班列高速增长的需求，导致中欧班列堵车严重，准点率有所下降，不利于中国通过中欧班列扩大从欧盟的进口。

第四节　中国扩大从欧盟进口的政策建议

一、加快与欧盟的磋商，推动欧盟放松对华高技术产品出口管制

在加快构建新发展格局的重要时期，推动欧盟放松对华高技术出口管制、争取从欧盟进口更多高技术产品，对我国科技创新和经济高质量发展具有重要意义。

第一，中国政府应加快与欧盟建立磋商机制，促进欧盟放松对华高技术产品出口管制。一方面，中国政府要充分发挥元首外交的战略作用，进一步加强与欧盟高层的交流，继续推动中欧经贸高层对话，推动完善中欧之间的合作对话机制，改善欧盟对中国科技发展方向的认知，加快建成中欧出口管制领域对话机制，对欧盟的出口管制政策和实践提出中国的诉求，力争降低欧盟对中国实施的出口管制强度。另一方面，中国各省区市要加强与欧盟成员国地方政府的科技交流合作，鼓励各省区市利用地方合作机制，开拓中欧在科技领域的合作议程，扩大中欧地方科技合作空间，努力推动欧盟调整对华出口管制政策。

① 「地缘冲突下的产业链困局」价格上涨运期延长，中欧班列跨国贸易暂陷窘境［EB/OL］. 金融界百家号，［2022-03-22］. https：//baijiahao. baidu. com/s？ id=1727932210798101309&wfr=spider&for=pc.

第二，中国应积极联络欧盟主流媒体、智库等力量，向欧盟议会和欧盟各成员国议会施加压力，从而争取欧盟逐步放宽对华高技术产品出口管制。具体来看，一方面，对欧盟的主流媒体进行游说，通过这些主流媒体影响公众舆论，在一定程度上影响欧盟内部的政治氛围，从而对欧盟对华贸易政策产生影响；另一方面，对欧盟的专家学者，尤其是政府的智囊团进行游说，使其不断向欧盟强调对华实施高技术产品出口管制的弊端，从而间接影响欧盟政府的判断。

第三，联合友华的欧盟成员国帮助中国在欧盟内部发声，以牵制欧盟出台不利于中国的出口管制政策，推动欧盟调整对华出口管制政策。如果欧盟在强化对华经贸防御工具的过程中采用“一刀切”的做法，则极有可能会损害部分成员国的利益。因此，一方面，我国应联合这些利益受损的成员国，鼓励其在欧盟内部发声以牵制欧盟继续出台不利于中国的出口管制政策。另一方面，应鼓励这些成员国向欧盟委员会呼吁让渡相关审查事项裁决权给当事国，欧盟委员会仅保留建议权，而不是任由欧盟委员会把控成员国的出口管制，这样有利于中国就经贸问题与当事国进行直接协商并采取相对应的措施①，推动欧盟对华出口管制政策的调整。

二、加强战略沟通和人文交流，促使欧盟形成客观的对华认知

受欧盟对中国错误认知的影响，中国积极扩大从欧盟进口可能在欧盟内部产生一些不符合实际的观点，因此，中国要尽力纠正欧盟内部对中国存在的错误认知。

第一，中国应正视中欧之间在意识形态上存在的分歧，正如习近平主席强调的，“中欧历史文化、社会制度、发展阶段不同，有一些竞争、分歧、差异并不奇怪”②，因此，面对欧盟对中国的无端指责，中国既要坚决反对，又要尽量避免使其升级到冲突和对抗层面，防范产生更加不利于中国的局面。

第二，中国需要继续加强与欧盟的战略沟通。习近平主席指出，“中国和欧盟是两大独立自主力量，也是全面战略伙伴，双方有必要加强战略沟通，共同推动中欧关系健康稳定发展，这符合中欧共同利益”③。一方面，发挥中欧高层对话的引领作用，与欧盟理事会、欧盟委员会及欧洲议会开展增信释疑的工作，在相互尊重、互利共赢的基础上，展开中欧合作，深化中欧双边定期沟通交流。另一方面，尽快通过接触和谈

---

① 胡子南．欧盟强化对华经贸防御工具的动因、举措、影响及中国应对［J］．太平洋学报，2022，30（3）：53-63.

② 习近平同欧洲理事会主席米歇尔通电话［EB/OL］．人民网，［2021-10-16］．http：//jhsjk.people.cn/article/32255409.

③ 习近平同欧洲理事会主席米歇尔通电话［EB/OL］．人民网，［2021-10-16］．http：//jhsjk.people.cn/article/32255409.

判使欧盟打消制裁中国的念头，妥善解决中欧摩擦，为中国扩大从欧盟的进口扫清障碍；鼓励对中国友好的欧盟成员国在欧盟内部发声，以此牵制和影响欧盟的对华政策。

第三，中国应充分利用中欧高级别人文交流对话机制，继续加强与欧盟的人文交流，加深欧盟对中国的了解。在文化领域，通过互相开展文化年、艺术年、人文交流年、文化旅游年、电影节等活动，打造多层次、宽领域的中欧文化交流合作平台；在教育领域，继续推进“汉语桥”欧盟学生赴华夏令营、中欧学校校际交流、欧盟官员赴华研修、中欧教育政策对话会议等项目，扩大学生、教师及科研人员的合作交流，通过人才往来和学术交流形式，夯实中欧人文交流根基，提高欧盟对中国的了解和好感度，纠正其对中国的错误认知。

第四，中国应在国际媒体上发声，加强与国际主流媒体和知名社交媒体的联系和合作，充分利用短视频、纪录片等传播载体，在国际媒体上展示中国国内市场需求以及中国从欧盟的进口为欧盟经济发展创造的利益。

三、加强与欧盟核心成员国对话，敦促欧盟坚持独立自主的对华政策

欧盟在制定对中国的经贸政策时在很大程度上受到了美国的影响，不利于中国积极扩大从欧盟进口。鉴于此，中国政府应加强与欧盟的对话与沟通，敦促欧盟摆脱美国的影响，坚持独立自主的对华政策。习近平主席指出，“中欧关系不针对、不依附、不受制于第三方”①。因此，欧盟应该认识到，只要中欧双方理智地、冷静地处理双边关系，欧盟坚持独立自主的对华政策，不受美国的影响，中欧经贸关系一定可以行稳致远，中国从欧盟的进口也会继续大幅度增加。

第一，中国应深化同欧盟核心成员国的合作。德国和法国是欧盟核心成员国，也是欧盟经济的轴心、火车头和发动机，在欧盟内部极具影响力。中国应首先突破同德国的经贸关系，在继续与德国保持紧密经济联系的同时，积极对德国开放市场，扩大从德国进口汽车和绿色低碳产品的规模，在更多领域突出中国与德国的共同利益。对于意大利、西班牙等希望在中美关系中保持战略平衡的国家，中国应加强双边对话合作，积极开展双边经贸往来。最终，借助欧盟核心成员国在欧盟内部的影响力，敦促欧盟在制定对华政策时摆脱美国的干扰。

第二，中国应努力推进《中欧全面投资协定》尽快重启，进一步吸引欧盟扩大对

① 习近平同法国总统马克龙、欧盟委员会主席冯德莱恩举行中法欧三方会晤［EB/OL］. 人民网，［2023-04-07］. http://jhsjk.people.cn/article/32659003.

华投资。一方面，中国应巩固欧盟对华投资的法律基础，为在华欧盟企业提供更加有利的知识产权保护制度；另一方面，中国政府应继续积极争取德国、法国及欧盟大型企业的支持，借此向欧洲议会施加正面影响，推动欧盟尽快恢复《中欧全面投资协定》的批准程序，促使协定尽快生效。《中欧全面投资协定》的生效将赋予欧盟企业更宽松的市场准入条件，放松欧盟对华投资的行业管制，让欧盟企业与中国形成更紧密联系，从而使欧盟放弃与美国联合制定不利于中国的政策。《中欧全面投资协定实施展望研究报告》显示，58%的在华欧盟企业认为该协定的生效将为欧盟对华投资带来积极影响，不仅能够提高这些企业的收益，还可以为中欧经贸合作提供新的动力源。

四、助力中东欧国家基础设施建设，优化从欧盟进口的地区结构

中国应加大对中东欧国家的基础设施建设投资，畅通中国从这些国家进口的运输通道，促进中国扩大从中东欧国家的进口。第一，中国政府应鼓励国内企业积极参与中东欧国家的基础设施建设，加大中国企业对中东欧国家基础设施建设的投资力度，利用自身基础设施建设优势助力中东欧国家优化铁路建设、完善通信基站和光纤电缆等网络基础设施建设。第二，中国应在中东欧国家进行集装箱枢纽建设、货物场站建设，加大对中东欧国家仓储、物流、通关等配套设施的建设，进一步提高电子通关与海关转运货物的便捷性。第三，中国应借助中国—中东欧国家合作机制，不断深化与中东欧国家的文化交流、政治经济往来，增进互信，构建良好的贸易关系，提高这些国家对中国的友善度。

另外，中国应结合欧盟各成员国的产业发展程度以及与我国贸易往来的紧密程度来制定差异化的进口战略，在扩大从中东欧国家进口的同时，强化从西欧国家进口，从而优化中国从欧盟进口的地区结构。西欧国家既是与我国贸易联系较为紧密的国家，也是我国机电产品和运输设备等高技术产品、优质消费品的主要进口来源地，中国应进一步强化这些高技术产品和优质消费品的进口。

五、积极组织回程货源，多措并举加大中欧班列回程进口

增加回程运输量、提高回程比率是中欧班列高质量发展的必然要求，也是中国扩大从欧盟进口的有效路径。

第一，积极组织回程货源。首先，建立海外仓。支持中国相关企业在波兰、西班牙、德国、匈牙利等中欧班列途经国家建立海外仓，发挥其物流配送、集货、吸引和

集聚回程货源的功能①。其次，推进中欧冷链班列的发展。积极增加中欧班列冷藏集装箱的数量，为欧盟生鲜食品通过回程班列运往中国提供设备保障，增加回程货源。再次，推进更多欧盟产品参加中国各种进口展会平台。商务部、驻欧盟使团、驻欧盟成员国使馆等政府部门应在欧盟举办企业交流活动，提高中国各种进口展会平台的影响力和知名度，提高中欧班列途经国家商品在中国的曝光度，提高国内消费者对欧盟商品的了解程度，促进回程货源的组织，进而扩大从欧盟的进口。最后，借助境外产业园区数字化转型机遇，增加回程货源。充分利用中国在欧盟建立的以智能制造、信息科技为重点产业的产业园区和境外加工基地，结合当地资源，组织更多稳定的、高科技的回程货源②。

第二，提升中欧班列境外通道的基础设施水平。鼓励中欧班列途经国家或地区加快基础设施、信息化建设，为其提供资金支持和技术保障，力争实现与途经国家边境口岸的无纸化信息交互，建设数字中欧班列，提高运输效率。

第三，加强防控中欧班列运行风险。搭建风险预警平台，及时收集中欧班列途经国家的政治、经济、文化等各方面的信息，定期发布中欧班列运输风险指南和防范政策。与此同时，积极建设中欧班列新线路，降低地缘政治冲突导致的中欧班列停运风险，保障更多种类、更高质量的欧盟产品进入中国。

---

① 许英明．高质量发展背景下中欧班列发展现状、挑战与对策［J］．国际贸易，2020（5）：28-34.

② 赵家章，丁国宁．中欧班列推动中国对外贸易高质量发展：理论逻辑、困境及路径［J］．国际贸易，2023（7）：32-40.

第十二章　中国从“一带一路”沿线国家积极扩大进口的作用、挑战与对策

党的二十大报告明确指出，要推动共建“一带一路”高质量发展。2021 年 11 月 19 日，在第三次“一带一路”建设座谈会上，习近平主席指出，要正确认识和把握共建“一带一路”面临的新形势，深化贸易畅通，扩大同周边国家贸易规模，鼓励进口更多优质商品，提高贸易自由化便利化水平，促进贸易均衡共赢发展①。2023 年 7 月 4 日，在上海合作组织成员国元首理事会第二十三次会议上，习近平主席指出，要加强高质量共建“一带一路”同各国发展战略和地区合作倡议对接，深入推进贸易和投资自由化便利化，加快口岸基础设施和区域国际物流大通道建设，保障区域产业链供应链稳定畅通②。2023 年 10 月 18 日，习近平主席在第三届“一带一路”国际合作高峰论坛开幕式上提出，“一带一路”倡议的初心，是借鉴古丝绸之路，以互联互通为主线，同各国加强政策沟通、设施联通、贸易畅通、资金融通、民心相通，为世界经济增长注入新动能，为全球发展开辟新空间，为国际经济合作打造新平台③。

可见，扎实推动“一带一路”高质量发展是当前亟须解决的重大问题。基于此，本章首先分析了中国积极扩大进口对“一带一路”建设的重要作用，其次分析了中国从“一带一路”沿线国家进口贸易的发展现状，再次分析了中国从“一带一路”沿线国家积极扩大进口面临的主要挑战，最后提出了政策建议。

---

① 习近平在第三次“一带一路”建设座谈会上强调 以高标准可持续惠民生为目标 继续推动共建“一带一路”高质量发展 韩正主持［EB/OL］. 人民网，［2021-11-19］. http：//jhsjk. people. cn/article/32287265.

② 牢记初心使命 坚持团结协作 实现更大发展——在上海合作组织成员国元首理事会第二十三次会议上的讲话［EB/OL］. 人民网，［2023-07-05］. http：//jhsjk. people. cn/article/40028144.

③ 习近平出席第三届“一带一路”国际合作高峰论坛开幕式并发表主旨演讲［EB/OL］. 人民网，［2023-10-19］. http：//jhsjk. people. cn/article/40098611.

第一节　中国积极扩大进口对“一带一路”建设的重要作用

一、积极扩大进口是“一带一路”沿线国家共享中国市场的重要渠道

中国拥有潜力无限的市场体量和十分旺盛的需求规模。结合现实情况来看，中国的人口规模巨大，目前大约有14亿人口，中等收入群体占比28.6%；中国消费对经济增长的贡献率近年来均在60%左右，中国的消费市场规模位居世界前列。毋庸置疑，未来五年乃至更长一段时间里，中国将是全世界最具潜力的市场。中国自身的大市场优势是积极扩大进口的基础，积极扩大从“一带一路”沿线国家的进口，是“一带一路”沿线国家共享中国市场的重要渠道，为沿线国家提供发展机遇。“一带一路”沿线国家与中国的经济互补性很强，中国积极扩大进口为沿线国家的生产资料和消费品提供了潜力巨大的出口市场，如东南亚的蔬菜水果、中亚的棉纺织产品、独联体国家的能源矿产、中东欧的机械制造等，有利于促进沿线国家的经济增长。

二、积极扩大进口是“一带一路”沿线国家推进“五通”的重要枢纽

中国积极扩大进口是“一带一路”沿线国家推进“五通”的重要枢纽。第一，贸易畅通是共建“一带一路”的重要内容。积极扩大进口是中国主动开放国内市场的具体实践，部分商品进口关税大幅下调，进口环节制度性成本不断下降，更好地帮助中国企业利用国内国际两个市场、两种资源，推动中国与沿线国家之间的贸易畅通。第二，政策沟通是共建“一带一路”的重要保障。服务于积极扩大进口的进博会，能够为中国与沿线国家的政策和发展战略对接搭建沟通交流平台，有利于深化政治互信、密切沟通交流，促进中国与沿线国家、国际组织积极构建多层次政策沟通交流机制，共同制定推进区域合作的规划和措施，进而推动中国与沿线国家之间的政策沟通。第三，设施联通是共建“一带一路”的优先领域。中国通过大量进口沿线国家的生产资料和消费品，促进沿线国家的经济增长，缓解沿线国家基础设施建设资金不足的问题，能够促进中国与共建国家形成以“六廊六路多国多港”为基本架构、多层次、复合型的基础设施网络建设，形成“陆海天网”四位一体的互联互通格局，有利于推动中国

与沿线国家之间的设施联通。第四，资金融通是共建“一带一路”的重要支撑。中国积极扩大进口增进了国内企业对沿线国家的了解，在一定程度上会促进国内企业对沿线国家的对外直接投资，与此同时，也会促进沿线国家企业对中国的投资，能够促进中国与共建国家及有关机构积极开展多种形式的金融合作，从而有利于推动中国与沿线国家之间的资金融通。第五，民心相通是共建“一带一路”的社会根基。积极扩大进口不仅能够促使国内企业和民众主动了解、学习沿线国家的文化习俗和语言，还能够加强我国对沿线国家国际商务人才的培养，吸引沿线国家的优秀人才来华留学，不断深化中国与沿线国家的人文交流，推动民心相通。

三、积极扩大进口是“一带一路”沿线国家发展经济的重大机遇

中国积极扩大进口能为“一带一路”沿线国家创造更多的就业机会，是沿线国家发展经济的重大机遇。“一带一路”沿线国家大多属于发展中国家，存在基础设施落后、产业发展滞后、工业化程度低、资金和技术缺乏、人才储备不足等短板。在这种情形下，中国应坚持道义为先、义利并举，向沿线国家提供力所能及的帮助，真心实意地帮助发展中国家加快发展。作为积极扩大进口的主要平台之一，进博会不仅为沿线国家企业与中国企业提供了面对面接触和洽谈的机会，有利于提高中国与沿线国家之间产品的匹配度，更为重要的是，进博会能够让沿线国家的企业真实感受到中国市场的活力及中国对进口的强劲需求，让沿线国家的企业更有信心去雇用更多劳动力、扩大生产规模、增加其对中国的出口，帮助沿线国家创造更多的就业机会，以减轻沿线国家的贫困程度，从而增强“一带一路”倡议在沿线国家的向心力和凝聚力，推动“一带一路”建设高质量发展。

四、积极扩大进口对世界经济下行时期“一带一路”沿线国家经济稳定发展的支撑作用凸显

在全球经济前景持续面临巨大下行压力的背景下，中国积极扩大进口将为“一带一路”沿线国家经济企稳复苏提供强大动能，是沿线国家经济稳定发展的重要支撑①。一方面，中国积极扩大进口能够及时为沿线国家企业提供订单，在一定程度上缓解生产性企业的资金短缺问题，降低沿线国家企业生产的波动幅度，有利于促进沿线国家

① 张晓翀．十年“一带一路”硕果累累 对外开放助力经济高质量发展［EB/OL］．中国一带一路网，［2023-06-26］．https：//www. yidaiyilu. gov. cn/p/325272. html.

的经济发展①；另一方面，进博会通过为沿线国家提供部分免费标准展位、出台优惠政策等方式，推动当地特色产品进入中国市场，在为沿线国家企业提供机遇的同时，还能促使参展企业以高质量供给引领创造新需求，倒逼沿线国家企业增加研发投入，优化投资结构，推动沿线国家产业结构转型升级②。在2023年第六届中国国际进口博览会上，在国家展的72个参展方中，有64个是“一带一路”共建国家，有超过1500家来自“一带一路”共建国家的企业参展，总展览面积较上届增长约30%③。

第二节　中国从“一带一路”沿线国家进口发展的基本情况

一、中国从“一带一路”沿线国家的进口规模情况

如表12-1所示，自“一带一路”倡议提出以来，中国从64个“一带一路”沿线国家的进口规模总体呈现出不断增长的态势。2013年，中国自沿线国家的进口规模是4714.29亿美元；2022年，中国自沿线国家的进口规模是8912.98亿美元，大约比2013年增加了4198.69亿美元。从沿线国家进口占中国进口总额的比例来看，2013—2017年，该占比在23%~25%变化，2018—2022年该占比稳定在26%~33%，总体表现出稳定增长的态势。

表12-1　2013—2022年中国从“一带一路”沿线国家进口和沿线国家对中国出口的情况

年份	中国从沿线国家的进口额/亿美元	中国从沿线国家进口额占中国进口总额的比例/%	沿线国家对中国的出口额/亿美元	对中国的出口占沿线国家出口总额的比例/%
2013	4714.29	24.18	2789.37	5.88
2014	4834.42	24.68	2754.68	5.96
2015	3880.89	23.11	2373.38	6.32
2016	3662.49	23.06	2339.40	6.48
2017	4543.64	24.64	3068.04	7.48
2018	5632.56	26.38	3498.48	7.51

① 魏浩．积极扩大进口的战略意义与政策建议［J］．人民论坛，2020（23）：95-97.

② 马永健．持续主动扩大进口，助力国内国际双循环［EB/OL］．光明网，［2021-11-12］．https：//m.gmw.cn/baijia/2021-11/12/35306006.html.

③ 从“进博会时间”看开放中国的全球魅力［EB/OL］．中国政府网，［2023-11-10］．https：//www.gov.cn/yaowen/liebiao/202311/content_6914549.htm.

续表

年份	中国从沿线国家的进口额/亿美元	中国从沿线国家进口额占中国进口总额的比例/%	沿线国家对中国的出口额/亿美元	对中国的出口占沿线国家出口总额的比例/%
2019	5801.47	28.04	3493.65	7.94
2020	5699.06	27.72	3598.03	9.01
2021	7733.25	28.81	4577.41	8.85
2022	8912.98	32.82	1606.07	5.27

数据来源：根据 UN Comtrade 数据整理。

注：受数据可得性和各国统计口径不一致影响，表中第一列与第三列数值不相等。以 2013 年为例，UN Comtrade 报告了中国从 64 个“一带一路”沿线国家的进口额，但只报告了其中 57 个国家对中国的出口额；根据 UN Comtrade 数据，当年中国从日本的进口额为 1633 亿美元、日本对中国的出口额为 1294 亿美元。特此说明。

二、“一带一路”沿线国家对中国出口的情况

中国逐渐成为沿线国家重要的出口目的地①。如表 12-1 所示，2013—2021 年，虽然沿线国家对中国的出口规模先下降后上升，但是，对中国的出口占沿线国家总出口的比例却迅速上升，从 5.88%上升到 8.85%，增加了 2.97%，说明中国在沿线国家出口贸易中的地位逐渐上升。需要特别注意的是，2019—2020 年，对中国的出口占沿线国家出口总额的比例从 7.94%陡增至 9.01%，在一定程度上说明在新冠疫情期间，沿线国家在出口贸易方面对中国的依赖性增强。

三、中国从“一带一路”沿线重点地区进口的情况

中国从沿线国家的进口高度集中在十大进口来源地，分别是俄罗斯、马来西亚、越南、沙特阿拉伯、印度尼西亚、泰国、阿拉伯联合酋长国、伊拉克、阿曼和新加坡。如表 12-2 所示，中国从这 10 个沿线国家的进口占中国从沿线国家进口总额的比例稳步增加。2013 年，中国从这 10 个国家的进口额之和占中国从沿线国家进口总额的比例高达 68.30%；2022 年，这一比例上升到 76.23%。另外，中国在“一带一路”沿线国家的重点进口地区较为稳定。2022 年中国在“一带一路”沿线国家的前十大进口来源地，有 8 个是 2013 年的前十大进口来源地。

① 本章从 UN Comtrade 数据库仅能下载 37 个“一带一路”沿线国家 2022 年的出口贸易数据，其他“一带一路”沿线国家 2022 年的出口贸易数据目前无法获得，因此，表 12-1 中 2022 年“沿线国家对中国的出口额”“对中国的出口占沿线国家出口总额的比例”的数据参考价值不大，本章仅分析 2013—2021 年“一带一路”沿线国家对中国的出口的情况。

表 12-2　2013 年和 2022 年中国从“一带一路”沿线重点地区进口占进口总额的比例

国家	2022 年排名	2022 年占比/%	2013 年排名	2013 年占比/%	2022 年占比与 2013 年占比之差/%
俄罗斯	1	12.81	3	8.41	4.40
马来西亚	2	12.33	1	12.76	-0.43
越南	3	9.87	12	3.58	6.29
沙特阿拉伯	4	8.76	2	11.34	-2.58
印度尼西亚	5	8.73	5	6.67	2.06
泰国	6	6.34	4	8.17	-1.83
阿拉伯联合酋长国	7	5.09	14	2.72	2.37
伊拉克	8	4.42	10	3.81	0.61
阿曼	9	4.07	8	4.46	-0.39
新加坡	10	3.81	6	6.38	-2.57
总和	—	76.23	—	68.30	—

数据来源：根据 UN Comtrade 数据库整理计算。

四、中国从“一带一路”沿线国家进口产品的情况

如表 12-3 所示，2013—2022 年，矿物燃料、润滑油及有关原料，以及机械及运输设备一直是中国从沿线国家进口最多的两类产品，其中，矿物燃料、润滑油及有关原料的进口份额整体表现为先下降后上升的趋势，从 2013 年的 43.39%下降到 2021 年的 34.96%，2022 年再次上升到 45.29%；机械及运输设备的进口份额整体表现为先上升后下降的趋势，从 2013 年的 21.38%上升到 2021 年的 26.61%，2020 年超过矿物燃料、润滑油及有关原料成为第一大进口产品，2022 年再次下降为 19.85%。另外，非食用原料、化学品及有关产品也是中国从沿线国家进口的两类主要产品，其进口份额均在 7%~12%波动。中国从沿线国家进口的食物及活动物占进口总额的比例在 2%~5%波动；中国从沿线国家进口的按原料分类的制成品占进口总额的比例在 6%~10%波动；动、植物油脂及蜡以及饮料及烟类是中国从“一带一路”沿线国家进口较少的两大类产品，其进口份额近年来分别稳定在 1.5%和 0.08%左右。

表 12-3　2013—2022 年中国从“一带一路”沿线国家进口的不同产品占进口总额的比例（%）

产品类型（SITC Rev. 3）	2013 年	2014 年	2015 年	2016 年	2017 年	2018 年	2019 年	2020 年	2021 年	2022 年
食物及活动物	2.22	2.50	3.48	3.43	2.94	3.03	3.81	4.38	4.29	4.20
饮料及烟类	0.03	0.05	0.07	0.09	0.09	0.08	0.08	0.09	0.07	0.05
非食用原料	11.61	9.89	9.31	9.60	10.64	8.61	8.80	9.04	9.01	8.12
矿物燃料、润滑油及有关原料	43.39	42.56	33.67	30.33	32.96	37.63	36.64	29.78	34.96	45.29
动、植物油脂及蜡	1.57	1.44	1.61	1.56	1.59	1.24	1.39	1.64	1.71	1.22
化学品及有关产品	10.48	10.54	11.14	10.27	10.17	10.65	9.89	9.07	8.28	7.44
按原料分类的制成品	6.61	8.80	7.87	7.37	6.64	6.28	6.20	9.64	9.74	7.64
机械及运输设备	21.38	21.08	26.53	28.71	26.80	25.71	26.23	30.11	26.61	19.85
杂项制品	2.65	3.02	4.06	4.91	4.52	4.25	4.52	4.70	3.90	5.43
未分类的其他商品	0.04	0.12	2.26	3.73	3.66	2.51	2.44	1.54	1.44	0.76

数据来源：根据 UN Comtrade 数据库整理计算。

综上所述，自“一带一路”倡议提出以来，中国从“一带一路”沿线国家的进口规模整体保持正向增长，发展长期向好：中国不断扩大从沿线国家的进口规模，沿线国家逐渐成为中国重要的进口来源地；同时，中国也逐渐成为沿线国家重要的出口目的地，在沿线国家出口贸易中的地位不断攀升；此外，中国不断扩大自沿线重点区域和重点产品的进口，中国在“一带一路”沿线的重点进口地区主要集中在俄罗斯、马来西亚、越南、沙特阿拉伯、印度尼西亚、泰国、阿拉伯联合酋长国、伊拉克、阿曼和新加坡等 10 个国家；中国从沿线国家进口的重点产品为矿物燃料、润滑油及有关原料，机械及运输设备，非食用原料，化学品及有关产品。

第三节　中国从“一带一路”沿线国家积极扩大进口面临的主要挑战

一、进口来源国的基础设施建设资金不足

世界银行《“一带一路”经济学：交通走廊的机遇与风险》研究报告显示，自共建“一带一路”实施以来，仅通过基础设施建设，就可使全球贸易成本降低 1.8%，使中国—中亚—西亚经济走廊上的贸易成本降低 10%，为全球贸易便利化和经济增长作出重要贡献；将使参与国贸易增长 2.8%~9.7%、全球贸易增长 1.7%~6.2%、全球收入增加 0.7%~2.9%。由此可见，沿线国家的基础设施建设对扩大中国从沿线国家的进口意义重大。近年来，随着“一带一路”建设的推进，在海港、航空等基础设施项目的开发建设和后期维护阶段，沿线国家亟须巨大的资金支持，沿线国家缺乏多层次的投融资体系，基建需求旺盛与建设资金不足的矛盾日益凸显。

从内部投资来看，部分沿线国家用于基础建设的资金严重不足。沿线大部分是发展中国家，其贫困人口大约占全球贫困人口的 1/2，对基础设施建设资金的支付能力较弱，融资的广度和深度也十分有限。按照亚洲开发银行的估算，沿线国家的基建要达到世界平均水平，每年需要投资 8000 亿美元，大约占其 GDP 的 6%，但是，目前大多数国家仅能将 3%的 GDP 用于基础设施建设，远低于世界平均水平①。由此可见，仅凭进口来源国的国家开支无法满足基础设施建设的资金需求。

从外部投资来看，沿线国家的基础设施建设急需外来资金支持。一方面，只有多边开发银行以及援助资金愿意按照略高于市场基准利率的回报率提供资金，但是，这些机构的贷款门槛和信用要求通常较高，偏向大型项目且投资总额十分有限；另一方面，基础设施建设项目属于公共产品，投资期限长且收益回报率低，部分沿线国家的支付能力较弱，项目难以还本付息，私营资本参与的积极性不高。按照世界银行的估算，沿线国家平均每人每年需支付 222 美元才能偿还基础设施建设所需的年投入资金②，特别是在缅甸、老挝等国人均收入只有 1000 美元左右的情形下，项目的投资风险增加，更难实现还本付息。

---

① 胡必亮．“一带一路”：倡议 实施 前景［J］．中国人口科学，2018（1）：2-18，126.

② 沈梦溪．“一带一路”基础设施建设的资金瓶颈和应对之策［J］．国际贸易，2016（11）：33-37.

总的来看，现阶段沿线国家基础设施建设的资金约束问题日益凸显，可能会导致铁路、公路等交通基础设施建设缓慢以及停滞，不利于运输能力、运输效率的提高，直接影响“一带一路”沿线国家与中国市场的对接，中国与这些国家之间的进口贸易也会受到限制。

二、进口来源国的政治风险和金融风险较高

部分沿线国家政治环境动荡不安，存在较高的政治风险①。第一，武装冲突时常发生。2000—2019 年，全世界共有 67 次武装冲突，有 25 次发生在“一带一路”沿线国家②。第二，政局频繁发生变化。新政府上台和领导人更迭都会诱发政局动荡不安，给“一带一路”建设造成阻碍，影响中国与沿线国家之间的进口贸易。例如，2015 年 1 月，在希腊新政府上台的当天，中国中远集团的比雷埃夫斯基港口项目就被宣布暂停③；2015 年 3 月，在印度总统上台不久，中国企业建设的科伦坡港口城项目也被决定暂停④。第三，“中国威胁论”的说法在沿线国家蔓延也会提高政治风险。较高的政治风险会影响沿线国家经济的正常发展，影响产品生产、物流运输等环节，影响中国在这些国家的投资项目，不利于进一步扩大中国与这些国家之间的进口贸易。

部分进口来源国的金融市场不太稳定，存在较大的金融风险。从外部因素来看，部分沿线国家的开放程度相对较高，捷克等中东欧国家的对外贸易依存度高达 150%⑤，再加上沿线国家对国际能源市场存在很强的依赖性，国际市场波动很可能导致沿线国家的金融市场不稳定。从内部因素来看，沿线国家经济结构单一，通货膨胀严重，金融体系欠发达，存在较大的金融风险。例如，外汇储备较为薄弱的蒙古国和马来西亚潜伏着较大的金融风险⑥，进而增加中国与这些国家经贸合作过程中的不确定性，从而不利于中国扩大从沿线国家的进口。

---

① 魏浩，巫俊．中国从“一带一路”沿线国家进口贸易发展的现状与对策［J］．人民论坛·学术前沿，2017（9）：67-73.

② 数据来源：Major Episodes of Political Violence 1946-2019［EB/OL］．［2020-04-30］．http：//www. systemicpeace. org/warlist/warlist. htm.

③ 陈继勇，李知睿．中国对“一带一路”沿线国家直接投资的风险及其防范［J］．经济地理，2018，38（12）：10-15，24.

④ 唐鹏琪．实施“一带一路”战略的政治与经济风险——以中国在斯里兰卡的投资为例［J］．南亚研究季刊，2015（2）：6，102-106.

⑤ 胡必亮，潘庆中．“一带一路”沿线国家综合发展水平测算、排序与评估（总报告）［J］．经济研究参考，2017（15）：4-15.

⑥ 刘艳，黄翔．“一带一路”建设中国家风险的防控——基于国际法的视角［J］．国际经济合作，2015（8）：26-31.

三、中国从事"一带一路"经贸业务的国际商务人才比较缺乏

在中国扩大从"一带一路"沿线国家进口的过程中，国际商务人才是首要资源与核心要素，扮演着十分重要的角色。中国的国际商务人才培养仍然无法满足中国企业参与"一带一路"国际市场的需求，不利于扩大中国从沿线国家的进口。主要表现在：①非通用语言国际商务人才严重缺乏。"一带一路"沿线国家涉及40种以上的官方语言，但是，中国关于国际商务人才的培养方案仅开设20个左右的语种，孟加拉语、希腊语等语种课程也存在招收人数不足的问题[①]。②急需大量跨境电子商务人才。中国已经和多个沿线国家签署电子商务合作备忘录并建立双边电子商务合作机制，在"丝路电商"成为中国从沿线国家扩大进口新渠道的背景下，中国企业急需大量熟悉国际贸易规则并掌握跨境电商技能的新型国际商务人才，但这类人才缺口较大。③应用型国际商务人才短缺会加大双边进口贸易的不确定性。由于沿线国家国情不同，政策、规则和文化习俗等也往往差异十分明显，因此，在中国企业与沿线国家开展进口贸易的过程中，有些国际商务人员往往会因为不熟悉当地的语言习惯或者文化习俗等造成工作失误，甚至会让企业失去很好的合作伙伴。这些都是应用型国际商务人才短缺给双边贸易带来的不确定性。

四、不良国际舆论冲击中国从"一带一路"沿线国家的进口贸易

近年来，出于维护全球霸权地位的目的，美国不断采用舆论手段打压"一带一路"建设。美国部分官员不仅在联合国安理会等国际组织公开批评"一带一路"，还写了很多负面文章在《纽约时报》、《华尔街日报》、CNN等媒体上公开发表。这些不良舆论会对"一带一路"项目、工程与诸多基建、能源、产能合作的进程施加压力[②]，势必会对"一带一路"的持续发展产生一定程度的阻碍，进而影响中国从"一带一路"沿线国家的进口贸易。针对"一带一路"建设的不良国际舆论冲击主要表现在以下三个方面：

在基础设施合作方面，强调加大联合应对中国的力度。拜登政府上台后，美国制造了一系列舆论以试图挑唆中国与"一带一路"共建国家在基础设施领域的合作，包括在2021年G7峰会期间提出"重建更美好世界"计划，在2022年G7峰会期间宣布

---

① 刘金兰，伍爱凤，李勇．留学生在华就业对国际商务往来的促进作用探析［J］．国际商务（对外经济贸易大学学报），2016（6）：148-156.

② 王文：调正"一带一路"步伐 解锁中美博弈棋局［EB/OL］．中国一带一路网，［2020-04-10］．https://www.yidaiyilu.gov.cn/p/122386.html.

启动“全球基础设施伙伴关系倡议”用于支持发展中国家基础设施建设等①。这些计划都强调美国与盟友应加大联合应对中国的力度，强化规则竞争叙事，并抹黑“一带一路”倡议取得的合作成就。

在合作项目方面，鼓吹“‘一带一路’风险论”。不少外媒聚焦个别重点项目，质疑很多项目的经济可行性和可持续性，直接延缓了部分合作项目的进程。2019 年 4 月，新美国安全中心发布报告，在对日本、澳大利亚和亚洲开发银行共同承办的瓦努阿图维拉港码头项目全都“打正分”的同时，却对 10 个“一带一路”合作项目在“主权维护、透明度、财政可持续性、地方参与、地缘政治审慎性、环境可持续性、抵制腐败”7 个维度都“打负分”，试图通过增加合作项目风险以抹黑“一带一路”②。

在国际规则方面，推销兜售“破坏环境论”。美国主要在气候变化、健康卫生等具有“国际规则制定”意义的全球性议题上，对“一带一路”开展重点舆论攻击，拜登及其总统气候特使克里多次喊话“中国应停止通过‘一带一路’资助化石燃料项目”，认为这些项目的开展不利于环境保护③。

第四节　中国从“一带一路”沿线国家积极扩大进口的政策建议

一、中国要构建多层次的融资体系，支持沿线国家的基础设施建设

为了解决沿线国家的基建需求与建设资金之间的矛盾，中国政府要坚持贯彻“高标准、可持续、惠民生”的共建“一带一路”目标，遵循国际惯例和债务可持续原则，不断完善长期、稳定、可持续、风险可控的投融资体系，积极创新投融资模式、拓宽投融资渠道，形成稳定、透明、高质量的资金保障体系，确保商业和财政上的可持续性。具体来看：第一，统筹中央和地方政府的各种融资渠道。在发挥亚洲基础设施投资银行、丝路基金、国家开发银行等机构作用的基础上，中国政府要充分调动国内各省份资本的积极性，主动开拓地方版丝路基金、商业银行、社保基金、保险资金等国

① 鲍志鹏．国际观察：恶意诋毁一带一路合作 美西方包藏祸心［EB/OL］．人民网-国际频道，［2023-09-11］．http：//world. people. com. cn/n1/2023/0911/c1002-40075268. html.

② 龚婷．美国对“一带一路”的舆论新攻势及应对建议［J］．对外传播，2022（1）：50-53.

③ 孙敬鑫：“一带一路”面临的国际舆论新特点［EB/OL］．中国一带一路网，［2020-06-15］．https：//www. yidaiyilu. gov. cn/p/131534. html.

内融资渠道，通过多种融资方式直接或间接支持沿线重点国家的基础设施建设。第二，完善私人资本保障和退出机制。中国政府要支持私人资本以“公私合营”（PPP）方式参与沿线国家基础设施建设，并借鉴发达国家的境外投资保险制度，依靠进出口信用保险公司等政策性保险机构降低投资失败的损失，保障私人资本的投资利益。与此同时，中国政府也要鼓励国内保险企业与沿线国家保险企业之间增加联系的频率，通过良性交流的方式为私人资本参与沿线国家基础设施建设提供良好的外部环境。此外，除了保证沿线国家的基础设施建设有充足的资金外，中国政府和企业更要着力解决制约大多数沿线发展中国家互联互通和经济发展的主要“瓶颈”，实施一大批基础设施建设项目，推动沿线国家在铁路、公路、航运、管道、能源、通信及基本公共服务基础设施方面的建设，改善当地的生产生活条件和发展环境，增强经济发展“造血”功能，以此来有效降低沿线国家参与国际贸易的成本，为促进中国从“一带一路”沿线国家积极扩大进口注入强劲动力。亚洲开发银行的研究表明，内陆国家基础设施贸易成本每降低 10%，其出口将增加 20%。

二、中国要提升风险识别和评估能力，形成有效的风险防范机制

作为共建“一带一路”的发起方，中国应积极推动构建相互尊重、公平正义、合作共赢的新型国际关系，打造对话不对抗、结伴不结盟的伙伴关系，推动各方树立共同、综合、合作、可持续的新安全观，营造共建共享的安全格局，构建和平稳定的发展环境，以最大限度降低沿线国家的政治风险和经济金融风险。由于沿线国家面临的政治风险和经济金融风险具有多样性、复杂性和长期性的特点，因此，中国政府和企业需要重视这两种风险，提升风险识别和评估能力，形成有效的风险防范机制。具体如下：

第一，中国政府应建立风险评估和预警机制。在研究人员和研究机构层面，中国政府不仅要加大对专门研究“一带一路”风险的高校和科研院所的财政支持力度，更要加大对各类智库和咨询公司的政策扶持力度并加强引导，以提升研究人员的信息实时动态收集能力，保证其能够对沿线国家的政治风险和经济金融风险进行系统化、规范化和标准化的评估；在研究工具层面，中国政府应该尽快引入情报收集与评估分析的专业化工具——风险冲突影响评估机制（CIA），并将其应用在“一带一路”沿线区域，建立专业的风险预警机制；在研究平台层面，中国政府需要建立针对政治风险和经济金融风险的全天候预警评估综合服务平台，提供预警和评估服务。

第二，中国政府应加强与沿线国家之间的沟通交流机制。政府之间的政策沟通是

降低政治风险和经济金融风险对贸易不利影响的重要路径，中国可以主动与沿线国家加强经济外交，增进战略互信，协商经贸往来过程中遇到的制度壁垒和体制障碍等问题，倡导对接国际先进规则标准，打造高标准自由贸易区，实行更高水平的贸易投资自由化便利化政策，畅通人员、货物、资金、数据安全有序流动，实现更高水平互联互通和更深层次交流合作，从而缓解沿线国家的政治风险和经济金融风险对中国进口的不利影响。

第三，中国企业要增强风险防范意识。在开展经贸合作之前，我国进口企业应密切关注沿线进口来源国的最新政治动态和金融动态，形成一份符合国际通行法律规则和国际市场准则的风险预案，选择合适的结算工具，购买相应的保险。

三、中国要加强“一带一路”国际商务人才的培养，吸引沿线国家的优秀人才来华留学

国际化、专业化、高素质、复合型的国际商务人才是促进中国与“一带一路”沿线国家进口贸易发展的人才基础。面对国际商务人才供需不匹配的情况，中国政府、高校和企业应从以下几个方面采取措施：

第一，加强“一带一路”国际商务人才的培养。针对非通用语言国际商务人才严重缺乏的情况，各大高校要结合沿线国家的官方语言种类，增加非通用语言人才的培养，开设新的专业，并在招生宣传中重点推荐这类专业，吸引更多的学生报考。考虑到当前国际商务人才学科背景单一的现实情况，政府相关部门应提供充足的财政资金，鼓励各大高校进行改革，不仅要支持更多高校设立国际商务专业，增加国际商务专业的招生数量，还要不断丰富该专业的培养模式，大力推广“小语种+专业”的培养模式，培养社会急需的复合型国际商务人才。另外，高校还应该开设一些涉及东道国政策、规则和文化习俗等的课程，帮助国际商务人才熟悉沿线国家的语言习惯和文化习俗等，以避免工作中的失误。

第二，吸引沿线国家的优秀人才来华工作和留学。从长远来看，要想从根本上解决当前中国国际商务人才面临的挑战，我国政府要努力通过多种方式吸引沿线国家的优秀人才来华工作和留学，这有利于扩大中国从沿线国家的进口①。为了进一步吸引沿线国家的学生来华留学，中国政府要增加国际宣传，积极建立多层次人文合作机制，搭建更多合作平台，开辟更多合作渠道，密切各领域往来，推动不同国家之间相互理解、相互尊重、相互信任，让更多的沿线国家了解中国，与此同时，要与更多的沿线

① 魏浩，袁然．国际人才流入与中国进口贸易发展［J］．世界经济与政治论坛，2017（1）：112-133.

国家签署高等教育学历学位互认协议，增加高等教育的资金投入，设立各种类型的奖学金，构建针对“一带一路”来华留学生的课程体系。

四、中国要积极应对国际上的不良舆论，维护国家的形象和声誉

在全球化和信息化的今天，国家的形象和声誉已成为一个国家赢得国际信任和尊重的重要因素。一旦被不良舆论影响，不仅会让国家在国际上遭受到质疑和指责，也会影响外国公众和政府对国家的信任度，从而影响双边经贸合作特别是进出口贸易。因此，我们不能忽视国际上针对“一带一路”倡议的不良舆论的负面影响，应采取相关措施积极应对。

第一，加大对外阐释和宣传的力度。针对美国等国家通过“重建更美好世界”计划包装的“高质量基础设施”“国际规则”等抹黑“一带一路”的话语陷阱，中国政府应有针对性地围绕高质量共建“一带一路”进行舆论反击，凭借“一带一路”建设在“卫生合作伙伴关系”“互联互通伙伴关系”“绿色发展伙伴关系”“开放包容伙伴关系”等领域取得的成果，加大对外阐释和宣传的力度，提升国际传播的力度和实效①。

第二，主动加强与沿线国家高层之间的对话。中国政府要发挥主导作用，主动加强与沿线国家高层之间的对话，以便能够及时了解舆论乱象背后的真相，及时纠正沿线国家对“一带一路”倡议的曲解和偏见。与此同时，中国政府要与沿线国家共同打造开放型合作平台，维护和发展开放型世界经济，创造有利于开放发展的环境，构建公正、合理、透明的国际经贸投资规则体系，推进合作共赢、合作共担、合作共治的共同开放，夯实国际合作的基础，以实际行动降低不良国际舆论的影响。

第三，搭建国际宣传渠道，组建各个领域的专家学者群。中国政府要积极发挥媒体和学者的作用，搭建国际宣传渠道，培育和支持一批研究机构和学者，对“‘一带一路’风险论”“破坏环境论”等带有明显曲解和偏见的认知进行积极回应，在沿线国家讲好中国故事、发出中国声音，引导国际舆论。

五、中国要动态调整从沿线国家的进口关税，挖掘中国企业进口贸易的新增长点

关税作为影响双边贸易往来的重要政策工具，对加强双边经贸发展意义重大。因

---

① 龚婷．美国对“一带一路”的舆论新攻势及应对建议［J］．对外传播，2022（1）：50-53.

此，可以通过调整进口关税政策来促进贸易畅通，进而更好地服务“一带一路”建设。为了更好地发挥进口关税政策对“一带一路”倡议的服务作用，加强中国与“一带一路”沿线国家的经贸往来，关于中国从沿线国家进口关税政策调整的思路如下：①针对沿线国家是中国主要进口来源地的产品，即全部或者绝大部分来自沿线国家的进口产品，可以考虑重点降低这类产品的进口关税。我国降低这类产品进口关税的主要受益地区是沿线国家。②中国要加强与沿线国家的经贸往来，不仅要看中国从沿线国家进口的主要产品，还要考虑沿线国家对中国的主要出口产品，增加沿线国家主要出口产品的进口，也是有效的策略。基于此，针对沿线国家对中国的主要出口产品，我国政府可以考虑重点降低这类产品的进口关税，从而促进我国增加从沿线国家进口这些产品。③我国可以推进与沿线国家的自由贸易协定谈判，通过签订自由贸易协定等方式，进一步降低双边关税政策的不确定性及关税水平，以此扩大我国自沿线国家的进口规模。④沿线国家是大宗商品的重要产地之一，大宗商品是我国与沿线国家之间携手合作的一个重要抓手，因此，我国要重点关注从沿线国家积极扩大大宗商品的进口，降低大宗商品的进口关税。

第十三章　深圳市进口发展的事实、原因与对策

深圳市连续多年位居全国第一大进口城市。在国家积极扩大进口、推进高水平对外开放的背景下，探究深圳市进口发展的成功经验，供其他城市借鉴和参考，具有重大的现实意义。基于此，本章首先分析了深圳市进口发展的基本情况，其次分析了深圳市进口快速发展的原因，最后提出了深圳市进一步发展进口的政策建议。

第一节　深圳市进口贸易发展的基本情况

一、深圳市进口贸易的整体情况

1. 进口贸易规模

自中国加入 WTO 后，深圳市外贸环境大幅改善，进口贸易规模整体上呈现上升的发展态势。如表 13-1 所示，2001—2008 年，深圳市进口额从 311.31 亿美元飙升至 1202.35 亿美元，2008 年是 2001 年的 3.86 倍。2008 年以后，金融危机的蔓延和世界经济的收缩，导致进口规模下降。2009 年深圳进口总额同比下降 10.02%，为近 20 年来首次负增长。随着中国刺激经济政策效果的逐步显现，国内需求有所增加，2009—2013 年深圳市进口总额逐步回升。2014—2021 年，深圳进口规模呈现出波动变化的态势，与 2014 年相比，2021 年深圳进口总额增幅约为 23.10%。从总的变化趋势来看，深圳进口贸易可以分为两个阶段：2001—2013 年，高速增长阶段；2014—2021 年，波动变化阶段。

表 13-1　2001—2021 年深圳进口规模变化情况

年份	进口额/亿美元	同比增长/%
2001	311.31	5.97

续表

年份	进口额/亿美元	同比增长/%
2002	406. 74	30. 65
2003	544. 37	33. 84
2004	694. 37	27. 55
2005	812. 99	17. 08
2006	1012. 90	24. 59
2007	1190. 40	17. 52
2008	1202. 35	1. 00
2009	1081. 84	-10. 02
2010	1425. 66	31. 78
2011	1685. 76	18. 24
2012	1954. 69	15. 95
2013	2317. 72	18. 57
2014	2033. 79	-12. 25
2015	1784. 20	-12. 27
2016	1608. 92	-9. 82
2017	1697. 88	5. 53
2018	2076. 88	22. 32
2019	1893. 52	-8. 83
2020	1954. 97	3. 25
2021	2503. 65	28. 07

数据来源：根据深圳市统计局资料整理计算。

2. 进口贸易地位

深圳市占广东省总进口的比重整体表现为波动上升的变化态势。如表 13-2 所示，2001—2013 年，深圳市进口占广东省总进口的比重由 38. 40%上升至 50. 91%的最高值。2014—2017 年，该比重整体较为平稳。2018—2021 年，该比重有所上升，2021 年达到 50. 30%。另外，深圳市进口占中国总进口的比重整体表现为下降的态势。2001 年，深圳市进口占中国总进口的比重为 12. 78%，2021 年这一比重下降至 9. 34%。

3. 进口依存度

如表 13-2 所示，深圳市进口依存度整体表现为先上升、后下降的态势。2001 年，深圳市进口贸易依存度为 102. 13%，在之后的 5 年快速上升；2006 年，深圳市的进口贸易依存度达到136.38%的历史高点。从2006年开始，随着深圳经济的转型升级，深圳对进口的依赖程度越来越低。总体来看，深圳市的进口依存度持续下降。2021年，深圳市的进口依存度为52.67%，大约只有2001年的1/2。

表13-2　2001—2021年深圳进口情况及进口依存度

年份	深圳市占广东省总进口比重/%	深圳市占中国总进口比重/%	深圳市进口依存度/%
2001	38.40	12.78	102.13
2002	39.63	13.78	111.58
2003	41.66	13.19	123.78
2004	41.94	12.37	132.11
2005	42.83	12.32	132.25
2006	44.97	12.80	136.38
2007	44.94	12.45	130.71
2008	43.05	10.62	105.15
2009	42.91	10.75	86.79
2010	42.98	10.21	95.85
2011	44.18	9.67	91.32
2012	47.68	10.75	91.43
2013	50.91	11.89	94.22
2014	47.24	10.38	74.38
2015	47.04	10.62	60.27
2016	45.11	10.13	51.66
2017	44.24	9.21	49.24
2018	47.42	9.72	54.40
2019	46.50	9.11	48.51
2020	49.46	9.51	48.79
2021	50.30	9.34	52.67

数据来源：根据深圳市统计局资料整理计算。

二、深圳市的进口贸易结构

1. 进口商品结构

2010—2021年，深圳进口产品以机电产品、农产品为主。如表13-3所示，深圳主要进口产品包括集成电路，自动数据处理设备及其部件，液晶显示板，农产品，钢材，纺织纱线、织物及制品，成品油，电线和电缆，粮食。2010 年，深圳前三大进口产品依次是集成电路、自动数据处理设备及其部件、液晶显示板，这三类产品进口额分别为 422.65 亿美元、80.02 亿美元、71.80 亿美元，三类产品进口合计占比 40%左右。2021 年，深圳前三大进口产品依次为集成电路、自动数据处理设备及其部件、农产品，这三类产品进口额分别为 1093.04 亿美元、177.78 亿美元、141.50 亿美元，三类产品进口合计占比 56%左右。

此外，从变化趋势来看，2010—2021 年，集成电路、自动数据处理设备及其部件、农产品以及粮食进口规模整体表现为增加态势，而其他产品的进口规模整体上呈现下降趋势。

表 13-3　深圳主要产品进口规模和进口结构

产品	进口规模/亿美元				进口额占比/%			
	2010 年	2015 年	2020 年	2021 年	2010 年	2015 年	2020 年	2021 年
集成电路	422.65	516.68	822.89	1093.04	29.65	28.96	42.09	43.66
自动数据处理设备及其部件	80.02	83.01	147.13	177.78	5.61	4.65	7.53	7.10
液晶显示板	71.80	71.39	28.54	31.03	5.04	4.00	1.46	1.24
农产品	25.73	64.46	121.64	141.5	1.80	3.61	6.22	5.65
钢材	13.97	6.73	3.49	5.24	0.98	0.38	0.18	0.21
纺织纱线、织物及制品	10.96	10.19	6.38	6.17	0.77	0.57	0.33	0.25
成品油	10.45	4.39	0.56	0.71	0.73	0.25	0.03	0.03
电线和电缆	8.11	9.68	7.01	7.99	0.57	0.54	0.36	0.32
粮食	4.4	8.21	6.43	8.87	0.31	0.46	0.33	0.35

数据来源：根据深圳市统计局资料整理计算。

2. 进口贸易方式结构

从不同贸易方式的进口额占深圳进口总额的比重来看，如表 13-4 所示，2010—2021 年，一般贸易占比呈现波动上升的态势，加工贸易占比呈现下降的趋势，其他贸易占比呈现先上升、后下降、再上升的趋势。2015 年，一般贸易超过加工贸易成为深圳最主要的进口贸易方式。具体来看：2010—2021 年，虽然在个别年份一般贸易进口额占深圳进口总额的比重有所波动，但整体呈现上升趋势。2010 年，一般贸易进口额占深圳进口总额的比重为 32.11%；2015 年，一般贸易进口占比（43.86%）超过加工贸易（34.59%），成为深圳最主要的进口贸易方式。2021 年，一般贸易进口占比上升至53.26%，加工贸易进口占比下降至22.60%，其他贸易进口占比为24.10%。

表 13-4 深圳不同贸易方式进口规模及占比

年份	进口规模/亿美元			进口方式占比/%		
	一般贸易	加工贸易	其他贸易	一般贸易	加工贸易	其他贸易
2010	457.84	716.51	237.72	32.11	50.26	16.67
2011	520.19	896.46	259.85	30.86	53.18	15.41
2012	554.33	954.65	437.66	28.36	48.84	22.39
2013	663.93	894.41	753.93	28.65	38.59	32.53
2014	762.60	893.59	371.79	37.50	43.94	18.28
2015	782.61	617.14	380.48	43.86	34.59	21.32
2016	800.97	481.61	323.49	49.78	29.93	20.11
2017	879.76	511.83	305.22	51.82	30.15	17.98
2018	1015.93	647.64	411.19	48.92	31.18	19.80
2019	952.31	502.22	437.83	50.29	26.52	23.12
2020	986.45	468.20	498.59	50.46	23.95	25.50
2021	1333.56	565.79	603.37	53.26	22.60	24.10

数据来源：根据深圳市统计局资料整理计算。

3. 进口贸易主体结构

目前，其他企业（包括民营和集体企业）是深圳最主要的进口贸易主体。从不同贸易主体的进口额占深圳进口总额的比重来看，2010—2021年，国有企业、外资企业占比整体呈现下降的态势，其他企业（包括民营和集体企业）占比整体呈现上升的态势。

如表13-5所示，2010—2021年，其他企业（包括民营和集体企业）进口占比整体呈现出上升趋势。2010年，其他企业（包括民营和集体企业）进口占比为25.87%；2013年，其他企业（包括民营和集体企业）进口占比（54.16%）超过外资企业进口占比（40.73%），成为深圳最主要的进口贸易主体，自此，除2015年之外，其他企业（包括民营和集体企业）的地位一直保持不变。2021年，其他企业（包括民营和集体企业）进口额占深圳进口总额的比重上升至65.56%。

表 13-5　深圳不同贸易主体进口规模及占比

年份	国有企业		其他企业（包括民营和集体企业）		外资企业	
	进口额/亿美元	占比/%	进口额/亿美元	占比/%	进口额/亿美元	占比/%
2010	150.13	10.53	368.85	25.87	906.68	63.60
2011	168.52	10.00	555.91	32.98	961.33	57.03
2012	139.31	7.13	870.14	44.52	945.23	48.36
2013	118.35	5.11	1255.38	54.16	944.00	40.73
2014	101.99	5.01	975.87	47.98	955.93	47.00
2015	93.26	5.23	813.85	45.61	877.09	49.16
2016	84.04	5.22	786.81	48.90	738.07	45.87
2017	80.21	4.72	913.25	53.79	704.42	41.49
2018	62.34	3.00	1207.48	58.14	807.06	38.86
2019	66.67	3.52	1175.30	62.07	651.55	34.41
2020	72.57	3.71	1264.71	64.69	617.68	31.60
2021	75.55	3.02	1641.29	65.56	786.81	31.43

数据来源：根据深圳市统计局资料整理计算。

4. 进口贸易地区结构

中国台湾是深圳第一大进口来源地。如表 13-6 所示，2010 年，深圳前三大进口来源地分别为中国台湾、日本和韩国，从这三个国家（或地区）的进口额占深圳进口总额的比重分别为 14.89%、10.98%和 9.36%，从前三大进口来源地的进口额合计占深圳进口总额的 35.23%，从前十大进口来源地的进口额合计占深圳进口总额的 55.13%。2021 年，深圳前三大进口来源地分别为中国台湾、韩国和马来西亚，从这三个国家（或地区）的进口额占深圳进口总额的比重分别为 20.64%、9.33%和 7.13%，从前三大进口来源地的合计进口额占深圳进口总额的 37.10%，从前十大进口来源地的合计进口额占深圳进口总额的 55.03%。深圳市的进口来源地主要集中于亚洲国家或地区，包括中国台湾、日本、韩国、马来西亚、泰国、新加坡等。

表 13-6 2010 年、2015 年以及 2021 年深圳前十大进口来源国（地区）及占比

序号	2010 年			2015 年			2021 年		
	国家（或地区）	进口额/亿美元	进口份额/%	国家（或地区）	进口额/亿美元	进口份额/%	国家（或地区）	进口额/亿美元	进口份额/%
1	中国台湾	212.24	14.89	中国台湾	303.85	17.03	中国台湾	516.64	20.64
2	日本	156.54	10.98	韩国	166.95	9.36	韩国	233.68	9.33
3	韩国	133.51	9.36	日本	147.57	8.27	马来西亚	178.63	7.13
4	马来西亚	80.70	5.66	马来西亚	97.41	5.46	日本	163.11	6.51
5	泰国	53.82	3.78	美国	68.37	3.83	泰国	85.76	3.43
6	美国	46.90	3.29	泰国	57.44	3.22	美国	56.19	2.24
7	新加坡	46.75	3.28	新加坡	32.53	1.82	新加坡	41.23	1.65
8	德国	23.94	1.68	德国	25.75	1.44	德国	39.85	1.59
9	中国香港	16.14	1.13	澳大利亚	22.71	1.27	澳大利亚	37.66	1.50
10	法国	15.45	1.08	法国	14.45	0.81	法国	25.19	1.01

数据来源：根据深圳市统计局资料整理计算。

第二节 深圳市进口贸易快速发展的原因

一、国家政策支持是深圳市进口发展的持续动力

改革开放以来，国家陆续推出政策支持深圳的发展，显著推动了深圳对外贸易的发展。具体来看，1980 年，深圳经济特区正式成立，将深圳推向改革开放最前沿。2010 年，前海深港现代服务业合作区获批，国家给予前海“比特区还要特”的先行先试政策，从金融、财税、法制、人才、教育医疗以及电信等 6 个方面构建了前海的先行先试政策框架体系①。随着新政策的出台，企业落户数量不断增加，前海乃至深圳的开放水平进一步提升，成为新时代改革开放新高地。

2013 年，习近平主席提出“一带一路”合作倡议，要求充分发挥深圳前海等开放

① 国务院批准并支持深圳前海实行先行先试政策［EB/OL］. 东方财富网，［2012-06-29］. https：//finance.eastmoney.com/news/1344，20120629216550920.html.

合作区作用，加强沿海城市港口建设，强化国际枢纽机场功能[①]。因此，深圳大力发展与“一带一路”沿线国家的贸易往来，从“一带一路”沿线国家的进口稳步增长。

2015 年，深圳前海蛇口自贸片区正式成立，国家还批准深圳成为全国第二个平行进口汽车试点城市，利用大铲湾整车进口口岸监管设施，发挥前海湾保税港区保税仓储政策优势，采取“口岸报关、区内监管”的模式，深圳平行汽车进口飙升[②]。

2017 年，习近平总书记提出建设粤港澳大湾区，作为粤港澳大湾区建设的核心引擎，深圳不断深化深港合作，在共建“一带一路”、推进粤港澳大湾区建设、高水平参与国际合作方面发挥更大作用[③]。

2019 年，习近平总书记提出支持深圳建设中国特色社会主义先行示范区[④]。“先行示范”是“先行先试”的进一步深化，国家支持深圳高标准、高质量建设自由贸易试验区，加快构建与国际接轨的开放型经济新体制，推动深圳成为我国制度型开放的“新窗口”[⑤]。在此背景下，深圳逐步加快粤港澳重大合作平台建设，构建以规则机制衔接为重点的制度型开放新格局，进口贸易稳步增长。

2021 年，《全面深化前海深港现代服务业合作区改革开放方案》发布，前海合作区将打造粤港澳大湾区全面深化改革创新试验平台，建设高水平对外开放门户枢纽。受益于国家政策红利，深圳大力发展外向型经济，为进口贸易继续繁荣发展奠定了坚实的基础。

二、经济特区是深圳市进口发展的特殊优势

经济特区带来的特殊优势主要包括制度优势和先行优势两个方面。具体来看：

第一，制度优势。深圳经济特区于 1980 年 8 月正式成立，是中国最早实行对外开放的 4 个经济特区之一。设立经济特区是推动深圳进口贸易的主要动力源之一。早在 1986 年 4 月，国务院批准公布了《中华人民共和国海关总署对进出经济特区的货物、

---

① 受权发布丨《共建“一带一路”倡议：进展、贡献与展望》报告［EB/OL］. 中国一带一路网，［2019-04-22］. https://baijiahao.baidu.com/s?id=1631510850776297315&wfr=spider&for=pc.

② 自贸片区优惠政策激活汽车贸易［EB/OL］. 深圳特区报，［2017-04-12］. http://www.sz.gov.cn/cn/xxgk/zfxxgj/tpxw/content/post_1401226.html.

③ 对粤港澳大湾区，总书记这样强调［EB/OL］. 长沙晚报，［2021-04-16］. https://baijiahao.baidu.com/s?id=1697156176022544829&wfr=spider&for=pc.

④ 习近平：紧密结合“不忘初心、牢记使命”主题教育 推动改革补短板强弱项激活力抓落实［EB/OL］. 人民网，［2019-07-24］. http://jhsjk.people.cn/article/31254351.

⑤ 中国特色社会主义先行示范区，为什么是深圳？［EB/OL］. 闪电新闻，［2019-08-19］. https://baijiahao.baidu.com/s?id=1642252831376207684&wfr=spider&for=pc.

运输工具、行李物品和邮递物品的管理规定》[①]，对深圳特区进口用于特区建设和生产所需产品均予免税。1994年，深圳发布了《深圳经济特区进一步简化进口审批手续的规定》，特区内的中外合资、合作企业进口在特区范围内自用的生产设备、零配件、生活办公用品，除国家实行进口配额、许可证管理的商品外，可免领深圳经济特区进口货物审批证，进一步简化了特区进口物资审批手续，促进了进口贸易的便利化[②]。近年来，为了促进装备制造业发展、支持企业研发创新、降低企业成本，深圳发布了《关于组织深圳企业申报2019年享受重大技术装备进口税收政策的通知》，对符合规定条件的国内企业为生产重大技术装备而确有必要进口的商品，免征关税和进口环节增值税[③]。

第二，先行优势。"先行先试"的体制优势是深圳进口发展成功的重要因素。为了能使深圳充分发挥改革开放的"窗口"功能，党中央和国务院赋予深圳"先行试错权"，并做出了一系列制度安排和保障，为特区提供了较大的自主发展空间。深圳率先实行改革开放，率先走向市场经济，逐步建立了与国际惯例相衔接的对外贸易运行机制，通过贸易投资便利化、优化营商环境、加强知识产权保护等促进进口贸易水平不断提升，为深圳进口跨越式发展提供了坚实的保障[④]。

三、地理位置是深圳市进口发展的区位优势

第一，毗邻香港。深圳设立经济特区时是我国改革开放初期，而当时邻近的香港已经是国际都市，经济发展非常活跃，以香港为连接点，可以很好地向世界拓展经济。一方面，深圳借鉴香港的国际经验，积极对接国际经贸规则。在货物贸易领域，在简化货物及快件放行程序以及强化海关信息交换与合作方面先行先试；在跨境服务贸易领域，制定出台跨境服务贸易负面清单；在电子商务领域，率先探索符合国情的规则体系；等等[⑤]。通过积极对接国际经贸新规则，深圳构建起了国际化、透明度高的进口贸易环境。另一方面，早期两地"前店后厂"的合作模式为深圳的进口贸易打下了现

---

① 中华人民共和国海关总署对进出经济特区的货物、运输工具、行李物品和邮递物品的管理规定［EB/OL］. 海关总署，［1986-04-01］. http：//www.customs.gov.cn/customs/302249/302266/302267/356442/index.html.

② 深圳经济特区进一步简化进口审批手续的规定［EB/OL］. 中国法院网，［1994-01-29］. https：//www.chinacourt.org/law/detail/1994/01/id/67570.shtml.

③ 关于组织深圳企业申报2019年享受重大技术装备进口税收政策的通知［EB/OL］. 深科信，［2018-12-03］. https：//sz.shenkexin.com/news/info-news-3149.html.

④ 张树剑，谷志军，黄卫平. 深圳经济特区40年：实践经验及理论贡献［J］. 深圳社会科学，2020（5）：5-12，59，158.

⑤ 积极对接国际经贸新规则向更广领域更深层次探索［EB/OL］. 金融头条，［2020-12-24］. http：//co.zgjrw.com/fc/2020/1224/5089.html.

实基础。香港与深圳在贸易、航运等方面融合互补，两地形成“双中心”的互动格局[①]。香港回归以来，深圳海关全力提升口岸通关效率，满足深港的贸易需求。2007年启动跨境快速通关业务，实现粤港公路口岸与主管地的无缝衔接。2012年起开展香港海关“多模式联运转运货物便利计划”与内地海关“跨境快速通关”衔接计划，实现了从香港启运地，经两地公路口岸，来往内地指运地的全程快速通关，与普通转关模式相比，进口通关效率内地段提升26分钟以上[②]。2014年以来，完成粤港公路口岸通关模式由地方版向全国版的转化[③]。因此，深港贸易的深度融合是深圳进口增长的关键一环。

第二，深圳是沿海城市。除了天然的港口优势，区位优势也让深圳的铁路、水运、公路和航空一体化的综合交通体系得到快速发展。此外，国家支持深圳建设联通世界的“交通网”。目前，深圳已建成世界级集装箱枢纽港、国际航空枢纽、国家铁路枢纽、国家公路主枢纽、国家物流枢纽“五枢纽”[④]。便捷的交通、天然的港口优势成为深圳进口增长的关键点。

四、进口便利化是深圳进口发展的加速器

《2020年中国296个地级及以上城市营商环境报告》显示，深圳营商环境位居榜首[⑤]。率先加大营商环境改革力度，营造稳定公平透明、可预期的营商环境，是深圳成为第一大进口城市不可忽视的重要原因。以进口便利化为例，具体来看：

第一，优化进口流程提时效。深圳海关健全以企业需求为导向的“两步申报”“提前申报”等多种申报模式，实施“两段准入”改革试点，实现优势叠加、监管优化。目前已实现深圳关区“两步申报”海陆空口岸全覆盖，“两步申报”进口报关单量位居全国第一，企业获益明显。参与试点企业反映，从货物抵港到完成查验，采取“两步申报”至少可以节省72小时。港口效率的提高会降低运输成本从而提高进口贸易流量，进口流程的优化促进了深圳进口的高速增长。

---

① 经济特区40周年｜深圳、香港互利双赢，为跨境贸易发展提供沃土［EB/OL］. 和讯新闻，［2020-10-15］. http：//news. hexun. com/2020-10-15/202233196. html.

② 深圳海关：改革创新力促通关便利 助力深港全面合作新发展［EB/OL］. 中国财经，［2017-06-27］. http：//finance. china. com. cn/news/20170627/4263992. shtml.

③ 深圳海关：改革创新力促通关便利 助力深港全面合作新发展［EB/OL］. 中国财经，［2017-06-27］. http：//finance. china. com. cn/news/20170627/4263992. shtml.

④ 綦伟，崔霞，甘霖. 书写奋进新征程的“深圳答卷”［N］. 深圳特区报，2021-10-14（A01）.

⑤ 2020年中国城市营商环境排行榜TOP200［EB/OL］. 中商情报网，［2020-12-21］. https：//baijiahao. baidu. com/s？id=1686675269957692492&wfr=spider&for=pc.

第二，规范港口收费降成本。深圳开展行业收费自查，要求企业公示收费清单、服务名录和标准；推动各港口企业对标上海、宁波等先进地区收费情况，加大监督力度。目前，深圳各港口企业的收费事项均通过“单一窗口”和企业网站进行公示，收费目录清单清晰。深圳一系列的收费减费政策，降低了进口企业的成本负担，提升了进口企业的盈利能力，使企业更有动力和活力从事进口贸易活动。

第三，进口口岸作业信息化。深圳海港已经基本实现进口提货单无纸化，深圳空港联合航空公司开展电子货运随附单证无纸化业务，启用出港电子收货单系统。深圳持续优化线上国际结算、关税保证保险电子化服务，推动实现“互联网+外贸+金融（保险）”深度融合。深圳通过口岸作业电子化、信息化优化了海关监管资源配置，便捷了通关流程，缩短了货物在口岸的停留时间，有效降低了企业整体通关和物流成本，提升了企业获得感，为促进进口稳定增长提供了助力①。

五、产业转型升级是深圳市进口发展的重要推动力

深圳不断推动产业发展和转型升级。1985 年，凭借丰富的劳动力优势以及经济特区的优惠政策，深圳大力发展以加工贸易为主的制造业，引进“三来一补”。20 世纪 90 年代开始，由于深圳特区优惠政策逐渐推广到内地城市，政策红利相对减少，加之自身低附加值加工贸易的特征，深圳开始谋求产业转型，大力发展以电子信息产业为龙头的高附加值的高新技术产业。为加快产业结构转型升级，2009 年以来，深圳相继推出发展生物产业、新能源产业、互联网产业等战略性新兴产业，以及生命健康、航空航天、海洋、军工以及机器人、可穿戴设备和智能装备产业等五大未来产业的规划。经过多年的发展，深圳产业转型升级取得了显著成效，实现了从以加工贸易为主到高新技术产业占据主导地位的转变。

深圳也成为中国高新技术产业发展的一面旗帜，拥有众多国家级高新技术企业。2017 年，深圳国家级高新技术企业数量首次突破 1 万家，达到 10988 家②，并在此后持续增长。截至 2020 年，深圳国家级高新技术企业超过 1.8 万家，科技型中小企业超过 5 万家，位居全国城市前列，其中 8 家企业入选世界 500 强③。

深圳高新技术企业不断调整发展战略，增强自主创新能力，大量进口国外的高技

---

① 科技赋能 深圳“智慧口岸”建设全面加速度［EB/OL］. 深圳新闻网，［2020-06-10］. http：//www.sznews.com/zhuanti/content/2020-06/10/content_ 23238989. htm.

② 2017 年深圳高新企业数量全国第二 每 63 人拥有 1 家科技类企业［EB/OL］. 中商情报网百家号，［2017-11-08］. https：//baijiahao.baidu.com/s? id=1583476547121078133&wfr=spider&for=pc.

③ 国新办举行深圳综合改革试点实施一周年进展成效发布会［EB/OL］. 国新网，［2021-10-14］. http：//www.scio.gov.cn/xwfbh/xwbfbh/wqfbh/44687/47174/wz47176/Document/1714594/1714594. htm.

术产品、引进国外的先进技术，推动进口贸易高质量发展。近年来，深圳市集成电路、自动数据处理设备及其部件、液晶显示板等高新技术产品进口规模均位居全国前列。2021年上半年，深圳进口集成电路等电子元件、液晶面板、音视频设备及其零件合计3929.7亿元，增长19.4%，拉动深圳进口增长10.3%①。

六、跨境电商是深圳市进口发展的新生力量

成熟的物流体系与电子商务产业园区为深圳跨境电商发展提供了全方位支撑。一方面，深圳的中小微跨境电商集群发展的最大优势就是交通物流优势。作为中国供应链创新的摇篮，深圳供应链发展独领风骚，物流供应链上市企业市值超3000亿元，占全国同行业的30%以上，稳居全国第一②。2021年，商务部、工业和信息化部等8家单位联合公布首批10个全国供应链创新与应用示范城市，深圳成功入选③。供应链的发展为深圳跨境电商进口商搭建了一体化对接海关单一窗口报关服务、航运、仓储管理等第三方物流及供应链管理服务的现代物流体系④。另一方面，凭借独特的区位优势，前海自贸试验区的设立开启了“合作区+自贸试验区+保税港区”的“三区”叠加模式，使其既可享受全国自贸试验区的共有政策，又可根据自身情况制定前海合作区的特有政策。借助前海自贸试验区，跨境电商相关政策能够快速落地，为深圳跨境电商的发展开创了新局面⑤。

跨境电商的高速发展显著降低了深圳企业的进口成本和进口障碍。一方面，克服了时间与地域的限制，买卖双方不再需要前往贸易一方所在地进行商谈，有效地降低了双方的时间成本；另一方面，通过跨境电商平台自身的技术优势，最新的行业咨询以及国内外行业动态均能在平台上进行展示，深圳企业能够在跨境电子商务平台上找到相关的行业资讯，解决了深圳进口企业面对的信息不对称问题，从而大大促进了深圳进口贸易的发展，诱发了新的进口增长点。

目前，广东跨境电商企业数量占全国的比例超过50%，深圳跨境电商企业占广东的比例超过70%，深圳的跨境电商中小卖家达29万家，占据了我国跨境电商的半壁江

① 吴德群，陈艺晴，徐力，等. 上半年深圳进出口增长近两成［N］. 深圳特区报，2021-07-30（A01）.

② 肖晗，陈俊彦. 深圳重点物流企业数量超百家［N］. 深圳商报，2021-09-23（A04）.

③ 深圳重点物流企业数量超百家今年上半年全市物流业增加值达1142亿元［EB/OL］. 潇湘晨报百家号，［2021-09-23］. https://baijiahao.baidu.com/s?id=1711678462516759837&wfr=spider&for=pc.

④ 80%供应链企业！粤港澳大湾区得天独厚，缔造供应链金融热土！［EB/OL］. 盈票网，［2019-10-14］. https://baijiahao.baidu.com/s?id=1647361783421851452&wfr=spider&for=pc.

⑤ 任静. 深圳跨境电商发展的优势、困境及出路［J］. 深圳职业技术学院学报，2021，20（4）：3-8.

山[①]。深圳拥有全国80%的供应链企业总部，仅在前海自贸试验区注册并运营的现代物流企业就超过5000家，为深圳跨境电商进口商搭建了一体化的现代物流体系，为跨境电商进口未来的快速发展创造了良好的基础。

七、民营企业是深圳市进口发展的主力军

民营企业在深圳进口贸易发展中发挥了重要作用，具有独特的优势。第一，民营企业组织架构简单化、去中心化明显，独立事业部的权责相当大，有利于企业在进口贸易中直面竞争[②]。第二，民营企业善于学习、勇于创新的特质是其国际竞争力不断提升的支撑。跨境电子商务、“保税+”贸易多元化、跨境物流、中欧班列等都成为近年来民营企业在进口贸易中不断探索的新领域[③]。第三，民营企业的“民间”身份是其突破贸易保护主义和霸凌主义的盾牌，更容易规避不公平贸易行为[④]。

当前国际经济和贸易面对的不确定因素增加，进口面临的压力变大，中长期订单大幅减少，小单短单更多[⑤]。在这种情况下，民营企业的灵活性优势得到凸显，承接更多小单短单，甚至为客户提供定制化服务，让不少民营企业在国际贸易不景气的大环境下成功站稳了脚跟[⑥]。另外，近年来，跨境电商快速发展，给更多民营企业从事进口贸易创造了机会。借助机制灵活、市场反应敏锐等优势，民营企业积极开拓国际市场，成为推动深圳跨境电商进口增长的主要动力。

截至2021年8月，深圳8家世界500强企业[⑦]中，有7家是民营企业[⑧]；截至2020年12月，深圳市中小板和创业板上市企业数量连续14年居全国大中城市首位[⑨]，深交

① 跨境电商占全国半壁江山，深圳呼唤自己的“亚马逊”［EB/OL］. 雨果网百家号，［2020-05-21］. https：//baijiahao. baidu. com/s? id=1667275113287458048&wfr=spider&for=pc.

② 王俊. 民营企业是稳外贸的关键［J］. 人民论坛，2020（Z2）：66-68.

③ 深圳跨境电商“达全球”千亿规模领跑全国［EB/OL］. 海外网百家号，［2021-08-03］. https：//baijiahao. baidu. com/s? id=1707071756798160169&wfr=spider&for=pc.

④ 民营企业是稳外贸的关键［EB/OL］. 人民论坛网，［2020-04-27］. http：//www. rmlt. com. cn/2020/0427/578363. shtml.

⑤ 李高超. 外贸第一主体如何炼成［N］. 国际商报，2020-01-20（002）.

⑥ 民营企业如何成为中国第一大外贸主体［EB/OL］. 中国产业经济信息网，［2020-01-26］. http：//www. cinic. org. cn/xw/cjfx/718343. html.

⑦ 2021年《财富》世界500强排名发布，总共有8家总部位于深圳的企业进入榜单，分别是：平安集团（16位）、华为（44位）、正威国际（68位）、恒大集团（122位）、腾讯（132位）、万科（160位）、招商银行（162位）、深圳市投资控股有限公司（396位）。其中，深圳市投资控股有限公司为国有企业。

⑧ 深圳8家企业上榜《财富》世界500强，这家国企格外不同［EB/OL］. 腾讯网，［2021-08-02］. https：//new. qq. com/rain/a/20210802A0FOHV00.

⑨ 我国上市企业数量排名前十的城市是哪几个？其分布有什么特点［EB/OL］. 正眼视界，［2020-12-27］. https：//xw. qq. com/cmsid/20201224A0CTR500.

所创业板有 102 家上市企业，深交所中小板有 127 家上市企业，其中 90%以上是民营企业[①]。自 2013 年起，除了 2015 年之外，民营企业一直是深圳第一大进口贸易主体，在深圳的进口贸易中处于主导地位。

第三节　深圳市加快进口贸易发展的政策建议[②]

一、扩大先进技术设备和大宗能源商品进口

第一，聚焦先进技术设备及关键零部件进口。一方面，要重视电子元器件和集成电路集散中心的建设工作，依托前海综合保税区、坪山综合保税区、福田保税区和深圳机场保税物流中心（B 型）等，千方百计引进全球顶级半导体厂商设立应用研发中心，推动电子元器件和集成电路国际交易中心建设。另一方面，要积极提升先进技术设备及关键零部件的进口仓储能级，在加快推广“仓储货物按状态分类监管”、实现保税货物和非保税货物同仓存放的同时，更要用好用足深港跨境货车运输便利优势，保障电子元器件和集成电路陆运畅通。

第二，做好重大项目先进设备进口服务工作。一是要支持“20+8”产业集群开展先进技术设备及关键零部件进口。二是要指导帮助企业对纳入《鼓励进口技术和产品目录》的技术和产品积极申报国家进口贴息支持。三是要给予重大先进制造业项目精准通关政策对接，以“一站式”通关服务机制支持项目早投产、早见效[③]。

第三，促进天然气等大宗能源商品进口。要从完善进口基础设施、促进进口主体多元、优化进口监管体制、拓展消费需求规模等 4 个方面入手，支持国内外能源使用和贸易企业在深圳开展液化天然气、电煤、燃料油集采业务，在船舶进出口岸审批、船舶载运危险货物申报许可中实行便利化办理，支持行业龙头企业提供液化天然气小型船舶、罐箱、槽车等多式联运服务，建立与粤港澳大湾区周边城市点对点运输机制，提升深圳市天然气的分销转运能力[④]。

---

① 深圳资本活力图谱：上市公司 90%是民企，拟 IPO 数并列第一，偏爱创业板 [EB/OL]. 新浪财经, [2020-09-01]. https://baijiahao.baidu.com/s?id=1676598009614091341&wfr=spider&for=pc.

② 本部分内容主要参考《深圳市推动货物贸易进口高质量发展行动计划（2023—2025 年）》。

③ 深圳市人民政府办公厅关于印发深圳市推动货物贸易进口高质量发展行动计划（2023—2025 年）的通知 [EB/OL]. 深圳市人民政府办公厅, [2023-09-03]. https://www.sz.gov.cn/gkmlpt/content/10/10826/mpost_10826844.html#20044.

④ 吴亚男，樊怡君. 深圳发布货物贸易进口三年行动计划 [N]. 深圳特区报, 2023-09-15 (A02).

二、积极扩大优质消费品进口

第一，在深圳市打造更多、更大的进口商品消费商圈。通过支持国内外知名品牌在深圳设立更多全球性、全国性和区域性的品牌首店、旗舰店、体验店等方式，打造国内外品牌“世界橱窗”；通过推动福田中心商业区、香蜜湖商业区等各大商圈联动，建设国际高端消费品消费中心；加强对接香港高端商业资源，进一步完善前海合作区高端消费集聚区功能。

第二，吸引培育高能级进口主体。在培育一批顶级奢侈品、发烧友小众消费品、特种商品进口服务商的同时，要壮大一批电子产品、母婴用品、钟表、化妆品、酒类进口商贸平台，引进一批母婴用品、日常大众消费品进口服务品牌，同时支持国际知名消费品、轻奢品总部企业、品牌企业以及具有进口功能的跨国公司等在深圳设立总部。支持大型商超平台企业申请增设保税仓开展消费品保税进口业务，优化仓储、通关、垫税、提货、退货等各环节效率，降低企业经营成本①。

第三，建设进口消费品集散平台。通过搭建便捷高效文化产品交易平台、“一带一路”沿线国家优质消费品展销平台等方式，鼓励发展批发零售相结合、线上线下相结合的“仓展销”贸易新业态；通过拓展深圳机场免税商品品牌和规模，发展免税购物，打造国际一流免税特色街区。

三、加强对民营进口企业的金融支持

第一，加大对深圳民营进口企业的信贷支持。民营企业在深圳进口中占主导地位，下一步，深圳市仍要积极推动民营企业在进口贸易方面发挥更大的作用。政府相关部门应鼓励金融机构与民营进口企业建立中长期合作关系，将信贷资源向民营进口企业倾斜，充分满足民营进口企业合理的融资需求，加大对民营进口企业的信贷投放，降低企业进口融资成本。政策性金融机构、国有大型金融机构等应不断创新信贷产品，加强对进口企业、跨境电商和物流企业等建设和使用海外仓的金融支持。相关金融机构还可以通过运用货币政策工具、培育扩大出口信用保险保单融资、扩大人民币在跨境贸易融资中的使用等多种方式，加大对深圳民营进口企业的信贷支持②。

---

① 深圳市人民政府办公厅关于印发深圳市推动货物贸易进口高质量发展行动计划（2023—2025 年）的通知［EB/OL］. 深圳市人民政府办公厅，［2023-09-03］. https：//www. sz. gov. cn/gkmlpt/content/10/10826/mpost_10826844. html#20044.

② 深圳金融支持外贸稳规模优结构的指导意见［EB/OL］. 光明区政府在线，［2023-07-28］. http：//www. szgm. gov. cn/xxgk/ztzl/gmqhqzqzc/szszczy/content/post_ 10746508. html.

第二，优化深圳民营进口企业的跨境结算服务。一方面，要将优质中小企业和“专精特新”企业作为重点对象纳入进口便利化政策范畴，不断提升跨境进口贸易收支便利化水平。另一方面，要加大对外贸新业态跨境人民币结算业务的支持力度，丰富外贸新业态跨境人民币结算业务配套产品，降低进口主体业务办理成本①。另外，政府还应鼓励金融机构通过优化市场采购贸易收结汇服务、发挥外贸综合服务企业作用、便利重大交易平台跨境结算、提升本外币跨境资金统筹使用效率、支持跨境贸易结算境内外联动等方式，优化民营企业的跨境结算服务②。

四、不断提高进口贸易便利化水平

第一，不断深化“智慧口岸”建设和口岸数字化转型。在加强“智慧口岸”建设和通关模式改革试点、完善优化海关与港口线上办事功能的同时，扩大国际贸易“单一窗口”航空物流服务平台功效，推进通关物流相关信息共享，深化国际贸易“单一窗口”对外合作交流和跨境信息交换，推动城市口岸数字化转型先行先试③。

第二，持续提升进口贸易跨境物流的效率和水平。在扩大“大湾区组合港”覆盖范围、促进珠三角港口群一体发展的同时，深入推进“海空港畅流计划”，提升空港进口货物周转效能，持续推进“直装直提”业务无纸化办理，以提升进口贸易跨境物流效率。通过促进中欧班列等跨境班列发展、持续推进港航物流类作业环节单证无纸化和交接便利、助力内外贸货物同船运输发展、深化区域物流一体化等举措，提升深圳口岸辐射带动作用，增强口岸影响能级④，进而提升跨境通关物流链安全畅通水平。

第三，针对不同的产品采取不同的便利化手段。对进口大宗商品而言，深圳海关应综合运用预约通关、先放后检、先卸后报、到港即查、快检快放等便利举措；对进口食品而言，深圳海关应提升大米、肉类、植物油、乳品、水产品等重点进口食品业务办理速度，搭建进口冰鲜水产品“空中快线”，推广进口水果“白名单”顺势监管模式，助力扩大民生物资进口规模⑤。

---

① 省政府办公厅关于转发省发展改革委江苏省“十四五”现代流通体系建设方案的通知［EB/OL］. 江苏省发展改革委，［2022-08-13］. https：//fzggw. jiangsu. gov. cn/art/2022/9/5/art_ 84097_ 10645960. html.

② 深圳金融支持外贸稳规模优结构的指导意见［EB/OL］. 光明区政府在线，［2023-07-28］. http：//www. szgm. gov. cn/xxgk/ztzl/gmqhqzqzc/szszczy/content/post_ 10746508. html.

③ 关于印发2023年深圳市促进跨境贸易便利化专项行动工作举措的通知［EB/OL］. 深圳市人民政府口岸办公室，［2023-11-17］. http：//ka. sz. gov. cn/xxgk/zcfggfxwj/haig/content/post_ 10974767. html.

④ 《2023年深圳市促进跨境贸易便利化专项行动工作举措》政策解读［EB/OL］. 深圳市人民政府口岸办公室，［2023-11-17］. http：//ka. sz. gov. cn/xxgk/zcfggfxwj/zcjd/content/post_ 10974929. html.

⑤ 董芳芳 . 95 项措施促进跨境贸易便利化［N］. 深圳商报，2023-08-10（A02）.

五、支持进口企业开拓更多进口市场

第一，鼓励进口企业实施进口多元化战略。如果进口来源地过于集中，或者进口商品过于集中，就比较容易引发进口贸易风险。实施进口多元化战略，不仅可以开拓更为广阔的市场空间，还可以减少对部分进口来源地的依赖程度，分散企业的进口风险，减少进口贸易中的各种不确定因素，有利于降低全球经济波动给进口企业带来的冲击。因此，深圳市政府应该大力支持进口企业实施进口多元化战略，积极开拓更多进口来源地。今后，在保持从中国台湾、日本、韩国、马来西亚、泰国、新加坡等地区稳定进口的同时，应积极开拓美国、欧洲等市场，扩大进口规模，拓展进口产品种类。

第二，积极搭建多样化的展会平台，助力进口企业开拓国际市场。从政府的角度看，要依托深圳会展中心、深圳国际会展中心，培育和引进一批电子元器件及物料采购相关专业性展会，为进口企业和国外供应商提供面对面交流的机会。为了降低进口企业开拓国际市场的搜寻成本，政府相关部门应大力培育引进工业电商、供应链网上平台，开展工业企业与工业电商平台对接活动，提升电子元器件、集成电路、关键零部件等网上采购及销售效率①。在完善供应链保障体系、支持企业在 RCEP 成员国建立海外直采中心的同时，还要举办面向 RCEP 市场的进口消费品展会，支持企业利用新型数字化手段开拓 RCEP 市场。从企业的角度看，要积极参加中国国际高新技术成果交易会、进博会和相关国际知名电子展等国内外各类线上线下重要展会活动，为自身开拓国际市场抓住新机遇。

第三，完善进口服务平台，更好地为进口企业提供信息咨询服务。在搭建公共信息平台、做好进口经贸信息资源开发工作的同时，还要通过数据交换和信息共享等多种方式与“一带一路”沿线国家、RCEP 成员国，以及欧美日韩等国家的公共信息服务部门建立合作关系，积极扩大信息来源，为企业扩大进口决策提供参考。

六、充分发挥 RCEP 和地缘优势对进口贸易的拉动作用

深圳市应该注重提升 RCEP 的实施效能，扩大深圳市与 RCEP 成员国之间的进口贸易。一方面，围绕 RCEP 关于“简化海关程序、高效放行货物以便利贸易”的要求，

---

① 深圳市人民政府办公厅关于印发深圳市推动货物贸易进口高质量发展行动计划（2023—2025 年）的通知［EB/OL］. 深圳市人民政府办公厅，［2023-09-03］. https://www.sz.gov.cn/gkmlpt/content/10/10826/mpost_10826844.html#20044.

为企业提供“两步申报”和“提前申报”等多元申报方式，以压缩进口整体通关时间，保障协定项下的货物在口岸通关更安全便利；另一方面，通过设立 RCEP 专项服务窗口、组建 RCEP 专家服务队、开通 RCEP 专项服务热线、开展 RCEP 系列专项培训、做好 RCEP 政策解读、提供定制化 RCEP 应用辅导以及“网上办”“预约办”“邮寄办”“快速办”便利化签证等系列服务举措，及时满足企业 RCEP 签证各种需求，帮助企业最大限度享受关税减免①。

深圳应充分利用地缘优势，与香港、澳门建立更加密切的区域贸易合作关系，提高进口贸易的发展空间。今后，深圳市应深化与港澳的规则衔接和机制对接，积极探讨粤港澳大湾区贸易合作的可行性和实施途径②。一是要聚焦市场准入、市场监管、政务服务等重点领域，梳理并实施一批规则衔接创新举措，推动深港澳三地在营商环境高标准接轨方面取得突破；二是要深入研究港澳在进口贸易方面的制度经验，梳理提出一批可供学习借鉴、主动对接的规则和机制；三是要推动构建粤港澳大湾区标准化协同机制，推动港澳原产地产品在大湾区内自由流通等，进一步促进深圳进口发展；四是要以前海深港现代服务业合作区为抓手，加快建设一批进口商品集散中心，推动进口贸易的发展，通过进口贸易带动大湾区参与全球资源配置，实现国际国内产业链对接③。

---

① 刘丽．深圳服务企业拓展 RCEP 市场［N］．国际商报，2022-01-06（006）.

② 王帆．深圳将与香港制定联合“政策包”赴海外招才引智［N］．21 世纪经济报道，2021-02-23（006）.

③ 深圳制定推进粤港澳大湾区建设 2021 年工作要点［EB/OL］．深圳市人民政府口岸办公室，［2021-02-23］．http：//ka. sz. gov. cn/ztzl/kazxd/ywjj/content/post_ 8564872. html.

第十四章　苏州市进口发展的事实、原因与对策

从20世纪90年代开始，苏州市乘着国内对外开放和国际产业转移的东风，提出了"从五湖四海走向五洲四洋"的战略，建立工业园区，积极引进外资，大力发展对外经济，确立了以加工贸易为主的外向型经济龙头地位，成为中国外向型经济发展的标杆城市。在外向型经济迅猛发展的带动下，苏州市的进口贸易规模不断扩大，连续多年在全国城市进口排名中居第2位。因此，本章将系统分析苏州市进口贸易的发展历程和原因，以供其他城市借鉴和参考，对于进一步做好积极扩大进口工作具有重要的现实意义。

第一节　苏州市进口贸易发展的基本情况

一、苏州市的进口贸易规模

苏州市进口规模大幅增加。如表14-1所示，苏州市的进口规模从2001年的113.5亿美元增长到2022年的1541.8亿美元，增长了12.6倍，年均增长率为13.2%。从变化趋势来看，苏州市进口贸易额的发展大致经历了两个阶段：①高速增长阶段。2001—2007年，苏州市进口贸易额增长了7.2倍，年均增长率高达42.0%。②缓慢上升阶段。2008—2022年，苏州市进口贸易额增长了59.3%，年均增长率为3.4%。

二、苏州市的进口贸易地位

苏州市进口贸易额占江苏省进口贸易总额的比重经历了先上升、后下降的变化过程。如表14-1所示，2001年，苏州市进口贸易额占江苏省进口贸易总额的比重为50.5%；2005年，这一比重达到64.6%的历史高点，比2001年提高了14.1%；2022

年，这一比重下降到54.7%，较2005年的高点下降了9.9%，但仍比2001年高出4.2%，在江苏省所有城市中位列第一。

表14-1　2001—2022年苏州市进口贸易规模及地位变化情况

年份	进口额/亿美元	占江苏省进口总额的比值/%	占全国进口额的比值/%	进口依存度/%
2001	113.5	50.5	4.7	53.4
2002	178.7	56.2	6.1	71.1
2003	330.3	60.6	8.0	97.6
2004	524.3	62.9	9.3	128.9
2005	678.1	64.6	10.3	133.1
2006	795.8	64.4	10.1	128.2
2007	929.1	63.7	9.7	119.5
2008	968.0	62.8	8.5	93.9
2009	873.6	62.6	8.7	76.0
2010	1209.7	62.0	8.7	87.4
2011	1336.3	58.9	7.7	79.3
2012	1310.0	59.7	7.2	67.7
2013	1336.4	60.2	6.9	62.7
2014	1301.3	58.7	6.6	57.1
2015	1238.9	59.9	7.4	52.3
2016	1098.2	57.7	6.9	46.0
2017	1289.2	56.6	7.0	50.3
2018	1472.8	56.7	6.9	52.3
2019	1270.5	54.1	6.1	45.5
2020	1384.8	55.0	6.6	46.6
2021	1618.5	53.4	6.0	45.4
2022	1541.8	54.7	5.9	44.8

数据来源：根据《苏州市统计年鉴》和国家统计局统计数据整理计算。

苏州市进口贸易额占全国进口贸易总额的比重呈现出先上升、后下降的变化趋势。如表14-1所示，2001年，苏州市进口贸易额占全国进口贸易总额的比重为4.7%；2005年，这一比重达到了10.3%的历史高点，较2001年提高了5.6%；2022年，这一比重下降到5.9%，较2005年的高点下降了4.4%，但仍比2001年高出1.2%，在全国所有城市中位列第三。

三、苏州市的进口依存度

苏州市的进口依存度经历了先上升、后下降的变化趋势。如表 14-1 所示，2001 年，苏州市的进口依存度为 53.4%；2005 年，苏州市的进口依存度大幅上升到 133.1% 的历史高点；2005 年之后，苏州市的进口依存度整体表现为持续下降的趋势，苏州经济对进口的依赖程度越来越低，2022 年，苏州市的进口依存度降至 44.8%。

四、苏州市的进口贸易结构

1. 进口区县地区结构

2002 年，虎丘区①是苏州市进口规模最大的区县；2022 年，工业园区是苏州市进口贸易规模最大的区县。如表 14-2 和表 14-3 所示，2002 年，虎丘区是苏州市进口规模最大的区县，进口额为 43.6 亿美元，占全市进口总额的 24.4%；昆山位列第二，进口额为 41.5 亿美元，占全市进口总额的 23.2%；工业园区和常熟市并列第三，进口额均为 34.3 亿美元，占全市进口总额的 19.2%。到 2022 年，这一排名发生了显著变化。2022 年，工业园区成为苏州市进口规模最大的区县，进口额达到 553.8 亿美元，占全市进口总额的比例达到 35.9%；昆山市依旧位列第二，进口额为 330.9 亿美元，占全市进口总额的 21.5%；张家港市位列第三，进口额为 262.8 亿美元，占全市进口贸易总额的 17.0%。

此外，苏州各区县进口贸易规模相差较大。2002 年，进口贸易规模最大的虎丘区的进口额是进口贸易规模最小的相城区的 43.6 倍，2022 年，进口贸易规模最大的工业园区的进口额是进口贸易规模最小的姑苏区的 163 倍，差距极为悬殊。

表 14-2　2002—2022 年苏州市各区县进口贸易规模情况　（单位：亿美元）

年份	姑苏区	吴中区	相城区	虎丘区	工业园区	吴江区	常熟市	张家港市	昆山市	太仓市
2002	—	5.3	1.0	43.6	34.3	19.5	34.3	6.3	41.5	7.3
2003	—	9.6	1.8	71.8	84.8	40.6	9.0	31.4	67.1	10.9
2004	—	13.2	4.0	85.2	153.9	62.1	16.1	56.1	107.0	14.2
2005	—	15.4	5.9	117.9	214.3	68.0	17.6	65.2	152.7	17.9
2006	—	18.6	7.6	146.9	249.9	71.0	20.6	71.0	183.8	23.3

① 2002 年，苏州高新区与虎丘区合并，在苏州市统计年鉴中，这一行政区划被称为高新区、虎丘区，本章中简写为虎丘区。

续表

年份	姑苏区	吴中区	相城区	虎丘区	工业园区	吴江区	常熟市	张家港市	昆山市	太仓市
2007	—	19.7	9.1	160.6	283.7	76.1	38.9	96.7	211.2	29.7
2008	—	21.0	9.7	128.4	313.5	74.4	42.8	114.5	226.9	33.3
2009	—	18.6	8.7	106.4	271.2	65.5	38.7	122.7	211.0	27.0
2010	—	24.3	11.2	130.0	395.0	93.5	56.6	161.1	287.9	46.0
2011	—	27.4	13.1	131.0	384.3	108.2	62.6	213.4	321.9	68.1
2012	5.0	42.2	14.9	133.2	372.5	102.3	68.3	191.5	310.5	69.6
2013	5.4	39.6	15.7	121.4	379.3	95.6	69.8	194.0	343.1	72.5
2014	4.0	44.3	13.4	121.8	383.7	88.5	76.3	180.2	312.1	77.1
2015	3.1	40.2	12.7	130.2	390.8	81.2	75.5	144.4	296.6	64.2
2016	2.2	24.8	10.8	112.5	364.8	71.2	65.0	132.1	259.4	55.3
2017	3.2	27.7	12.4	146.2	440.9	68.7	77.1	161.5	282.7	68.8
2018	2.8	26.9	13.2	167.3	536.2	68.0	79.6	189.5	310.9	78.4
2019	2.2	24.1	12.0	141.8	444.5	56.3	67.7	182.2	269.7	69.9
2020	2.2	23.7	13.2	132.3	503.2	57.0	65.8	192.9	294.6	70.0
2021	2.5	27.7	15.9	157.6	578.6	67.3	81.0	252.6	357.1	78.2
2022	3.4	27.0	15.5	142.9	553.8	56.1	73.1	262.8	330.9	76.3

数据来源：根据《苏州市统计年鉴》整理计算。

表 14-3 2002—2022 年苏州市各区县进口贸易额占全市比重变化情况 （%）

年份	姑苏区	吴中区	相城区	虎丘区	工业园区	吴江区	常熟市	张家港市	昆山市	太仓市
2002	—	3.0	0.6	24.4	19.2	10.9	19.2	3.5	23.2	4.1
2003	—	2.9	0.5	21.7	25.7	12.3	2.7	9.5	20.3	3.3
2004	—	2.5	0.8	16.3	29.4	11.8	3.1	10.7	20.4	2.7
2005	—	2.3	0.9	17.4	31.6	10.0	2.6	9.6	22.5	2.6
2006	—	2.3	0.9	18.5	31.4	8.9	2.6	8.9	23.1	2.9
2007	—	2.1	1.0	17.3	30.5	8.2	4.2	10.4	22.7	3.2
2008	—	2.2	1.0	13.3	32.4	7.7	4.4	11.8	23.4	3.4
2009	—	2.1	1.0	12.2	31.0	7.5	4.4	14.0	24.1	3.1
2010	—	2.0	0.9	10.7	32.7	7.7	4.7	13.3	23.8	3.8
2011	—	2.1	1.0	9.8	28.8	8.1	4.7	16.0	24.1	5.1

续表

年份	姑苏区	吴中区	相城区	虎丘区	工业园区	吴江区	常熟市	张家港市	昆山市	太仓市
2012	0.4	3.2	1.1	10.2	28.4	7.8	5.2	14.6	23.7	5.3
2013	0.4	3.0	1.2	9.1	28.4	7.2	5.2	14.5	25.7	5.4
2014	0.3	3.4	1.0	9.4	29.5	6.8	5.9	13.8	24.0	5.9
2015	0.3	3.2	1.0	10.5	31.5	6.6	6.1	11.7	23.9	5.2
2016	0.2	2.3	1.0	10.2	33.2	6.5	5.9	12.0	23.6	5.0
2017	0.2	2.1	1.0	11.3	34.2	5.3	6.0	12.5	21.9	5.3
2018	0.2	1.8	0.9	11.4	36.4	4.6	5.4	12.9	21.1	5.3
2019	0.2	1.9	0.9	11.2	35.0	4.4	5.3	14.3	21.2	5.5
2020	0.2	1.7	1.0	9.6	36.3	4.1	4.8	13.9	21.3	5.1
2021	0.2	1.7	1.0	9.7	35.7	4.2	5.0	15.6	22.1	4.8
2022	0.2	1.8	1.0	9.3	35.9	3.6	4.7	17.0	21.5	4.9

数据来源：根据《苏州市统计年鉴》整理计算。

2. 进口贸易方式结构

2008—2022 年，苏州市的加工贸易进口额在总体上较为平稳，一般贸易进口额总体呈现上升趋势。具体来看：①加工贸易。苏州市加工贸易进口额在 600 亿美元上下波动。2008 年，苏州市加工贸易进口额为 591.3 亿美元；2022 年，苏州市加工贸易进口额为 618.7 亿美元。②一般贸易。苏州市一般贸易进口额整体呈现出逐渐上升的趋势，从 169.5 亿美元上升到 672.5 亿美元，增长了约 3 倍，年均增长率为 10.3%。

2008—2022 年，苏州市加工贸易进口占比整体呈现出下降的趋势。2008 年，加工贸易进口额占全市进口总额的比重为 61.1%；2022 年，这一比重下降到 40.1%，较 2008 年下降了 21%。

苏州市一般贸易进口占比呈现日益上升的趋势。2008—2022 年，一般贸易进口额占全市进口总额的比重总体呈现出上升趋势。2008 年，一般贸易进口额占全市进口总额的比重为 17.5%；2022 年，这一比重上升至 43.6%，较 2008 年上升了 26.1%。2008—2022 年，苏州市一般贸易进口额与加工贸易进口额的差额整体上不断缩小，2022 年，一般贸易进口额超越了加工贸易进口额，一般贸易进口占比比加工贸易进口占比多了 3.5%（见表 14-4）。

表 14-4　2008—2022 年苏州市不同贸易方式的进口额及占比情况

年份	一般贸易进口额/亿美元	一般贸易占比/%	加工贸易进口额/亿美元	加工贸易占比/%
2008	169.5	17.5	591.3	61.1
2009	182.7	20.9	513.4	58.8
2010	270.4	22.4	684.0	56.5
2011	353.8	26.5	656.2	49.1
2012	334.3	25.5	570.9	43.6
2013	371.7	27.8	550.8	41.2
2014	389.2	29.9	572.4	44.0
2015	364.4	29.4	557.9	45.0
2016	394.2	35.9	534.4	48.7
2017	475.7	36.9	646.6	50.2
2018	519.0	35.2	743.2	50.5
2019	497.8	39.2	573.8	45.2
2020	555.1	41.0	570.1	42.1
2021	675.7	41.8	677.2	41.8
2022	672.5	43.6	618.7	40.1

数据来源：根据《苏州市统计年鉴》整理计算。

3. 进口企业结构

外商及港澳台商投资企业一直是苏州市进口规模最大的企业类型，私营企业一直是苏州市进口规模第二大的企业类型。具体来看：

第一，外商及港澳台商投资企业。得益于苏州市长期以来积极引进外资的政策，外商及港澳台商投资企业在苏州市的进口贸易中占据着十分重要的位置。从进口规模来看，2006—2022 年，苏州市外商及港澳台商投资企业的进口额在总体上呈现出波动上升的趋势，2006 年，苏州市外商及港澳台商投资企业的进口额为 734.4 亿美元；2022 年，进口额为 1035.9 亿美元，较 2006 年上升 41.1%。从进口占比来看，2006—2022 年，苏州市外商及港澳台商投资企业进口额占全市进口总额的比重在总体上呈现出下降趋势。2006 年，苏州市外商及港澳台商投资企业进口额占全市进口总额的比重为 92.3%；2022 年，这一比重为 67.2%，较 2006 年下降了 25.1%。

第二，私营企业。2006—2019 年，私营企业的进口额及在全市进口总额中的占比总体上均呈现出上升趋势。2006 年，私营企业进口额为 34.3 亿美元，占全市进口总额的比重为 4.3%；2022 年，私营企业的进口额上涨至 437.6 亿美元，占全市进口总额的比重也上升至28.4%。2006—2022年，私营企业的进口额上涨了11.8倍，年均增速达到17.2%。

第三，国有企业。2006—2022年，国有企业的进口额及在全市进口总额中的占比总体上呈现出波动上升的趋势。2006年，国有企业的进口额为10.5亿美元，占全市进口总额的比重为1.3%；2013年，国有企业的进口额一度上升至41.9亿美元，占全市进口总额的比重也相应上升到3.1%；到2019年，国有企业的进口总额又下降到了27.2亿美元，占全市进口总额的比重为2.1%；从2020年起，国有企业进口额又呈上升趋势，到2022年，国有企业进口额上升至68.3亿美元，占全市进口总额的比重为4.4%。

第四，集体企业。2006—2017年，集体企业的进口额及在全市进口总额中的占比均呈现出先上升、后下降的变化趋势。2006年，集体企业的进口额为16.5亿美元，占全市进口总额的比重为2.1%；2011年，集体企业进口额一度上升至72.6亿美元，占全市进口总额的比重也相应上升到了5.4%；2017年，集体企业进口额下降到了25.0亿美元，占全市进口总额的比重仅为1.9%（见表14-5、表14-6）。

表14-5　2006—2022年苏州市不同类型企业进口贸易规模　（单位：亿美元）

年份	外商及港澳台商投资企业	私营企业	国有企业	集体企业
2006	734.4	34.3	10.5	16.5
2007	835.3	61.8	9.8	22.0
2008	851.9	70.7	10.4	34.6
2009	764.3	65.4	6.7	36.5
2010	1041.1	106.0	10.5	51.5
2011	1092.9	156.1	14.2	72.6
2012	986.3	234.4	37.0	51.8
2013	922.0	319.9	41.9	52.3
2014	959.3	284.7	18.1	38.7
2015	914.8	266.5	29.6	27.6
2016	889.2	167.6	21.4	19.5
2017	1052.2	195.8	15.6	25.0
2018	1174.8	282.6	15.4	—
2019	980.7	262.5	27.2	—
2020	974.2	325.3	55.2	—
2021	1136.1	425.1	57.3	—
2022	1035.9	437.6	68.3	—

数据来源：根据《苏州市统计年鉴》整理计算。

表 14-6　2006—2022 年苏州市不同类型企业进口额占比　(%)

年份	外商及港澳台商投资企业	私营企业	国有企业	集体企业
2006	92.3	4.3	1.3	2.1
2007	89.9	6.6	1.1	2.4
2008	88.0	7.3	1.1	3.6
2009	87.5	7.5	0.8	4.2
2010	86.1	8.8	0.9	4.3
2011	81.8	11.7	1.1	5.4
2012	75.3	17.9	2.8	4.0
2013	69.0	23.9	3.1	3.9
2014	73.7	21.9	1.4	3.0
2015	73.8	21.5	2.4	2.2
2016	81.0	15.3	2.0	1.8
2017	81.6	15.2	1.2	1.9
2018	79.8	19.2	1.0	—
2019	77.2	20.7	2.1	—
2020	70.3	23.5	4.0	—
2021	70.2	26.3	3.5	—
2022	67.2	28.4	4.4	—

数据来源：根据《苏州市统计年鉴》整理计算。

4. 进口来源地结构

如表 14-7 所示，2002 年、2010 年和 2022 年，苏州市的前三大进口来源地均为中国台湾、韩国和日本，但是，苏州市从第一大进口来源地、前三大进口来源地及前十大进口来源地的进口占全市进口总额的比重均不断下降，表明苏州市的进口来源地结构不断优化。具体如下：

2002 年，苏州市的前三大进口来源地分别为中国台湾、日本和韩国，苏州市从这三个地区的进口占全市进口总额的比重分别为 27.5%、24.7%和 9.9%，苏州市从前三大进口来源地的合计进口占全市进口总额的比重为 62.1%，苏州市从前十大进口来源地的合计进口占全市进口总额的比重为 84.0%。

2010 年，苏州市前三大进口来源地分别为韩国、中国台湾和日本，苏州市从这三个地区的进口占全市进口总额的比重分别为 22.0%、18.8%和 13.1%，韩国取代中国台湾成为苏州市的第一大进口来源地。苏州市从前三大进口来源地的合计进口占全市进口总额的比重为53.9%，苏州市从前十大进口来源地的合计进口占全市进口总额的比重为79.1%。

2022年，苏州市前三大进口来源地分别为中国台湾、韩国和日本，苏州市从这三个地区的进口占全市进口总额的比重分别为19.8%、19.3%和9.8%。苏州市从前三大进口来源地的合计进口占全市进口总额的比重为48.9%，苏州市从前十大进口来源地的合计进口占全市进口总额的比重为75.4%。

表14-7　2002年、2010年和2022年苏州市前十大进口来源地及进口占比　（%）

排序	2002年		2010年		2022年	
	国家（或地区）	占比	国家（或地区）	占比	国家（或地区）	占比
1	中国台湾	27.5	韩国	22.0	中国台湾	19.8
2	日本	24.7	中国台湾	18.8	韩国	19.3
3	韩国	9.9	日本	13.1	日本	9.8
4	美国	6.8	马来西亚	7.5	美国	5.6
5	马来西亚	3.5	美国	5.4	巴西	5.6
6	中国香港	3.2	泰国	3.1	马来西亚	4.2
7	新加坡	2.6	澳大利亚	2.8	德国	3.9
8	德国	2.5	德国	2.6	澳大利亚	3.5
9	巴西	2	新加坡	1.9	泰国	1.9
10	印度尼西亚	1.3	巴西	1.9	新加坡	1.8

数据来源：根据《苏州市统计年鉴》整理计算。

5. 进口商品结构

机器、电子产品、电气设备及零件（以下简称“机电设备及零件”）一直是苏州市进口规模最大的商品。如表14-8所示，2008年，苏州市前三大类进口商品分别是机电设备及零件，光学、检测、医疗设备、钟表、乐器，化学工业及其相关工业的产品，三类商品进口额占全市进口总额的比重分别为54.3%、15.7%和7.1%，前三大类进口商品的合计进口占全市进口总额的比重为77.1%，前十大类进口商品的合计进口占全市进口总额的比重为97.7%。2022年，苏州市前三大类进口商品分别为机电设备及零件、植物产品、化学工业及其相关工业的产品，三类商品进口额占全市进口总额的比重分别为60.9%、6.9%和5.7%，前三大类进口商品的合计进口占全市进口总额的比重为73.5%，前十大类进口商品的合计进口占全市进口总额的比重为95.5%。

表 14-8 2008 年和 2022 年苏州市前十大进口商品及占比情况 （%）

排序	2008 年		2022 年	
	商品名称	占比	商品名称	占比
1	机器、电子产品、电气设备及零件	54.3	机器、电子产品、电气设备及零件	60.9
2	光学、检测、医疗设备、钟表、乐器	15.7	植物产品	6.9
3	化学工业及其相关工业的产品	7.1	化学工业及其相关工业的产品	5.7
4	贱金属及其制品	5.8	矿产品	5.1
5	塑料及其制品、橡胶及其制品	4.9	塑料及其制品、橡胶及其制品	4.5
6	矿产品	4.0	贱金属及其制品	4.5
7	纸浆、纸、纸板及其制品	2.3	光学、检测、医疗设备、钟表、乐器	3.5
8	纺织原料及纺织制品	2.0	纺织原料及纺织制品	1.6
9	植物产品	0.9	鞋帽伞杖鞭、羽毛制品、人造花	1.6
10	动、植物油、脂、蜡及其分解产品	0.7	车辆、航空器、船舶及运输设备	1.2

数据来源：根据《苏州市统计年鉴》整理计算。

第二节 苏州市进口贸易快速发展的原因

一、抓住了国内外形势变化带来的历史机遇

20 世纪八九十年代，国内外形势发生了重大变化。从国际视角看，随着信息技术革命和全球化浪潮，国际分工由原来的以最终产品为边界的模式转向以生产要素为边界的新模式，全球价值链分工逐渐产生，各国以要素上的比较优势融入国际分工体系，大型跨国公司的资本、管理、技术等生产要素开始向政治稳定、劳动力和土地成本低的发展中国家流动①，这是苏州市大量引进外资的前提条件。从国内视角来看，党中央的一系列重大举措支持了苏州市的对外开放。1985 年，苏州被国务院列为沿海开放地区；1994 年，国务院下发了《关于建设苏州工业园区有关问题的批复》，同意苏州市同新加坡有关方面合作开发建设苏州工业园区②。国际分工模式的变化和国内的政策支持，为苏州市持续推动对外开放、大力发展加工贸易、不断扩大进口规模创造了历史

① 张二震．开放再出发，苏州如何发力？[N]．苏州日报，2020-01-07（B01）．

② 国务院关于开发建设苏州工业园区有关问题的批复 [EB/OL]．中国政府网，（2010-12-02）[2021-10-29]．http：//www.gov.cn/zhengce/content/2010-12/02/content_4789.htm.

机遇。而苏州市以“敢闯敢试、敢为人先、埋头苦干”的精神，抓住了这一历史机遇，抢占了发展先机，为打造对外开放高地、推动进口贸易高质量发展奠定了坚实的基础。

二、确立了以外资企业和以加工贸易为主的外向型经济模式

1990—2010年是苏州市外向型经济高速发展的时期。在这20年高速发展的过程中，苏州市依托独特的区位优势、雄厚的工业基础、较低的劳动力成本和优惠的税收政策，积极引进外资，深度融入全球产业链，吸引了大批跨国企业的加工、组装和制造工厂在苏州落地，苏州逐渐成为“世界工厂”，并逐步确立了以外资企业和以加工贸易为主导的外向型经济的主导地位。1990—2010年，苏州市实际利用外资增长了122.7倍，年平均增长率为28.8%。同期，苏州市进出口贸易额增长了1455.6倍，年平均增长率为46.7%，其中，进口贸易额增长了3673.6倍，年平均增长率为54.0%[①]。

外资企业往往是跨国公司在当地的分支机构，不仅与广阔的世界市场有着紧密的联系，还与总公司或其他分公司之间存在大量的公司内贸易。而加工贸易则具有“两头在外，大进大出”的特点，需要进口大量的原料和零部件。以外资企业和以加工贸易为主导的外向型经济模式，天然具有更强的进口倾向和进口优势。这是苏州市进口快速发展、进口规模较大的主要原因之一。2010年，苏州市外商及港澳台商投资企业进口额为1041.1亿美元，占全市进口总额的比重高达86.1%，苏州市加工贸易进口额为684.0亿美元，占全市进口总额的比重达到56.5%。2022年，苏州市外商及港澳台商投资企业进口额1035.9亿美元，占全市进口贸易总额的比重为67.2%；苏州市加工贸易进口额618.7亿美元，占全市进口总额的比重为40.1%[②]。

三、建立了引领全市进口贸易发展的工业园区

苏州工业园区作为苏州市的一张名片，在商务部公布的国家级经开区综合考评中，连续五年位列第一，在国家级高新区排名中位列第四，跻身科技部建设世界一流高科技园区的行列，被誉为“中国改革开放的重要窗口”[③]。苏州工业园区能取得如此亮眼的成绩单，离不开党中央、国务院以及江苏省委省政府的大力支持。党中央、国务院在苏州工业园区成立伊始，允许其参照沿海开放城市经济技术开发区的各项政策，给予其“不特有特，特中有特”的优惠政策，并成立了高级别的中新两国政府联合协调

① 根据《苏州市统计年鉴》整理计算。

② 根据《苏州市统计年鉴》整理计算。

③ 园区简介［EB/OL］. 苏州工业园区管委会网站，（2021-06-22）［2021-10-28］. http：//www.sipac.gov.cn/szgyyq/yqjj/common_tt.shtml.

理事会。时任江苏省委书记兼省长的陈焕友亲自担任苏州工业园区建设领导小组的组长，与新加坡政府进行谈判，不断出面协调解决园区建设过程中出现的各种困难和问题①。

在建设的过程中，苏州工业园区坚持了“先规划后建设、无规划不开发”和“规划即法、执行到底”的原则②。在1994年建立初期，苏州工业园区以3600万元的高价请中国和新加坡双方专家共同编制总体规划，后期又累计投入2亿多美元完成300多项专业规划。在建设发展的过程中，将“规划先行”提升到“法治”的高度，制定好的总体规划和300多项专业规划“必须执行”“没有例外”③。另外，苏州工业园区特别重视亲商服务，不断提升政务服务水平，不仅为企业提供全过程服务，更通过定期走访企业提供超前服务，让企业不仅“愿意来”，而且“不想走”④。

优惠的政策条件和优越的营商环境，不断吸引企业特别是外资企业在苏州特别是工业园区落地；科学的规划和严格的执行则不断吸纳高端要素，集聚高端产业，从而带动进口贸易高质量发展。2001年，苏州工业园区的进口额为16.8亿美元，占全市进口总额的比重为14.8%。2022年，工业园区进口额为553.8亿美元⑤，占全市进口总额的比重上升到35.9%。2002—2022年，苏州工业园区进口额年均增长率为23.17%，比全市进口总额年均增长率高出7.54%，引领了苏州市进口贸易的发展。

四、打造了具有竞争力的营商环境

在全国工商联发布的《2023年万家民营企业评营商环境报告》中，苏州市的营商环境位居全国第三⑥。苏州市政府为企业提供的服务贯穿招商、落地经营和进出口的各个环节。具体分析如下：

从招商来看，苏州市在国内首创敲门式招商，即在全球各地设置招商办事处，收集当地跨国企业的对外投资需求，主动上门对接。这一招商方式能以十足的诚意主动

---

① 陈焕友．苏州工业园区创建的前前后后［N］．新华日报，2008-08-03（A04）．

② 苏州为什么成为最强地级市？［EB/OL］．泽平宏观网易号，（2021-08-25）［2021-10-22］．https：//www.163.com/dy/article/GI76327G0519NINF.html.

③ 王克．苏州工业园区的品牌输出［J］．中国经济周刊，2017（47）：66-67.

④ 稳外资，这个园区有作为［EB/OL］．人民日报百家号，（2021-04-14）［2021-10-28］．https：//baijiahao.baidu.com/s？id=1696962580166458669&wfr=spider&for=pc.

⑤ 数据来源：园区月度统计资料（202012）［EB/OL］．苏州工业园区管委会，［2021-02-02］．http：//ywtk.sipac.gov.cn/xxgk/gkxq-63457#main.

⑥ 傅春荣．全国工商联发布2023年度万家民营企业评营商环境主要调查结论［N］．中华工商时报，2023-12-28（01）.

抓住企业需求而有着显著的成效①。截至 2022 年，苏州市累计引进世界 500 强企业投资项目 450 个②。

从企业落地经营来看，首先是审批高效，以“找最少部门”“花最少时间”“跑最少的路”“交最少材料”为目标，推动快捷高效的“一网通办”和“一件事”改革③，大幅缩短企业开办、项目建设等手续的审批办理时间。其次是成本较低，苏州市清理了大量不合理的涉企收费，仅保留土地使用、税务登记和工商注册三个收费项目④，打造低成本的政务服务环境。最后是政策透明，苏州市深入贯彻落实《优化营商环境条例》，完成优化营商环境立法起草，尽力保证政策透明稳定，营造了公平公正公开的投资环境。

从进出口来看，苏州市积极优化通关流程，全面推进“两步申报”“两段准入”通关模式改革⑤，持续压缩通关时间，不断提升贸易便利化水平。企业是进口贸易的主体，优良的营商环境促进了各类进口企业在苏州的落地；便利的通关流程则降低了企业的进口成本，减小了进口风险，直接促进了苏州市进口贸易的发展。

五、发挥了以苏州自贸片区为引领的制度创新

2019 年 9 月 1 日，中国（江苏）自由贸易试验区苏州片区正式挂牌成立，苏州市对外贸易发展迈上新台阶。2020 年，苏州自贸片区以占全国自贸试验区 2.78%的面积，贡献了全国自贸试验区约 10%的进出口总额⑥。其原因在于，苏州自贸片区牢牢把握“打造开放型经济发展先行区”的战略定位，引领了苏州市新一轮的开放创新。从 2021 年 8 月以来，苏州自贸片区累计形成全国全省首创的制度创新成果 190 项，其中 13 项在全国示范推广，42 项在全省示范推广⑦。在苏州自贸片区的引领下，苏州市不断推

① “沪苏同城化”背景下，苏州自贸片区如何借势抢抓机遇［EB/OL］. 澎湃新闻百家号，（2021-08-25）［2021-10-29］. https://baijiahao.baidu.com/s?id=1709031313124577015&wfr=spider&for=pc.

② 2022 年苏州市国民经济和社会发展统计公报［EB/OL］. 苏州市人民政府，（2023-03-10）［2023-12-27］. https://www.suzhou.gov.cn/szsrmzf/ndgmjjhshfztjsjfb/202303/cb4c9f0a234e453f8a2fc19a5049475c.shtml.

③ 以“最舒心”服务 按下项目审批“快进键”［EB/OL］. 苏州市人民政府，（2020-07-16）［2021-10-23］. http://www.suzhou.gov.cn/szsrmzf/szyw/202007/ee4fe816d8b24fa3a5c7a62131b4fdae.shtml.

④ 苏州为什么成为最强地级市？［EB/OL］. 泽平宏观网易号，（2021-08-25）［2021-10-22］. https://www.163.com/dy/article/GI76327G0519NINF.html.

⑤ 中共苏州市委 苏州市人民政府关于印发《苏州市优化营商环境创新行动 2020》的通知［EB/OL］. 苏州市人民政府，（2020-03-27）［2021-10-23］. http://www.acfic.org.cn/zt_home/zcmq2020/zcmq2020_df/zcmq2020_dfjs/202003/t20200331_231734.html.

⑥ 苏州自贸片区晒出最新成绩单：跑赢的不只是数字［EB/OL］. 中国新闻网百家号，（2021-08-20）［2021-10-26］. https://baijiahao.baidu.com/s?id=1708616850026949016&wfr=spider&for=pc.

⑦ 13 项全国示范推广！苏州自贸片区制度创新硕果累累［EB/OL］. 苏州日报百家号，（2023-08-31）［2023-12-28］. https://baijiahao.baidu.com/s?id=1708623119594591032&wfr=spider&for=pc.

动更高水平的对外开放，在新冠疫情期间，推出“开放创新合作热力图”，上线“产业链全球合作对接图”，打造出永不落幕的招商会、交易会①。这些举措展现出苏州开放创新的姿态和决心，为苏州市进口贸易的进一步发展提供了保障。

在苏州自贸片区的各项制度创新成果中，苏州国际商事法庭和进出口公平贸易工作站的设立，为企业提供了高效、精准、均等的司法服务，营造了公平、稳定的贸易环境，降低了进口过程中的各类违约风险；长三角一体化布控查验协同试点的启动，提高了物流效率，规避了因口岸查验时间过长而导致货物质量受损的可能，降低了对存储和运输环境要求严格的商品的进口风险；《进口研发（测试）用未注册医疗器械分级管理办法》的实施，则在苏州市大力发展生物医药产业的大局下，进一步为相关企业利用高质量进口提升自身研发能力提供了便利②。

六、抓住了产业升级和消费升级带来的进口需求

自 21 世纪以来，苏州市人力成本不断上升，资源与环境约束趋紧，原本依靠低成本要素投入、资源大量消耗、投资和出口等方式来推动经济高速增长的发展模式难以为继，苏州市开始谋求产业转型升级，向经济高质量发展迈进。2005 年，苏州市以工业园区为先导，推出“产业升级”“科技跨越”“服务业倍增”三大计划③。到 2010 年，苏州市的产业转型升级取得了良好的效果，以医药制造业、智能装备制造业、新材料制造业等产业为代表的高新技术产业的规模以上工业总产值从 2005 年的 3084.7 亿元上升至 9022.7 亿元，占全市规模以上工业总产值的比重从 31.1%上升至 36.6%。2022 年，苏州市产业转型升级的成效进一步提升，全市高新技术产业规模以上工业总产值达到 22924.79 亿元，占全市规模以上工业总产值的比重提升至 52.4%，比 2010 年提高 15.8%。为了满足科技创新和产业升级的需要，苏州市进口贸易在“大进”的基础上向“优进”持续转型，2022 年，苏州市高新技术产品进口额为 805.0 亿美元，占全市进口总额的比重达到 52.2%④。

另外，随着苏州市经济的高质量发展，苏州市居民收入持续提升，人均可支配收入增速连续多年超过地区生产总值增速。2022 年，苏州市全体居民人均可支配收入达

① 刘梦，苏雁，陈雪，等．逆势上扬，苏州底气何在［N］．光明日报，2020-08-14（05）．

② 苏州自贸片区：改革“试验田”累累“创新果”［EB/OL］．苏州工业园区管理委员会网站，（2021-09-01）［2021-10-23］．http：//www.sipac.gov.cn/szgyyq/mtjj/202109/758050c467bd474fb9012f88124b4319.shtml.

③ 苏州工业园区转型三年 服务业展露“微笑曲线”［EB/OL］．新浪财经，（2007-07-13）［2021-10-26］．http：//finance.sina.com.cn/roll/20070713/10561539514.shtml？from＝wap.

④ 根据《苏州市统计年鉴》整理计算。

到 70819 元，居全国重点城市第五位①。苏州人均可支配收入的提高进一步推动了消费向中高端、改善型、个性化转型升级，使得苏州市对高质量消费品的进口需求不断增加。

第三节　苏州市加快进口贸易发展的政策建议

一、加强与上海的交通、政策和产业协同，扩大进口贸易的发展空间

上海自由贸易试验区的成立比苏州自贸片区早了整整 6 年，在推进投资贸易自由化便利化方面积累了大量经验；而 2019 年成立的上海自由贸易试验区临港新片区，更是肩负着“打造最高水平对外开放、最能创新突破的改革开放试验田、最自由的开放型经济体系”的重大战略使命②，具备无与伦比的政策优势。苏州市特别是苏州自贸片区在地理位置邻近上海，在上海虹吸效应的严峻挑战下，如何化竞争为机遇，推动进口贸易创新发展，是苏州市亟须解决的重大问题。

其实，苏州市早在 20 世纪 80 年代就形成了“要发展，靠上海”的观念，随着外向型经济的发展，苏州市政府进一步提出“主动接受上海辐射，实行错位发展”的战略③。2019 年，中共中央、国务院印发《长江三角洲区域一体化发展规划纲要》，将长江三角洲区域一体化上升到国家战略的高度，为苏州的发展带来了难得的机遇。因此，继续通过深度融入长三角地区的协同开放，加强与上海的交通、政策和产业协同，扩大进口贸易的发展空间，从而更好地促进苏州市经济发展特别是进口贸易发展，是苏州市的理性选择。

第一，全面对接上海，加强与上海的交通联系与政策协同，促进进口贸易发展。上海拥有中国集装箱吞吐量第一大港和货邮吞吐量第一大机场，是中国极为重要的进口贸易口岸。要与上海全面对接，苏州市一方面需要加强与上海的交通联系，另一方

---

① 2022 年苏州居民人均可支配收入首次突破七万元大关［EB/OL］. 苏州市人民政府，（2023-02-25）［2021-12-28］. https：//www. suzhou. gov. cn/szsrmzf/szyw/202302/a4b7ecedbf44452497e05ace93989d74. shtml.

② 中国（上海）自由贸易试验区临港新片区正式揭牌［EB/OL］. 中国青年报百家号，（2019-08-20）［2021-10-25］. https：//baijiahao. baidu. com/s? id=1642374536590109948&wfr=spider&for=pc.

③ 苏州为什么成为最强地级市？［EB/OL］. 泽平宏观网易号，（2021-08-25）［2021-10-22］. https：//www. 163. com/dy/article/GI76327G0519NINF. html.

面则需要推动与上海的政策协同，双管齐下，不仅能够缩短苏州企业的进口时间，降低进口成本，也为苏州进一步扩大进口提供了硬件和软件上的保障。具体来看，①加强与上海的交通联系。苏州市需要加快沪苏湖、通苏嘉甬、嘉闵太等高铁线路建设，推动苏州北站与上海虹桥站共同打造全国性高铁枢纽；对接上海国际航运中心建设，支持苏州港太仓港区建设上海远洋集装箱运输喂给港，参与建设上海国际航运中心北翼江海组合港。②推动与上海的政策协同。苏州市需要加强与洋山港、浦东机场、虹桥机场的对接合作，推动上海国际口岸功能向苏州进一步前置，实现更高效的监管协同，将苏州市的“一网通办”平台与上海对接，推动上海城市航站楼和数字货站功能在苏州落地，实现更加便捷的治理协同。

第二，加强与上海的产业协同，积极承接上海的优质项目溢出。产业转型升级是持续推动苏州市进口高质量发展的动力，在长三角区域一体化发展的背景下，苏州市更要充分发挥自身制造业门类齐全、产业链完备的优势，与上海强大的科创中心对接，不断推动科技成果的转化，以产业创新来支撑进口的高质量发展。具体而言，要持续推进苏南国家科技成果转移转化示范区、国家技术转移苏南中心等功能性建设，积极引进上海科研院所在苏州落地，充分发挥上海苏州科技资源开放共享与协同发展服务平台的作用，努力探索长三角科技创新券通兑新方案。

第三，利用好进博会平台。一方面，苏州应当高标准组织企业参会，借助平台的集聚效应和规模效应，扩大进口来源，丰富进口种类，提升进口质量，从而更好地满足居民消费需求，更好地服务本地企业发展。另一方面，要对接上海，在苏州建设进博会协办地、开设平行分论坛，并利用相关经验建设好昆山特色化进口商品展销平台，承接进博会的溢出效应，为促进苏州市进口贸易创新发展构筑支撑平台。

二、进一步提高利用外资的质量和水平，推动苏州进口贸易的稳定发展

长期以来，外商及港澳台商投资企业一直是苏州市最主要的进口主体，在苏州市进口贸易中居主导地位。但是，由于苏州市的劳动力成本不断上升，以及战略性新兴产业快速发展对低端制造业形成了挤压，自 2015 年以来，每年都有 2~3 家外资企业从苏州撤离，希捷、葛兰素史克、日本显示器公司（JDI）等大型跨国企业接连关闭了苏州工厂①。外资工厂的关闭或者撤资，影响了苏州市外资企业的进口规模。而苏州市进

① 外资撤离苏州，背后原因真是成本压力那么简单？[EB/OL]. 知乎，(2018-08-24) [2021-10-25]. https://zhuanlan.zhihu.com/p/42825906.

口集中于外资企业的现实，又可能使外资企业的撤离、调整对苏州进口贸易的整体发展造成不利影响，需要引起特别重视。因此，苏州市要保持进口贸易的稳定发展，就需要在确保外资规模稳中有进的基础上，进一步提高利用外资的质量和水平。

第一，通过为外资企业保障经营环境、提供公平待遇来稳定外资存量。由于长期以来外资企业的进口额在苏州市进口总额中的占比较高，稳住了外资就是稳住了苏州进口贸易的基本盘。具体来看，要做到外资稳存量，就应当保障好外资企业的合法权益，健全外资投诉处理机制，委托第三方定期开展全市外资企业投资环境满意度调查；在全国率先推动落实外资准入后国民待遇，对落户苏州的外资企业在申办业务资质、参与政府采购、公共服务建设等方面一视同仁。

第二，通过落实外资准入负面清单、放宽外资准入限制来扩大外资增量。外资企业往往具有更强的进口倾向，放宽外资准入限制带来的更大投资空间会吸引外资持续流入，为苏州市进口规模的不断扩大提供坚实的支撑。具体来看，要全面落实外资准入前国民待遇加负面清单的管理制度，有序清理与国家减少外资准入限制要求不符的地方性法规、规章和规范性文件；对于负面清单以外的领域，按照内外资一致原则实施管理，持续推进负面清单以外领域外商投资企业设立商务备案与工商登记“一口办理”。

第三，将引资、引智和引技相结合，积极发挥外资在科技创新和产业转型方面的重要作用，从而推动进口高质量发展。建立高端的产业体系是实现高质量进口的前提，而引进外资结构的优化和质量的提升，有助于引领苏州市的科技创新和产业转型，进而有利于提高苏州市的进口质量，优化进口结构，带动苏州市进口贸易高质量发展。具体来看，要发挥财政资金的引导作用，加大对外资先进制造业、先导产业等领域优质项目的引进力度，对重大外资产业项目，全额保障用地计划；支持跨国公司在苏州设立地区总部及各类功能性机构，支持海外科研机构在苏州设立研发中心，做好外资研发中心认定审核工作，落实外资研发中心采购国产设备全额退还增值税等优惠政策。

第四，促进已有外资企业转型升级。经过长期的发展，苏州市形成了以加工贸易为主导的外向型经济体系，利用进口来促进加工贸易的转型升级，对推动苏州市经济高质量发展有着重要的意义。促进已有外资企业转型升级，核心就是引导外资企业向价值链的中高端环节迈进，不断提升质量和效益，提高附加值。为了实现这一目标，政府要进一步落实鼓励项目引进技术设备免征关税等进口税收优惠政策；加强与省内及国家相关部门的联系，根据产业发展的需要及时修订《鼓励进口技术和产品目录》，动态调整鼓励进口的产品范围；支持外资企业扩大对国（境）外先进技术、关键设备及零部件的进口，进而使外资企业及时获得技术升级、改造所需要的高质量进口技术设备。这个过程，既是已有外资企业转型升级的过程，也是进口贸易高质量发展的过程。

三、继续发挥苏州工业园区的引领作用，推动进口贸易高质量发展

2015年，国务院批复了苏州工业园区开展开放创新综合实验的总体方案，给予了苏州工业园区建设更高水平开放合作示范平台的重大任务。为了继续推进开放创新综合实验，从而推动进口贸易高质量发展、不断发挥对全市进口贸易发展的引领作用，工业园区可以采取如下措施：

第一，持续优化营商环境，助力已有进口企业做大做强，吸引新进口企业进入。企业是开展进口贸易的主体，进口企业的数量和进口企业自身的强弱决定着进口规模，已有进口企业做大做强、新进口企业持续落地是苏州工业园区不断扩大进口的基础。为此，工业园区要特别重视持续优化营商环境，打造最具竞争力的营商环境。具体来看，要实现企业开办注销“全联通”，优化土地供应保障重大项目落地，推进办理建筑许可效率和质量双提升，持续优化用电用气用水报装服务，提升涉审中介服务质效，提升纳税便利度；落实普惠金融政策，保障公正高效的中央普惠金融发展专项资金和江苏省普惠金融发展专项资金申报工作，完善各类政策性信贷产品，提高中小企业融资服务便利度；畅通沟通渠道，倾听企业反映的困难问题和意见建议，主动让企业家参与到政策制定过程中，健全政策制定多元化参与机制，探索建立营商环境观察员制度。

第二，创新对外资的使用和管理。工业园区因外资而兴，因外资而盛，外资的蓬勃发展带动了工业园区进口贸易的飞速增长。不断创新对外资的使用和管理，推动外资稳存量、扩增量、提质量、增效益，是促进园区进口贸易规模增长、结构优化、质量升级的关键所在。具体来看，应探索以参股、并购等方式整合产业链，引导外资由成本取向转变为市场、创新和科技取向；进一步推进工业园区深入开展开放创新综合试验申报工作，深化工业园区资本项目收入结汇支付便利化试点；鼓励本土企业和跨国企业构建战略联盟，加强内外资企业配套协作，发挥本土企业和跨国公司在价值链上的协同效应。

第三，进一步加强与新加坡的合作。新加坡是世界上最著名的自由贸易港之一，工业园区应当借助与新加坡之间的特殊联系，发挥中国—新加坡苏州工业园区联合协调理事会及中方理事会的机制优势，在推进贸易自由化便利化等制度建设方面，借鉴新加坡的先进经验和做法进行制度创新，为进口贸易高质量发展提供制度支撑。另外，进口贸易的发展离不开金融行业提供的多样化服务，各种贸易融资工具能有效降低进

口过程中可能产生的各种风险。基于此，工业园区还应该重点增进与新加坡在金融领域的互动交流，积极推进金融体制改革试点，为进口贸易高质量发展提供金融保障。

四、继续做强做优苏州自贸片区，打造进口贸易发展的新增长点

2019 年成立的中国（江苏）自由贸易试验区苏州片区至今已逐渐显示出其对苏州市进口贸易乃至对外开放的引领作用。但是，要打造“开放型经济发展先行区”①，持续提升对外开放创新水平，苏州自贸片区仍有很大的提升空间。以制度创新为例，苏州自贸片区的创新指数与上海、厦门等地相比仍存在一定差距；就省内而言，苏州自贸片区的贸易便利化程度尚需赶超连云港②。因此，下一步，苏州市要通过做强做优自贸片区，打造进口贸易发展的新增长点，从而带动全市进口贸易的发展。

第一，持续推动进口通关便利化。推动进口通关便利化，可以让企业的进口通关流程更加高效便捷，有利于释放进口潜力。一方面，进口通关便利化水平提升，减小了企业在进口申报、查验、审价等过程中可能出现的风险，使进口报关通关对企业而言不再复杂困难，降低了企业的进口门槛，有利于提升企业的进口意愿；另一方面，进口通关便利化水平提升，压缩了进口通关所需要的时间，降低了企业的进口成本，有助于扩大对运输、保存时间要求较为严格的商品的进口。因此，苏州自贸片区应当鼓励企业提前申报业务，全面落实“两步申报”“两段准入”通关模式改革措施；加快“单一窗口”功能由口岸通关领域向国际贸易管理全链条延伸，即进口环节涉及的所有监管证件在原则上均通过“单一窗口”受理，由不同负责部门在后台分别办理并实施监管；全面加强进口商品检验检疫的技术手段并提高工作效率，推行企业质量诚信分类、检验项目风险分级和检验监管并重模式。

第二，不断进行制度创新。要持续吸引企业来苏州自贸片区开展进口业务，就需要有创新的制度。要在与众多自贸试验区、自贸片区之间的竞争中脱颖而出，苏州不仅要有区位优势，更要有制度优势。进行制度创新，培育制度优势，才能吸引更多的企业通过苏州自贸片区进口，从而吸引到更多的进口主体，支撑起更大的进口规模。一方面，苏州自贸片区需要学习借鉴上海自贸试验区临港新片区的政策制度，复制上海自贸试验区的改革创新经验，特别是在贸易监管、运输管理和风险管控等方面的试点经验，进而发展出更多突破性和引领性的制度创新成果；另一方面，需要深入研究

---

① 自贸试验区，江苏创新发展新热土［EB/OL］. 中国政府网，（2019-12-19）［2021-10-26］. http://www.gov.cn/xinwen/2019-12/10/content_5460016.htm.

② 王俊. 苏州自贸片区的创新经验与未来发展［N］. 苏州日报，2021-08-31（B04）.

RCEP、《中欧全面投资协定》等国际高标准经贸规则，探索具有国际市场竞争力的开放政策体系。

第三，大力发展进口新业态。以跨境电商为代表的进口新业态，一方面，可以推动进口渠道的多元化，保障苏州市进口贸易的稳定发展；另一方面，能使优质商品直接触达消费者，极大减少了国（境）外优质商品到达消费者的中间流通环节，有利于降低进口成本，从而扩大进口规模，进一步释放进口红利。为此，苏州市需要着力建设一批有代表性的优质跨境电商进口平台，建立跨境电商进口“一站式”综合服务平台，落实跨境电商零售进口监管政策，完善跨境电商进口发展促进机制和配套的服务支撑体系，从而推动跨境电商进口快速发展。

五、加强进口贸易促进和服务体系建设，保障进口发展和进口安全

目前，苏州的进口贸易促进和服务体系建设已初具规模，在“自贸区+综保区+贸易功能区”三区政策功能叠加优势下，对外开放水平持续提升。但是，随着国际贸易的不断发展，进口贸易便利化与监管水平提升也面临新挑战。因此，加强进口贸易促进和服务体系建设，保障进口贸易发展，对于苏州市提高国际竞争力、促进经济发展和改善营商环境至关重要。

第一，进一步扩大现有综合保税区的规模和功能。首先，要制定更优惠的政策吸引更多的进口商品集聚，通过降低或者减免关税、增值税、消费税等，降低进口商品的成本；继续发挥“先行先试，不特有特”的政策优势，不断向上海外高桥保税区对接看齐，强化提升进口贸易功能，集聚高能级贸易主体。其次，针对综合保税区内的企业，苏州市要继续推动金融机构开发专门的进口贸易融资产品，提供更加灵活、便捷的融资服务，降低企业融资成本，增加融资渠道。最后，建设智能化的综合保税区管理系统，整合各项业务办理，简化手续，提高审批效率，为企业提供更加高效的服务。

第二，完善进口贸易服务平台。建设一体化的通关服务平台，整合海关、边检、检验检疫等相关部门的审批流程和信息系统。通过统一数据标准和信息共享，简化通关手续，提高通关效率。采用先进的物联网技术和大数据分析手段，实现货物追踪和风险预警，加快通关速度，降低通关成本；不断推动建设智能化的进口商品仓储管理体系，引入自动化仓储设备和信息化管理系统，提升仓储效率和货物安全保障水平。利用物联网技术对货物进行实时监控和管理，优化库存布局和货物配送，提高仓储利用率，降低存储成本。建立进口贸易物流信息共享平台，整合各类物流企业和运输资

源，提供货物跟踪查询、路线规划、运输费用核算等服务。通过共享物流信息和资源，提高物流运输效率，降低物流成本，缩短货物运输时间，提升物流服务水平。

第三，加大进口贸易监管。建立健全进口商品抽检制度和程序，完善进口商品质量安全监管体系，加大对进口商品的抽检力度，以确保产品质量符合国家标准，维护消费者权益和市场秩序。与此同时，要进一步推动智慧海关建设，充分利用大数据和人工智能技术，提升海关监管效率，加强国际交流，开展双边、多边质量安全信息通报、调查合作。引入先进技术，如智能识别系统和风险预警系统，实现对进口商品的精准监管。推动建立信息共享机制，加强与相关部门的数据互通互联，推动进口商品质量安全风险信息平台与口岸风险布控中心对接，以提升监管的全面性和精准性，有效应对进口违规行为。

第十五章　成都市进口发展的事实、原因与对策

成都作为一座典型的内陆城市，不沿边、不靠海，既没有上海深厚的外贸背景，也没有深圳得天独厚的地域优势，却在全国城市进口排名中名列前茅。2022 年，成都在全国城市进口排名中位居全国第八，进口大约占全国总进口的 2%。本章将对成都市进口贸易发展进行系统分析，首先分析了成都市进口贸易发展的基本情况，其次归纳了成都市进口贸易对四川省和成都市经济发展的影响，再次分析了成都市进口贸易发展“一枝独秀”的原因，最后提出了成都市进口贸易进一步发展的政策建议。

第一节　成都市进口贸易发展的基本情况

一、成都市进口贸易的整体情况

1. 成都市进口规模快速扩大

2001—2022 年，成都市的进口额整体呈现上升的趋势。如表 15-1 所示，2001 年成都市进口额首次突破 10 亿美元，达到 10.02 亿美元。2010 年，成都市紧紧抓住新一轮西部大开发的历史机遇以及境内外新一轮产业转移加快的有利契机，克服原材料价格上涨等不利因素，实现了全市对外贸易的跨越式增长，进口额首次突破 100 亿美元。2021 年成都市进口额突破 500 亿美元，达到 524.65 亿美元，实现了疫情冲击下的逆势增长。

2. 成都市进口在四川省进口贸易中的比重大幅上升

成都市进口在四川省进口中的份额从 2001 年的 66%上升至 2022 年的 86%。如表 15-1 所示，2001—2010 年，成都市进口在四川省进口中的份额在 48%～78%，而 2010—2022 年，成都市进口在四川省进口中的份额均超过 80%，其中在 2017 年达到最

高值91%。

表15-1　2001—2022年成都市进口贸易整体情况

年份	进口额/亿美元	同比增长率/%	占四川总进口份额/%	占中国总进口份额/%
2001	10.02	51	66	0.41
2002	8.58	-14	49	0.29
2003	11.63	36	48	0.28
2004	14.97	29	52	0.27
2005	18.57	24	58	0.28
2006	28.12	51	64	0.36
2007	38.03	35	66	0.40
2008	63.91	68	72	0.56
2009	73.64	15	73	0.73
2010	107.63	46	78	0.77
2011	149.60	39	80	0.86
2012	171.89	15	83	0.95
2013	187.22	9	83	0.96
2014	220.13	18	88	1.12
2015	155.20	-29	86	0.92
2016	190.82	23	89	1.20
2017	277.42	45	91	1.50
2018	338.56	22	86	1.59
2019	364.42	8	87	1.75
2020	441.82	21	89	2.15
2021	524.65	19	89	1.96
2022	496.77	-5	86	1.83

数据来源：2001—2022年《成都市统计年鉴》。

3. 成都市进口在全国进口贸易中的比重整体上升

成都市进口在全国进口中的份额从2001年的0.41%上升至2022年的1.83%。如表15-1所示，2001—2017年，成都市进口在中国总进口中的份额在0.27%~1.5%。2018—2022年，成都市进口在中国总进口中的份额均超过1.5%，2020年达到历史最高值2.15%。

二、成都市进口贸易结构

1. 进口主体结构

外商投资企业占据主导地位。如表 15-2 所示，2008—2021 年，外资企业在成都市进口贸易中始终占据一半以上的进口份额，2008 年，外资企业进口额为 38. 9 亿美元，是国有企业进口额的 2. 14 倍、民营企业进口额的 64. 83 倍；2011 年，外资企业进口额突破 100 亿美元，达到 102. 3 亿美元；2020 年突破 300 亿美元，达到 371. 7 亿美元；2021 年达到 418. 7 亿美元，占成都市进口额的 80%。民营企业的进口额也呈上升趋势，从 2008 年的 0. 6 亿美元增加到 2021 年的 66. 4 亿美元，进口占比也从 1%提升到 13%。国有企业的进口份额整体表现出下降的趋势，从 2008 年的 29%下降到 2021 年的 8%。

表 15-2　2008—2021 年成都市不同所有制企业进口额及其占比

年份	进口额/亿美元			占比/%		
	国有企业	民营企业	外资企业	国有企业	民营企业	外资企业
2008	18. 2	0. 6	38. 9	29	1	62
2009	19. 4	1. 2	45. 1	26	2	61
2010	21	0. 9	74. 6	19	1	69
2011	24. 8	0. 7	102. 3	17	0. 44	68
2012	29. 6	22. 5	109. 2	17	13	64
2013	30. 2	34. 6	109. 3	16	18	58
2014	18. 9	73. 9	127. 1	9	34	58
2015	13. 2	35. 7	106	9	23	68
2016	15. 3	30. 1	145	8	16	76
2017	35. 6	30. 2	211. 5	13	11	76
2018	47. 3	39. 1	251. 2	14	12	74
2019	27. 9	44. 7	292. 4	8	12	80
2020	22. 8	47. 8	371. 7	5	11	84
2021	39. 7	66. 4	418. 7	8	13	80

数据来源：2001—2022 年《成都市统计年鉴》。

2. 进口运输方式结构

航空运输是成都市进口的主要运输方式，其次是江海运输、公路运输、铁路运输，如表 15-3 所示。具体来看：

航空运输在成都市进口贸易中起着十分重要的作用，进口份额一直保持在50%以上，并且增势良好，从2008年的55%增长到2021年的78%。

江海运输的进口总额从2008年的23.38亿美元增长到2021年的51.48亿美元，在进口中的占比从37%下降到10%。从2014年起，江海运输的占比一直低于20%。

2008—2021年，通过公路运输的进口贸易额呈现出波动上升的趋势。2009年通过公路运输的进口贸易额最低，仅有9712万美元；2021年通过公路运输的进口贸易额增加到55.5亿美元，相比2009年增加了约56倍。

2008—2021年，通过铁路运输的进口贸易额呈现出先减少后增加的变化趋势。2008—2014年，通过铁路运输的进口贸易额逐年减少，从5704万美元减少到39万美元。随着2015年蓉欧快铁"空返历史"的结束，通过铁路运输的进口贸易额开始提升，至2021年达到7.99亿美元，约为2008年的14倍。

表15-3 2008—2021年成都市不同运输方式进口额及其占比

年份	进口额/万美元				占比/%			
	航空运输	江海运输	公路运输	铁路运输	航空运输	江海运输	公路运输	铁路运输
2008	347507	233780	36098	5704	55	37	6	0.91
2009	477879	246284	9712	1742	65	33	1	0.24
2010	738003	318460	17401	1140	69	30	2	0.11
2011	995738	454150	43722	868	67	30	3	0.06
2012	1267125	379245	71694	603	74	22	4	0.04
2013	1432796	390717	45502	553	77	21	2	0.03
2014	1752268	398929	47349	39	80	18	2	0.00
2015	1275287	237627	35167	1210	82	15	2	0.08
2016	1613459	250193	36062	4746	85	13	2	0.25
2017	2163570	517225	81313	11926	78	19	3	0.43
2018	2548342	612410	198996	19727	75	18	6	0.58
2019	2970715	393798	234004	56089	81	11	6	1.53
2020	3672707	324491	358042	69182	83	7	8	2.00
2021	4098561	514772	555186	79819	78	10	11	2.00

数据来源：2010—2022年《成都市统计年鉴》。

3. 进口来源地结构

从进口洲际结构来看，亚洲一直是成都市最大的进口来源地，其次是北美洲和欧洲。如表 15-4 所示，2010—2021 年，成都市从亚洲的进口额由 45. 28 亿美元增长到 272. 24 亿美元，总体增长了 5 倍。2010—2021 年，成都市从北美洲的进口额由 30. 23 亿美元增长到 131. 26 亿美元。2021 年，北美洲在成都市进口中的占比是 29. 6%。2010—2021 年，欧洲在成都市进口额中的占比呈现出先下降、后上升的趋势，2010—2014 年成都市从欧洲的进口占比从 27. 6%降到了 8. 8%，进口额也从 29. 68 亿美元降到了 19. 41 亿美元；2015 年之后成都市从欧洲的进口额又逐渐增加，与蓉欧快铁的开通及运行密切相关；2021 年，成都市从欧洲的进口额达到 109. 31 亿美元，占比 24. 7%。2010 年以来，成都市从非洲、拉丁美洲、大洋洲的进口规模较小，在成都市进口中的占比亦较低。

表 15-4　2010—2021 年成都市从各大洲进口额及其占比

年份	进口额/亿美元						占比/%					
	亚洲	北美洲	欧洲	非洲	拉丁美洲	大洋洲	亚洲	北美洲	欧洲	非洲	拉丁美洲	大洋洲
2010	45. 28	30. 23	29. 68	0. 72	0. 43	1. 21	42. 1	28. 1	27. 6	0. 7	0. 4	1. 1
2011	80. 19	26. 79	31. 82	1. 02	1. 83	2. 64	53. 6	17. 9	21. 3	0. 7	1. 2	1. 8
2012	106. 45	23. 08	27. 02	1. 14	2. 11	3. 29	61. 9	13. 4	15. 7	0. 7	1. 2	1. 9
2013	111. 84	27. 50	26. 89	1. 03	3. 44	3. 58	59. 8	14. 7	14. 4	0. 6	1. 8	1. 9
2014	120. 99	57. 61	19. 41	2. 95	3. 76	3. 69	55. 0	26. 2	8. 8	1. 3	1. 7	1. 7
2015	74. 98	48. 88	17. 64	1. 32	1. 35	2. 33	48. 4	31. 5	11. 4	0. 9	0. 9	1. 5
2016	92. 51	57. 00	28. 13	0. 78	0. 93	2. 85	48. 6	29. 9	14. 8	0. 4	0. 5	1. 5
2017	141. 07	78. 30	47. 43	1. 19	2. 12	5. 79	50. 8	28. 2	17. 1	0. 4	0. 8	2. 1
2018	165. 96	92. 24	67. 25	0. 88	2. 95	7. 90	49. 1	27. 3	19. 9	0. 3	0. 9	2. 3
2019	165. 07	108. 10	79. 81	1. 22	3. 08	5. 92	45. 1	29. 5	21. 8	0. 3	0. 8	1. 6
2020	229. 77	116. 72	89. 60	0. 78	2. 41	3. 27	51. 9	26. 4	20. 2	0. 2	0. 5	0. 7
2021	272. 24	131. 26	109. 31	1. 42	3. 96	6. 78	61. 5	29. 6	24. 7	0. 3	0. 9	1. 5

数据来源：2012—2022 年《成都市统计年鉴》。

从进口国别结构来看，美国一直是成都市的第一大进口来源国。如表 15-5 所示，2010 年，成都市前五大进口来源国依次为美国、日本、德国、法国、韩国，从这五个国家的进口份额合计超过 58%；马来西亚是成都市最大的发展中进口来源国，在成都市进口来源国中排名第八，进口份额仅占 1. 91%。2021 年，成都市前五大进口来源国依次为美国、韩国、越南、日本、马来西亚，从这五个国家的进口份额合计为 49. 43%，进口集中度稍有下降。美国依然是成都市第一大发达进口来源国，2021 年成都市从美国的进口总额达到840.32亿元，进口份额为24.80%，相比2010年有所下降，进口份额约为第二名韩国的3倍。同时，越南成为成都市最大的发展中进口来源国，进口额达到246.45亿元，占比为7.27%。

表15-5　2010年、2021年成都市十大进口来源国

排名	2010年			2021年		
	国家	进口额/亿元	占比/%	国家	进口额/亿元	占比/%
1	美国	202.03	27.75	美国	840.32	24.80
2	日本	136.28	18.72	韩国	294.37	8.69
3	德国	41.69	5.73	越南	246.45	7.27
4	法国	28.83	3.96	日本	211.09	6.23
5	韩国	19.75	2.71	马来西亚	82.72	2.44
6	比利时	16.15	2.22	印度尼西亚	49.42	1.46
7	新加坡	15.17	2.08	德国	48.25	1.42
8	马来西亚	13.88	1.91	澳大利亚	32.84	0.97
9	菲律宾	10.99	1.51	新加坡	32.15	0.95
10	埃及	10.21	1.40	菲律宾	31.61	0.93

数据来源：《成都市统计年鉴2012》《成都市统计年鉴2022》。

第二节　成都市进口贸易对经济发展的影响

一、成都市对四川省经济发展的影响

四川省拥有18个地级市、3个自治州，共管辖21个地级行政区。成都市作为四川省的省会城市，一直是四川省大力发展和建设的对象，造就了其在四川省“一城独大”的局面。2022年，四川全省共计实现生产总值56750亿元，而成都市实现生产总值20818亿元，是第二名绵阳市的5.74倍，超过了绵阳、宜宾、德阳、南充、泸州、达州、乐山、凉州这8个城市的生产总值之和。由表15-6可以看出，2001—2010年，成都市生产总值在四川省生产总值中平均占比33%左右；2010—2022年，成都市生产总值在四川省生产总值中的平均占比增加到36%左右。由此可见，成都市对四川省的经济发展作出了巨大贡献。

表 15-6　2001—2022 年成都市生产总值在四川省生产总值中的占比情况

年份	成都市生产总值/亿元	四川省生产总值/亿元	占比/%
2001	1396	4293	33
2002	1551	4725	33
2003	1765	5346	33
2004	2061	6304	33
2005	2370	7196	33
2006	2805	8495	33
2007	3475	10562	33
2008	4207	12756	33
2009	4738	14191	33
2010	5889	17225	34
2011	7345	21051	35
2012	8620	23922	36
2013	9451	26518	36
2014	10368	28891	36
2015	10662	30342	35
2016	11874	33138	36
2017	13931	37905	37
2018	15699	42902	37
2019	17013	46616	36
2020	17717	48599	36
2021	19917	54088	37
2022	20818	56750	37

数据来源：《成都市统计年鉴 2022》《四川统计年鉴 2022》。

二、成都市对四川省进口贸易发展的影响

成都市作为四川省的省会城市，在四川省对外开放中充分发挥了“主干”引领作用。从表 15-7 中可以看出，2010—2022 年，成都市进口额占四川省进口总额的比重超过 3/4，为四川省进口贸易发展作出了突出贡献。其中，2001—2010 年，成都市进口在四川省进口中的份额一直保持在 45%～80%；2011—2022 年，成都市进口在四川省进口中的贡献一直维持在 80%以上，2017 年甚至突破 90%，在四川省进口贸易中占据主

导地位。

表 15-7　2001—2022 年成都市进口额在四川省进口额中的占比

年份	成都市进口额/亿美元	四川省进口额/亿美元	占比/%
2001	10.02	15.16	66
2002	8.58	17.58	49
2003	11.63	24.26	48
2004	14.97	28.88	52
2005	18.57	32.04	58
2006	28.12	43.97	64
2007	38.03	57.76	66
2008	63.91	89.3	72
2009	73.64	100.76	73
2010	107.63	138.63	78
2011	149.6	186.96	80
2012	171.89	206.75	83
2013	187.22	226.3	83
2014	220.13	253.64	87
2015	155.2	180.96	86
2016	190.82	213.94	89
2017	277.42	305.53	91
2018	338.56	395.4	86
2019	364.42	416.71	87
2020	441.82	496.77	89
2021	524.65	589.13	89
2022	496.77	580.20	86

数据来源：历年《成都市统计年鉴》、《四川统计年鉴 2022》。

成都市处于“一带一路”倡议和长江经济带建设的黄金交会点，成为整个四川乃至整个西南地区对外贸易的“领跑者”。近年来，成都市依托中国西部国际博览城，承办以进口商品展览、展销和展示为主的进口展销会和博览会，不仅为成都市扩大进口贸易提供了平台，还通过溢出效应为四川省经济发展提供了便利。2022 年，四川省在“2022 中国省份进口排行榜”中排第十位，成都市在“2022 中国城市进口排行榜”中排第八位。

三、进口贸易对成都市经济发展的影响

2001—2022年，进口贸易对成都市生产总值的贡献整体表现为稳中有升的态势。从表15-8中可以看出，2001—2007年，成都市进口额在成都市生产总值中的占比即进口依存度平均为6%，自2008年开始基本维持在10%以上，2020年达到历史最高水平17%。成都市进口贸易规模的不断扩大对当地经济产生了积极影响。一方面，随着成都市生活水平的提高，人民对产品质量的要求日益提高，稳定和高质量的进口不仅能满足广大成都市民的基本需求，还可以满足成都市民日益增长的产品多样化和高质量需求，提高市民的幸福感和满足感。另一方面，成都市企业通过进口贸易引进国外先进的技术设备、丰富的管理经验，可以缩小国内外企业的技术差距，节省科技研发的时间，使成都市企业加快技术进步。

表15-8　2001—2022年成都市进口额在生产总值中的占比

年份	进口额/亿美元	生产总值/亿美元	占比/%
2001	10.02	168.69	6
2002	8.58	187.34	5
2003	11.63	213.27	5
2004	14.97	248.98	6
2005	18.57	289.34	6
2006	28.12	351.85	8
2007	38.03	457.04	8
2008	63.91	605.74	11
2009	73.64	693.67	11
2010	107.63	870	12
2011	149.6	1137.26	13
2012	171.89	1365.48	13
2013	187.22	1525.97	12
2014	220.13	1687.9	13
2015	155.2	1711.89	9
2016	190.82	1787.64	11
2017	277.42	2063.36	13
2018	338.56	2372.37	14

续表

年份	进口额/亿美元	生产总值/亿美元	占比/%
2019	364.42	2466.14	15
2020	441.82	2568.53	17
2021	524.65	3087.19	17
2022	496.77	3095.03	16

数据来源：2001—2022年《成都市统计年鉴》。

第三节　成都市进口贸易快速发展的原因

一、国家政策红利持续为成都市进口贸易带来生机

从1999年的西部大开发战略开始，成都市就紧紧抓住国家政策红利，大力发展经济，包括2001年我国加入WTO、2005年国家建设世界一流园区、2007年国家统筹城乡建设试点。近年来，成都市更是积极融入“一带一路”倡议和长江经济带建设当中，通过蓉欧快铁带动“一带一路”沿线国家的经济，从而扩大成都市的对外开放程度，进一步促进成都市的经济发展。2016年，国务院通过的《成渝城市群发展规划》将成都定义为国家中心城市，进一步肯定了成都市在西部地区的作用。随着天府国际机场的建设、天府新区的设立，成都市受到了国家更多的关注。2020年，四川成都天府新区成为全国首批进口贸易促进创新示范区，2022年四川成都青白江区再次入选国家进口贸易促进创新示范区，对扩大成都市对外开放规模、提高进口产品质量、扩大进口规模等，起到了重要的推动作用。

二、成都市作为四川省的首位城市具有天然的进口优势

四川省作为内陆人口大省，要想实现全省的经济高速发展，首先得保证人才、资源等留在四川。一方面，四川省需要集中力量，整合资源，全力打造一个首位城市，利用这个城市吸引更多的人才、外资等优质要素留在本地，进而拉动经济增长，最终通过溢出效应带动周边城市的发展。另一方面，成都市作为历史悠久的文化名城，自古享有“天府之国”的美誉，成为四川省发展首位城市的不二之选。历届四川省政府都十分重视对成都市发展的支持，特别是党的十八大以来，四川省更是不断强化“首

位城市越强，区域发展越快”的理念，充分发挥成都首位城市的示范带动引领辐射作用，形成了首位一马当先、梯次竞相跨越的发展格局。自中国加入 WTO 以来，四川省政府给予了成都市更多的优厚外资引进政策，如给予外商投资奖励金、优先保障外资用地用能等，投资环境得到改善。因此，成都市拥有比其他周边城市更好的营商环境、更多的技术人才以及国际化程度更高的企业，从而促使成都市在进口贸易方面也领先于四川省其他城市。

三、运输条件的改善为成都市进口贸易提供了便利

1. 航空运输

1987 年，四川第一个一类口岸——成都双流机场口岸对外开放，正式开展进出境空运业务。2021 年 6 月，成都天府国际机场正式通航，成都市成为全国第三个拥有双机场的城市。成都国际航空枢纽构建起了“全货机+包机腹舱+客货运”多元化货运航空体系，基本形成了通达欧洲、北美洲、亚洲的货运骨干航线网络。

2. 铁路运输

1997 年 4 月，西南地区唯一直达大陆境外的列车线路——“成都—香港”集装箱直达列车正式开行，为成都市进口贸易进一步发展带来了生机。随着“一带一路”倡议的提出，蓉欧快铁作为响应“一带一路”倡议和成都市委政府“蓉欧+”的战略计划，于 2013 年 4 月 26 日正式开通，并于 2015 年 8 月结束了空返历史，返程班列载着欧洲食品、机械配件、加工原料等物资运往成都，从此正式实现双向对开，进一步为成都市进口贸易发展提供了新空间。到目前为止，成都市已逐渐构建了中欧班列、中老铁路、西部陆海新通道、“蓉欧+”等四大国际铁路以及日韩东向海铁联运大通道的铁海联运线路。从地域分布看，成都市已初步建立起以成都为主枢纽、西至欧洲、北至蒙俄、东联日韩、南拓东盟的国际班列网络和陆海货运配送体系，连接波兰罗兹、德国纽伦堡、荷兰蒂尔堡等 69 个城市和国内上海、钦州等 25 个城市。

四、成都市依托展会平台带动了进口贸易发展

成都市重视发展会展经济，着力打造西部国际化会展城市。例如，为了扩大投资合作、促进贸易发展，成都市于 2015 年举办了中国西部（四川）进口展暨国际投资大会。这次进口展是中国西部规模最大的专业进口展，不仅为成都市带来了投资，更为成都市进口贸易注入了活力。又如，成都市于 2020 年承办第三届进博会招商路演启动仪式、于 2021 年举办“进博会走进四川”投资推介会全国首站活动，始终以一个开放

进步的姿态出现在世界面前，努力提升开放包容的城市形象，为四川经济高质量发展，促进投资合作、产业升级、消费升级创造了机会，也为进口贸易快速发展提供了可能。总的来看，依托展会平台，数百家成都采购商积极参与，与海外优质供应商建立了良好的合作关系，带动了成都市进口贸易的发展。

五、成都高新技术产业开发区发挥了进口引领作用

成立于1990年的成都高新技术产业开发区，是全国首批国家级高新区、西部首个国家自主创新示范区，是四川省全面创新改革试验区和中国（四川）自由贸易试验区核心区。作为成都市经济发展的主要支撑和动力源泉，成都高新技术产业开发区充分发挥了进口引领作用。2022年，在统计的63个高新技术产业开发区中，成都高新技术产业开发区的进口规模最大，进口额达到425.40亿美元，占全国总进口的1.57%，占63个高新技术产业开发区进口总额的33.02%。成都高新技术产业开发区的进口规模是排名第5的广州高新技术产业开发区的7.2倍，是排名第10的长沙高新技术产业开发区的17.9倍。

另外，2010年10月18日，国务院批准设立成都高新综合保税区。高新综合保税区的建立对成都市发展开放型经济、提高企业国际化运作承载能力起到了重要作用。多年来，成都高新综合保税区在全国各个综合保税区中的成绩名列前茅，在外贸方面一直发挥着带头引领作用，对成都市对外贸易特别是进口增长起到了重要的拉动作用。

六、庞大的消费市场为成都市进口贸易发展注入了动力

首先，《2022年成都市国民经济和社会发展统计公报》显示，2022年成都市拥有2126.8万常住人口，其中城镇人口1699.1万人，占79.9%。庞大的人口总量为成都市的生活性消费增长打下了坚实而稳固的基础。其次，2022年，成都市城镇居民人均可支配收入为54897元，消费性支出达到32171元，占比接近60%，表明成都居民具有强劲的购买力以及巨大的消费潜力。这也是成都近年来民生消费类产品进口快速增长的重要原因。最后，成都的春熙路、太古里等众多商圈聚集了国际各大知名品牌，满足了成都市民对高质量进口商品的需求。与此同时，成都市跨境电商飞速发展，为进口贸易提供了更广阔的平台，让市民“足不出户”就可以享受国外优质的进口商品。

七、外资企业促进了成都市进口贸易快速发展

外资企业是成都市进口的主体，外资企业进口在成都市进口中的占比约为80%。

为了吸引更多外商投资企业落户成都、引进外资企业先进的技术和管理经验，成都市政府积极采取了加大外商直接投资支持力度、给予重点外商投资企业金融支持、优化外商投资促进服务平台、完善外商投资企业服务机制等一系列措施，增强了外商投资企业的信心，成功抓住了发展机遇。与此同时，成都海关也积极采取措施，主动出击，为落户成都的国际知名企业“量身定制”通关监管模式，在很大程度上节约了企业通关成本，促进了成都进口贸易快速发展。另外，部分外资企业从事加工贸易，也在一定程度上带动了进口贸易的发展。在成都市的出口中，加工贸易占比从 2010 年的 27%增长到 2022 年的 54%。由于出口加工是“两头在外，中间在内”的贸易模式，加工贸易出口的增加必然带动为加工而进口的增加。

第四节　成都市加快进口贸易发展的政策建议

根据成都市委经济工作会议，2024 年成都经济工作的总体要求是聚焦七个“更加突出、更高水平”，其中一个“更加突出、更高水平”就是“更加突出区域协同和对外开放、更高水平融入和服务新发展格局”，强调构建通道带物流、物流带贸易、贸易带产业的发展新局面；另一个“更加突出、更高水平”是“更加突出扩大需求、更高水平推进消费投资良性循环”，强调“聚焦打造国际消费中心城市，打造‘新十二月市’特色消费品牌”①。积极扩大进口，既是高水平对外开放的具体实践，也是对外贸易的重要内容，既有利于在需求侧促进消费，也有利于在供给侧稳定产业链供应链，因此，成都市应进一步加快进口贸易发展，促进进口保稳提质。

一、做强进口促进平台和进口消费场景，奠定进口高质量发展的基础

当前，成都市正着力扩大内需，增强消费对经济发展的基础性作用，以做强国际门户枢纽、形成强大消费市场、塑造高品质消费场景、培育新型消费平台、建设国际消费目的地等为支撑，加快建设国际消费中心城市②。在此过程中，成都市应深度链接国内消费和进口贸易，依托成都庞大的消费市场优势，建设更高能级进口促进平台，

---

① 中共成都市委十四届四次全会暨市委经济工作会议举行［EB/OL］. 成都日报，［2023-12-28］. http://www.cdrb.com.cn/epaper/cdrbpad/202312/28/c125763.html.

② 成都：激发消费活力 加快建设国际消费中心城市［EB/OL］. 四川省人民政府，［2023-11-06］. https://www.sc.gov.cn/10462/10464/10465/10595/2023/11/6/bdbbfd8ed9fa46ab8e951f6c0f15fce4.shtml.

将消费市场优势转化为进口贸易优势，再将进口贸易优势转化为本土产业发展优势，形成“需求牵引供给，供给创造需求”的更高水平动态平衡，从而促进经济发展。

第一，继续发挥国家级经开区、高新技术产业开发区、临空经济示范区等重大产业平台的进口引领作用，形成外向型产业集聚区，加快培育高水平进口主体，奠定成都市进口贸易高质量发展的基础。

第二，做强天府新区开放主引擎，加快推进天府新区进口贸易促进创新示范区建设，提高天府国际机场口岸进境综合性指定监管场地服务水平，充分利用天府新区面向全球配置高端要素的“重大平台”功能，发挥其在促进进口、服务产业、提升消费、示范引领等方面的积极作用，推动进口规模稳步扩大。

第三，高质量建设中国（成都）跨境电子商务综合试验区，推动更多进口平台型企业落地成都，扩大跨境电商进口规模，促进“跨境电商+新零售”与“保税仓+直播”联动发展，不断创新外贸新业态、新模式。

第四，加快免税购物中心、进口商品展示交易中心、全球进口优品分拨中心等专业进口平台建设，扩大肉类、冰鲜水产品、食用水生动物、植物种苗等特殊商品进口业务，进一步丰富“口岸+商圈”消费场景。

第五，用好进博会、广交会、消博会等重点展会平台，积极引进国际先进的新技术、新设备和新产品，发挥中国—欧洲中心设立在成都的优势，扩大高端美妆护肤、服饰鞋包、汽车整车、生物科研制剂等欧洲优势产品进口，集聚全球优质消费资源。

二、实施进口市场多元化战略，防范进口中断风险

长期以来，美国、韩国、日本、欧盟等发达经济体在成都市进口中占有重要地位。2021 年，仅来自美国的进口就占据了成都市进口总额的 1/4。进口来源集中度过高，不利于成都市进口安全和进口稳定。尤其是在加快建设以实体经济为支撑的现代化产业体系的背景下，成都市聚焦培育前沿生物、先进能源、未来交通、数字智能、泛在网络、新型材料等未来产业①，对处理器、存储器、化学制剂等高端中间品和关键零配件的进口需求大幅增加，进口来源过于单一会提高进口供给中断风险，不利于成都市的经济稳定与经济发展。因此，面对日益严峻复杂的国际政治经济环境，成都市应积极构建多元化的进口市场格局，加强国际合作，提高进口的稳定性和主动权，尽量避免形成对某一个进口来源地过度依赖的局面。

近几年，成都市积极融入“一带一路”倡议和 RCEP 多边贸易合作，自东盟以及

① 聚焦 6 大领域 24 条赛道 成都前瞻培育未来产业［N］. 成都日报，2024-01-09（001）.

其他“一带一路”沿线国家的进口额出现明显上升，不仅有利于加强与不同国家或地区之间的经贸合作关系，推进进口市场多元化，也彰显了成都市积极对外开放的态度与决心。进口市场多元化不仅能够使进口企业掌握主动权，实现进口自主性选择，最大限度降低进口来源渠道单一带来的市场风险，确保重要产品的进口稳定性；还可增强进口企业的议价能力，降低进口成本。有鉴于此，成都市有关部门应进一步提高进口贸易便利化程度，加快构建更高水平的开放通道，强化进口物流运营网络，降低企业拓展进口市场的固定成本和可变成本。与此同时，积极鼓励并支持企业拓展进口来源地，给予企业必要的财政补贴和政策支持，以减少企业拓展进口来源地或调整进口市场组合的资金约束。

三、聚焦扩大部分重点产品的进口，加快构建现代化产业体系

进口对保障粮食和战略性矿产资源生产供应，满足人民日益增长的美好生活需要有着重要作用。为进一步扩进口、促消费，打造保障国家重要初级产品供给的战略基地，加快构建富有特色和优势的现代化产业体系，成都市应聚焦扩大部分重点产品的进口，强化重要初级产品供给战略基地的功能，加快建设西部、全国以及国际消费中心城市。

第一，扩大大宗商品和粮油、农副产品进口，广泛利用国际资源保障初级产品供给稳定。四川省是农业大省、资源大省，被定位为保障国家重要初级产品供给的战略基地。在此背景下，成都市在立足自身抓好初级产品生产的前提下，应加强国际合作，广泛利用国际资源，依托“一带一路”倡议、RCEP 先行示范区建设等，加强国际能源、矿产和粮食等初级产品产业链供应链的合作，扩大对锂、铁等关乎国内企业生产的重要矿产资源以及粮油、水产品、肉禽蛋奶等国内居民偏好的农副产品的进口，打造西部大宗商品集散中心，进一步保障粮食和战略性矿产资源生产供应。

第二，扩大优质消费品进口，更好服务国内居民特别是成都市民消费。扩大优质消费品进口，是我国着力扩大内需、满足人民美好生活需要的具体实践，有利于促进消费升级，激发消费潜力。当前，成都市跻身全国超大城市之列，成为第三个经济总量突破 2 万亿元、第一个常住人口突破 2000 万人的副省级城市，成为全国首店经济第三城、夜间经济第一城，培育形成了春熙路、交子公园两大世界级都市高端商圈①。在推动成渝地区双城经济圈建设的过程中，四川省的人口和经济将进一步向成都都市圈

① 2023 年四川省人民政府工作报告［EB/OL］. 四川省人民政府，［2023-01-20］. https：//www. sc. gov. cn/10462/c105962/2023/1/20/00ade04b7fa54c5f81e1e9b895eb7f3e. shtml.

集中，成都市有必要积极扩大食品饮料、服饰珠宝、护肤保健、汽车整车等优质消费品进口，满足成都市居民日益多元化、高质量的消费需求。一方面，相关进口企业应精准把握成都市居民的消费需求，提高利用大数据等数字技术对需求变化进行动态监测、对未来消费趋势进行预测的能力，提高进口产品和消费需求的匹配度。另一方面，成都市有关部门要强化市场整治，加大对假冒伪劣产品的打击力度，切实规范进口企业的经营行为，维护消费者权益①。

第三，扩大优质中间品、关键零部件进口，助力培育新质生产力。习近平总书记强调“制造业是国家经济命脉所系”②“加快建设制造强国”③，这就要求四川省特别是成都市要把发展特色优势产业和战略性新兴产业作为主攻方向，在建设现代化产业体系上精准发力。在此背景下，成都市聚焦稳链强链，坚定把工业立市、制造强市作为实体经济发展的“一号工程”④。高质量中间品是知识和技术的载体，在推动生产率提升和经济长期增长方面具有重要作用。成都市应当站在服务四川有效推进工业兴省、制造强省的高度，站在服务国家产业链供应链安全的高度，精准施策、精细管理，结合不同产业发展定位、资源禀赋和区位条件，鼓励企业扩大优质中间品、关键零部件、高端生产设备等产品进口，促进中间品进口贸易稳定，以高质量进口促进产业发展内在动力和出口竞争力提升，形成以进口促进产业升级的良性循环，从而加快构建富有地方特色和优势的现代化产业体系。

四、构建高效的国际物流通道，提升对外互联互通水平

第一，全面做强国际航空门户枢纽，拓展更多国际货运航线。航空运输是成都市主要的进口货物运输方式，符合成都作为内陆腹地城市“不靠海不沿边、走向世界靠蓝天”的客观现实条件。为进一步提高航空货运服务扩大进口、服务发展高端产业链的能力，成都要在双流机场、天府机场“两场一体”的协同运行格局下，继续加快拓展国际货运航线，不断布局全球货运网络和重大货运平台，建强国际航空货运战略大通道，优化提升国际航空服务效能，增强航空枢纽全球通达性，为积极扩大进口、稳定畅通全球产业链供应链、联结国内国际“双循环”提供更高效的航空货运服务。同时，成都市是共建“一带一路”和“长江经济带”发展的重要交会点，也是欧亚航路

① 魏浩．多举措扩大优质消费品进口［N］．经济日报，2022-12-07（009）．

② 习近平在陕西考察时强调 扎实做好“六稳”工作落实“六保”任务 奋力谱写陕西新时代追赶超越新篇章［EB/OL］．人民网，［2020-04-23］．http：//jhsjk.people.cn/article/31685652．

③ 习近平：高举中国特色社会主义伟大旗帜 为全面建设社会主义现代化国家而团结奋斗——在中国共产党第二十次全国代表大会上的报告［EB/OL］．人民网，［2022-10-25］．http：//jhsjk.people.cn/article/32551583．

④ 三组关键词 看明年成都经济工作［N］．成都日报，2023-12-28（006）．

的重要中间节点，是我国对接欧洲最近的国际门户枢纽①。成都市应依托良好、独特的地理区位优势，积极开辟对接“一带一路”沿线国家或地区、亚欧大陆等重点区域的国际航线航班，进一步织密国际航线网络，助力进口贸易发展。

第二，聚力拓展进口通道，打造陆港型国家物流枢纽。与航空运输方式相比，铁路运输的成本更低；与江海运输方式相比，铁路运输的时效更短。因此，除了全面做强国际航空门户枢纽之外，成都市也要聚焦高质量建设陆港型国家物流枢纽，实施“航空+铁路”双枢纽战略，同时做大做强“中欧班列+西部陆海新通道”成都集结中心，加快建设陆海空互济、四向拓展、综合立体的国际开放大通道。具体而言：①向西加大中欧班列开行力度，实现欧洲主要节点城市全覆盖；同时与重庆携手，通过信息共享、资源共建、通道共用，共同做强中欧班列（成渝）品牌，争取进口运价继续下降。②向南提升中老、中越等跨境直达铁路班列开行频率，推动西部陆海新通道与中欧班列有机衔接，加强与通道沿线的国内外城市、口岸对接，拓展联通南亚、东南亚的南向通道，加强与东盟市场的进口贸易。③向北扩大对俄罗斯、东欧国家的覆盖范围，积极发展冷链多式联运，优化冷链班列运输组织，不断加大编组辆数并提升牵引质量，扩大冷链进口业务规模，打造国家骨干冷链物流基地。④向东拓展与长江沿岸港口和东部沿海港口的“枢纽对枢纽”铁水联运合作模式，加快完善铁水联运通道布局，构建东亚经成都至欧洲的双向国际中转网络，提高进口货物的运输效率。

第三，持续完善口岸营商环境，提高跨境贸易便利化水平。目前，成都市正在加速建设“多通道跨境、多口岸过境”的国际班列大通道和空铁国际联运港。货运通关效率和进口便利化水平关系着开放通道的提质升级。对此，四川海关特别是成都海关要切实推进“海关优化营商环境16条”和“成都海关优化营商环境25条”措施落地见效，深入企业落实政策宣传、收集政策反馈，综合运用“先放后检”“依企业申请”品质检验、进口货物“船边直提”等便利化措施，支持扩大能矿产品、冰鲜水产品等的进口。同时，应重视提高口岸数字化智能化水平，深化货运通关改革，探索搭建川渝口岸统一线上平台，接入海关、边检、港口企业、贸易企业、货运代理企业等主体数据信息，实现空铁公水等场站作业信息电子化流转以及进口商品质量安全风险预警等数据信息交换共享，打通不同主体、不同口岸之间的数据壁垒，推进多式联运数智化发展，进一步增强成都市通过进口贸易配置全球要素资源的能力。

---

① 成都国际航空枢纽链动经济活力［N］．成都日报，2023-12-08（006）.

五、稳定外资企业进口，激发民营企业进口活力

首先，加大吸引外商投资力度，充分发挥外资企业对成都市稳进口、扩进口的积极作用。2019—2021年，外资企业进口在成都市进口总额中的占比始终在80%以上。也就是说，外资企业在成都市进口贸易中始终占据主导地位，对成都市的扩大进口工作具有重要影响，因此，成都市要做好利用外资助力进口保稳促优工作。具体而言：①成都市政府应进一步优化外商投资环境，加大重点领域外资招引力度，积极引进在全球具有影响力的市场主体，如贸易结算公司、国际供应链公司、国际物流仓储分拨中心等，以高质量外资促进高品质进口。②成都市有关部门应尽快对《成都市进一步推动外资扩量提质促发展的若干政策措施》的实施效果进行中期评估①，深入企业收集反馈信息，对政策措施进行精准优化调整。③成都市要围绕产业建圈强链、培育未来产业构筑高质量发展新动能等重大部署，对标对表《国务院关于进一步优化外商投资环境 加大吸引外商投资力度的意见》，立足当前、着眼长远，研究制定新的外资招引政策措施，以保持相关政策的连续性、稳定性和可持续性，提振外资企业信心并稳定其预期。

其次，大力发展民营经济，壮大进口主体队伍。2021年，民营企业进口在我国进口总额中的占比达到37.9%，但同年民营企业进口在成都市进口总额中的占比仅为13%。成都市需要进一步壮大民营经济，鼓励民营企业积极扩大进口，激发民营企业进口活力。目前，成都市民营企业发展还存在一定的融资困难，使得企业在规模扩张、投资意愿、融资贷款、吸纳就业方面更加谨慎②。对此，成都市有关部门要尽快推进《成都市持续优化营商环境促进企业高质量发展若干举措》正式出台，加快《关于依托智慧蓉城建设优化营商环境的意见》落地见效，做好政策解读和宣传，为民营企业提供更有力的资金支持、更精准的产业帮扶、更优质的营商环境。进一步地，应加快研究更具针对性的成都市促进民营经济发展壮大的政策措施，建立规范化、常态化的政商沟通机制，畅通民营企业反映问题和诉求的渠道，提振民营企业发展信心；在此基础上，围绕壮大进口主体队伍，强化进口补贴政策，鼓励引导民营企业深入挖掘市民新消费需求，支持零售企业、龙头企业、批发市场等民营进口企业建设特色单品进口基地。

---

① 《成都市进一步推动外资扩量提质促发展的若干政策措施》自2022年12月10日起施行，有效期2年。

② 从“56789”到“56999”成都民营经济交出新的成绩单［EB/OL］．四川在线，［2023-12-27］．https：//sichuan.scol.com.cn/ggxw/202312/82436913.html.

附录一　2022 世界进口发展指数

基于进口规模、进口质量、进口贡献、进口稳定、进口增长和进口自由化等 6 个维度，本附录构建了世界进口发展指数。统计结果发现，2022 年，在世界进口规模前 50 大国家或地区中，世界进口发展指数位居前 10 的国家分别为新加坡、荷兰、德国、瑞士、比利时、美国、斯洛伐克、斯洛文尼亚、捷克和匈牙利，世界进口发展指数位居后 10 的国家分别为印度尼西亚、墨西哥、秘鲁、哥伦比亚、巴西、俄罗斯、智利、印度、阿根廷和巴基斯坦；中国进口发展指数居第 23 位，比 2021 年下降 12 位；瑞士、英国和加拿大的进口发展指数排名大幅上升，南非和俄罗斯的进口发展指数排名大幅下降。

从世界进口规模前 50 大国家或地区的洲际分布来看，欧洲包含荷兰、德国等 23 个国家，亚洲包含新加坡、中国、日本等 15 个国家或地区，北美洲包含美国、加拿大等 3 个国家，南美洲包含秘鲁、哥伦比亚等 5 个国家，非洲包含摩洛哥、埃及等 3 个国家，大洋洲包括澳大利亚 1 个国家。

一、世界进口发展指数的指标体系

本附录构建的世界进口发展指数包括进口规模、进口质量、进口贡献、进口稳定、进口增长和进口自由化等 6 个维度的 9 个指标。其中，进口规模包含进口贸易额和人均货物进口额 2 个三级指标；进口质量包含进口单位价值 1 个三级指标；进口贡献包含进口依存度 1 个三级指标；进口稳定包含进口市场集中度、进口产品集中度和进口波动等 3 个三级指标；进口增长包含进口额增长率 1 个三级指标；进口自由化包含加权进口关税 1 个三级指标（见表 1）。

表 1　世界进口发展指数的指标体系

二级指标	三级指标	数据说明	数据来源	排序方法
进口规模	进口贸易额	该地区当年进口总额	IMF/WB	从大到小
	人均货物进口额	该地区进口总额与该地区常住人口数量之比	IMF/WB	从大到小
进口质量	进口单位价值	进口价格	IMF/WB	从大到小
进口贡献	进口依存度	该地区进口总额占该地区生产总值的比重	IMF/WB	从大到小
进口稳定	进口市场集中度	该地区排名前十的进口来源地进口额占进口总额比重的平方和	UN Comtrade	从小到大
	进口产品集中度	该地区排名前五的产品进口额占进口总额比重的平方和	UN Comtrade	从小到大
	进口波动	贸易额增长率的波动性，$\sigma_{it}^{w}=\left[\frac{1}{w}\sum_{\tau=0}^{w}(g_{i,s+\tau}-\bar{g}_{it})^{2}\right]^{1/2}$，其中，窗口期 w 为 5 年，$g_{i,s+\tau}$ 为进口增长率，$\bar{g}_{it}$ 为窗口期内进口增长率均值。	根据数据计算	从小到大
进口增长	进口额增长率	当年该地区进口增长率-上一年该地区进口增长率	IMF/WB	从大到小
进口自由化	加权进口关税	该地区所有进口产品加权平均关税	WTO/WITS	从小到大

本附录采用去量纲化处理的方法计算世界进口发展指数。首先，通过去量纲化处理的方法对各国的三级指标进行打分。其次，将各国的所有三级指标得分加总，得到总得分。一个地区的总得分越大，则该地区的进口发展指数排名越靠前，表示该地区进口发展情况越好。

二、进口指标的描述性统计

各指标描述性统计如表 2 所示。具体来看，①进口贸易额的最大值为 33762 亿美元，最小值仅为 609.2 亿美元，人均货物进口额的最大值为 84461 美元，最小值仅为 278.8 美元，进口贸易额、人均货物进口额的最大值与最小值的差距均较大，说明不同国家之间的进口规模差异较大；②进口单位价值的最大值为 130.4，最小值为 79.74，最大值与最小值相差较小，说明不同国家之间的进口产品质量差异较小；③进口依存度的最大值为 1.86，最小值仅为 0.11，最大值与最小值相差较大，说明不同国家之间进口贸易发展对该国经济增长贡献的差异较大；④进口市场集中度的最大值、最小值、中位数和均值都比较接近，说明不同国家之间的进口来源地分散程度都非常接近；⑤进口产品集中度的最大值为 0.35，最小值仅为 0.04，最大值与最小值的差距较大，说明不同国家之间的进口产品分散程度差异较大；⑥进口波动的最大值为0.28，最小值仅为0.05，最大值与最小值的差距较大，说明不同国家之间的进口稳定性差异较大；⑦进口额增长率的最大值为0.11，最小值仅为-0.47，最大值与最小值的差距较大，说明不同国家之间的进口贸易发展情况差异较大；⑧加权进口关税的最大值为0.19，最小值仅为0，最大值与最小值的差距较大，说明不同国家之间的进口贸易自由化程度差异较大。

表2 各指标描述性统计

指标名称	均值	中位数	最小值	最大值
进口贸易额/亿美元	4563	2389	609.2	33762
人均货物进口额/美元	13920	9740	278.8	84461
进口单位价值	116.7	117.7	79.74	130.4
进口依存度	0.45	0.35	0.11	1.86
进口市场集中度	0.27	0.27	0.26	0.32
进口产品集中度	0.08	0.07	0.04	0.35
进口波动	0.15	0.13	0.05	0.28
进口额增长率	-0.11	-0.1	-0.47	0.11
加权进口关税	0.053	0.036	0	0.19

三、计算结果及分析

（一）世界进口规模的情况

1. 世界进口规模的总体情况

2022年，世界进口规模排名前10的国家或地区依次为美国、中国、德国、荷兰、日本、英国、法国、韩国、印度和意大利。

2022年，世界进口规模排第41~50名的国家或地区依次为智利、希腊、芬兰、埃及、阿根廷、哥伦比亚、摩洛哥、巴基斯坦、斯洛文尼亚和秘鲁。

2. 世界进口规模的变化情况

2022年，土耳其的进口规模大幅增加，居第17位，比2021年上升3位。英国、澳大利亚、印度尼西亚、南非、以色列、阿根廷、哥伦比亚、摩洛哥、秘鲁等国家的排名上升2位。

2022年，中国香港和俄罗斯的进口规模排名大幅下降。其中，中国香港的进口规模居第 11 位，比 2021 年下降 4 位；俄罗斯的进口规模居第 25 位，比 2021 年下降 5 位。

表 3　2022 年世界进口规模前 50 大国家或地区

排名	国家或地区	排名变化（与 2021 年相比）	排名	国家或地区	排名变化（与 2021 年相比）
1	美国	0	15	西班牙	0
2	中国	0	16	新加坡	0
3	德国	0	17	波兰	0
4	荷兰	1	18	土耳其	3
5	日本	-1	19	越南	-1
6	英国	2	20	瑞士	-1
7	法国	-1	21	澳大利亚	2
8	韩国	1	22	泰国	0
9	印度	1	23	马来西亚	1
10	意大利	1	24	巴西	1
11	中国香港	-4	25	俄罗斯	-5
12	墨西哥	1	26	印度尼西亚	2
13	比利时	-1	27	捷克	0
14	加拿大	0	28	奥地利	-2
29	瑞典	0	40	挪威	-1
30	沙特阿拉伯	0	41	智利	-1
31	匈牙利	0	42	希腊	1
32	爱尔兰	1	43	芬兰	-1
33	菲律宾	-1	44	埃及	0
34	南非	2	45	阿根廷	2
35	罗马尼亚	0	46	哥伦比亚	2
36	丹麦	-2	47	摩洛哥	2
37	葡萄牙	1	48	巴基斯坦	-2
38	斯洛伐克	-1	49	斯洛文尼亚	1
39	以色列	2	50	秘鲁	2

（二）世界进口发展指数的情况

本附录以世界进口规模前 50 大国家或地区为研究样本，测算了每个国家或地区的进口发展指数得分，并就进口发展指数得分的情况进行了具体分析。

1. 世界进口发展指数排名的总体情况

2022 年，世界进口发展指数排名前 10 的国家或地区依次为新加坡、荷兰、德国、瑞士、比利时、美国、斯洛伐克、斯洛文尼亚、捷克和匈牙利。

2022 年，世界进口发展指数排名后 10 的国家或地区依次为巴基斯坦、阿根廷、印度、智利、俄罗斯、巴西、哥伦比亚、秘鲁、墨西哥、印度尼西亚。

表 4　2022 年世界进口规模前 50 大国家和地区的进口发展指数排名

排名	国家或地区	2022 年总得分	2021 年总得分	2021 年排名	排名变化（与 2021 年相比）
1	新加坡	603.30	528.23	3	2
2	荷兰	599.43	533.30	1	-1
3	德国	598.62	532.79	2	-1
4	瑞士	576.65	455.53	24	20
5	比利时	570.24	518.32	4	-1
6	美国	568.76	512.82	5	-1
7	斯洛伐克	566.73	495.46	7	0
8	斯洛文尼亚	565.20	511.06	6	-2
9	捷克	552.71	482.90	12	3
10	匈牙利	549.81	471.46	16	6
11	英国	548.37	459.24	23	12
12	法国	546.78	489.60	10	-2
13	波兰	537.65	478.93	15	2
14	罗马尼亚	537.19	470.68	18	4
15	西班牙	535.28	490.45	9	-6
16	意大利	534.04	490.81	8	-8
17	丹麦	531.14	467.95	22	5
18	爱尔兰	529.99	442.72	26	8
19	芬兰	528.52	469.27	20	1
20	瑞典	524.81	469.49	19	-1
21	中国香港	509.63	480.92	13	-8
22	挪威	503.64	444.45	25	3
23	中国	501.60	485.60	11	-12
24	奥地利	501.48	471.15	17	-7

续表

排名	国家或地区	2022 年总得分	2021 年总得分	2021 年排名	排名变化（与 2021 年相比）
25	葡萄牙	494.12	440.21	27	2
26	希腊	493.07	468.01	21	-5
27	日本	481.50	429.33	29	2
28	澳大利亚	465.55	403.69	31	3
29	马来西亚	457.05	395.81	34	5
30	以色列	456.11	437.26	28	-2
31	摩洛哥	444.56	401.21	32	1
32	沙特阿拉伯	442.48	372.39	41	9
33	土耳其	429.42	381.89	36	3
34	韩国	425.66	380.28	38	4
35	加拿大	420.42	359.36	46	11
36	埃及	415.84	367.62	43	7
37	泰国	415.70	375.83	39	2
38	越南	412.62	359.83	45	7
39	菲律宾	408.68	398.73	33	-6
40	南非	406.63	405.50	30	-10
41	印度尼西亚	394.42	380.44	37	-4
42	墨西哥	382.50	354.83	47	5
43	秘鲁	379.89	—	—	—
44	哥伦比亚	372.95	372.05	42	-2
45	巴西	355.91	343.97	48	3
46	俄罗斯	351.15	392.73	35	-11
47	智利	339.97	375.08	40	-7
48	印度	334.10	360.35	44	-4
49	阿根廷	293.63	305.90	49	0
50	巴基斯坦	218.80	285.11	50	0

注：秘鲁 2021 年进口规模排第 54 位，不在前 50 大国家或地区之列，因此没有 2021 年进口发展指数数据。

2. 中国进口发展指数有待提高

虽然中国进口贸易额长年位居世界第 2，但是，2022 年，中国进口发展指数在世界进口贸易额前 50 名的国家或地区中居第 23 位，比 2021 年下降 12 位，说明中国进口贸易的发展质量还有待进一步提高。

中国进口发展指数下降的原因主要有：中国进口额增长率大幅下降，从 2021 年的 26%下降至 2022 的 1%，降幅达到 25%，导致进口额增长率指标的得分较低，从而导致中国的进口发展指数排名下降。

中国进口发展指标还可以改进的方面主要有：①中国的进口依存度（15.1%）较低，居第 48 位，说明中国积极扩大进口的潜力仍然较大，需要继续保持进口的长期发展；②中国的加权进口关税水平（2.47%）相对较高，居第 39 位，说明中国的贸易自由化程度仍有提升的空间，应继续推动高水平开放，提升中国对外开放的质量和水平。

3. 瑞士、英国和加拿大的进口发展指数排名大幅上升

2022 年，瑞士、英国和加拿大的进口发展指数排名大幅上升。其中，瑞士的进口发展指数居第 4 位，比 2021 年上升 20 位；英国的进口发展指数居第 11 位，比 2021 年上升 12 位；加拿大的进口发展指数居第 35 位，比 2021 年上升 11 位。

瑞士的进口发展指数排名大幅上升的原因主要是：①在全球进口贸易增速普遍放缓的背景下，瑞士 2022 年的进口额增长率较 2021 年仅下降 0.9%，下降幅度相对较小，进口额增长率指标的得分较高，得分居第 5 位；②瑞士的人均货物进口额大幅增加，从 2021 年的 37020 美元增长至 2022 年的 40422 美元，人均货物进口额指标的得分大幅增加，排名大幅上升，居第 3 位。

英国的进口发展指数排名大幅上升的原因主要是：在逐渐摆脱“脱欧”的负面影响后，英国的进口贸易规模快速增长，进口额增长率从 2021 年的 8.6%增长至 2022 的 17%，进口额增长率指标的得分大幅增加，居第 2 位，从而大幅提升了进口发展指数的总得分和排名。

加拿大的进口发展指数排名大幅上升的原因主要是：2022 年，加拿大的进口贸易规模快速增长，进口额增长率为 14.3%，进口额增长率指标的得分较高，居第 9 位，从而大幅提升了进口发展指数的总得分和排名。

4. 南非和俄罗斯的进口发展指数排名大幅下降

2022 年，南非和俄罗斯的进口发展指数排名大幅下降。其中，南非的进口发展指数居第 40 位，比 2021 年下降 10 位；俄罗斯的进口发展指数居第 46 位，比 2021 年下降 11 位。

南非的进口发展指数排名大幅下降的原因主要是：2022 年南非的进口规模大幅下降，进口额增长率从 2021 年的 30%下降至 2022 的 17%，降幅达到 13%，导致进口额增长率指标的得分较低，居第 33 位，从而导致南非的进口发展指数排名下降。

俄罗斯的进口发展指数排名大幅下降的原因主要是：①受美欧等西方国家经济制

裁的影响，2022 年俄罗斯的进口规模大幅下降，进口额增长率从 2021 年的 23%下降至 2022 的-23%，进口额增长率指标的得分大幅下降，居第 50 位，从而导致进口发展指数大幅下降；②俄罗斯进口额增长率的大幅下降导致进口波动加剧，进口波动指标的得分减少，居第 38 位，从而进一步导致进口发展指数排名下降。

5. 世界各大洲的进口发展指数情况

本附录根据世界银行的分类标准，将选取的 50 个国家或地区分为六大洲，分别为欧洲、亚洲、大洋洲、北美洲、南美洲和非洲。

在六大洲中，欧洲包含荷兰、德国等 23 个国家，是进口贸易发展水平最高的大洲，其中，有 8 个国家的进口发展指数居前 10 位，有 10 个国家居第 10~20 位，有 4 个国家居第 20~30 位，只有 1 个国家居第 40~50 位。

亚洲包含新加坡、中国、日本等 15 个国家或地区，不同国家或地区之间的进口贸易发展水平差距较大，其中，有 1 个国家的进口发展指数居前 10 位，有 5 个国家或地区居第 20~30 位，有 6 个国家居第 30~40 位，有 3 个国家居第 40~50 位。

大洋洲包含澳大利亚 1 个国家，进口发展指数居第 28 位。

北美洲包含美国、加拿大等 3 个国家，其中，有 1 个国家的进口发展指数居前 10 位，有 2 个国家居第 30~50 位。

南美洲包含秘鲁、哥伦比亚等 5 个国家，进口贸易发展水平比较落后，这 5 个国家的进口发展指数均居第 40~50 位。

非洲包含摩洛哥、埃及等 3 个国家，进口贸易发展水平比较落后，这 3 个国家的进口发展指数均居第 30~40 位。

表 5　不同大洲的进口发展指数情况

大洲	国家或地区数/个	国家或地区	2022 年排名	2022 年总得分
亚洲	15	新加坡	1	603.30
		中国香港	21	509.63
		中国	23	501.60
		日本	27	481.50
		马来西亚	29	457.05
		以色列	30	456.11
		沙特阿拉伯	32	442.48
		土耳其	33	429.42
		韩国	34	425.66
		泰国	37	415.70
		越南	38	412.62

续表

大洲	国家或地区数/个	国家或地区	2022 年排名	2022 年总得分
亚洲	15	菲律宾	39	408.68
		印度尼西亚	41	394.42
		印度	48	334.10
		巴基斯坦	50	218.80
北美洲	3	美国	6	568.76
		加拿大	35	420.42
		墨西哥	42	382.50
南美洲	5	秘鲁	43	379.89
		哥伦比亚	44	372.95
		巴西	45	355.91
		智利	47	339.97
		阿根廷	49	293.63
大洋洲	1	澳大利亚	28	465.55
欧洲	23	荷兰	2	599.43
		德国	3	598.62
		瑞士	4	576.65
		比利时	5	570.24
		斯洛伐克	7	566.73
		斯洛文尼亚	8	565.20
		捷克	9	552.71
		匈牙利	10	549.81
		英国	11	548.37
		法国	12	546.78
		波兰	13	537.65
		罗马尼亚	14	537.19
		西班牙	15	535.28
		意大利	16	534.04
		丹麦	17	531.14
		爱尔兰	18	529.99
		芬兰	19	528.52
		瑞典	20	524.81
		挪威	22	503.64
		奥地利	24	501.48
		葡萄牙	25	494.12
		希腊	26	493.07

续表

大洲	国家或地区数/个	国家或地区	2022 年排名	2022 年总得分
欧洲	23	俄罗斯	46	351.15
非洲	3	摩洛哥	31	444.56
		埃及	36	415.84
		南非	40	406.63

附录二　2022 中国进口发展指数

基于进口规模、进口贡献、进口稳定、进口增长等维度，本附录分别构建了中国省份进口发展指数、中国城市进口发展指数。

从中国省份进口发展指数来看，2022 年，排名前 5 的省份依次为北京市、上海市、广东省、浙江省、天津市。不同省份进口发展指数差异较大，东部省份进口发展表现整体优于西部及中部省份，排名较为靠前。16 个省份的进口发展指数排名较 2021 年有所下降，10 个省份的进口发展指数排名较 2021 年有所上升。

从中国城市进口发展指数来看，2022 年，排名前 10 的城市依次为舟山市、深圳市、苏州市、厦门市、东营市、景德镇市、防城港市、吐鲁番市、东莞市、宁波市。不同城市进口发展情况差异较大，进口发展指数也存在较为明显的断层现象。

进一步分析 2022 年城市进口发展指数前 50 强城市的省际分布情况发现，全国城市进口发展指数前 50 强城市的省际分布极不均衡。其中，山东省 7 个城市入围全国城市进口发展指数前 50 强，是入围城市最多的省份；广东、浙江、江苏各有 5 个城市入围；广西有 4 个城市入围。

一、中国进口发展指数的指标体系

中国进口发展指数包括中国省份进口发展指数、中国城市进口发展指数两部分内容。具体情况如下：

（一）中国省份进口发展指数的指标体系

本附录构建的中国省份进口发展指数的指标体系包括 4 个二级指标，分别是进口规模、进口贡献、进口稳定、进口增长。其中，进口规模包含进口额、人均进口额 2 个三级指标；进口贡献包含进口依存度 1 个三级指标；进口稳定包含进口市场分散度、进口产品分散度、进口波动 3 个三级指标；进口增长包含进口额增长率 1 个三级指标。

表 1 省份进口发展指数的指标体系

二级指标	三级指标	数据说明
进口规模	进口额	该地区当年进口总额
	人均进口额	该地区进口总额除以该地区常住人口总数
进口贡献	进口依存度	该地区进口总额占该地区生产总值的比重
进口稳定	进口市场分散度	1-该地区排名前十的进口来源地进口额占该地区进口总额的比重
	进口产品分散度	1-进口额排名前五的产品占该地区进口总额的比重
	进口波动	进口总额增长率的波动程度
进口增长	进口额增长率	（当年该地区进口额-上一年该地区进口额）÷上一年该地区进口额

（二）中国城市进口发展指数的指标体系

本附录构建的城市进口发展指数的指标体系包括 3 个二级指标，分别是进口规模、进口贡献、进口增长。其中，进口规模包含进口额、人均进口额 2 个三级指标；进口贡献包含进口依存度 1 个三级指标；进口增长包含进口额增长率 1 个三级指标。

表 2 城市进口发展指数指标说明

二级指标	三级指标	数据说明
进口规模	进口额	该地区当年进口总额
	人均进口额	该地区进口总额除以该地区常住人口总数
进口贡献	进口依存度	该地区进口总额占该地区生产总值的比重
进口增长	进口额增长率	（当年该地区进口额-上一年该地区进口额）÷上一年该地区进口额

（三）计算方法与过程

本附录采用去量纲化处理的方法进行计算。首先，通过去量纲化处理的方法对各省份、城市的三级指标进行打分。其次，将所有三级指标的得分加总，得到总得分。一个省份、城市的总得分越大，则该地区进口发展指数排名越靠前，表示进口发展情况越好。

二、进口指标的描述性统计

（一）2022 年中国省份进口指标的描述性统计

2022 年，中国 31 个省份的各项进口指标如表 3 所示。总的来看，各省份进口指标两极分化情况较为明显。具体来看，各省份进口额最大值为 4583.285 亿美元（北京市），最小值仅为 0. 439 亿美元（西藏自治区），中位数与均值分别为 315. 618 亿美元、876. 129 亿美元；各省份人均进口额最大值为 20985. 738 美元（北京市），最小值仅为 12. 049 美元（西藏自治区），中位数与均值分别为 680. 764 美元、2244. 804 美元；进口依存度最大值为 74. 1%（北京市），最小值仅为 0. 1%（西藏自治区），中位数与均值分别为 6. 2%、12. 4%；进口市场分散度最大值为 46. 0%（浙江省），最小值仅为 4. 8%（西藏自治区），中位数与均值分别为 29. 5%、28. 5%；进口产品分散度最大值为 49. 1%（上海市），最小值仅为 7. 8%（青海省），中位数与均值分别为 25. 0%、25. 6%；进口波动最大值为 1. 224（西藏自治区），最小值仅为 0. 006（江西省），中位数与均值分别为 0. 031、0. 093；进口额增长率最大值为 59. 4%（贵州省），最小值仅为 −84%（西藏自治区），中位数与均值分别为−0. 2%、3. 3%；进口发展指数最大值为 595. 966（北京市），最小值仅为 28. 012（西藏自治区），中位数、均值分别为 285. 148 和 300. 627。

表 3　2022 年各省份进口指标描述性统计

指标	最大值	最小值	中位数	均值
进口额/亿美元	4583. 285	0. 439	315. 618	876. 129
人均进口额/美元	20985. 738	12. 049	680. 764	2244. 804
进口依存度	0. 741	0. 001	0. 062	0. 124
进口市场分散度	0. 460	0. 048	0. 295	0. 285
进口产品分散度	0. 491	0. 078	0. 250	0. 256
进口波动	1. 224	0. 006	0. 031	0. 093
进口额增长率	0. 594	−0. 840	−0. 002	0. 033
进口发展指数	595. 966	28. 012	285. 148	300. 627

数据来源：根据国家统计局、海关总署相关数据计算得到。

（二）2022 年中国城市进口指标的描述性统计

2022 年，中国 282 个城市的各项进口指标如表 4 所示。总体来看，各城市进口指标差异性较大。具体来看，各城市进口额最大值为 14792. 720 亿元（深圳市），最小值仅为 0. 005 亿元（丽江市），中位数与均值分别为 50. 200 亿元、407. 361 亿元；各城市人均进口额最大值为 190282. 051 元（舟山市），最小值仅为 0. 388 元（丽江市），中位数与均值分别为 1447. 246 元、7182. 454 元；各城市进口依存度最大值为 114. 1%（舟山市），最小值趋近于 0（丽江市），中位数与均值分别为 2. 4%、6. 9%；各城市进口额增长率最大值为 8115. 0%（景德镇市），最小值为−96. 6%（四平市），中位数与均值分别为5.4%、86.4%；各城市进口发展指数最大值为216.723（舟山市），最小值仅为0.010（四平市），中位数、均值分别为5.419和14.794。

表4　2022年各城市进口指标描述性统计

指标	最大值	最小值	中位数	均值
进口额/亿元	14792.720	0.005	50.200	407.361
人均进口额/元	190282.051	0.388	1447.246	7182.454
进口依存度	1.141	0.000	0.024	0.069
进口额增长率	81.150	-0.966	0.054	0.864
进口发展指数	216.723	0.010	5.419	14.794

数据来源：根据国家统计局、海关总署相关数据计算得到。

三、计算结果及分析

（一）2022年中国省份进口发展指数

2022年，中国31个省份的进口发展指数如表5所示。通过分析可以发现：

2022年，中国省份进口发展指数排名前5的省份依次为北京市（595.97）、上海市（567.78）、广东省（423.11）、浙江省（420.62）、天津市（389.56）。

不同省份进口发展指数差异较大。①进口发展指数存在较为明显的断层现象，进口发展指数超过500的省份仅有北京市、上海市，排名第三的广东省进口发展指数为423.11，与前两位省份存在较大的差距。②不同指标得分也存在较大差异，各省份在进口额、人均进口额、进口依存度指标得分上存在较大的差距，进口额指标第10名得分为12.65，人均进口额第10名得分为7.32，进口依存度第10名得分为19.59，说明各省份在进口规模、进口依存度方面存在较大的分化。进口市场分散度、进口产品分散度、进口额增长率、进口波动指标得分差距相对较小，进口市场分散度第10名得分为77.67，进口产品分散度第10名得分为51.62，进口额增长率第10名得分为67.35，进口波动第10名得分为98.92，说明各省份在进口稳定及进口增长上的表现差距相对较小。

东部省份进口发展表现整体优于西部及中部省份，在榜单中排名较为靠前。在中部省份中，湖南省（第10位）、江西省（第13位）进口发展表现较为突出。在西部省份中，贵州省（第11位）、广西壮族自治区（第16位）的进口发展表现较为优异。

进口发展排名较为靠前的省份大都在各个维度表现得较为平衡，进口发展短板较少，进口发展较为均衡全面。具体来看：北京市在进口稳定性方面存在较大的进步空间，进口产品分散度、进口波动指标得分相对较低，分别列全国第21位（32.17）、第25位（93.28），进口产品相对集中，进口波动性较强，进口结构稳定性需进一步优化。上海市进口增长指标排名较低，列全国第21位（55.97），在进口增长方面有待提升。广东省在进口稳定、进口增长方面表现相对较差，进口产品分散度、进口波动分别列第13位（46.30）、第16位（97.98），进口增长率列第27位（51.50），其进口产品品类相对集中，波动水平较高，不利于进口稳定安全发展。浙江省在各个方面表现相对均衡，仅在进口波动与进口额增长率指标方面略有不足，分别列全国第12位（98.88）、第13位（63.64），需在进口稳定与进口增长方面进一步优化。天津市的进口市场分散度（64.24）与其他排名靠前的省份相比有较大差距，进口增长指标得分也相对较低，列第22位（55.67），进口增长表现有待提升。

湖南省、江西省等中部省份虽没有位于榜单前列，但是，依然表现出较强的进口发展潜力。具体来看，2022年湖南省进口发展指数列第10位，进口稳定性表现较好，进口市场分散度、进口产品分散度、进口波动得分较高，分别列第2位（96.97）、第5位（72.60）、第4位（99.70），但是，在进口规模（进口额排第18位，人均进口额排第24位）及进口贡献（进口依存度排第23位）方面仍存在较大不足。2022年江西省进口发展指数列第13位，在进口稳定、进口增长方面表现优异，进口市场分散度排名第7，进口波动排名第1，进口增长排名第7，但是，在进口额（第21位）、人均进口额（第20位）、进口依存度（第21位）指标上的表现欠佳。

贵州省、广西壮族自治区等西部省份也表现出较强的进口发展潜力。2022年，贵州省进口发展指数列全国第11位，贵州省在进口稳定（进口市场分散度第11位、进口产品分散度第9位）、进口增长（进口额增长率列第1位）方面表现较好，进口增长相对较快，但是，在进口规模（进口额排名第28、人均进口额排名第29）、进口贡献（进口依存度列第28位）方面表现欠佳。广西壮族自治区进口发展指数列全国第16位，进口规模（进口额、人均进口额均列全国第13位）、进口贡献（进口依存度列第13位）方面表现较为突出，但是，在进口稳定（进口产品分散度排名第20、进口波动排名第23）、进口增长（进口额增长率列第25位）方面表现欠佳。

相较于2021年，2022年，10个省份的进口发展指数排名有所上升，16个省份的进口发展指数排名有所下降，其余5个省份的进口发展指数排名未发生变动。其中，贵州省排名上升最多，较2021年上升14位，山西省排名下降最多，较2021年下降6位，大部分省份进口排名变化相对较小，变动幅度多在4位以内。10个进口发展指数排名上升的省份分别是北京市（上升1位）、广东省（上升1位）、江苏省（上升1

位）、湖南省（上升1位）、贵州省（上升14位）、江西省（上升2位）、云南省（上升1位）、宁夏回族自治区（上升11位）、四川省（上升2位）、新疆维吾尔自治区（上升4位）。

表5　2022年中国省份进口发展指数

排名	省份	2022年总得分	2021年总得分	2021年排名	排名变化（与2021年相比）
1	北京市	595.97	544.68	2	1
2	上海市	567.78	573.23	1	-1
3	广东省	423.11	388.97	4	1
4	浙江省	420.62	404.32	3	-1
5	天津市	389.56	382.16	5	0
6	江苏省	383.48	357.57	7	1
7	福建省	376.73	376.69	6	-1
8	海南省	352.31	339.91	8	0
9	山东省	350.49	339.23	9	0
10	湖南省	343.62	287.06	11	1
11	贵州省	324.38	182.74	25	14
12	辽宁省	310.74	299.24	10	-2
13	江西省	306.30	244.91	15	2
14	安徽省	301.12	281.79	12	-2
15	湖北省	297.69	253.60	14	-1
16	广西壮族自治区	285.15	254.88	13	-3
17	云南省	278.18	226.39	18	1
18	宁夏回族自治区	267.54	142.10	29	11
19	重庆市	264.40	242.15	16	-3
20	吉林省	262.87	230.68	17	-3
21	陕西省	239.42	216.25	20	-1
22	四川省	234.29	192.26	24	2
23	河北省	232.07	225.50	19	-4
24	新疆维吾尔自治区	225.55	156.30	28	4
25	甘肃省	220.35	209.32	21	-4

续表

排名	省份	2022 年总得分	2021 年总得分	2021 年排名	排名变化（与 2021 年相比）
26	河南省	219.68	199.45	23	-3
27	内蒙古自治区	216.06	181.63	26	-1
28	山西省	214.44	204.47	22	-6
29	黑龙江省	209.94	168.15	27	-2
30	青海省	177.60	123.26	30	0
31	西藏自治区	28.01	100.95	31	0

数据来源：国家统计局、海关总署相关数据计算得到。

（二）2022 年中国城市进口发展指数

2022 年，中国 282 个城市的进口发展指数如表 6 所示。通过分析可以发现：

2022 年，中国城市进口发展指数排名前 10 的城市依次为舟山市（216.723）、深圳市（185.120）、苏州市（149.605）、厦门市（128.601）、东营市（108.461）、景德镇市（108.300）、防城港市（107.374）、吐鲁番市（96.731）、东莞市（92.914）、宁波市（80.283）。

不同城市进口发展情况差异较大，进口发展指数也存在较为明显的得分断层现象。在 282 个城市中，进口发展指数超过 200 的城市只有 1 个，进口发展指数处于 100~200 的城市只有 6 个，进口发展指数处于 50~100 的城市只有 11 个。排名第一的舟山市进口发展指数为 216.723，排名第二的深圳市进口发展指数为 185.120，排名第 10 的宁波市进口发展指数为 80.283。东部城市进口发展表现整体优于西部及中部城市，在榜单中排名较为靠前。

舟山市、深圳市、苏州市、厦门市、东营市、东莞市、宁波市等城市各个维度的进口发展表现较为均衡，但是，在进口增长方面的表现相较于其他维度较弱，进口增长指标分别位列第 56、第 186、第 170、第 158、第 62、第 216、第 147。

舟山市（浙江省）、防城港市（广西壮族自治区）、日照市（山东省）、东营市（山东省）、铜陵市（安徽省）等港口城市的进口发展表现普遍较好。虽然进口规模表现并不突出，进口额分别排第 13 名、第 37 名、第 34 名、第 14 名、第 42 名，城市规模也逊于排名前 10 的其他城市，却依托港口城市的天然优势，在进口贡献（排名分别为第 1、第 2、第 11、第 4、第 5）、人均进口额（分别位列全国第 1、第 6、第 15、第 2、第 12）等方面表现突出，进口发展排名较靠前。

在中部城市中，景德镇市（江西省）、大庆市（黑龙江省）、铜陵市（安徽省）、郑州市（河南省）等城市进口发展指数排名较高，分别居全国第6位、第11位、第12位、第20位。其中，景德镇市进口增长指标（第1名）表现突出，但其他指标表现较差；大庆市人均进口额指标（第8名）、进口贡献指标（第7名）、进口额指标（第19名）表现突出，但进口增长指标（第63名）表现欠佳；铜陵市人均进口额指标（第12名）、进口贡献指标（第5名）表现突出，但进口额指标（第42名）、进口增长指标（第183名）表现欠佳；郑州市进口额指标（第10名）、人均进口额指标（第25名）、进口贡献指标（第25名）表现突出，但进口增长指标（第139名）表现欠佳。

在西部城市中，吐鲁番市（新疆维吾尔自治区）、金昌市（甘肃省）、成都市（四川省）、钦州市（广西壮族自治区）、崇左市（广西壮族自治区）、西安市（陕西省）等城市的进口发展指标表现较好，分别列第8名、第14名、第19名、第23名、第25名、第34名。吐鲁番市凭借较高的进口增长（排名第2）位居进口发展指数前列，但其他指标表现较差，均居全国200名之后；金昌市、崇左市进口贡献及人均进口额表现亮眼（金昌市分别居第8、第7位；崇左市分别居第12、第32位），但进口额指标（金昌市第76名，崇左市第57名）、进口增长指标（金昌市第91名，崇左市第270名）表现欠佳。钦州市进口增长指标（第14名）、人均进口额指标（第31名）、进口贡献指标（第13名）表现突出，但进口额指标（第43名）排名相对较低。西安市、成都市在进口发展各个维度的表现较为平衡，成都市进口额指标（第8名）、人均进口额指标（第33名）、进口贡献指标（第32名）表现突出，西安市进口额指标（第17名）、人均进口额指标（第39名）、进口贡献指标（第40名）表现较好。成都市、西安市进口发展方面的表现在西部城市中较为突出，但在进口增长方面表现较差，进口增长排名分别列全国第162、第223名。

表6　2022年中国城市进口发展指数

排名	城市	总得分	排名	城市	总得分	排名	城市	总得分	排名	城市	总得分
1	舟山市	216.723	9	东莞市	92.914	17	日照市	54.558	25	崇左市	40.039
2	深圳市	185.120	10	宁波市	80.283	18	无锡市	50.731	26	鹰潭市	39.918
3	苏州市	149.605	11	大庆市	74.838	19	成都市	46.073	27	杭州市	39.051
4	厦门市	128.601	12	铜陵市	70.397	20	郑州市	44.859	28	巴彦淖尔市	38.75
5	东营市	108.461	13	青岛市	67.779	21	南京市	44.297	29	滨州市	37.299
6	景德镇市	108.3	14	金昌市	67.683	22	烟台市	43.337	30	嘉兴市	36.124
7	防城港市	107.374	15	广州市	61.157	23	钦州市	41.45	31	惠州市	34.463
8	吐鲁番市	96.731	16	珠海市	56.75	24	大连市	40.438	32	三亚市	32.492

续表

排名	城市	总得分	排名	城市	总得分	排名	城市	总得分	排名	城市	总得分
33	新余市	31.826	68	岳阳市	16.4	103	台州市	8.577	138	河源市	5.605
34	西安市	31.018	69	马鞍山市	16.299	104	九江市	8.382	139	中卫市	5.578
35	海口市	29.972	70	莆田市	16.13	105	赤峰市	8.379	140	临沂市	5.429
36	南通市	29.299	71	泉州市	15.75	106	赣州市	8.213	141	临汾市	5.425
37	连云港市	28.616	72	宁德市	15.471	107	郴州市	8.182	142	眉山市	5.412
38	金华市	28.267	73	雅安市	15.04	108	扬州市	8.092	143	德阳市	5.391
39	威海市	27.818	74	廊坊市	14.886	109	沧州市	7.904	144	徐州市	5.138
40	昆明市	27.338	75	泰州市	14.566	110	嘉峪关市	7.833	145	齐齐哈尔市	5.132
41	合肥市	26.73	76	江门市	14.517	111	铁岭市	7.725	146	淮安市	5.126
42	潍坊市	24.343	77	鞍山市	14.206	112	哈密市	7.614	147	通化市	5.067
43	固原市	24.228	78	漳州市	13.854	113	衡阳市	7.535	148	河池市	5.045
44	南宁市	24.008	79	本溪市	13.749	114	济宁市	7.505	149	绥化市	4.854
45	长春市	24.006	80	秦皇岛市	13.614	115	包头市	7.468	150	绵阳市	4.832
46	黑河市	23.458	81	盐城市	13.29	116	汕头市	7.209	151	松原市	4.771
47	福州市	23.1	82	龙岩市	13.222	117	娄底市	7.136	152	茂名市	4.466
48	唐山市	22.774	83	毕节市	13.03	118	广元市	7.083	153	丹东市	4.428
49	沈阳市	22.244	84	菏泽市	12.898	119	湘潭市	6.982	154	滁州市	4.39
50	武汉市	22.138	85	普洱市	12.461	120	湖州市	6.94	155	安庆市	4.39
51	佛山市	21.699	86	芜湖市	12.341	121	吉安市	6.907	156	运城市	4.372
52	中山市	21.32	87	镇江市	12.019	122	宜宾市	6.88	157	宝鸡市	4.269
53	北海市	21.137	88	盘锦市	12.003	123	肇庆市	6.804	158	柳州市	4.134
54	淄博市	20.281	89	池州市	11.851	124	汕尾市	6.679	159	临沧市	4.026
55	营口市	19.669	90	温州市	11.749	125	保山市	6.509	160	鄂州市	3.999
56	常州市	19.581	91	南昌市	11.695	126	鹤岗市	6.457	161	上饶市	3.989
57	牡丹江市	19.406	92	聊城市	11.194	127	云浮市	6.428	162	渭南市	3.978
58	白银市	18.051	93	石家庄市	11.061	128	乌鲁木齐市	6.426	163	益阳市	3.905
59	三门峡市	17.387	94	吴忠市	10.922	129	潮州市	6.424	164	鄂尔多斯市	3.896
60	清远市	17.223	95	濮阳市	10.219	130	荆门市	6.292	165	枣庄市	3.849
61	湛江市	17.083	96	梧州市	9.791	131	德州市	6.218	166	焦作市	3.829
62	衢州市	16.887	97	韶关市	9.67	132	蚌埠市	6.184	167	银川市	3.81
63	太原市	16.748	98	贵阳市	9.514	133	咸阳市	6.137	168	揭阳市	3.728
64	长沙市	16.666	99	绍兴市	9.481	134	延安市	5.873	169	邯郸市	3.724
65	黄石市	16.595	100	铜仁市	8.95	135	兰州市	5.802	170	乌兰察布市	3.701
66	佳木斯市	16.544	101	阳江市	8.82	136	泸州市	5.65	171	天水市	3.676
67	济南市	16.44	102	哈尔滨市	8.75	137	呼和浩特市	5.632	172	丽水市	3.651

续表

排名	城市	总得分	排名	城市	总得分	排名	城市	总得分	排名	城市	总得分
173	宜昌市	3.599	201	南阳市	2.593	229	周口市	1.859	257	辽源市	1.324
174	株洲市	3.447	202	保定市	2.551	230	安康市	1.829	258	永州市	1.3
175	宿迁市	3.353	203	张掖市	2.543	231	达州市	1.777	259	桂林市	1.294
176	遂宁市	3.218	204	黄山市	2.512	232	襄阳市	1.771	260	安阳市	1.27
177	荆州市	3.17	205	梅州市	2.508	233	长治市	1.768	261	随州市	1.254
178	铜川市	3.121	206	贵港市	2.438	234	曲靖市	1.764	262	朔州市	1.198
179	伊春市	3.05	207	来宾市	2.399	235	呼伦贝尔市	1.751	263	驻马店市	1.105
180	朝阳市	3.049	208	白山市	2.367	236	淮南市	1.71	264	阳泉市	1.06
181	常德市	3.042	209	晋城市	2.327	237	咸宁市	1.698	265	抚顺市	1.027
182	宜春市	3.012	210	抚州市	2.324	238	儋州市	1.665	266	辽阳市	1.013
183	泰安市	2.97	211	开封市	2.271	239	三明市	1.66	267	鹤壁市	0.974
184	吉林市	2.889	212	商洛市	2.145	240	承德市	1.653	268	阜新市	0.951
185	攀枝花市	2.853	213	漯河市	2.129	241	衡水市	1.652	269	内江市	0.949
186	晋中市	2.831	214	黄冈市	2.113	242	白城市	1.621	270	贺州市	0.938
187	许昌市	2.829	215	邢台市	2.108	243	玉林市	1.592	271	汉中市	0.934
188	自贡市	2.82	216	资阳市	2.1	244	阜阳市	1.552	272	平凉市	0.798
189	石嘴山市	2.812	217	六盘水市	1.993	245	通辽市	1.548	273	张家界市	0.67
190	宣城市	2.811	218	信阳市	1.992	246	榆林市	1.527	274	拉萨市	0.654
191	锦州市	2.79	219	乌海市	1.991	247	定西市	1.489	275	七台河市	0.65
192	孝感市	2.785	220	广安市	1.991	248	南充市	1.482	276	平顶山市	0.647
193	新乡市	2.74	221	张家口市	1.991	249	十堰市	1.464	277	克拉玛依市	0.617
194	西宁市	2.72	222	忻州市	1.983	250	南平市	1.453	278	海东市	0.336
195	邵阳市	2.707	223	洛阳市	1.94	251	宿州市	1.435	279	巴中市	0.331
196	百色市	2.676	224	吕梁市	1.918	252	怀化市	1.415	280	武威市	0.182
197	萍乡市	2.658	225	乐山市	1.918	253	六安市	1.402	281	丽江市	0.063
198	遵义市	2.649	226	淮北市	1.894	254	酒泉市	1.392	282	四平市	0.01
199	葫芦岛市	2.61	227	商丘市	1.887	255	亳州市	1.385			
200	玉溪市	2.61	228	大同市	1.884	256	安顺市	1.362			

数据来源：基于各地海关、各市国民经济和社会发展统计公报数据计算得到。

从城市进口发展指数全国前50强的省际分布情况来看，全国城市进口发展指数前50强城市的省际分布极不均衡。从表7可以看出，2022年，山东省占据了全国进口发展指数前50强中的7个席位，前50强城市数量位居全国榜首。广东省、浙江省、江苏省各有5个全国进口发展指数前50强城市，广西壮族自治区有4个城市进入全国进口发展指数前50强。湖南省、贵州省、山西省、青海省、西藏自治区未有城市进入全国进口发展指数前 50 强。

表 7 2022 年全国进口发展指数前 50 强城市的省际分布情况

省份	城市数/个	全国指数排名	城市	总得分
山东省	7	5	东营市	108.461
		13	青岛市	67.779
		17	日照市	54.558
		22	烟台市	43.337
		29	滨州市	37.299
		39	威海市	27.818
		42	潍坊市	24.343
广东省	5	2	深圳市	185.120
		9	东莞市	92.914
		15	广州市	61.157
		16	珠海市	56.750
		31	惠州市	34.463
浙江省	5	1	舟山市	216.723
		10	宁波市	80.283
		27	杭州市	39.051
		30	嘉兴市	36.124
		38	金华市	28.267
江苏省	5	3	苏州市	149.605
		18	无锡市	50.731
		21	南京市	44.297
		36	南通市	29.299
		37	连云港市	28.616
广西壮族自治区	4	7	防城港市	107.374
		23	钦州市	41.450
		25	崇左市	40.039
		44	南宁市	24.008
江西省	3	6	景德镇市	108.300
		26	鹰潭市	39.918
		33	新余市	31.826
福建省	2	4	厦门市	128.601
		47	福州市	23.1
海南省	2	32	三亚市	32.492
		35	海口市	29.972

续表

省份	城市数/个	全国指数排名	城市	总得分
辽宁省	2	24	大连市	40.438
		49	沈阳市	22.244
安徽省	2	12	铜陵市	70.397
		41	合肥市	26.730
黑龙江省	2	11	大庆市	74.838
		46	黑河市	23.458
湖北省	1	50	武汉市	22.138
云南省	1	40	昆明市	27.338
宁夏回族自治区	1	43	固原市	24.228
吉林省	1	45	长春市	24.006
陕西省	1	34	西安市	31.018
四川省	1	19	成都市	46.073
河北省	1	48	唐山市	22.774
新疆维吾尔自治区	1	8	吐鲁番市	96.731
甘肃省	1	14	金昌市	67.683
河南省	1	20	郑州市	44.859
内蒙古自治区	1	28	巴彦淖尔市	38.750

数据来源：根据国家统计局、海关总署相关数据计算得到。

附录三　2022年中国进口排行榜

为了让国内外各方更好地了解中国进口发展新情况，我们继续编制了2022年中国进口排行榜，从省份进口、城市进口、进口来源地、产业进口、直属海关进口、高新技术产业开发区进口、经济技术开发区进口、保税区进口等视角对中国进口情况进行了分析，以便全面掌握2022年我国进口贸易发展的新态势和新变化。

一、2022年中国省份进口排行榜

北京市是2022年我国进口规模排名第一的省份。如表1所示，2022年，我国进口规模最大的省份是北京市，进口规模是4583.29亿美元，占全国进口总额的16.88%。2022年，前五大进口省份依次为北京市、广东省、上海市、江苏省和山东省，这5个省份的进口占全国进口的65.04%。2022年前五大进口省份与2021年保持一致，但位次有所变化，其中，北京市从第三位跃升至第一位，广东省和上海市分别从第一位、第二位下降到第二位、第三位。

表1　2022年中国省份进口排行榜

位次	省份	进口额/亿美元	得分	该省份进口占全国总进口的比重/%
1	北京市	4583.29	100	16.88
2	广东省	4470.81	98	16.46
3	上海市	3708.75	81	13.66
4	江苏省	2951.62	64	10.87
5	山东省	1946.55	42	7.17
6	浙江省	1876.45	41	6.91
7	福建省	1154.61	25	4.25
8	天津市	695.73	15	2.56
9	辽宁省	649.36	14	2.39
10	四川省	580.25	13	2.14

续表

位次	省份	进口额/亿美元	得分	该省份进口占全国总进口的比重/%
11	河南省	491.37	11	1.81
12	重庆市	437.41	9.5	1.61
13	广西壮族自治区	433.67	9.5	1.60
14	安徽省	417.10	9.1	1.54
15	河北省	332.63	7.3	1.22
16	黑龙江省	315.62	6.9	1.16
17	湖北省	295.12	6.4	1.09
18	湖南省	284.41	6.2	1.05
19	陕西省	274.21	6.0	1.01
20	云南省	259.03	5.7	0.95
21	江西省	242.93	5.3	0.89
22	海南省	193.44	4.2	0.71
23	吉林省	158.62	3.5	0.58
24	内蒙古自治区	133.38	2.9	0.49
25	山西省	95.51	2.1	0.35
26	甘肃省	69.22	1.5	0.25
27	新疆维吾尔自治区	55.74	1.2	0.21
28	贵州省	41.24	0.900	0.15
29	宁夏回族自治区	9.01	0.197	0.03
30	青海省	2.48	0.054	0.009
31	西藏自治区	0.44	0.010	0.002

数据来源：根据海关总署2022年进出口商品收发货人所在地数据整理计算。

北京市是2022年我国进口规模增加最多的省份。从进口规模来看，北京市、山东省、浙江省、黑龙江省、云南省等15个省份的进口规模比2021年有所增加，广东省、上海市、陕西省、山西省等16个省份的进口规模比2021年有所减少。其中，北京市进口额增加最多，增加了约819.5亿美元，能源产品在其中占据最大份额；广东省进口额减少最多，减少了约505.6亿美元，初级形状的塑料进口减少和钢材进口减少是主要因素。

从进口排名来看，与2021年相比，2022年排名提高的省份是北京市、重庆市、黑龙江省、海南省、内蒙古自治区和青海省，其中，黑龙江省进口排名提升了3位，北京市排名提升了2位，其余省份进口排名均提升了1位；排名下降的有广东省、上海市、广西壮族自治区、陕西省、吉林省、山西省、西藏自治区。其中，陕西省排名下降了3位，其余省份排名下降了1位。

从各省份进口占全国总进口的份额来看，与2021年相比，2022年进口份额增加最多的前5个省份为北京市、山东省、浙江省、黑龙江省和云南省，分别增加了2.88%、0.42%、0.40%、0.27%和0.16%；与2021年相比，2022年进口份额下降最多的前5个省份为广东省、上海市、江苏省、陕西省、辽宁省，分别下降了2.06%、0.68%、0.42%、0.25%和0.15%。

二、2022年中国城市进口排行榜

深圳市是2022年我国进口规模排名第一的城市。如表2所示，2022年，进口规模最大的城市仍然是深圳市，进口规模是2219.06亿美元，占全国进口总额的8.17%。2022年，前五大进口城市与2021年相同，依次为深圳市、苏州市、广州市、东莞市和厦门市。与2021年相比，广州市排名上升了2位，从第五名上升到了第三名。

表2　2022年中国城市进口排行榜（前50强）

位次	城市	进口额/亿美元	得分	该城市进口占全国总进口的比重/%
1	深圳市	2219.06	100	8.17
2	苏州市	1541.80	69	5.68
3	广州市	712.69	32	2.62
4	东莞市	705.54	32	2.60
5	厦门市	685.76	31	2.52
6	宁波市	667.60	30	2.46
7	青岛市	562.60	25	2.07
8	成都市	502.41	23	1.85
9	大连市	405.82	18	1.49
10	无锡市	378.65	17	1.39
11	郑州市	370.23	17	1.36
12	南京市	369.83	17	1.36
13	杭州市	364.40	16	1.34
14	烟台市	270.08	12	0.994
15	西安市	245.55	11	0.904

续表

位次	城市	进口额/亿美元	得分	该城市进口占全国总进口的比重/%
16	武汉市	207. 84	9. 37	0. 765
17	大庆市	201. 71	9. 09	0. 743
18	合肥市	197. 58	8. 90	0. 727
19	南通市	196. 74	8. 87	0. 724
20	珠海市	169. 24	7. 63	0. 623
21	福州市	163. 49	7. 37	0. 602
22	佛山市	161. 46	7. 28	0. 594
23	昆明市	158. 07	7. 12	0. 582
24	惠州市	156. 79	7. 07	0. 577
25	潍坊市	141. 80	6. 39	0. 522
26	唐山市	138. 50	6. 24	0. 510
27	长春市	135. 07	6. 09	0. 497
28	沈阳市	133. 05	6. 00	0. 490
29	金华市	131. 27	5. 92	0. 483
30	日照市	128. 10	5. 77	0. 472
31	长沙市	125. 55	5. 66	0. 462
32	济南市	117. 32	5. 29	0. 432
33	南宁市	114. 51	5. 16	0. 422
34	防城港市	108. 91	4. 91	0. 401
35	常州市	108. 27	4. 88	0. 399
36	连云港市	101. 22	4. 56	0. 373
37	铜陵市	87. 23	3. 93	0. 321
38	威海市	79. 16	3. 57	0. 291
39	淄博市	75. 38	3. 40	0. 278
40	太原市	74. 41	3. 35	0. 274
41	中山市	70. 85	3. 19	0. 261
42	温州市	66. 90	3. 01	0. 246
43	海口市	65. 31	2. 94	0. 240
44	石家庄市	65. 02	2. 93	0. 239
45	湛江市	62. 28	2. 81	0. 229
46	岳阳市	61. 30	2. 76	0. 226

续表

位次	城市	进口额/亿美元	得分	该城市进口占全国总进口的比重/%
47	南昌市	58.57	2.64	0.216
48	崇左市	51.42	2.32	0.189
49	江门市	49.01	2.21	0.180
50	廊坊市	48.83	2.20	0.180

数据来源：海关总署 2022 年进出口商品收发货人所在地总值表。

大庆市是 2022 年我国进口规模增加最多的城市。与 2021 年相比，2022 年进口规模增加最多的 5 个城市依次为大庆市、大连市、金华市、昆明市、南通市，分别增加了 48.2 亿美元、47.4 亿美元、45.6 亿美元、37.1 亿美元和 19.9 亿美元；与 2021 年相比，2022 年进口规模下降最多的 5 个城市依次是深圳市、东莞市、苏州市、西安市、崇左市，分别减少了 284.3 亿美元、174.8 亿美元、76.7 亿美元、69.8 亿美元和 65.6 亿美元。

从各城市进口占全国总进口的份额来看，与 2021 年相比，2022 年进口份额增加最多的 5 个城市依次是大庆市、金华市、大连市、昆明市、南通市，进口份额分别增加了 0.17%、0.16%、0.16%、0.13%和 0.06%；与 2021 年相比，2022 年进口份额下降最多的 5 个城市依次为深圳市、东莞市、苏州市、西安市、崇左市，分别下降了 1.14%、0.68%、0.34%、0.27%和 0.25%。

三、2022 年中国进口来源地排行榜

中国台湾是 2022 年中国大陆第一大进口来源地。如表 3 所示，2022 年，中国大陆第一大进口来源地是中国台湾，进口额达 2380.92 亿美元，占我国总进口的 8.77%。2022 年，中国大陆前五大进口来源地分别为中国台湾、韩国、日本、美国和澳大利亚，这五大进口来源地进口合计占中国总进口的份额为 34.68%。2021 年，前五大进口来源地同样分别为中国台湾、日本、韩国、美国和澳大利亚，这五大进口来源地合计进口占中国总进口的份额为 37.71%。

表 3　2022 年中国进口来源地排行榜（前 60 强）

位次	国家或地区	进口额/亿美元	得分	从该地的进口占全国总进口的比重/%
1	中国台湾	2380.92	100	8.77
2	韩国	1996.67	83.9	7.35
3	日本	1844.97	77.5	6.79
4	美国	1776.44	74.6	6.54
5	澳大利亚	1420.91	59.7	5.23
6	俄罗斯联邦	1141.49	47.9	4.20
7	德国	1113.99	46.8	4.10
8	马来西亚	1098.79	46.1	4.05
9	巴西	1095.22	46.0	4.03
10	越南	879.61	36.9	3.24
11	沙特阿拉伯	780.46	32.8	2.87
12	印度尼西亚	777.70	32.7	2.86
13	泰国	565.18	23.7	2.08
14	瑞士	497.14	20.9	1.83
15	阿拉伯联合酋长国	454.08	19.1	1.67
16	智利	444.86	18.7	1.64
17	加拿大	423.83	17.8	1.56
18	伊拉克	393.85	16.5	1.45
19	阿曼	362.40	15.2	1.33
20	法国	355.65	14.9	1.31
21	新加坡	339.58	14.3	1.25
22	南非	325.43	13.7	1.20
23	意大利	269.76	11.3	0.993
24	科威特	265.10	11.1	0.976
25	秘鲁	241.11	10.1	0.888
26	安哥拉	232.46	9.763	0.856
27	菲律宾	230.46	9.680	0.849
28	卡塔尔	225.58	9.474	0.831
29	英国	218.22	9.166	0.803
30	爱尔兰	180.96	7.600	0.666
31	印度	174.83	7.343	0.644

续表

位次	国家或地区	进口额/亿美元	得分	从该地的进口占全国总进口的比重/%
32	墨西哥	174.30	7.321	0.642
33	刚果（金）	167.81	7.048	0.618
34	新西兰	159.76	6.710	0.588
35	哈萨克斯坦	148.19	6.224	0.546
36	荷兰	125.16	5.257	0.461
37	缅甸	114.94	4.827	0.423
38	土库曼斯坦	103.14	4.332	0.380
39	西班牙	97.64	4.101	0.360
40	蒙古	93.37	3.922	0.344
41	瑞典	91.63	3.848	0.337
42	以色列	89.67	3.766	0.330
43	比利时	87.27	3.666	0.321
44	阿根廷	85.93	3.609	0.316
45	奥地利	82.36	3.459	0.303
46	挪威	79.75	3.349	0.294
47	中国香港	78.46	3.296	0.289
48	斯洛伐克	77.10	3.238	0.284
49	哥伦比亚	70.42	2.958	0.259
50	厄瓜多尔	68.00	2.856	0.250
51	伊朗	63.55	2.669	0.234
52	赞比亚	57.52	2.416	0.212
53	丹麦	57.17	2.401	0.210
54	刚果（布）	55.95	2.350	0.206
55	捷克	54.19	2.276	0.200
56	芬兰	52.79	2.217	0.194
57	波兰	50.60	2.125	0.186
58	匈牙利	50.49	2.121	0.186
59	几内亚	45.30	1.902	0.167
60	土耳其	45.20	1.899	0.166

数据来源：海关总署 2022 年进出口商品国别（地区）总值表。

俄罗斯联邦是2022年我国进口规模增加最多的地区。从进口规模变化来看，与2021年相比，2022年我国从俄罗斯联邦、沙特阿拉伯、阿拉伯联合酋长国、印度尼西亚和伊拉克的进口规模增加较多，分别增加了348亿美元、210亿美元、168亿美元、140亿美元和127亿美元。从占中国进口份额来看，与2021年相比，2022年我国从俄罗斯联邦、沙特阿拉伯、阿拉伯联合酋长国、印度尼西亚和伊拉克的进口份额分别增加了1.25%、0.75%、0.61%、0.49%和0.46%。俄罗斯联邦是2022年我国进口规模增加最多的地区，进口产品主要集中于能源产品。

四、2022年中国产业进口排行榜

机电产品是2022年我国第一大进口产品。如表4所示，2022年，进口规模最大的行业是电机、电气设备及其零件；录音机及放声机、电视图像、声音的录制和重放设备及其零件、附件，进口额达6446.92亿美元，占全国总进口的份额达23.74%。2021年此行业同样是我国进口规模最大的行业，占全国总进口的份额为24.89%。

2022年，我国前五大进口行业依次为“电机、电气设备及其零件；录音机及放声机、电视图像、声音的录制和重放设备及其零件、附件”“矿物燃料、矿物油及其蒸馏产品；沥青物质；矿物蜡”“矿砂、矿渣及矿灰”“核反应堆、锅炉、机械器具及其零件”“天然或养殖珍珠、宝石或半宝石、贵金属、包贵金属及其制品；仿首饰；硬币”，这五大进口行业合计进口占全国总进口的62.98%。

相比2021年，“天然或养殖珍珠、宝石或半宝石、贵金属、包贵金属及其制品；仿首饰；硬币”的进口规模排名上升1位，“光学、照相、电影、计量、检验、医疗或外科用仪器及设备、精密仪器及设备；上述物品的零件、附件”的进口规模排名下降1位。

表4　2022年中国行业进口排行榜

位次	HS二位码行业	进口额/亿美元	得分	该行业进口占全国总进口的比重/%
1	电机、电气设备及其零件；录音机及放声机、电视图像、声音的录制和重放设备及其零件、附件	6446.92	100	23.74
2	矿物燃料、矿物油及其蒸馏产品；沥青物质；矿物蜡	5353.40	83	19.71
3	矿砂、矿渣及矿灰	2247.16	35	8.27
4	核反应堆、锅炉、机械器具及零件	2021.46	31	7.44

续表

位次	HS二位码行业	进口额/亿美元	得分	该行业进口占全国总进口的比重/%
5	天然或养殖珍珠、宝石或半宝石、贵金属、包贵金属及其制品；仿首饰；硬币	1037.01	16	3.82
6	光学、照相、电影、计量、检验、医疗或外科用仪器及设备、精密仪器及设备；上述物品的零件、附件	820.30	13	3.02
7	车辆及其零件、附件，但铁道及电车道车辆除外	808.16	13	2.98
8	塑料及其制品	751.89	12	2.77
9	铜及其制品	687.05	11	2.53
10	含油籽仁及果实；杂项籽仁及果实；工业用或药用植物；稻草、秸秆及饲料	686.05	11	2.53
11	有机化学品	580.74	9.01	2.14
12	钢铁	436.62	6.77	1.61
13	药品	399.09	6.19	1.47
14	肉及食用杂碎	308.79	4.79	1.14
15	杂项化学产品	278.71	4.32	1.03
16	无机化学品；贵金属、稀土金属、放射性元素及其同位素的有机及无机化合物	259.24	4.02	0.95
17	木浆及其他纤维状纤维素浆；纸及纸板的废碎品	224.86	3.49	0.83
18	木及木制品；木炭	221.88	3.44	0.82
19	精油及香膏；芳香料制品及化妆盥洗品	216.18	3.35	0.80
20	谷物	194.50	3.02	0.72
21	鱼、甲壳动物、软体动物及其他水生无脊椎动物	187.83	2.91	0.69
22	橡胶及其制品	185.53	2.88	0.68
23	食用水果及坚果；甜瓜或柑橘属水果的果皮	166.37	2.58	0.61
24	盐；硫黄；泥土及石料；石膏料、石灰及水泥	166.35	2.58	0.61
25	动、植物油、脂及其分解产品；精制的食用油脂；动、植物蜡	153.49	2.38	0.57
26	镍及其制品	127.45	1.98	0.47
27	铝及其制品	116.86	1.81	0.43

续表

位次	HS 二位码行业	进口额/亿美元	得分	该行业进口占全国总进口的比重/%
28	航空器、航天器及其零件	109.53	1.70	0.40
29	乳品；蛋品；天然蜂蜜；其他食用动物产品	95.49	1.48	0.35
30	钢铁制品	94.77	1.47	0.35
31	棉花	92.96	1.44	0.34
32	特殊交易品及未分类商品	77.79	1.21	0.29
33	食品工业的残渣及废料；配制的动物饲料	74.42	1.15	0.27
34	其他贱金属、金属陶瓷及其制品	73.54	1.14	0.27
35	玻璃及其制品	72.45	1.12	0.27
36	纸及纸板；纸浆、纸或纸板制品	69.79	1.08	0.26
37	谷物、粮食粉、淀粉或乳的制品；糕饼点心	68.20	1.06	0.25
38	肥皂、有机表面活性剂、洗涤剂、润滑剂、人造蜡、调制蜡、光洁剂、蜡烛及类似品、塑型用膏、“牙科用蜡”及牙科用熟石膏制剂	67.65	1.05	0.25
39	鞋靴、护腿和类似品及其零件	62.25	0.966	0.23
40	皮革制品；鞍具及挽具；旅行用品、手提包及类似容器；动物肠线（蚕胶丝除外）制品	60.08	0.932	0.22
41	饮料、酒及醋	54.45	0.845	0.20
42	杂项食品	54.25	0.842	0.20
43	非针织或非钩编的服装及衣着附件	53.86	0.835	0.20
44	鞣料浸膏及染料浸膏；鞣酸及其衍生物；染料、颜料及其他色料；油漆及清漆；油灰及其他类似胶黏剂；墨水、油墨	51.95	0.806	0.19
45	肥料	49.54	0.768	0.18
46	蛋白类物质；改性淀粉；胶；酶	46.66	0.724	0.17
47	钟表及其零件	43.88	0.681	0.16
48	针织或钩编的服装及衣着附件	41.81	0.648	0.15
49	食用蔬菜、根及块茎	38.90	0.603	0.14
50	糖及糖食	36.32	0.563	0.13
51	照相及电影用品	35.09	0.544	0.13

续表

位次	HS二位码行业	进口额/亿美元	得分	该行业进口占全国总进口的比重/%
52	生皮（毛皮除外）及皮革	32.58	0.505	0.12
53	羊毛、动物细毛或粗毛；马毛纱线及其机织物	31.02	0.481	0.11
54	贱金属工具、器具、利口器、餐匙、餐叉及其零件	29.89	0.464	0.11
55	家具；寝具、褥垫、弹簧床垫、软坐垫及类似的填充制品；未列名灯具及照明装置；发光标志、发光名牌及类似品；活动房屋	28.31	0.439	0.10
56	玩具、游戏品、运动用品及其零件、附件	27.82	0.431	0.10
57	制粉工业产品；麦芽；淀粉；菊粉；面筋	25.16	0.390	0.093
58	化学纤维长丝	22.93	0.356	0.084
59	书籍、报纸、印刷图画及其他印刷品；手稿、打字稿及设计图纸	22.66	0.352	0.083
60	艺术品、收藏品及古物	22.33	0.346	0.082
61	石料、石膏、水泥、石棉、云母及类似材料的制品	22.01	0.341	0.081
62	贱金属杂项制品	19.57	0.303	0.072
63	蔬菜、水果、坚果或植物其他部分的制品	18.30	0.284	0.067
64	烟草、烟草及烟草代用品的制品	16.89	0.262	0.062
65	船舶及浮动结构体	16.87	0.262	0.062
66	杂项制品	16.33	0.253	0.060
67	陶瓷产品	16.16	0.251	0.060
68	咖啡、茶、马黛茶及调味香料	15.68	0.243	0.058
69	化学纤维短纤	15.61	0.242	0.057
70	浸渍、涂布、包覆或层压的纺织物；工业用纺织制品	15.09	0.234	0.056
71	其他动物产品	13.54	0.210	0.050
72	絮胎、毡呢及无纺织物；特种纱线；线、绳、索、缆及其制品	12.33	0.191	0.045
73	锡及其制品	11.50	0.178	0.042
74	其他植物纺织纤维；纸纱线及其机织物	10.79	0.167	0.040

续表

位次	HS 二位码行业	进口额/亿美元	得分	该行业进口占全国总进口的比重/%
75	已加工羽毛、羽绒及其制品；人造花；人发制品	10.08	0.156	0.037
76	可可及可可制品	9.43	0.146	0.035
77	针织物及钩编织物	9.08	0.141	0.033
78	活动物	8.93	0.139	0.033
79	锌及其制品	6.03	0.094	0.022
80	乐器及其零件、附件	5.64	0.087	0.021
81	铁道及电车道机车、车辆及其零件；铁道及电车道轨道固定装置及其零件、附件；各种机械（包括电动机械）交通信号设备	5.41	0.084	0.020
82	虫胶；树胶、树脂及其他植物液、汁	5.28	0.082	0.019
83	毛皮、人造毛皮及其制品	4.72	0.073	0.017
84	其他纺织制成品；成套物品；旧衣着及旧纺织品；碎织物	3.84	0.060	0.014
85	肉、鱼、甲壳动物、软体动物及其他水生无脊椎动物的制品	3.70	0.057	0.014
86	特种机织物；簇绒织物；花边；装饰毯；装饰带；刺绣品	3.41	0.053	0.013
87	帽类及其零件	2.51	0.039	0.009
88	活树及其他活植物；鳞茎、根及类似品；插花及装饰用簇叶	2.38	0.037	0.009
89	编结用植物材料；其他植物产品	1.95	0.030	0.007
90	炸药；烟火制品；火柴；引火合金；易燃材料制品	1.21	0.019	0.004
91	铅及其制品	0.93	0.014	0.003
92	地毯及纺织材料的其他铺地制品	0.92	0.014	0.003
93	蚕丝	0.81	0.013	0.003
94	软木及软木制品	0.41	0.006	0.001
95	稻草、秸秆、针茅或其他编结材料制品；篮筐及柳条编结品	0.23	0.004	0.0009
96	雨伞、阳伞、手杖、鞭子、马鞭及其零件	0.10	0.002	0.0004
97	武器、弹药及其零件、附件	0.04	0.001	0.0001

续表

位次	HS 二位码行业	进口额/亿美元	得分	该行业进口占全国总进口的比重/%
98	跨境电商 B2B 简化申报商品	0.00	0.000	23.74

数据来源：海关总署 2022 年进出口商品类章总值表，缺少 77 章商品进口数据。

五、2022 年中国直属海关进口排行榜

如表 5 所示，2022 年，上海海关是我国进口规模最大的海关，进口规模达 4732.83 亿美元，占全国总进口的 17.4%。2022 年前五大进口海关分别是上海海关、深圳海关、南京海关、青岛海关和天津海关，其中前四名与 2021 年排名相同，天津海关由第六名跃升至第五名。2022 年，前五大海关合计进口占全国总进口的 51.8%；前十大海关合计进口占全国总进口的份额达 70.4%。

表 5　2022 年中国直属海关进口排行榜

位次	海关	进口额/亿美元	得分	各海关进口占全国总进口的比重/%
1	上海海关	4732.83	100	17.4
2	深圳海关	2963.75	62.6	10.9
3	南京海关	2615.22	55.3	9.6
4	青岛海关	2375.89	50.2	8.7
5	天津海关	1425.26	30.1	5.2
6	黄埔海关	1303.42	27.5	4.8
7	宁波海关	1057.44	22.3	3.9
8	杭州海关	1056.59	22.3	3.9
9	北京海关	825.10	17.4	3.0
10	大连海关	823.43	17.4	3.0
11	广州海关	795.17	16.8	2.9
12	南宁海关	637.72	13.5	2.3
13	厦门海关	616.32	13.0	2.3
14	石家庄海关	536.12	11.3	2.0
15	成都海关	515.97	10.9	1.9
16	郑州海关	447.77	9.5	1.6
17	湛江海关	436.80	9.2	1.6
18	济南海关	401.38	8.5	1.5

续表

位次	海关	进口额/亿美元	得分	各海关进口占全国总进口的比重/%
19	重庆海关	340.46	7.2	1.3
20	福州海关	331.01	7.0	1.2
21	合肥海关	296.86	6.3	1.1
22	拱北海关	272.37	5.8	1.0
23	乌鲁木齐海关	265.38	5.6	1.0
24	哈尔滨海关	248.69	5.3	0.92
25	武汉海关	229.02	4.8	0.84
26	西安海关	224.35	4.7	0.83
27	昆明海关	191.44	4.0	0.70
28	海口海关	184.99	3.9	0.68
29	南昌海关	182.91	3.9	0.67
30	沈阳海关	164.85	3.5	0.61
31	长沙海关	147.41	3.1	0.54
32	汕头海关	107.47	2.3	0.40
33	呼和浩特海关	97.89	2.1	0.36
34	江门海关	80.63	1.7	0.30
35	长春海关	69.42	1.5	0.26
36	满洲里海关	53.07	1.1	0.20
37	兰州海关	41.08	0.87	0.15
38	太原海关	37.05	0.78	0.14
39	贵阳海关	22.33	0.47	0.08
40	银川海关	4.39	0.09	0.02
41	西宁海关	0.60	0.01	0.002
42	拉萨海关	0.17	0.004	0.001

数据来源：海关总署 2022 年进出口商品关别总值表。

六、2022 年中国高新技术产业开发区进口排行榜

如表 6 所示，2022 年，在统计的 63 个高新技术产业开发区中，成都高新技术产业开发区的进口规模最大，为 425.40 亿美元，占全国总进口的 1.57%，占 63 个高新技术产业开发区进口总额的 33.02%。与 2021 年相同，2022 年，全国进口最多的五个高新

技术产业开发区分别是成都高新技术产业开发区、无锡高新技术产业开发区、苏州高新技术产业开发区、济南高新技术产业开发区和广州高新技术产业开发区。2022 年，前五大高新技术产业开发区合计进口占全国总进口的 3.49%，占 63 个高新技术产业开发区进口总额的 73.42%。成都高新技术产业开发区的进口规模是排名第 5 的广州高新技术产业开发区的 7.2 倍，是排名第 10 的长沙高新技术产业开发区的 17.9 倍。

表 6　2022 年中国高新技术产业开发区进口排行榜

位次	高新技术产业开发区	进口额/亿美元	得分	该高新技术产业开发区进口额占 63 个高新技术产业开发区进口额的比重/%	该高新技术产业开发区进口额占全国总进口额的比重/%
1	成都高新技术产业开发区	425.40	100	33.02	1.57
2	无锡高新技术产业开发区	236.83	56	18.38	0.87
3	苏州高新技术产业开发区	142.71	34	11.08	0.53
4	济南高新技术产业开发区	81.82	19	6.35	0.30
5	广州高新技术产业开发区	59.16	14	4.59	0.22
6	惠州高新技术产业开发区	58.63	14	4.55	0.22
7	昆明高新技术产业开发区	44.81	11	3.48	0.16
8	潍坊高新技术产业开发区	41.64	9.79	3.23	0.15
9	南昌高新技术产业开发区	25.53	6.00	1.98	0.09
10	长沙高新技术产业开发区	23.75	5.58	1.84	0.09
11	合肥高新技术产业开发区	18.05	4.24	1.40	0.07
12	宁波高新技术产业开发区	12.14	2.85	0.94	0.04
13	天津滨海高新技术产业开发区	9.21	2.16	0.71	0.03
14	杭州高新技术产业开发区	9.03	2.12	0.70	0.03
15	郴州高新技术产业开发区	8.31	1.95	0.65	0.03
16	哈尔滨高新技术产业开发区	8.04	1.89	0.62	0.03
17	泸州高新技术产业开发区	7.71	1.81	0.60	0.03
18	绵阳高新技术产业开发区	7.25	1.70	0.56	0.03
19	青岛高新技术产业开发区	7.18	1.69	0.56	0.03
20	沈阳高新技术产业开发区	6.24	1.47	0.48	0.02
21	长春高新技术产业开发区	6.11	1.44	0.47	0.02
22	赣州高新技术产业开发区	5.18	1.22	0.40	0.02
23	南宁高新技术产业开发区	4.88	1.15	0.38	0.02

续表

位次	高新技术产业开发区	进口额/亿美元	得分	该高新技术产业开发区进口额占63个高新技术产业开发区进口额的比重/%	该高新技术产业开发区进口额占全国总进口额的比重/%
24	淄博高新技术产业开发区	4.60	1.08	0.36	0.02
25	大庆高新技术产业开发区	3.75	0.88	0.29	0.01
26	东莞松山湖高新技术产业开发区	2.73	0.64	0.21	0.01
27	常州高新技术产业开发区	2.59	0.61	0.20	0.01
28	贵阳高新技术产业开发区	2.50	0.59	0.19	0.01
29	南京高新技术外向型开发区	2.46	0.58	0.19	0.01
30	宝鸡高新技术产业开发区	2.19	0.52	0.17	0.01
31	洛阳高新技术产业开发区	1.56	0.37	0.12	0.01
32	大连市高新技术产业园区	1.47	0.35	0.11	0.01
33	蚌埠高新技术产业开发区	1.45	0.34	0.11	0.01
34	太原高新技术产业开发区	1.43	0.34	0.11	0.01
35	鹰潭高新技术产业开发区	1.42	0.33	0.11	0.01
36	襄阳高新技术产业开发区	1.38	0.32	0.11	0.01
37	珠海高新技术产业开发区	1.25	0.29	0.10	0.005
38	益阳高新技术产业开发区	1.22	0.29	0.09	0.004
39	重庆高新技术产业开发区	0.84	0.20	0.07	0.003
40	郑州高新技术产业开发区	0.80	0.19	0.06	0.003
41	乌鲁木齐高新技术产业开发区	0.79	0.19	0.06	0.003
42	宜春丰城高新技术产业开发区	0.76	0.18	0.06	0.003
43	株洲高新技术产业开发区	0.69	0.16	0.05	0.003
44	杨凌农业高新技术产业示范区	0.36	0.085	0.03	0.001
45	芜湖高新技术产业开发区	0.35	0.082	0.03	0.001
46	湖州莫干山高新技术产业开发区	0.33	0.078	0.03	0.001
47	马鞍山慈湖高新技术产业开发区	0.29	0.068	0.02	0.001
48	新余高新技术产业开发区	0.28	0.065	0.02	0.001
49	吉林高新技术产业开发区	0.27	0.065	0.02	0.001
50	衡阳高新技术产业开发区	0.27	0.064	0.02	0.001
51	抚州高新技术产业开发区	0.27	0.063	0.02	0.001
52	茂名高新技术产业开发区	0.12	0.029	0.01	0.0005

续表

位次	高新技术产业开发区	进口额/亿美元	得分	该高新技术产业开发区进口额占 63 个高新技术产业开发区进口额的比重/%	该高新技术产业开发区进口额占全国总进口额的比重/%
53	鞍山高新技术产业开发区	0. 10	0. 024	0. 01	0. 0004
54	景德镇高新技术产业开发区	0. 07	0. 016	0. 01	0. 0003
55	湘潭高新技术产业开发区	0. 03	0. 007	0. 002	0. 0001
56	石家庄高新技术产业开发区	0. 03	0. 006	0. 002	0. 0001
57	包头高新技术产业开发区	0. 03	0. 006	0. 002	0. 0001
58	保定高新技术产业开发区	0. 02	0. 005	0. 002	0. 0001
59	长治高新技术产业开发区	0. 02	0. 005	0. 002	0. 0001
60	九江共青城高新技术产业开发区	0. 01	0. 003	0. 001	0. 0001
61	乐山高新技术产业开发区	0. 006	0. 001	0. 0005	0. 00002
62	福州高新技术产业开发区	0. 002	0. 0005	0. 0002	0. 00001
63	常德高新技术产业开发区	0. 00005	0. 00001	0. 000004	0. 0000002

数据来源：海关总署 2022 年进出口商品收发货人所在地总值表。

注：与 2021 年相比，2022 年统计的高新技术产业开发区的统计新增南昌高新技术产业开发区、天津滨海高新技术产业开发区，此外 2022 年淮南、吉安、湛江、青海高新技术开发区的进口情况并无统计数据，没有放入排行榜中，因此，2022 年实际统计的高新技术产业开发区的数量为 63 个。

七、2022 年中国经济技术开发区进口排行榜

如表 7 所示，2022 年，在统计的 87 个经济技术开发区中，青岛经济技术开发区的进口规模最大，是 255. 26 亿美元，占全国总进口的 0. 94%，占 87 个经济技术开发区进口总额的 14. 51%。青岛经济技术开发区的进口规模是排名第 10 的南通经济技术开发区的 5. 9 倍，是排名第 20 的赣州经济技术开发区的 16. 6 倍。

2022 年，全国进口规模最大的 5 个经济技术开发区分别是青岛经济技术开发区、天津经济技术开发区、北京经济技术开发区、宁波经济技术开发区和大连经济技术开发区。与 2021 年相比，宁波经济技术开发区由第五名上升至第四名，大连经济技术开发区则由第四名下降至第五名。2022 年，前五大经济技术开发区合计进口占全国总进口的 3. 43%，占 87 个经济技术开发区进口总额的 52. 99%。

表7　2022年中国经济技术开发区进口排行榜

位次	经济技术开发区	进口额/亿美元	得分	该经济技术开发区进口额占74个经济技术开发区进口额的比重/%	该经济技术开发区进口额占全国总进口额的比重/%
1	青岛经济技术开发区	255.26	100	14.51	0.94
2	天津经济技术开发区	198.89	77.9	11.31	0.73
3	北京经济技术开发区	186.61	73.1	10.61	0.69
4	宁波经济技术开发区	152.14	59.6	8.65	0.56
5	大连经济技术开发区	139.11	54.5	7.91	0.51
6	广州经济技术开发区	131.81	51.6	7.50	0.49
7	合肥经济技术开发区	89.03	34.9	5.06	0.33
8	烟台经济技术开发区	78.04	30.6	4.44	0.29
9	杭州经济技术开发区	51.83	20.3	2.95	0.19
10	南通经济技术开发区	43.24	16.9	2.46	0.16
11	太原经济技术开发区	37.44	14.7	2.13	0.14
12	湛江经济技术开发区	31.43	12.3	1.79	0.12
13	连云港经济技术开发区	29.97	11.7	1.70	0.11
14	福州经济技术开发区	24.43	9.57	1.39	0.09
15	秦皇岛经济技术开发区	21.59	8.46	1.23	0.08
16	芜湖经济技术开发区	19.37	7.59	1.10	0.07
17	武汉经济技术开发区	16.89	6.62	0.96	0.06
18	哈尔滨经济技术开发区	15.48	6.06	0.88	0.06
19	陕西航天经济技术开发区	15.47	6.06	0.88	0.06
20	赣州经济技术开发区	15.42	6.04	0.88	0.06
21	日照经济技术开发区	13.84	5.42	0.79	0.05
22	武汉吴家山经济技术开发区	13.57	5.32	0.77	0.05
23	长春经济技术开发区	13.44	5.27	0.76	0.05
24	蒙自经济技术开发区	13.07	5.12	0.74	0.05
25	沈阳经济技术开发区	12.78	5.01	0.73	0.05
26	陕西西安经济技术开发区	11.10	4.35	0.63	0.04
27	成都经济技术开发区	10.17	3.98	0.58	0.04
28	南昌经济技术开发区	9.00	3.53	0.51	0.03
29	长沙经济技术开发区	8.76	3.43	0.50	0.03
30	宜宾临港经济技术开发区	8.62	3.38	0.49	0.03

续表

位次	经济技术开发区	进口额/亿美元	得分	该经济技术开发区进口额占74个经济技术开发区进口额的比重/%	该经济技术开发区进口额占全国总进口额的比重/%
31	乌鲁木齐经济技术开发区	8.04	3.15	0.46	0.03
32	九江经济技术开发区	7.53	2.95	0.43	0.03
33	上海闵行经济技术开发区	7.25	2.84	0.41	0.03
34	滁州经济技术开发区	6.01	2.35	0.34	0.02
35	昆明经济技术开发区	5.72	2.24	0.33	0.02
36	万州经济技术开发区	5.40	2.12	0.31	0.02
37	廊坊经济技术开发区	4.53	1.77	0.26	0.02
38	宁波杭州湾经济技术开发区	4.11	1.61	0.23	0.02
39	池州经济技术开发区	4.03	1.58	0.23	0.01
40	重庆经济技术开发区	3.12	1.22	0.18	0.01
41	井冈山经济技术开发区	2.97	1.17	0.17	0.01
42	枣阳经济技术开发区	2.76	1.08	0.16	0.01
43	陕西航空经济技术开发区	2.63	1.03	0.15	0.01
44	安庆经济技术开发区	2.60	1.02	0.15	0.01
45	常德经济技术开发区	2.46	0.96	0.14	0.01
46	湘潭经济技术开发区	2.44	0.96	0.14	0.01
47	荆州经济技术开发区	2.29	0.90	0.13	0.01
48	大同经济技术开发区	2.13	0.83	0.12	0.01
49	浏阳经济技术开发区	1.90	0.74	0.11	0.01
50	黄石经济技术开发区	1.65	0.65	0.09	0.01
51	西宁经济技术开发区	1.58	0.62	0.09	0.01
52	珠海经济技术开发区	0.978	0.38	0.06	0.004
53	铜陵经济技术开发区	0.935	0.37	0.05	0.003
54	银川经济技术开发区	0.924	0.36	0.05	0.003
55	金华经济技术开发区	0.885	0.35	0.05	0.003
56	宜春经济技术开发区	0.796	0.31	0.05	0.003
57	马鞍山经济技术开发区	0.679	0.27	0.04	0.002
58	石河子经济技术开发区	0.573	0.22	0.03	0.002
59	宁国经济技术开发区	0.548	0.21	0.03	0.002
60	绵阳经济技术开发区	0.403	0.16	0.02	0.001

续表

位次	经济技术开发区	进口额/亿美元	得分	该经济技术开发区进口额占 74 个经济技术开发区进口额的比重/%	该经济技术开发区进口额占全国总进口额的比重/%
61	长寿经济技术开发区	0. 373	0. 15	0. 02	0. 001
62	拉萨经济技术开发区	0. 347	0. 14	0. 02	0. 001
63	汉中经济技术开发区	0. 302	0. 12	0. 02	0. 001
64	曲靖经济技术开发区	0. 286	0. 11	0. 02	0. 001
65	襄阳经济技术开发区	0. 264	0. 10	0. 02	0. 001
66	温州经济技术开发区	0. 257	0. 10	0. 01	0. 001
67	湖州经济技术开发区	0. 171	0. 07	0. 01	0. 001
68	营口经济技术开发区	0. 159	0. 06	0. 01	0. 001
69	榆林经济技术开发区	0. 151	0. 06	0. 009	0. 001
70	六安经济技术开发区	0. 138	0. 05	0. 008	0. 001
71	龙南经济技术开发区	0. 083	0. 03	0. 005	0. 0003
72	宣城经济技术开发区	0. 074	0. 03	0. 004	0. 0003
73	南昌小蓝经济技术开发区	0. 067	0. 03	0. 004	0. 0002
74	昆明嵩明杨林经济技术开发区	0. 063	0. 02	0. 004	0. 0002
75	瑞金经济技术开发区	0. 053	0. 02	0. 003	0. 0002
76	晋中经济技术开发区	0. 043	0. 02	0. 002	0. 0002
77	汉川经济技术开发区	0. 030	0. 01	0. 002	0. 0001
78	淮南经济技术开发区	0. 029	0. 01	0. 002	0. 0001
79	桐城经济技术开发区	0. 025	0. 01	0. 001	0. 0001
80	萍乡经济技术开发区	0. 019	0. 01	0. 001	0. 0001
81	广元经济技术开发区	0. 006	0. 002	0. 0003	0. 00002
82	鄂州葛店经济技术开发区	0. 004	0. 002	0. 0002	0. 00002
83	曹妃甸经济技术开发区	0. 004	0. 002	0. 0002	0. 00002
84	上饶经济技术开发区	0. 001	0. 0005	0. 0001	0. 000005
85	格尔木昆仑经济技术开发区	0. 001	0. 0002	0. 00003	0. 000002
86	上海经济技术开发区	0. 00010	0. 00004	0. 00001	0. 0000004
87	绥化经济技术开发区	0. 00001	0. 00001	0. 0000008	0. 0000001

数据来源：海关总署 2022 年进出口商品收发货人所在地总值表。

注：与 2021 年相比，2022 年统计的经济技术开发区新增武汉吴家山、鄂州葛店经济技术开发区；此外 2022 年台州和十堰经济技术开发区进口情况无统计数据，故并无得分，因此，2022 年统计的经济开发区的数量只有 87 个。

八、2022年中国保税区进口排行榜

如表8所示，2022年，在统计的9个保税区中，上海外高桥保税区的进口规模最大，为1092.87亿美元，占全国总进口的4.02%，占9个保税区进口总额的61.36%。上海外高桥保税区的进口规模是排名第9的福州保税区的148.9倍。

2022年，前五大进口保税区排名与2021年相同，分别是上海外高桥保税区、深圳福田保税区、宁波保税区、天津港保税区和厦门象屿保税区。2022年，前五大保税区合计进口占全国总进口的6.36%，占9个保税区进口总额的97.02%。与2021年相比，2022年天津港保税区、厦门象屿保税区、福州保税区、珠海保税区的进口额有所增加，其中天津港保税区进口额增加得最多，增加了11.3亿美元。其他5个保税区的进口额均有所减少，其中上海外高桥保税区进口额减少得最多，减少了107.3亿美元。

表8 2022年中国保税区进口排行榜

位次	保税区	进口额/亿美元	得分	该保税区进口额占9个保税区进口额的比重/%	该保税区进口额占全国总进口额的比重/%
1	上海外高桥保税区	1092.87	100	61.36	4.02
2	深圳福田保税区	325.67	29.80	18.28	1.20
3	宁波保税区	131.25	12.01	7.37	0.48
4	天津港保税区	94.64	8.66	5.31	0.35
5	厦门象屿保税区	83.66	7.65	4.70	0.31
6	广州保税区	16.68	1.53	0.94	0.06
7	珠海保税区	15.11	1.38	0.85	0.06
8	大连保税区	13.98	1.28	0.78	0.05
9	福州保税区	7.34	0.67	0.41	0.03

数据来源：海关总署2022年特定地区进出口总值表。

参考文献

[1] 陈焕友. 苏州工业园区创建的前前后后 [N]. 新华日报, 2008-08-03 (A04).

[2] 陈继勇, 李知睿. 中国对“一带一路”沿线国家直接投资的风险及其防范 [J]. 经济地理, 2018, 38 (12): 10-15, 24.

[3] 陈晓东. 做好技术引进需把握三个重要问题 [N]. 新华日报, 2019-03-26 (011).

[4] 丁纯, 陈芊凝. 中德经贸关系 50 年: 成就、问题与前景 [J]. 德国研究, 2022, 37 (6): 20-43, 120-121.

[5] 董芳芳. 95 项措施促进跨境贸易便利化 [N]. 深圳商报, 2023-08-10 (A02).

[6] 杜志琴. 中国奢侈品跨境电子商务发展面临的困境及创新路径 [J]. 对外经贸实务, 2018 (9): 25-28.

[7] 方杰炜, 施炳展. 知识产权保护如何影响发展中国家参与全球价值链分工 [J]. 国际贸易问题, 2023 (9): 106-122.

[8] 付鑫. 中国服务贸易现状及促进高质量发展对策 [J]. 中国发展观察, 2020 (Z3): 81-84.

[9] 傅春荣. 全国工商联发布 2023 年度万家民营企业评营商环境主要调查结论 [N]. 中华工商时报, 2023-12-28 (01).

[10] 傅江平. 深圳出口连续 26 年居内地大中城市第一 [N]. 中国质量报, 2019-02-12 (002).

[11] 甘霖. 关于完善国家质量基础设施支撑引领高质量发展的建议 [J]. 中国发展, 2021, 21 (2): 12-13.

[12] 高文. 平行进口: 能否成为海南汽车销售的“黑马” [N]. 中国国门时报, 2020-01-08 (003).

[13] 龚婷. 美国对“一带一路”的舆论新攻势及应对建议 [J]. 对外传播, 2022 (1): 50-53.

[14] 何勇海. 打破家电“小病大治”背后的利益共同体 [N]. 中国市场监管报, 2019-03-28 (002).

[15] 侯小菲. 天津港平行进口汽车发展研究 [J]. 社科纵横, 2017, 32 (12): 37-40.

[16] 胡必亮, 潘庆中. “一带一路”沿线国家综合发展水平测算、排序与评估 (总报告) [J]. 经济研究参考, 2017 (15): 4-15.

［17］胡必亮．“一带一路”：倡议实施前景［J］．中国人口科学，2018（1）：2-18，126．

［18］胡子南．欧盟强化对华经贸防御工具的动因、举措、影响及中国应对［J］．太平洋学报，2022，30（3）：53-63．

［19］黄满盈，邓晓虹．中国双边服务贸易出口潜力及贸易壁垒研究［J］．南开经济研究，2022（2）：21-34，86．

［20］黄文，戴嘉莹，杨蕊．关于家电售后服务的法律研究［J］．法制博览，2020（20）：76-77．

［21］纪建悦，刘路平，许瑶．美国对华出口管制的新态势、影响及中国对策［J］．国际贸易，2023（5）：48-55．

［22］江小涓，孟丽君．服务贸易增速提质与加快构建新发展格局［J］．财贸经济，2022，43（11）：5-23．

［23］姜菁斐．关于我国与“一带一路”国家发展跨境电商的思考［J］．国际贸易，2018（6）：56-60．

［24］鞠实．家电售后须破除“特约授权”垄断［N］．中国消费者报，2019-03-27（001）．

［25］寇蔻．中欧经贸依赖关系的变化及未来走向［J］．欧洲研究，2022（1）：85-108，7．

［26］李高超．外贸第一主体如何炼成［N］．国际商报，2020-01-20（002）．

［27］李海波．区块链视角下我国跨境电商问题解决对策［J］．中国流通经济，2018，32（11）：41-48．

［28］李杰，牛雅丽，韩宁．面向现代汽车产业后市场的客户服务研究［J］．汽车实用技术，2020（6）：234-236．

［29］李俊，赵若锦，范羽晴．我国数据跨境流动治理成效、问题与完善建议［J］．国际商务研究，2023，44（6）：84-95．

［30］李墨丝．中美欧博弈背景下的中欧跨境数据流动合作［J］．欧洲研究，2021，39（6）：1-24，165．

［31］李宁．扩大优质消费品进口惠及各方［N］．国际商报，2023-04-10（001）．

［32］李强．“互联网+”背景下跨境电商运作模式创新研究［J］．技术经济与管理研究，2019（3）：71-75．

［33］李向阳．跨境电商监管的国际实践和经验借鉴［J］．海关与经贸研究，2019，40（3）：50-61．

［34］李兴．信息泄露给国际政治增添哪些新变数［J］．人民论坛，2017（20）：25-27．

［35］李永钧．“空心化”拷问中国汽车零部件业［J］．西南汽车信息，2018（10）：22-24．

［36］李芷馨．个人数据跨境传输中域外立法管辖权的适用研究［J］．南海法学，2023，7（4）：101-113．

［37］梁国勇．全球数字贸易规则制定的新趋势与中国的战略选择［J］．国际经济评论，2023（4）：139-155，7.

［38］刘斌，李秋静．特朗普时期美国对华出口管制的最新趋势与应对策略［J］．国际贸易，2019（3）：33-42.

［39］刘金兰，伍爱凤，李勇．留学生在华就业对国际商务往来的促进作用探析［J］．国际商务（对外经济贸易大学学报），2016（6）：148-156.

［40］刘梦，苏雁，陈雪，等．逆势上扬，苏州底气何在［N］．光明日报，2020-08-14（05）.

［41］刘明．关税之降能否撬动进口之升［N］．国际商报，2018-06-15（002）.

［42］刘威．中美贸易摩擦中的高技术限制之"谜"［J］．社会科学文摘，2019（7）:30-32.

［43］刘薇，张溪．美国对华高技术出口限制对中国科技创新的影响分析——基于中美贸易摩擦背景［J］．工业技术经济，2019，38（9）：35-43.

［44］刘向丽，吴桐．国际经贸规则重构中美国的政策两难与发展趋势探讨［J］．国际贸易，2021（6）：38-46.

［45］刘艳，黄翔．"一带一路"建设中国家风险的防控——基于国际法的视角［J］．国际经济合作，2015（8）：26-31.

［46］刘英基．我国高技术产业低端锁定问题及解决对策［J］．经济纵横，2013（10）：18-21.

［47］刘子奎，刘晓临．冷战后美国对华卫星出口管制政策——从老布什政府到特朗普政府［J］．美国研究，2022，36（1）：130-159，7-8.

［48］龙春生，袁征．大国竞争时代美国对华科技战略探析［J］．美国研究，2023，37（4）：47-72，6.

［49］吕越，盛斌．探究"中国制造"的全球价值链"低端锁定"之谜［J］．清华金融评论，2018（10）：103-104.

［50］孟庆新．如何让中国奢侈品境外消费回归理性［J］．商场现代化，2018（7）：12-13.

［51］孟夏，孙禄，王浩．数字服务贸易壁垒、监管政策异质性对数字交付服务贸易的影响［J］．亚太经济，2020（6）：42-52，147.

［52］裴长洪．进口贸易结构与经济增长：规律与启示［J］．经济研究，2013，48（7）:4-19.

［53］綦伟，崔霞，甘霖．书写奋进新征程的"深圳答卷"［N］．深圳特区报，2021-10-14（A01）.

［54］沈梦溪．"一带一路"基础设施建设的资金瓶颈和应对之策［J］．国际贸易，2016（11）：33-37.

［55］师建华．中国汽车零部件产业发展报告［J］．汽车与驾驶维修（维修版），2018（10）：12-14.

［56］史丹，聂新伟，齐飞．数字经济全球化：技术竞争、规则博弈与中国选择［J］．管理

世界，2023，39（9）：1-15.

［57］司春晓，罗长远．撤离中国？——基于美国对华投资的研究［J］．当代美国评论，2021（1）：64-85.

［58］宋姗姗，钟永恒，刘佳，等．企业技术创新风险研究进展与热点议题［J］．技术与创新管理，2023，44（5）：525-540.

［59］孙成昊，申青青．拜登政府的供应链重塑战略：路径与前景［J］．美国研究，2023，37（1）：113-137，7-8.

［60］唐鹏琪．实施“一带一路”战略的政治与经济风险——以中国在斯里兰卡的投资为例［J］．南亚研究季刊，2015（2）：102-106，6.

［61］王浩，宋天阳．统合内政—外交双重逻辑——中美竞争背景下拜登政府国家供应链安全战略［J］．美国研究，2023，37（1）：82-112，7.

［62］王华．为何当下汽车业要重整售后服务？［J］．汽车与配件，2019（4）：32-34.

［63］王俊．民营企业是稳外贸的关键［J］．人民论坛，2020（Z2）：66-68.

［64］王俊．苏州自贸片区的创新经验与未来发展［N］．苏州日报，2021-08-31（B04）.

［65］王克．苏州工业园区的品牌输出［J］．中国经济周刊，2017（47）：66-67.

［66］王坤，相峰．“新零售”的理论架构与研究范式［J］．中国流通经济，2018，32（1）：3-11.

［67］王容博，曹历娟，朱晶．中美经贸摩擦中的农产品进口与中国粮食安全［J］．国际贸易问题，2022（5）：122-136.

［68］王蕊，潘怡辰，袁波．从 CPTPP 与 RCEP 差异看我国应对数字贸易规则竞争的思路［J］．国际贸易，2022（3）：12-18.

［69］王拓．数字服务贸易及相关政策比较研究［J］．国际贸易，2019（9）：80-89.

［70］王晓红．推动制造业利用外资扩量提质［J］．国际贸易，2023（7）：41-50.

［71］王永进．反垄断诉讼能破解中国进口汽车高售价之谜吗［J］．中国经济报告，2019（3）：40-47.

［72］魏浩，白明浩，郭也．融资约束与中国企业的进口行为［J］．金融研究，2019（2）：98-116.

［73］魏浩，邓琳琳．国际移民流入、中间品进口与东道国生产率提高［J］．国际贸易问题，2022（5）：38-50.

［74］魏浩，封起扬帆．中国消费品进口占比的国际比较、问题与对策［J］．国际经济评论，2022（6）：127-149，7.

［75］魏浩，付天．中国货物进口贸易的消费者福利效应测算研究——基于产品层面大型微观数据的实证分析［J］．经济学（季刊），2016（4）：1683-1714.

[76] 魏浩，耿园．进口商品技术水平与中国工业经济发展方式转变［J］．学术研究，2016（9）：93-103，178.

[77] 魏浩，郭也，李翀．中国进口商品结构及与贸易伙伴的关系研究［J］．经济理论与经济管理，2014（5）：97-112.

[78] 魏浩，郭也，沈融．进口制成品在中国市场上的比较优势及其变迁：2000年~2011年［J］．经济经纬，2014（5）：43-49.

[79] 魏浩，郭也，巫俊．中国市场、进口贸易与世界经济增长［J］．世界经济与政治论坛，2021（3）：26-53.

[80] 魏浩，郭也，周丽群．中国货物贸易进口的产品结构和比较优势测算［J］．国际贸易，2019（5）：27-37.

[81] 魏浩，郭也．中国进口增长的三元边际及其影响因素研究［J］．国际贸易问题，2016（2）：37-49.

[82] 魏浩，李翀，赵春明．中间品进口的来源地结构与中国企业生产率［J］．世界经济，2017（6）：48-71.

[83] 魏浩，李明珊．《2020中国进口排行榜》正式发布［J］．中国对外贸易，2020（11）：11-15.

[84] 魏浩，李明珊．《2021中国进口排行榜》正式发布［J］．中国对外贸易，2021（11）：20-25.

[85] 魏浩，李晓庆．进口贸易对劳动力市场影响研究进展［J］．经济学动态，2017（4）：133-141.

[86] 魏浩，李晓庆．进口投入品与中国企业的就业变动［J］．统计研究，2018（1）：43-52.

[87] 魏浩，李晓庆．知识产权保护与中国企业进口产品质量［J］．世界经济，2019（6）：143-168.

[88] 魏浩，李晓庆．中国进口贸易的技术结构及其影响因素研究［J］．世界经济，2015（8）：56-79.

[89] 魏浩，连慧君，王超男．中国纯进口企业之谜：进口的作用［J］．统计研究，2022（5）：63-78.

[90] 魏浩，连慧君，巫俊．中美贸易摩擦、美国进口冲击与中国企业创新［J］．统计研究，2019（8）：46-59.

[91] 魏浩，连慧君，张雨．中国高技术产品进口的基本态势与应对策略［J］．国际贸易，2020（12）：20-28，40.

[92] 魏浩，连慧君．进口竞争与中国企业出口产品质量［J］．经济学动态，2020（10）：44-60.

[93] 魏浩，连慧君. 来自美国的进口竞争与中国制造业企业就业 [J]. 财经研究，2020（8）：4-18.

[94] 魏浩，林薛栋. 进口产品质量与中国企业创新 [J]. 统计研究，2017（6）：16-26.

[95] 魏浩，林薛栋. 进口贸易自由化与异质性企业创新——来自中国制造企业的证据 [J]. 经济经纬，2017（6）：44-50.

[96] 魏浩，刘佩鑫. 中国大宗商品进口价格过快上涨的原因、影响与对策 [J]. 改革，2021（12）：81-93.

[97] 魏浩，涂悦. 进口经历与企业出口市场退出概率偏高之谜 [J]. 世界经济，2024（1）：86-117.

[98] 魏浩，涂悦. 中国跨境电商零售进口：发展特点、存在问题与政策建议 [J]. 国际贸易，2023（4）：31-39.

[99] 魏浩，王超男，李明珊. 进口结构与经济增长：来自全球的证据 [J]. 世界经济与政治论坛，2020（4）：77-103.

[100] 魏浩，王超男. 不确定性、市场边际与中国企业的进口增长 [J]. 经济学动态，2023（5）：92-109.

[101] 魏浩，王超男. 汇率波动、进口市场转换与中国企业进口稳定 [J]. 国际贸易问题，2023（5）：1-17.

[102] 魏浩，王超男. 中国跨境电商进口发展存在的问题与对策 [J]. 国际贸易，2021（11）：44-50，69.

[103] 魏浩，巫俊. 知识产权保护、进口贸易与创新型领军企业创新 [J]. 金融研究，2018（9）：91-106.

[104] 魏浩，巫俊. 知识产权保护与中国工业企业进口 [J]. 经济学动态，2018（3）：80-96.

[105] 魏浩，巫俊. 中国从“一带一路”沿线国家进口贸易发展的现状与对策 [J]. 人民论坛·学术前沿，2017（9）：67-73.

[106] 魏浩，巫俊. 中国进口与进口来源国的产出波动——基于行业层面的实证分析 [J]. 世界经济与政治论坛，2023（6）：77-97.

[107] 魏浩，武正宜.《2023中国进口排行榜》正式发布 [J]. 中国对外贸易，2023（11）：32-37.

[108] 魏浩，杨明明. 入世以来中国进口发展的历程与展望 [J]. 人民论坛，2022（1）：71-75.

[109] 魏浩，叶子丹，赵春明. 中国进口地区结构及其变化趋势的测算研究 [J]. 世界经济与政治论坛，2014（5）：1-21.

[110] 魏浩，袁然. 国际人才流入与中国进口贸易发展 [J]. 世界经济与政治论坛，2017

（1）：112-133.

［111］魏浩，张二震．对进口在经济发展中作用的重新认识——兼谈调整我国现行外贸政策的思路［J］．北京工商大学学报（社会科学版），2004（2）：58-62，74.

［112］魏浩，张瑞，王徽．进口专业化与中国工业行业的经济增长［J］．国际商务（对外经济贸易大学学报），2018（1）：1-11.

［113］魏浩，张文倩．出口目的地进口关税、人民币汇率与中国企业“稳出口”［J］．经济管理，2021（1）：18-34.

［114］魏浩，张文倩．多维进口与中国地区经济增长［J］．经济与管理研究，2020（9）：29-46.

［115］魏浩，张文倩．进口关税调整、传递效应与中国企业进口价格［J］．经济学（季刊），2022（3）：933-954.

［116］魏浩，张文倩．中间品进口市场数量、市场转换与企业出口产品质量［J］．国际贸易问题，2022（11）：35-52.

［117］魏浩，张宇鹏．中间品进口与北京市工业企业研发投入［J］．首都经济贸易大学学报，2018（4）：38-48.

［118］魏浩，赵春明，李晓庆．中国进口商品结构变化的估算：2000-2014 年［J］．世界经济，2016（4）：70-94.

［119］魏浩，赵宇辉．《2022 中国进口排行榜》正式发布［J］．中国对外贸易，2022（11）：15-17.

［120］魏浩，周亚如．中国进口价格变化的特征、影响与应对［J/OL］．国际经济评论，2024：1-32.

［121］魏浩．“中国进口”将成为促进世界经济发展的新动力［N］．中国经济时报，2019-03-04（003）.

［122］魏浩．《2019 中国进口发展报告》正式发布中国扩大进口，让世界共享中国商机［J］．中国对外贸易，2020（1）：18-20.

［123］魏浩．《2019 中国进口排行榜》：广东进口规模居全国第一韩国为中国第一大进口来源地［J］．中国对外贸易，2020（1）：21-23.

［124］魏浩．《2020 中国进口发展报告》：进口是连接国内循环和国际循环的关键纽带［J］．中国对外贸易，2021（5）：42-43.

［125］魏浩．《2021 中国进口发展报告》正式发布：中国对世界进口增长做出巨大贡献［J］．中国对外贸易，2021（12）：29-31.

［126］魏浩．2003—2007 年北京对外贸易进口结构的实证研究［J］．中央财经大学学报，2008（10）：78-84.

［127］魏浩．多举措扩大优质消费品进口［N］．经济日报，2022-12-07（009）．

［128］魏浩．积极扩大进口的战略意义与政策建议［J］．人民论坛，2020（23）：95-97．

［129］魏浩．积极扩大进口是中国对外开放的重大实践突破和理论创新［N］．第一财经日报，2019-03-11（011）．

［130］魏浩．积极扩大进口引领高水平对外开放［N］．新华日报，2020-12-29（020）．

［131］魏浩．借力进博会把握扩大进口战略机遇［N］．国际商报，2019-09-27（007）．

［132］魏浩．进口定价权、进口价格与不同类型商品的进口战略——基于微观产品数据的实证分析［J］．世界经济与政治论坛，2016（1）：80-105．

［133］魏浩．进口贸易促进平台成效显著［N］．经济日报，2023-02-08（011）．

［134］魏浩．进口贸易与经济增长——基于北京市的实证分析［J］．经济与管理研究，2016（7）：3-10．

［135］魏浩．扩大进口更好服务经济高质量发展［N］．光明日报，2020-11-02（016）．

［136］魏浩．扩大新发展格局下优质消费品进口［N］．中国社会科学报，2022-12-07（005）．

［137］魏浩．为世界经济复苏贡献“中国力量”［N］．人民日报海外版，2020-11-17（006）．

［138］魏浩．我国成世界进口贸易增长最主要动力［N］．经济日报，2022-11-28（006）．

［139］魏浩．以进博会为支点发挥扩大进口战略效应［N］．上海证券报，2018-11-08（007）．

［140］魏浩．以中国大市场创造发展新机遇［N］．人民日报，2022-12-20（005）．

［141］魏浩．用好进口贸易发展的“成都经验”［N］．中国经济时报，2021-11-08（003）．

［142］魏浩．知识产权保护强度与中国的高新技术产品进口［J］．数量经济技术经济研究，2016（12）：23-41．

［143］魏浩．中国积极扩大进口推动全球贸易发展［N］．国际商报，2019-11-05（009）．

［144］魏浩．中国进口发展的“非凡十年”——《2022中国进口发展报告》正式发布［J］．中国对外贸易，2022（12）：22-23．

［145］魏浩．中国进口发展的新机遇、新挑战与应对策略［J］．人民论坛·学术前沿，2022（1）：46-64．

［146］魏浩．中国进口发展状况及对策建议［N］．光明日报，2019-11-11（016）．

［147］魏浩．中国进口红利日益凸显［N］．人民日报海外版，2021-02-23（006）．

［148］魏浩．中国进口贸易发展存在问题与对策探讨［J］．人民论坛，2015（11）：76-78．

［149］魏浩．中国进口商品的国别结构及相互依赖程度研究［J］．财贸经济，2014（4）：69-81．

[150] 魏浩. 中国进口商品技术结构的测算及其国际比较 [J]. 统计研究, 2014 (12): 54-60.

[151] 魏浩. 中国进口为稳定海内外经济提供支撑 [N]. 人民日报海外版, 2020-04-07 (006).

[152] 魏浩. 中国进口增强世界经济动能 [N]. 人民日报, 2021-03-31 (009).

[153] 魏浩. 中国消费品进口的十年趋势及未来发展路径 [J]. 人民论坛, 2022 (23): 74-78.

[154] 魏浩. 中间品进口与北京市企业的全要素生产率——基于工业企业微观大数据的实证分析 [J]. 北京社会科学, 2017 (1): 42-54.

[155] 吴德群, 陈艺晴, 徐力, 等. 上半年深圳进出口增长近两成 [N]. 深圳特区报, 2021-07-30 (A01).

[156] 吴心伯. 美国国内政治生态变化如何重塑对华政策 [J]. 美国研究, 2022, 36 (4): 30-46, 5-6.

[157] 吴亚男, 樊怡君. 深圳发布货物贸易进口三年行动计划 [N]. 深圳特区报, 2023-09-15 (A02).

[158] 习近平. 凝心聚力, 继往开来携手共谱合作新篇章 [N]. 人民日报, 2021-02-10 (002).

[159] 习近平向2022年中国国际服务贸易交易会致贺信 [N]. 人民日报, 2022-09-01 (01).

[160] 夏杰长. 以服务业开放为主要抓手形成全面开放新格局 [J]. 财贸经济, 2022, 43 (10): 5-9.

[161] 肖广岭. 以颠覆性技术和“卡脖子”技术驱动创新发展 [J]. 人民论坛·学术前沿, 2019 (13): 55-61.

[162] 肖晗, 陈俊彦. 深圳重点物流企业数量超百家 [N]. 深圳商报, 2021-09-23 (A04).

[163] 谢非, 罗安. 非对称性贸易依赖关系对中国芯片进口的影响探究 [J]. 改革, 2022 (6): 116-130.

[164] 徐海涛. 中国汽车行业的垄断与反垄断 [J]. 汽车工业研究, 2017 (10): 42-48.

[165] 徐明, 陈亮. 中美经贸协议背景下电商知识产权保护优化路径研究 [J]. 国际贸易, 2020 (3): 37-43.

[166] 许英明. 高质量发展背景下中欧班列发展现状、挑战与对策 [J]. 国际贸易, 2020 (5): 28-34.

[167] 余华, 唐斌. 我国产学研协同创新机制优化路径研究 [J]. 湖南工业大学学报 (社会科学版), 2015, 20 (4): 22-25.

[168] 余振, 王净宇. 美国对华经贸的“脱钩”与“再挂钩”: 思想渊源与现实逻辑 [J].

国际展望，2022，14（3）：97-114，160-161.

［169］余振，王雪纯. WTO 改革：中美主要分歧与合作潜能［J］. 开放导报，2022（5）：34-39，55.

［170］张二震. 开放再出发，苏州如何发力？［N］. 苏州日报，2020-01-07（B01）.

［171］张国庆. 疫情将改变消费电子发展方向［N］. 中国工业报，2020-02-17（008）.

［172］张继红，蔡雨倩. 敏感个人信息跨境流动的国际规制［J］. 广西社会科学，2023（7）：107-118.

［173］张树剑，谷志军，黄卫平. 深圳经济特区 40 年：实践经验及理论贡献［J］. 深圳社会科学，2020（5）：5-12，59，158.

［174］张薇薇. 美国对华“脱钩”：进程、影响与趋势［J］. 当代美国评论，2021（2）:42-57，121-122.

［175］赵安琪，陈小茹. 美国滥用出口管制难阻中国实力提升［N］. 中国青年报，2023-10-12（009）.

［176］赵家章，丁国宁. 中欧班列推动中国对外贸易高质量发展：理论逻辑、困境及路径［J］. 国际贸易，2023（7）：32-40.

［177］赵新泉，卫平东，刘文革. 新时期主动扩大进口的理论机制及政策建议［J］. 国际贸易，2020（7）：47-54.

［178］智艳. 弱势回稳的世界经济：新变量、新动力、新机遇——2020 年世界经济分析报告［J］. 世界经济研究，2020（1）：3-11，135.

［179］邹丽恒. 进口消费品质量安全不容忽视［N］. 中国国门时报，2020-03-13（003）.

后　记

在2004年前后，国内学术界关于国际贸易摩擦、外贸依存度的讨论比较多，针对这些问题，基于经济全球化的发展态势和经济强国发展的历史经验，我当时判断，今后中国对外贸易的重点将从过度重视出口转变为进口和出口并重，中国将会高度重视进口贸易。我在2004年就撰文明确指出“对进口在经济发展中作用的重新认识”，在2005年撰文提出“我国未来将成为进口大国”，其后，我一直关注并持续研究进口贸易问题。

2017年5月14日，国家主席习近平在“一带一路”国际合作高峰论坛上宣布：中国将从2018年起举办中国国际进口博览会。为了服务积极扩大进口这一国家重大战略、服务中国国际进口博览会这一重大活动，自2018年以来，我们每年撰写并发布《中国进口发展报告》。《2019中国进口发展报告》荣获商务部“全国商务发展研究成果奖”，《2020中国进口发展报告》获批国家高端智库重点研究课题，《2021中国进口发展报告》被国家有关决策部门采纳。

在出版《2019中国进口发展报告》《2021中国进口发展报告》的基础上，我们又出版了这本《中国进口贸易的新进展与政策选择》，作为《2023中国进口发展报告》的最终成果。本专著是国家社会科学基金重大项目“积极扩大进口对加快构建新发展格局的影响与对策研究”（23ZDA050）的阶段性成果，同时也得到了北京师范大学经济与工商管理学院的资助。

在《2019中国进口发展报告》《2021中国进口发展报告》两本专著的后记里，我们已经介绍了2018—2021年《中国进口发展报告》的研究进展以及发布情况，在此，我们将简单介绍《2022中国进口发展报告》《2023中国进口发展报告》的研究进展以及发布情况。

2022年11月4日上午，《2022中国进口发展报告》正式发布。报告的相关内容在《国际商报》《中国贸易报》等媒体上发表；我接受了凤凰卫视《中国深度财经》节目采访；在新华社App、新华财经App等各类媒体客户端的浏览量大约是400万；报告核心观点被人民网、新华网、光明网、中国社会科学网、中国商业新闻网、国家发展改革委中宏网、经济参考网等中央主流网站转载。在报告的发布过程中，北京师范大学经济与工商管理学院书记孙志军教授、中国社会科学院世界经济与政治研究所党委书记姚枝仲研究员、中国国际贸易学会副会长李钢研究员、对外经济贸易大学国际经济研究院院长桑百川教授、中央财经大学国际经济与贸易学院院长张晓涛教授、南京大学经济学院副院长马野青教授、清华大学经济管理学院马弘教授，以及南京大学长江产业经济研究院刘志彪院长、陈柳副院长、徐宁副院长等领导和专家参加发布会并在研究过程中给予了大力支持。

2023 年 11 月 3 日上午，《2023 中国进口发展报告》正式发布。报告的相关内容被《中国社会科学报》《经济参考报》《国际商报》《中国贸易报》《上海证券报》《中国对外贸易》、*China's Foreign Trade* 等媒体和期刊报道，发布会被中国教育电视台《教育新闻直播间》报道，被新华网 App、新华社 App、新华财经 App 等媒体客户端报道；报告核心观点被人民网、新华网、光明网、中国经济网、中国社会科学网、中国经济新闻网、中国商务新闻网、国家发展改革委中宏网、中国自由贸易区服务网、澎湃新闻等主流网站转载。在报告的发布过程中，北京师范大学党委常委、常务副校长王守军，北京师范大学经济与工商管理学院党委书记孙志军教授，北京师范大学智库管理办公室主任李文，中国社会科学院经济研究所原所长裴长洪研究员，中国国际经济交流中心科研信息部副部长王晓红教授，商务部国际贸易经济合作研究院副院长崔卫杰研究员，对外经济贸易大学国际经济贸易学院院长唐宜红教授，中国人民大学经济学院王孝松教授等领导和专家参加发布会并在研究过程中给予了大力支持。

另外，《人民日报》、《经济日报》、《经济参考报》、《中国社会科学报》、《国际商报》、人民网、光明网、新华网、新华财经等媒体机构的领导和朋友也持续给予帮助。在此一并表示感谢。

本书由我负责拟定大纲、统稿、修改和定稿。本书研究工作的具体分工如下：第一章、第十章、第十一章由杨明明撰写，第二章由周亚如撰写，第三章由李坤撰写，第四章、第十二章由魏浩、王超男撰写，第五章由魏浩、封起扬帆撰写，第六章由魏浩、连慧君撰写，第七章、第八章、第九章由邓琳琳撰写，第十三章由魏浩、詹俊岩撰写，第十四章由魏浩、刘佩鑫撰写，第十五章由魏浩、钱虹宇撰写，附录《2022 世界进口发展指数》由刘缘、孙盛昊撰写，附录《2022 中国进口发展指数》由薛潇撰写，附录《2022 年中国进口排行榜》由武正宜撰写。刘缘、薛潇、巫俊、王超男、卢紫薇、袁然、封起扬帆、连慧君、孙全刚对不同章节内容进行了修改和补充。在全部书稿完成以后，我首先对书稿进行了全面修改和补充，刘缘对书稿进行了校对，我最后对全部书稿进行了统稿和定稿。

书中难免存在一些不足之处，恳请读者批评指正。积极扩大进口是国家重大发展战略，今后，我们将继续对进口贸易问题进行跟踪研究，为中国经济发展贡献力量。

魏　浩

2024 年 1 月于北京师范大学